TURCHIA
IRAN
EGITTO
INDIA
CINA
GIAPPONE
HONG KONG
TAIWAN
THAILANDIA
Singapore
INDONESIA
BALI
AUSTRALIA
N. ZELANDA
KENIA
TANZANIA
ZAIRE
Isole Mauritius
1 000
151
70
15
163
628
864
77
70
399
180
22
90
172
506
390
700
806
820
258
412
119
609
950
272
71
50
216

Cartine, disegni e impaginazione: Elvezio Tiboni
Ricerca iconografica: Silvia Doffo
Redazione: Giorgio Valdrè

La referenza fotografica è di regola indicata al termine della didascalia relativa a ciascuna immagine. L'Editore ha cercato di reperire tutte le fonti delle illustrazioni, ma alcune restano sconosciute. L'Editore porrà rimedio, in caso di segnalazione, alle involontarie omissioni o errori nei riferimenti.

In copertina: rilievo sul portale del palazzo di Ogoga in Nigeria; calle Caminito a Buenos Aires [foto Mario Pignata Monti].

Prima edizione, marzo 1982

Seconda edizione, dicembre 1990

Ristampa

15 14 13 12 11 2004 2005 2006 2007

Stampa: Grafica Ragno
Via Lombardia 25, Ozzano Emilia (Bologna)
per conto di Zanichelli Editore S.p.A.
Via Irnerio 34, 40126 Bologna

Maria De Pilati
Maria Grazia Gasparini
Luisa Lina Pocini

Geografia del turismo nei Paesi extraeuropei

seconda edizione

Zanichelli

Indice

IX Premessa
XII Glossario
XIV Elenco delle Carte geografiche, stradali, turistiche consultate
XIV Elenco degli Atlanti consultati
XIV Bibliografia generale

2 Asia Orientale

4 **Hong Kong e Macao**

6 **Cina**
1. Comunicazioni e turismo
2. Pechino e dintorni
3. Altre città
4. Tibet

5 Il museo del Palazzo Nazionale di Taiwan
6 Cenni storici e peculiarità religiose della Cina 11 Arte e architettura cinese 13 Corea del Sud
15 **Il Trekking**

16 **Giappone**
17 1. Turismo e vie di comunicazione
18 2. La natura e i Parchi Nazionali
19 3. Le città giapponesi

16 Cenni storici sul Giappone
20 Aspetti culturali del Giappone

24 Asia Meridionale e Sud Est Asiatico

24 **India**
27 1. Turismo e vie di comunicazione
2. Le città della valle gangetica
28 3. Città del Deccan e località balneari
4. Le massime altitudini del mondo

26 Aspetti della civiltà indiana
32 Costumi, feste, cucina in India
33 **Benares**

36 **Sri Lanka (Ceylon)**

37 **Le Maldive**

39 **La Penisola indocinese**

41 **La Thailandia**
43 1. Aspetti tradizionali del paese

40 Cenni storici della penisola indocinese 41 Vietnam 42 Le Filippine

43 **Birmania**

44 **Cambogia/Kampucea: la civiltà khmer**

44 **Singapore**

46 **Indonesia**

48 Oceania

50 **Australia**
1. Turismo e vie di comunicazione
2. Le città principali e Ayers Rock
3. La Grande Barriera Corallina

50 Cenni storici e culturali sull'Australia

56 **Nuova Zelanda**
56 1. Le città e le attrattive turistiche

56	**Isole e arcipelaghi dell'Oceania**	60 **Le Hawaii**
58	1. Polinesia francese	
59	2. Isola di Pasqua	

62 Il Medio Oriente

		64 Il mondo dell'Islam 65 Cenni storici e situazione del turismo 65 L'Islam
68	**Iran**	68 Cenni storici sull'Iran
69	1. Le principali località turistiche persiane	
70	**Iraq**	
72	**Turchia**	73 Cenni storici sulla Turchia
	1. Turismo e vie di comunicazione	
	2. Località di interesse turistico	
76	**Siria**	
79	**Libano**	
80	**Israele**	80 Cenni storici su Israele
	1. Turismo e vie di comunicazione	
	2. Gerusalemme	
	3. Altre località turistiche	
83	**Giordania**	
	1. Località di interesse turistico	
85	**Arabia Saudita**	87 **Lo Yemen**
	1. La Mecca	

90 Africa Bianca

92	**Egitto**	92 Storia dell'Egitto
93	1. Turismo e vie di comunicazione	
94	2. Il Cairo	
95	3. Itinerario lungo il Nilo	
96	4. Località balneari e il Sinai	
96	**Libia**	
97	**Tunisia**	
	1. Città di interesse turistico e località archeologiche	
98	2. Località balneari	
99	3. L'isola di Djerba e le oasi	
100	**Marocco**	
100	1. Le «città imperiali»	
101	2. Il Sud marocchino	
102	3. Le coste del Marocco	
103	**Sahara**	104 Desertificazione 104 I Tuareg 105 I Tassili
105	1. L'Algeria e le oasi sahariane	

108 Africa Nera

108 1. Vie di comunicazione
110 2. Caratteristiche fisiche e antropiche dell'Africa occidentale
111 3. Turismo lungo le coste

113 **Kenya e Tanzania**
116 1. I parchi nazionali

114 Arte africana

119 **Etiopia**

120 **Il Parco Nazonale dei Vulcani**

122 Africa Australe

124 Boscimani

125 **La Repubblica Sudafricana (RSA)**
126 1. Johannesburg, Pretoria e i Parchi Nazionali
127 2. Città del Capo e la costa orientale

128 **Madagascar**

129 **Seicelle e Mauritius**

122 America Anglosassone

132 Popolamento e colonizzazione nelle Americhe

132 **Canada**
134 1. Turismo e vie di comunicazione
135 2. Il Canada di base
139 3. I Parchi Nazionali

140 **USA**
140 1. Turismo e vie di comunicazione
142 2. La regione del Nord Est e le più importanti città
148 3. La Florida
148 4. La California e le città del Pacifico
154 5. I Parchi Nazionali

141 La civiltà americana
143 Urbanizzazione e tipologia della città statunitense
147 La Lousiana e le tradizioni dei neri del Vecchio Sud
152 **L'Universo Disney**

156 Messico, America degli istmi e delle isole

158 **Il Messico**
160 1. Città di Messico e dintorni
162 2. Un'itinerario verso le coste pacifiche
166 3. Le regioni meridionali e i principali centri di archeologia maya
166 4. La regione dello Yucatan: i centri maya e le località balneari

158 Cenni storici dell'America Latino-india
159 Fiestas e altre tradizioni del Messico
164 Le civiltà mesoamericane
167 **Il Museo di antropologia di Città di Messico**

170 **America degli istmi**
170 1. Località di interesse turistico

171 **Isole del «Mediterraneo americano»**
173 1. Bermuda e Bahama
174 2. Isole caribiche

174 La Filibusta dei Caraibi
178 **Le crociere**

180 La Regione Andina e il Territorio degli Incas

182 La civiltà incaica 183 Le strade reali degli incas

184 **Colombia, Ecuador, Perù e Bolivia**

188 **Cile**

190 Il Sud America dei grandi bacini fluviali

190 **Venezuela**
190 1. Caracas e altre località di interesse turistico

194 **Brasile**
194 1. Brasilia
195 2. L'Amazzonia
196 3. Le principali città brasiliane e i centri balneari

196 Il foclore brasiliano
199 **Le cascate dell'Iguassù**

204 **Argentina**
202 1. Buenos Aires
204 2. Località di interesse turistico

203 La Pampa e il «gaucho»
203 Tango

Premessa

1. Cenni sul fenomeno del turismo

Ci sembra necessario, in un testo di Geografia del turismo, almeno accennare al turismo quale imponente fenomeno attuale, non solo in termini economici, ma anche sociali e culturali e quale agente di trasformazioni sul territorio, all'inizio poco vistose e via via sempre più appariscenti ed evolute.

Il turismo moderno non è più inteso solo come una vacanza, ma anche come conoscenza, scambio culturale, come arricchimento della personalità umana, come mezzo di migliore inserimento nella società delle classi più deboli ed emarginate. Spesso il turismo supera i confini di ciascun paese, coinvolge popoli diversi, a volte molto lontani e mette in moto una gigantesca macchina economica.

La Geografia del turismo, profondamente inserita oltre che nella Geografia economica anche in quella delle comunicazioni e della popolazione, analizza il potenziale turistico sia delle aree attive che ricettive, fornendo elementi base per la programmazione. Rientra nei suoi compiti affrontare i problemi organizzativi dell'attività turistica nelle aree ricettive, tenendo conto del loro quadro ambientale, nel rispetto delle società locali e degli equilibri ecologici del territorio.

Il movimento turistico trasferisce reddito dalle aree attive alle aree ricettive, coinvolgendo anche gli spazi intermedi. In particolare il turismo interno può, nei paesi in cui è sviluppato, riequilibrare l'economia grazie alla ridistribuzione del reddito nazionale.

Dopo gli anni '60 nelle aree di turismo attivo il miglioramento del livello di vita, e conquiste sociali quali il diritto alle ferie retribuite, all'età pensionabile anticipata, alla diminuzione delle ore lavorative e alla conseguente sempre maggiore disponibilità di tempo libero, hanno incrementato e diffuso i flussi turistici estendendoli a categorie prima escluse. Inoltre la continua e rapida evoluzione delle vie di comunicazione, l'ingresso nell'organizzazione turistica di grandi gruppi finanziari che hanno attrezzato aree sempre più lontane, l'efficace e sempre più coinvolgente azione della pubblicità nel lancio dei prodotti turistici, ha esteso a un numero sempre più vasto di utenti il viaggio internazionale.

Secondo l'OMT (Organizzazione Mondiale del Turismo) nel 1988 il movimento turistico internazionale assommava a 390 milioni e secondo previsioni attendibili esso avrà, tra il '90 e il '95, un incremento del 18% con punte del 29% per le Americhe e i Caraibi e del 44% per l'Asia e il Pacifico.

Mentre negli anni '60 il turismo in voga era la «vacanza spiaggia-sole» che prediligeva le tiepide rive mediterranee, dagli anni '70 il turismo ha cominciato a ricercare Caraibi, Kenya e Sud Est asiatico attratto dai paesi dell'eterna estate. I flussi degli anni '80 hanno mostrato una crescita di interesse per un turismo culturale e naturalistico.

La crescita della domanda turistica è sicuramente motivata dal desiderio di scoprire culture, modi di vita e paesi nuovi. Queste esigenze sono stimolate dall'aumento dei livelli culturali e dalle pressanti informazioni dei mass-media.

Le nuove scelte turistiche erano soprattutto individuate e lanciate dal turismo di élite, che facilmente le abbandonava al successivo avanzare del turismo di massa.

Oggi i paesi sviluppati hanno incorporato il turismo nel loro ritmo di vita e seguono le mode abilmente programmate e vendute dal-

le organizzazioni turistiche, che con i loro molteplici tentacoli riescono a rendere stabili o a dirottare flussi turistici, a seconda dei loro interessi.

L'intervento nell'organizzazione del turismo da parte di enti pubblici, di aziende, di scuole, di associazioni culturali e religiose promuove un turismo che si definisce «sociale» a favore di terza età, bambini, handicappati e delle classi meno abbienti. Il turismo sociale è uno strumento per la razionale utilizzazione di strutture ricettive e costituisce uno stimolo al prolungamento della stagione turistica.

I paesi dell'Est europeo, che per la particolare impostazione politico-economica hanno finora sviluppato il turismo sociale, soprattutto interno e sempre promosso dallo stato, sotto la spinta delle trasformazioni che in essi sono in atto danno impulso ad una politica del turismo che incoraggia i flussi internazionali assicurandosi pregiata valuta estera.

Nei paesi in via di sviluppo, soprattutto con deboli strutture socioeconomiche, l'impatto con il turismo rischia spesso di destabilizzare le società preesistenti. Il turismo attivo è limitato a una esigua élite e le aree ricettive sono spesso ridotte a una semplice funzione di «oggetto» delle decisioni prese nelle aree attive, ove risiedono le capitali finanziarie e organizzative del turismo. Nonostante l'afflusso di valuta pregiata questi paesi restano estranei ai maggiori vantaggi economici. Le multinazionali intervengono pesantemente in tali aree con il loro capitale. Guadagni immensi riprendono così la via dell'Europa e dell'America e sfiorano soltanto gli stati e gli operatori turistici locali. La partecipazione degli abitanti è limitata alle sole prestazioni di lavoro non qualificato e forniture alimentari. In certi casi si tratta di una vera e propria rapina perpetrata ai danni di paesi in via di sviluppo.

2. Motivazioni e modalità di realizzazione del testo

Questa nuova edizione mantiene le caratteristiche del precedente volume facendo perno su dati e tabelle aggiornati, tiene conto delle variazioni sociopolitiche e del turismo, introducendo pertanto la trattazione di paesi e località emergenti dal punto di vista turistico.

Non ci siamo limitate ad una descrittiva elencazione di località né ad una seppur importante analisi delle infrastrutture, dei flussi, delle aree di domanda e offerta, ma abbiamo inserito il fenomeno del turismo in un contesto non solo geografico, ma storico, socioeconomico e politico, sia passato che attuale.

Nella forma più autonoma di schede abbiamo enucleato dal testo precedente o aggiunto ex novo *la trattazione di argomenti storici, artistici, antropici e folcloristici laddove li abbiamo ritenuti essenziali per un migliore approccio con la realtà presa in esame.*

Il testo è stato inoltre arricchito con 10 inserti a carattere monografico che individuano e approfondiscono alcune forme di turismo.

Nei singoli capitoli la trattazione della regione è preceduta da una carta tematica, da una tabella e da una breve introduzione che contiene un'analisi sintetica dei condizionamenti positivi e negativi allo sviluppo del turismo nella regione. La carta visualizza lo sviluppo e la distribuzione delle essenziali vie di comunicazione e va sempre confrontata con le corrispondenti carte geografiche. La tabella contiene dati aggiornati al 1988 provenienti, per la parte turistica, dall'Organizzazione Mondiale del Turismo e, per la parte geografica, dal Calendario Atlante De Agostini *1990. Tali dati, oltre che valido complemento al testo, hanno lo scopo di stimolare riflessioni e confronti relativi ai paesi interessati al turismo.*

Le numerose piante di città sono volutamente schematiche per evidenziare il piano urbanistico e particolari posizioni geografiche. Non intendono certamente sostituire la funzione delle piante topografiche di città. Anche foto e didascalie fanno parte integrante del testo, che alleggeriscono, concretizzandone i contenuti.

Sono state individuate 11 zone (regioni), ciascuna sviluppata in un capitolo, seguendo un uniforme criterio di trattazione. Nel capitolo Asia meridionale e Sud Est asiatico si è trattato per primo il subcontinente indiano perché in esso si è sviluppata la più considerevole civiltà di tutta l'area ed è la terra di origine del Buddismo, largamente diffuso nel Sud Est asiatico. Il capitolo Oceania è stato trattato dopo il Sud Est asiatico che è naturale ponte fra i due continenti.

Per introdurre gli alunni ad un più consapevole studio del mondo dell'Islam e della civiltà latino-india delle Americhe, abbiamo creato due schede particolarmente estese e dettagliate.

Un esauriente glossario fornisce agli alunni la giusta interpretazione di termini tecnici o inconsueti usati nel testo.

Un risguardo del libro è occupato da una carta tematica che dà una visione globale dei flussi turistici internazionali ed evidenzia le maggiori aree di turismo attivo del mondo. L'altro risguardo localizza, su di un planisfero, alcuni tra i più rappresentativi Parchi Nazionali del mondo.

Il nostro testo deve essere affiancato necessariamente da un buon libro di Geografia economica, in quanto la sua valida utilizzazione presuppone la conoscenza geografica fisica, politica ed economica delle regioni prese in esame.

Maria De Pilati
Maria Grazia Gasparini
Luisa Lina Pocini

Roma, dicembre 1990

Glossario

I nomi che compaiono in questo glossario sono evidenziati in giallo nel testo.

Azulejos: piastrelle di maiolica invetriata usate per rivestire cupole a superfici di costruzioni nell'arte moresca.

Ayatollah: teologi di religione musulmana sciita divenuti leader politici dei movimenti integralisti, guide della «rivoluzione islamica».

Bazar: mercato caratteristico dei paesi musulmani, che occupa spesso interi quartieri cittadini.

Bidonville: quartieri di baracche fatte di bidoni e di vari materiali ricuperati tra i rifiuti dei consumi delle categorie agiate, che si sviluppano in periferia soprattutto delle grandi città delle regioni sottosviluppate.

Bonzo: prete buddista.

Budda: veggente indiano del VI sec. a.C. che elaborò la dottrina filosofico-religiosa del Buddismo, che si diffuse soprattutto in Cina. «Buddha» in lingua indiana vuol dire illuminato.

Caboclos: meticci del Brasile.

Caravanserraglio: specie di albergo primitivo dove si accoglievano le carovane in Oriente. Aveva essenzialmente funzione di magazzino.

Carioca: abitante di Rio (da «Carioca» nome di un piccolo fiume).

Casbah: o Kasbah, cittadella o fortezza posta all'interno della medina (*v.*) quasi sempre in posizione dominante; il termine è dagli europei spesso esteso all'insieme dei quartieri indigeni.

Chott: anche Sciott o Shott; lago temporaneo, scolo di oasi, quasi sempre ridotto a una crosta salina biancastra situato su lembi di tavolati posti tra le catene dell'Atlante.

Churrigueresco: stile barocco caratterizzato da fantasiose ornamentazioni la cui origine si deve alla famiglia Churriguera, originaria della Spagna (dalla fine del '600).

Compagnia delle Indie: associazione commerciale europea che aveva il monopolio del traffico con quei lontani paesi ed era investita di poteri sovrani per occupazione, governo e amministrazione di essi.

Comune: cooperativa contadina della Cina di Mao che rappresentava il governo a livello locale, amministrava i raccolti, dirigeva i principali lavori di irrigazione e costruzione.

Creolo: dallo spagnolo «criollo», bianco di origine europea discendente da immigrati nei primi secoli, dopo le scoperte geografiche, nelle terre di lingua spagnola e in alcune di lingua inglese nell'America Latina.

Dagoba: reliquiario buddista derivante dall'evoluzione dello stupa (*v.*).

Derrick: castello piramidale a traliccio di acciaio o legno per manovrare trivelle e tubazioni dei pozzi petroliferi.

Erg: tipo di deserto esclusivamente costituito da sabbia disposta a dune.

Favelas: bidonville caratteristica e a volte pittoresca di Rio de Janeiro (Brasile).

Ghats: grandi gradinate di pietra della riva sinistra del Gange a Varanasi (Benares) attraverso le quali gli induisti scendono a purificarsi nelle acque del fiume.

Ghorfas: costruzioni di terra e sassi un tempo usate come magazzino, oggi anche come abitazioni, costituite da file sovrapposte di celle dal tetto a volta (Tunisia).

Haji: il pellegrinaggio che tutti i musulmani devono compiere alla Mecca almeno una volta nella vita in un mese mobile secondo il calendario lunare.

Hammada: deserto di roccia variamente modellato dall'erosione eolica, perlopiù diffuso nel Sahara settentrionale a nord del 26° parallelo.

Harem: parte della casa o appartamento riservato alle donne e ai bambini presso i musulmani.

Kasbah: vedi Casbah.

Kibbutz: azienda agricola israeliana a conduzione collettiva nella quale i membri non ricevono compenso, ma prelevano dalle disponibilità comuni tutto ciò di cui hanno bisogno. La terra è data in affitto dallo stato. Prevaleva nei primi decenni della colonizzazione sionista della Palestina.

Kimono: o chimono, abito tradizionale giapponese che consta di una lunga tunica con maniche ampie, incrociata sul davanti e stretta in vita da una larga cintura.

Lega Araba: associazione fra stati arabi del Vicino Oriente e dell'Africa settentrionale con sede al Cairo, costituita nel 1945 per rafforzare i legami fra paesi aderenti e per coordinare la loro politica estera. Conta 21 paesi membri.

Maghreb: parola araba che significa occidente; in origine indicava le terre dell'Africa settentrionale a ovest del Nilo, oggi prevale il riferimento a Tunisia, Algeria e Marocco.

Mangrovie: piante tipiche delle coste marine basse e paludose delle regioni a clima equatoriale; dotate di organi galleggianti emergono fino alle radici durante la bassa marea.

Maraja: titolo dei principi dell'India, un tempo sovrani.

Maroniti: membri della comunità cattolica abitante la regione del Libano.

Marsa: significa spiaggia in arabo.

Mastaba: tomba dei faraoni dell'Antico Regno.

Mazdeismo: religione dell'antica Persia detta anche Zoroastrismo.

Medina: dal nome della città del Profeta indica la città araba cinta da mura e caratterizzata da intricate, strette vie.

Medersa: o medresa o madrasa, edificio musulmano adibito all'insegnamento delle scienze religiose.

Megalopoli: città smisurate che assorbono i centri vicini, estendendosi su vaste aree e la cui popolazione conta diversi milioni di abitanti.

Meseta: altopiano semidesertico che si sviluppa ai piedi dell'Atlante marocchino.

Meticci: sanguemisti risultanti dall'incrocio tra individui appartenenti a gruppi o razze di provenienza o natura diversa. Nell'America indicano incroci tra bianchi e indiani.

Mezzaluna fertile: ferace regione del Medio Oriente a forma arcuata costituita da due corni: quello occidentale è formato dalle coste libano-palestinesi sul Mediterraneo ed è congiunto per mezzo delle grandi oasi siriane all'altro corno rappresentato dalla Mesopotamia.

Minbar: pulpito del predicatore del Corano nella moschea, sopraelevato, in legno e riccamente decorato a intagli e stucchi.

Mihrab: nicchia o abside centrale nella moschea, orientata verso la Mecca.

Mnemotecnica: espedienti escogitati per aiutare la memoria a ritenere date, termini tecnici e altre nozioni difficili da ricordare.

Moshav: azienda cooperativa israeliana in cui ogni famiglia del villaggio rurale coltiva un podere dato in affitto dallo stato. L'attrezzatura è gestita in comune e la vendita dei prodotti avviene in forma cooperativistica. Una parte della terra viene spesso coltivata collettivamente a beneficio dell'intero villaggio.

Mozabiti: popolazione musulmana organizzata in una forma di repubblica autonoma nella regione sahariana dello Mzab.

Multinazionali: grandi società che fanno capo ufficialmente a un singolo stato, dove risiede la direzione centrale, ma dispongono di una potente rete organizzativa internazionale in varie parti del mondo, tanto da condizionare molte altre imprese ed interi stati, in particolare quelli in via di sviluppo. Esse controllano gran parte del commercio mondiale.

Noria: macchina per sollevare l'acqua, che consta di una serie di secchie fissate a distanze uguali su un nastro o una catena. Le secchie si riempiono in basso, pescando nell'acqua e passando sulla puleggia superiore rovesciano il loro contenuto in una tramoggia che lo raccoglie.

OPEC: organizzazione dei paesi esportatori di petrolio: ha lo scopo di coordinare le politiche petrolifere sul mercato internazionale dei paesi esportatori di greggio.

Patio: vocabolo spagnolo equivalente a cortile: è caratterizzato da loggiati e porticati sui quali si aprono i vari ambienti della casa e dalla sistemazione a giardino con vasche e fontane dello spazio scoperto.

Pentapoli Greca: (= 5 città greche) si tratta in realtà di più di 5 colonie greche, di cui rimangono resti imponenti, che sorsero tra il VII e il VI sec. a.C. presso le coste della Cirenaica. La più famosa era Cirene con lo scalo marittimo di Apollonia, altri centri erano Hesperides (Bengasi), Teuchira (Tocra) e Barce alla cui decadenza seguì lo sviluppo del suo porto Tolemaide.

Plateresco: stile rinascimentale spagnolo della prima metà del XVI sec., caratterizzato dalla esasperata ricerca decorativa e derivato dai motivi ornamentali degli argentieri iberici.

Potala: residenza monumentale del Dalai Lama nei pressi di Lhasa (Tibet).

Ramadan: 9° mese dell'anno lunare musulmano, è il mese di digiuno prescritto dalla religione coranica. Dall'alba al tramonto totale astensione da cibi, bevande, rapporti coniugali; le notti sono dedicate a pratiche pie e festini.

Rangers: guardie e guide dei Parchi Nazionali americani.

Sahel: significa sponda in arabo e corrisponde al limite del deserto sahariano.

Sampan: grossa imbarcazione piatta, a vela o a remi, di dimensioni inferiori alla giunca, usata per la navigazione costiera nell'Estremo Oriente.

Samurai: in origine guardia giapponese del palazzo imperiale, dopo il XII secolo servì per indicare la casta militare privilegiata della società feudale giapponese.

Sceicco: in arabo significa anziano, titolo attribuito a capi e a persone notabili.

Sciott: vedi chott.

Scita: o sciita, setta islamica dei membri della shia o partito di Alì che si contrappone a quella ortodossa o sunnita (da sunna = tradizione).

Serir: suolo desertico costituito da ciottoli mobili affondati nel terreno sabbioso oppure privo di sabbia.

Shogun: titolo che nell'antico Giappone veniva conferito in origine al capo di una spedizione bellica per la sola durata della campagna, ma poi passò a famiglie di feudatari, che in pratica esercitavano il governo al posto dell'Imperatore (XIII-XIX sec.).

Sionista: fautore del Sionismo, movimento politico-religioso sorto per ricostituire in Palestina una sede nazionale ebraica. L'origine etimologica è dall'antico nome di Gerusalemme, Sion.

Skyline: profilo contro il cielo che nel panorama di Manhattan (New York) evidenzia lo sviluppo verticale della città.

Slum: termine anglosassone per bidonville (*v.*).

Stupa: monumento indiano destinato alla conservazione di sacre reliquie o a ricordare eventi memorabili della vita terrena di Budda.

Suk: nome arabo che significa mercato, viene usato nel Maghreb per indicare la strada del bazar.

Sunnita: vedi Scita.

Telamone: figura maschile rappresentata in funzione di membratura architettonica di sostegno.

Trimurti: figurazione divina che aduna in sé i tre aspetti delle principali divinità induiste: Brahma, Visnù, Siva.

Trust: imprese similari o complementari che si fondono sotto direzione unitaria per ridurre i costi di produzione e limitare la concorrenza o per essere padrone del mercato o per costituire vincoli di forte partecipazione finanziaria.

Uadi: letto asciutto di antico corso d'acqua che solca il Sahara o altro deserto.

Uidian: forma plurale di uadi.

Zen: buddismo nato in Cina intorno al IX sec. con il nome di Ch'an, ma che si diffuse poco nel paese d'origine.

Ziggurat: torre templare di origine sumerica dell'antica Mesopotamia costruita a gradini su larga piattaforma.

Elenco delle Carte geografiche, stradali, turistiche consultate

Asia

Eurasia, scala 1:15 000 000, Bartholomew World Travel Series, Edimburgo, J. Bartholomew & son Ltd, 1972.
Gli stati del Sud Est asiatico, scala 1:5 000 000, Novara, Istituto Geografico De Agostini, 1970 per Panorama, N. 220, Verona, Mondadori, 1970.
Map of Iran, Geographic, Drafting Institute, Tehran.
Middle East, scala 1:4 000 000, Bartholomew World Travel Series, Edimburgo, J. Bartholomew & son Ltd, 1970.
Israele nel Medio Oriente, scala 1:3 000 000, Novara, Istituto Geografico De Agostini, 1970 per Panorama, N. 215, Verona, Mondadori, 1970.
Touring Map of Israel, scala 1:280 000, Tel Aviv, Amir Publishing, 1976.
Türkiye, Turquie-Proche Orient-Egipte (strassenkarte), scala 1:3 000 000, Berne, Hallwag, 1971.
Turchia, scala 1:2 500 000, Novara, Istituto Geografico De Agostini, 1974 per Panorama, N. 422, Verona, Mondadori, 1974.

Oceania

Australia, scala 1:5 000 000, Canberra, Crown Poryright Reserved, 1969.

Africa

Africa, Grandi Carte stradali, Studio FMB, 1988.
Afrique nord et ouest, scala 1:4 000 000, N. 153, Paris, Michelin et C-ie, 1971.
Afrique nord-est, scala 1:4 000 000, N. 154, Paris, Michelin et C-ie, 1971.
Afrique centre et sud, Madagascar, scala 1:4 000 000, N. 155, Paris, Michelin et C-ie, 1971.
Afrique, carta politico-economica, scala 1:12 000 000, Berna, Kümmerly-Frey.
Tunisia, scala 1:1 500 000, Novara, Istituto Geografico De Agostini, 1965, per Atlante, Novara, Istituto Geografico De Agostini, 1965.
Marocco, scala 1:2 000 000, Novara, Istituto Geografico De Agostini, 1974 per Panorama, N. 419, Verona, Mondadori, 1974.
Sudafrica, carta turistica a cura dell'ente turistico sudafricano, scala 1:3 117 600.

America

Stati Uniti d'America, scala 1:9 000 000, Novara, Istituto Geografico De Agostini, 1970 per Panorama, N. 204, Verona, Mondadori, 1970.
Pianta Pan Am degli Stati Uniti d'America, scala 1:7 476 000, Denver, Jeppesen & Co., 1956 (riveduto nel 1970).
Cuba e America Centrale, scala 1:5 500 000, Novara, Istituto Geografico De Agostini, 1970 per Panorama, N. 242, Verona, Mondadori, 1970.
Mapa de Careteras Y turistico de Venezuela, Caracas, Ediorial Binev.
Caracas, plano directorio, Interamericana Tecnica C.A., Caracas, Cartografia Nacional.
Sud America Caraibi Cuba, Grandi Carte stradali, Studio FMB, 1986.
Guia Rodoviaria Brasil 1989-Guia Quatro Rotas Sao Paulo.
Mapa politico del Perù, scala 1:2 500 000, Lima, Santiago Valverde.

Elenco degli Atlanti consultati

Atlante Geografico Metodico, Novara, Istituto Geografico De Agostini, 1988.
Dagradi P., *Grande Atlante Geografico*, Milano, Fratelli Fabbri editori, 1968.
Nuovo Atlante Zanichelli, Bologna, Zanichelli, 1985.
Nouvel Atlas du Monde, Parigi, Librarie Hachette, 1965.
Atlante dei prodotti e delle vie di comunicazione, Novara, Istituto Geografico De Agostini, 1967.
Atlante mondiale, Novara, Istituto Geografico De Agostini, 1979.
India, *Geografia e storia del mondo*, UL 482, Bari, Laterza, 1979.
Vicino Oriente, *Geografia e storia del mondo*, UL 481, Bari, Laterza, 1979.
Africa, *Geografia e storia del mondo,* UL 480, Bari, Laterza, 1979.
L'Atlante-Grande. Atlante geografico internazionale, Milano, Bompiani, 1984.
Atlante enciclopedico Touring, vol. 3 Paesi extraeuropei, Milano, TCI, 1988.

Bibliografia Generale

A.A.V.V., *Parchi e riserve naturali nel mondo*, Milano, TCI, 1989.
Atlante Enciclopedia Geografica Garzanti, Edizione per gli anni '90, Milano, Garzanti, 1990.
Barbieri G., *Un pianeta da salvare*, Milano, Principato, 1975.
Basso A., *Paesi e popoli extraeuropei - America e Oceania*, Milano, Garzanti, 1968.
Basso A., *Paesi e popoli extraeuropei - Asia e Africa*, Milano, Garzanti, 1968.
Beauyeu J., Garnier G. Chabot, *Trattato di geografia urbana,* Bologna, Marsilio, 1970.
Binni L., Pinna G., *Museo,* Milano, Garzanti, 1989.
Bonapace V., Finzi R., Insolera D., Isenburg T., Sofri G., Tutino S., *I continenti extraeuropei*, Bologna, Zanichelli, 1989.
Bonomi E., Tortelli A., *Teoria e sviluppo del turismo*, Genova, Marietti, 1987.
Calendario Atlante De Agostini 1990, Novara, Istituto Geografico De Agostini, 1990.
Carrington R., *I grandi parchi nazionali*, Milano, Rizzoli, 1967.
Cornaglia R., Lavagna E., *Geografia del mondo d'oggi - I paesi extraeuropei,* vol. IV, Bologna, Zanichelli, 1988.
Corna Pellegrini G., *Studi e ricerche sulla regione turistica. I lidi ferraresi*, Milano, Vita e pensiero, 1968.
Dizionario enciclopedico Treccani, Roma, Treccani, 1956.
Enciclopedia europea, Milano, Garzanti, 1978.
Enciclopedia geografica «Il Milione», Novara, Istituto Geografico De Agostini, 1965.
Filesi T. *Una Geografia nuova per un'Africa nuova*, Boll. Soc. Geogr. Ital. ott.-dic. 1989, Roma, Società Geografica Italiana.
Geografia Universale, Enciclopedia, Milano, Rizzoli-Larousse, 1972.
George P., *Il mondo attuale*, Milano, Il Saggiatore, 1968.
Imago Mundi, Enciclopedia del Mondo di F. De Agostini, Istituto per ricerche geografiche e studi cartografici Milano, Torino S.A.I.E., 1960.
In vacanza per il mondo, album turistico dell'Air France, Bobigny, 1968.
Lacoste Y., *Geografia del sottosviluppo*, Milano, Il Saggiatore, 1980.
La storia dell'uomo - Gli ultimi due milioni di anni, Selezione dal Reader's Digest, Milano, 1981.
Massi E., *Orientamenti di Geografia turistica*, estratto dal «Notiziario di Geografia Economica», n. 3-4, Roma, Tip. Centenari, 1977.
Migliorini E., *La terra e le strade*, Napoli, Pironti, 1960.
Morini M., *Atlante di storia dell'urbanistica,* Milano, Hoepli, 1963.
Muscarà C., *Gli spazi del turismo*, Bologna, Patron, 1987.
Nice B., *Geografia generale ed economica, i paesi extraeuropei*, vol. IV, Novara, Istituto Geografico De Agostini, 1969.
Organisation mondiale du Tourisme, *Documenti della Assemblea generale, IV sessione*, Roma 14-24 settembre, 1981.
Parchi Nazionali, «Conoscere il nostro tempo», n. 16, Milano, Fratelli Fabbri, 1972.
Russoli F., *Il museo nella società*, Milano, Feltrinelli, 1981.
Sturani E., Lanzardo D., *Mondi a confronto*, Milano, Mondadori, 1978.
Sulle vie di mondi sconosciuti, Selezione dal Reader's Digest, Milano, 1975.
Turismo Mondiale, Comitato Nazionale italiano per l'organizzazione mondiale del Turismo, agenzia di stampa quindicinale, Anno II n. 3-5/6-9/10, 1979; Anno III n. 1/4, 5, 6, 1980, Roma, OMT.
Vedere il mondo, Selezione dal Reader's Digest, Milano, 1968.

Asia orientale

A.A.V.V., *Cina*, Milano, TCI, 1980.
A.A.V.V., *Tibet*, Milano, TCI, 1981.
Altavilla E., *Qui Pechino*, Milano, TCI, 1976.
Asia facile, Milano, TCI, 1974.
Bertuccioli G., *Qui Tokyo*, Milano, TCI, 1973.
Biagi E., *Cina,* Milano, Rizzoli, 1979.
Competiello A., *La Cina tenta di darsi una moderna struttura portuale e navale*, Bollettino della Società Geografica Italiana, gennaio-marzo 1981, Roma, Nuova Tecnica Grafica, 1981.
Corea del Sud. Guide ai paesi lontani, Milano, TCI, 1987.
Frederic L., Random M., *Giappone*, Milano, TCI, 1986.
Giappone. Guide ai paesi lontani, Milano, TCI, 1988.
Guide: *Hong Kong,* Guide Fodor, Firenze, Valmartina, 1974.
Tokyo, Guida del turista, Milano, Vallardi, 1964.
Ostellino P., *Vivere in Cina*, Milano, Rizzoli, 1981.
Pederzini G., *In linea con la transiberiana*, Tuttoturismo gennaio 1979, Milano, Domus, 1979.
Rodari G., *Turista in Cina*, Roma, Rinnovamento, 1974.

Asia meridionale e di sud est

Bartaletti F., *Aspetti e problemi delle Maldive*, Bollettino della Società Geografica Italiana, gennaio-marzo 1981, Roma, Nuova Tecnica Grafica, 1981.
Buddha, *I grandi di tutti i tempi*, Pubblicazione mensile, gennaio 1976, Verona, Mondadori, 1976.
Eichinger Ferro, Luzzi G., *La regione indiana*, Novara, Istituto Geografico De Agostini, 1978.
Heyerdahl Thor, *Il mistero delle Maldive*, Verona, Mondadori, 1988.
Indonesia. Guide ai paesi lontani, Milano, TCI, 1988.
Moroi A., *India*, Milano, TCI, 1985.
Sulle vie di mondi sconosciuti, Selezione dal Reader's Digest, Milano, 1975.

Oceania

Australia, Qantas, Linee aeree australiane.
Bromby R., *Australia*, Milano, TCI, 1984.
Guida: *Australia, La vostra guida viaggi*, 1979 Australian Tourist Commission.
Vedere il mondo, Selezione dal Reader's Digest, Milano, 1968.

Il mondo dell'Islam

Hoag J.D., *L'architettura araba*, Milano, Rizzoli, 1965.
Luppi B., *Gli arabi prima di Maometto*, Firenze, D'Anna, 1971.
Moravia A., Camerana, *Mutazione, Una realizzazione della IVECO*, Torino, Arti Grafiche Zeppegno, 1978.
Nouschi A., *Le lotte per il petrolio nel Medio Oriente*, Milano, Mursia, 1971.
Quilici F., *Io Africa*, Bari, De Donato, 1977.

Rostovtzeff M., *Città carovaniere,* Bari, Laterza, 1971.
Valabrega G., *Il Medio Orioente,* Firenze, Sansoni, 1973.
Varvelli M.L., *I tappeti*, Arti Grafiche Emiliane, Bologna, 1969.

Il Medio Oriente

Civiltà degli arabi, n. 1 e 2, Enciclopedia monografica Loescher.
Ghirshman R., *La civiltà persiana antica*, Torino, Einaudi, 1972.
Guide: Baldi D., *Guida di Terra Santa, Custode di Terra Santa, Gerusalemme,* Guida del Turista, Milano, Vallardi, 1971. *Giordania, Libano, Siria,* Guida del Turista, Milano, Vallardi, 1967. Lombardi L. *Terra Santa*, Narni, Plurigraf.
La storia dell'uomo, Selezione dal Reader's Digest, Milano, 1974.
Lehmann J., *Gli Ittiti,* Milano, Garzanti, 1977.
Roncagliolo S., *L'espansione dell'Islam*, Firenze, D'Anna.
Segre V., Rabinovich A., *Israele*, Milano, TCI, 1989.
Turchia, Guide del mondo, Milano, TCI, 1989.
Vardiman E., *Nomadi*, Milano, Rusconi, 1981.

Africa Bianca

Casule F., Frescobaldi D., Grottanelli E., Leydi R., *Marocco*, Milano, TCI, 1988.
Disertori B., *Il pentagramma verde, impressioni marocchine*, estratto da «*Il cristallo*» anno X n. 1, Bolzano, Centro di cultura dell'Alto Adige, 1968.
Guide: *Egitto,* Milano, Vallardi, 1968. *Egitto*, a cura dell'United Arab Airlines, 1970. *Marocco*, Milano, Vallardi, 1971. *Tunisia*, Milano, Vallardi, 1967.
Hureau J., *L'Egitto*, Turismo oggi, Milano, Fabbri, 1977.
Magi G., *I capolavori del museo egizio del Cairo*, Firenze, Bonechi, 1985.
Marocco. Guide del mondo, Milano, TCI, 1988.
Migliorini E., *L'Africa,* Torino, Utet, 1955.
Quilici F., *Io Africa*, Bari, De Donato, 1977.
Wissa Wassef C., *Egitto*, Milano, TCI, 1983.

Africa Nera

Achebe C., *Dove batte la pioggia*, Milano, Jaca Book, 1977.
Franco V., *Senegal,* Verona, Futuro, 1983.
Guide: *En Cote d'Ivoire*, Poitiers, Guide Bleu, 1979.
Kenia, Guida Berlitz, Berna, Hallwag, 1979.
Janheinz J., *Muntu - La civiltà africana moderna*, Torino, Einaudi, 1975.
Kjersmeier K., *Pesi degli Ascianti*, Milano, «All'insegna del pesce d'oro», 1953.
Lenzinger E., *Africa nera*, Milano, Il Saggiatore, 1960.
Marazzi A., *Regni Neri*, Novara, Istituto Geografico De Agostini, 1979.
Mowat Farley, *Una donna tra i gorilla*, Milano, Rizzoli, 1989.
Quilici F., *Io Africa*, Bari, De Donato, 1977.
Remy M., *Guida al Senegal, Mali, Costa d'Avorio,* Milano, Sugarco, 1985.
Saba Sardi F., *Il cuore dell'Africa*, Milano, TCI, 1987.
Willett F., *Arte africana*, Torino, Einaudi, 1978.

Africa australe

Bartaletti E., *La politica della Repubblica Sudafricana nei confronti dei territori bantu*, Bollettino Società Geografica Italiana luglio-settembre 1976, Roma, Nuova Tecnica Grafica, 1976.
Brizzi A., Cardinali V., *I Boscimani, una popolazione di cacciatori che sfida il deserto,* Milano, Emme, 1978.
Oliver Roland, *Breve storia dell'Africa*, Piccola Biblioteca Einaudi, Torino, Einaudi, 1965.
Willett F., *Arte africana,* Torino, Einaudi, 1978.

America anglosassone

Bauduin A., *Canada in camper*, Tuttoturismo dicembre 1980, Milano, Domus, 1980. *Le Canada*, 48° Revue annuelle des conditiones actuelles et des progrée récents, Statistique Canada, Publication autorisée par le Conseil du tresor, Canada 1979.
Ecco il Canada, pubblicazione autorizzata dal Ministero degli Affari Esteri, Ottawa, 1973.
Fulford R., *Canada*, Milano, TCI, 1983.
Guide: *USA, Guida Pan Am degli Stati Uniti d'America*, Bologna, Calderini, 1981. *USA - Canada, Guida del turista*, Milano, Vallardi, 1972.
Informazioni USA 1980-81, American Express.
Janheinz J., *Muntu - La civiltà africana moderna,* Torino, Einaudi, 1975.
Leoni A., *Grand Canyon*, Gente viaggi gennaio 1981, Milano, Rusconi, 1981.
Novelli G., *Condizioni e prospettive dello sviluppo turistico canadese*, Bollettino della società Geografica Italiana, gennaio-marzo 1981.
Orlando R., *Qui New York*, Milano, TCI, 1951.
Ronchey A., *USA-URSS*, Milano, Rizzoli, 1981.
Stati Uniti - Rapporto mese, Mondo Economico, 30 settembre 1981, Milano, Mondo Economico 1981.
USA. Guida, Verona, Futuro, 1988.

America latina-india

Disselhoff H.D., *Le civiltà precolombiane,* Milano, Bompiani, 1983.
Robertson D., *L'architettura precolombiana,* Milano, Rizzoli, 1965.
Swanson E.H., Bray W.M., Farrington I.S., *Le civiltà precolombiane*, Roma, New Compton, 1978.
Von Hagen V., *Civiltà e splendore degli Aztechi*, Roma, New Compton, 1977.
Von Hagen V., *Il mondo dei Maya*, Roma, New Compton, 1977.
Von H. Trimborn, *Le civiltà precolombiane*, Roma, Principato, 1960.

Messico, America degli istmi e delle isole

A.A.V.V., *I favolosi imperi scomparsi*, Novara, Istituto Geografico De Agostini, 1963.
Bernal I., Pina-Chan, Camara R., Barbachano F., *Tesoro del Museo Nacional de Antropologia de Mexico*, Ed. Daimon de Mexico, 1977.
Blond G., *Storia della Filibusta*, Milano, Mursia, 1989.
Disselhoff H.D., *Le civiltà precolombiane*, Milano, Bompiani, 1983.
Guida per viaggiare in Messico, Belize, Guatemala, Torre Bordone (BG), Tip. Grafital, 1987.
Guide: Hollier R., *Antilles*, Bourges, Du Senil, 1976.
Haas A., Rivas R.A., *Messico*, Milano, TCI, 1982.
Messico, Guida del turista, Milano, Vallardi-Garzanti, 1986.

Messico, Guida ai paesi lontani, Milano, TCI, 1985.
Messico, Guide Fodor, Firenze, Valmartina, 1979.
Robertson D., *L'architettura precolombiana*, Milano, Rizzoli, 1965.
Swanson E.H., Bray W.M., Farrington I.S., *Le civiltà precolombiane*, Roma, New Compton, 1978.
Von Hagen V., *Il mondo dei Maya,* Roma, New Compton, 1977.
Von Hagen V., *Civiltà e splendore degli Aztechi*, Roma, New Compton, 1977.
Von H. Trimborn, *Le civiltà precolombiane*, Roma, Principato, 1960.

La regione andina e il territorio degli Incas

A.A.V.V., *I favolosi imperi scomparsi*, Novara, Istituto Geografico De Agostini, 1963.
Guida Fotografica del Cusco y Machu Picchu, Cusco, Corbacho, 1975.
Rainer Lossl, *Perù e Bolivia*, Firenze, Ed. del Riccio, 1988.
Robertson D., *L'architettura precolombiana,* Milano, Rizzoli, 1965.
Von Hagen V., *La strada reale degli Incas,* Milano, Rizzoli, 1976.
Von Hagen V., *L'impero degli Incas*, Roma, New Compton, 1977.
Von Hagen V., *Gli imperi del deserto del Perù precolombiano*, Roma, New Compton, 1978.
Von H. Trimborn, *Le civiltà precolombiane*, Roma, Principato, 1960.

Il Sud America dei grandi bacini fluviali

Brasile, edito dal Reparto Informazioni dell'Ambasciata Brasiliana, Londra, 1972.
Brasil Today, Comissariado Brasil Export 73 - Trade Fair, Brussels, Banas, 1973.
Guide: Greenberg A., e H., *Caracas*, New York, Alive, 1971.
Guriadi Battini M., *Venezuela,* Tourist's Guidebook, Caracas. Merian J., *Andare in Brasile,* Perugia, Savelli, 1979.

Sono stati inoltre consultati numerosi articoli delle seguenti riviste:
«Airone», Milano, Mondadori.
«Atlante», Novara, Istituto Geografico De Agostini.
«Corriere UNESCO», Roma, Editalia.
«Geografia nelle Scuole», Pordenone.
«Gente Viaggi», Milano, Rusconi.
«Il Mensile B.I.T.», Roma, VIP Editoriale.
«Oasis», Milano, Musumeci.
«Tuttoturismo», Milano, Domus.
«Qui Touring», Milano, TCI.
«Vie del Mondo», Milano, TCI.
«Weekend», Milano.

Sono stati consultati articoli dei seguenti quotidiani:
«Il Sole 24 ore»
«La Repubblica»
«Il Corriere della sera».

Asia Orientale

Una delle numerosissime statue di guerriero proveniente dagli scavi ancora in corso nella tomba di Qin Shi Huang (221-207 a.C.) presso Xian. [M. Lotti / Mondadori Press, Milano]

La regione occupa circa un quarto dell'Asia, con una popolazione di oltre 1 miliardo di abitanti. Estesa per 30° di latitudine racchiude una grande varietà di elementi morfologici, una molteplicità di climi e di ambienti naturali. In un così vasto ed eterogeneo territorio, ove prevale la stirpe mongolide, sono emerse la civiltà cinese e quella giapponese, che avvenimenti storici hanno spesso posto a contatto senza mai fonderle. Il Giappone deve comunque alla Cina la scrittura ideografica, la pratica della religione buddista, l'uso del tè e della lacca, la concezione urbanistica, presente ancora negli antichi nuclei di Nara e Kyoto.

I grandi contrasti paesaggistici insieme alla presenza di antiche civiltà e culture rendono quest'area di grande interesse. Il turismo in questa regione è ancora numericamente limitato e preminentemente di élite per le grandi distanze che la separano dalle principali aree di turismo attivo.

Tipico esempio di paese capitalista il Giappone, di ispirazione marxista la Cina, non solo si differenziano per economia e sistema di vita, ma anche per movimento e organizzazione turistica.

Il Giappone possiede attrezzature e organizzazioni turistiche che nulla hanno da invidiare all'Occidente. Il paese, che si è imposto nel mondo quale potenza economica di primo piano, non attrae solo stranieri alla ricerca dell'esotico, ma è meta anche di un consistente turismo di affari. Il movimento interno è in aumento e la bilancia turistica è passiva per la crescente diffusione di viaggi all'estero.

La Cina, pressata da gravi problemi organizzativi, è ancora oggi «paese emergente». Costretta a un secolare isolamento, solo da pochi anni si è aperta al turismo internazionale, ma offre ai turisti itinerari, condizionati dalle attuali carenti infrastrutture del paese, per gruppi guidati.

Hong Kong, scalo internazionale di voli per e dall'Oriente, possiede ogni pressuposto per giustificare gli oltre 5 milioni di visitatori all'anno. Tutte le grandi organizzazioni turistiche vi prevedono sempre una sosta ed è quindi un notevole polo di turismo di transito.

Le linee principali, collegate alla Transiberiana sono la Transmongolica, la Transmanciuriana, che mettono capo a Pechino, la «ferrovia dell'amicizia» che attraversa l'arido Singkiang, creata prima degli anni '60 nel periodo dei rapporti pacifici con l'URSS. Tale ferrovia segue uno degli itinerari della Via della Seta, lungo il corridoio del Fiume Giallo, che per tanti secoli, dal 138 a.C., vide transitare verso il Mediterraneo oggetti di artigianato, la seta e l'arte di filarla e attraverso cui la Cina fu raggiunta da nuove religioni e da nuove forme d'arte. Importanti sono anche le due linee ferroviarie dirette al sud: Pechino-Shanghai e Pechino-Hong Kong.

Alcune strade di recente costruzione hanno ridotto l'isolamento di regioni quali il Tibet e il Singkiang, come la Karakoram Highway, di 753 km, terminata nel 1984, che partendo da Islamabad (Pakistan) attraverso il passo Kunjirap (5200 m di quota) si collega alla rete cinese. Un'altra grandiosa realizzazione tecnica è la strada, di oltre 2.000 km, che dal Sichuan, la regione cinese confinante con il Tibet, attraversa l'altopiano dopo aver superato numerose catene montuose con altitudini di oltre 5000 m.

Tutte le carte che compaiono all'inizio di ciascun capitolo evidenziano le principali linee stradali e ferroviarie dell'area trattata. Porti e aeroporti di notevole importanza sono indicati con apposito simbolo.

Le tabelle mettono in rilievo i dati più significativi aggiornati al 1988, relativamente al movimento turistico di ciascuno stato considerato. Si tenga presente che nei dati della bilancia turistica le cifre sono in milioni di dollari; i dati dei mezzi di arrivo sono in percentuale.

I diagrammi, opportunamente localizzati, indicano le temperature (linea in rosso) e la distribuzione delle piogge (istogramma in azzurro) nel corso dell'anno, secondo lo schema riportato qui a destra.

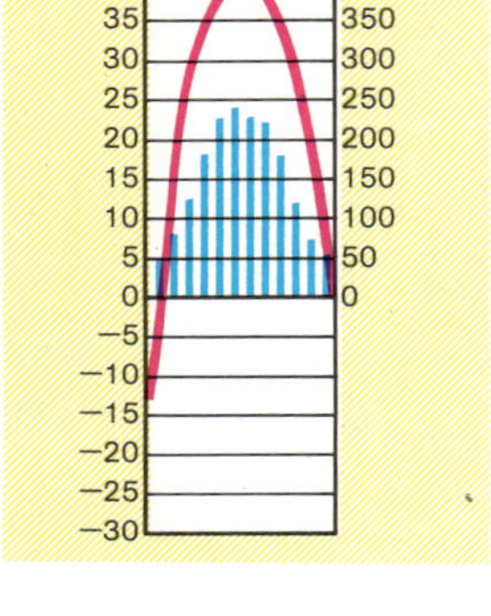

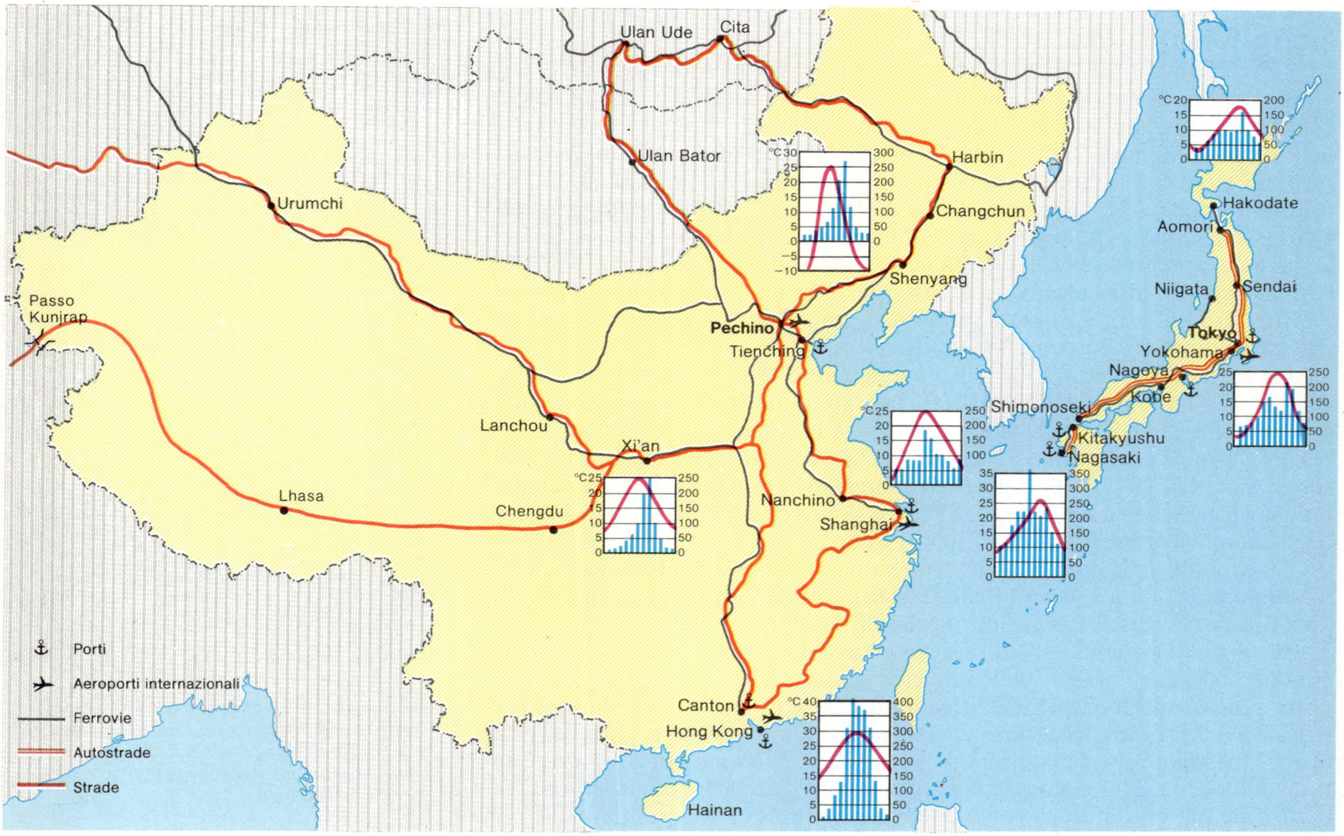

	STATO	GIAPPONE	HONG KONG	CINA
	Moneta	Yen	Dollaro di Hong Kong	Yuan renminbi
	Lingue ufficiali	Giapponese	Cinese - Inglese	Cinese di Pechino
	Religioni	Scintoismo-Buddismo	Buddismo	Buddismo
Popolazione	Superficie in migliaia kmq	378	1	9 561
	Abitanti in milioni	122	5,7	1 104
	Densità ab/kmq	328	5 700	112
	Reddito pro capite $	21 045	9 231	329
	Tasso urbanizzazione %	77	93	38
Vie di comunicazione	Strade (km)	1 128 200	1 434	981 300
	Autostrade (km)	7600	—	—
	Ferrovie (km)	28 000	34	52 100
	Aeroporti	Tokyo, Osaka, Fukuoka, Sapporo	Kai Tak	Pechino, Shanghai, Canton
	Porti	Yokohama, Kobe, Katakyushu, Nagasaki	Hong Kong	Shanghai, Tientsin, Canton
Dati turistici	Turisti	2 146 000		9 000 000 ('86)
	Visitatori	2 355 000	5 589 000	31 695 000
	Bilancia turistica $ attivo	2 893	4 166	2 247
	Bilancia turistica $ passivo	18 682		387 ('87)
	Numero camere	202 785	22 882	220 165
	Tasso di occupazione %	71	90	
	Paesi di provenienza %	USA 25, Taiwan 18 Europa 18, Corea 10	Giappone 22, USA 17 Europa 15 Taiwan 8 Australia 6	Asia 45 Giappone 33 USA 18
	Arrivi per vacanze	50	64	
	Arrivi per affari	28	22	
	Arrivi altri motivi	22	14	
	Periodo max flusso	aprile-maggio settembre-ottobre	tutto l'anno	agosto ottobre-gennaio
	Mezzi di arrivo % Aereo	96	92	5
	Mezzi di arrivo % Terra		6	88
	Mezzi di arrivo % Mare	4	2	7

Hong Kong e Macao

Hong Kong, che significa «laguna odorosa» o «porto delle perle», è un piccolissimo stato, dall'elevata densità di popolazione, cresciuta a dismisura nell'ultimo ventennio. Ha una superficie di circa 1000 kmq e una popolazione di circa 5,7 milioni di abitanti, in gran parte cinese. È una colonia britannica che comprende la penisola di Kowloon, l'isola di Hong Kong e alcune isole minori che sono state cedute dalla Cina alla Gran Bretagna con la pace di Nanchino (1842), che ha concluso la guerra dell'oppio. Nel 1898 furono aggiunti alla colonia, in affitto per 99 anni, anche i Nuovi Territori e l'isola di Lan Tao, con i due monasteri, uno buddista e l'altro trappista, che gareggiano fra loro per splendore.

I recenti accordi con la Gran Bretagna hanno sancito che la Cina riprenderà possesso di Hong Kong nel 1997 lasciando inalterato il sistema economico e sociale per 50 anni. Hong Kong sarà un esperimento di coesistenza di capitalismo e comunismo all'interno della stessa frontiera nazionale. Molti sostengono che la Cina Popolare avrà interesse a non portare cambiamenti poiché Hong Kong è un mercato vicino e sicuro ove si concentra gran parte degli scambi commerciali cinesi con l'estero.

La capitale della colonia, Victoria, situata nell'isola di Hong Kong è dominata dalla collina Victoria Peak (550 m), punto panoramico raggiungibile con una teleferica e con una moderna strada.

La città di Victoria è il cuore degli affari, della Borsa, delle transazioni commerciali, degli uffici e delle industrie manifatturiere che, con i loro prodotti a prezzi ultracompetitivi, invadono i mercati occidentali. Inoltre presenta un'urbanistica del futuro: acciaio e cristallo rivestono le pareti di grattacieli, fra i quali spicca la piramide triangolare di 70 piani della Banca Centrale della Cina. Hong Kong è meta di turismo di affari: con la recente realizzazione del più grande centro congressi di tutta l'Asia punta anche alla conquista del prestigioso mercato internazionale dei meeting e dei congressi.

Aberdeen, all'estremità meridionale dell'isola ospita nella sua rada numerosi **sampan,** povere case sull'acqua per migliaia di persone, allineati lungo canali che fungono da strada. Pescatori accompagnano su piccole imbarcazioni i turisti attraverso questo straordinario labirinto liquido.

Hong Kong offre molti divertimenti: ristoranti galleggianti, teatri, concerti, night. Le spiagge dell'isola di Hong Kong: Repulse Bay, Big Wave Bay, Rocky Bay, sono dotate di una buona e a volte lussuosa attrezzatura alberghiera e sportiva. Sulla costa antistante sorge la città di Kowloon, a carattere prevalentemente industriale. Un tunnel sottomarino, stradale e ferroviario, collega le due città, ma numerosi servizi traghetto e di sampan contribuiscono a smaltire l'intenso traffico.

Hong Kong stupisce il turista per il frenetico movimento di navi, traghetti e giunche nelle acque della splendida baia, che alla sera si accendono di luci e di colori. Malgrado i grattacieli e il traffico convulso si respira comunque già aria di vero Oriente.

Quasi obbligatorio a Hong Kong è lo shopping: capi di vestiario occidentale a prezzi accessibili, direttamente provenienti da Roma, Parigi, New York, per non parlare dell'eccitante mercato dei falsi di moda poiché qui le più famose «griffe» vengono copiate alla perfezione e commercializzate. Grandissima la varietà dei prodotti «made in Hong Kong»: sofisticate apparecchiature, giocattoli in plastica e tessuti fra cui primeggiano le economiche, splendide, variopinte sete. Molteplici e inconfondibili i souvenir dell'artigianato cinese: giade verdi, rosse e bianche di varia fattura, avori intagliati, caratteristici dipinti su seta, gli scroll, da svolgere verticalmente o orizzontalmente, grande assortimento di fini porcellane e le particolari lacche nere e rosse. È anche un mercato di antiquariato importante ove la maggior parte delle merci proviene dalla Cina, da cui è stata esportata legalmente prima del 1949 e successivamente di contrabbando.

La penisola di Macao, congiunta alla terra ferma da un istmo attraversato dal confine con la Repubblica Popolare Cinese, e 2 isole che la fronteggiano, unite da ponti, costituiscono tutto il territorio che misura solo 16 kmq. È una provincia d'oltremare portoghese, definita «territorio speciale» che passerà alla Cina nel 1999. Fonte economica sono i 4 Casinò, di cui uno galleggiante, frequentati dai turisti provenienti da Hong Kong.

Pianta di Hong Kong: in rosso sono evidenziate le aree urbanizzate. Sulle coste dell'isola di Hong Kong sono indicati i nomi delle baie più famose dalle spiagge ben valorizzate turisticamente.

La baia di Aberdeen, letteralmente ricoperta da migliaia di sampan, *vera e propria città galleggiante.*

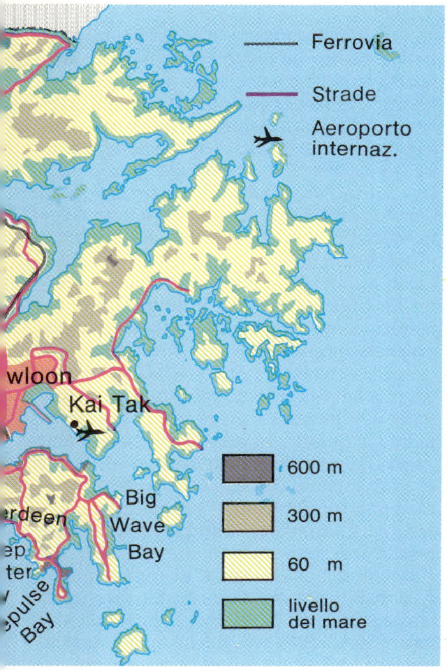

Il museo del Palazzo Nazionale di Taiwan

L'isola di Taiwan situata nell'Oceano Pacifico a circa 130 km dalla costa cinese era fino al 1949 un'appendice della Cina conosciuta con il nome di Formosa.
Dopo la proclamazione della Repubblica Popolare Cinese divenne uno stato a sé rendendosi economicamente autosufficiente grazie ad ingenti aiuti statunitensi.
In seguito alle catastrofiche vicende delle armate nazionaliste Taiwan ospitò i dirigenti del Kuomintang, il direttorio impegnato per anni nella guerra nazionale contro i comunisti e un tempo anche contro i Giapponesi. Circa 2 milioni di rifugiati raggiunsero l'isola che fu internazionalmente riconosciuta come Cina Nazionalista e membro dell'ONU fino a quando fu invece riconosciuto il governo di Pechino.
Attualmente, seppure emarginata dalle nuove relazioni fra USA e Pechino, Taiwan rimane comunque un caposaldo della presenza statunitense nell'Asia Orientale e un elemento di contrasto con la Cina continentale. Il paese è molto industrializzato e commercializza in tutto il mondo i suoi manufatti. Taiwan conta uno degli aeroporti più grandi dell'Asia con un movimento di milioni di visitatori, soprattutto per motivi di affari.
La capitale Taipei, cresciuta a dismisura in seguito ai recenti avvenimenti storici, sembra un gigantesco sobborgo di una città che non esiste. È esteticamente insignificante, ma possiede un incredibile contenitore di meraviglie: il Museo del Palazzo Nazionale.
Questo museo ospita tutto quanto è stato possibile togliere al Museo di Pechino quando, nel timore di una occupazione giapponese furono riposti in casse i tesori d'arte cinese. L'imponente collezione, testimonianza della civiltà dell'antica Cina, dopo varie peregrinazioni è approdata a Taipei nel 1948 e visitarla giustifica un viaggio.
Il museo, non grandissimo, sorge su una collina, è disposto su 4 piani, di cui tre dedicati a esposizioni che si avvicendano ogni tre mesi per utilizzare anche i reperti giacenti in magazzino.
La collezione di circa 700 000 pezzi, iniziata nel 960 dall'imperatore Sung e terminata nel 1911 all'epoca dei Cing, offre uno spaccato di tutta l'arte cinese.
La visita al museo è un'esperienza unica per un occidentale che si trova a contatto con un'arte che ha con la nostra solo vaghi elementi in comune; non sempre si coglie il senso di alcuni oggetti che comunque affascinano per la loro straordinaria bellezza.
Nelle sale sono esposti bronzi, ceramiche, smalti, miniature, lacche, arazzi, giade dalle varie forme, paesaggi di avorio e di ambra, scatole in legno di sandalo per custodire gioielli, scrigni, che sono veri labirinti ove ogni cunicolo ospita oggetti minimi e perfetti.
Di grande interesse è la raccolta di costumi, accessori, monili, della dinastia Cing. Essa ci introduce nel complesso codice di Corte che stabiliva i tipi di tessuto, i colori, gli indumenti, i simboli, da indossare a seconda del rango, dell'occasione, della stagione. Ad esempio la tunica dei funzionari era ricamata con animali differenti a seconda del loro ruolo; berretti, spille, ventagli, anelli e fazzoletti venivano classificati per uso quotidiano o per importanti cerimoniali; il colore giallo era appannaggio esclusivo dell'Imperatore.
Per il profano la datazione degli oggetti è impossibile: pietre lavorate del Neolitico si accompagnano ad analoghe pietre di migliaia d'anni successivi.
Il Museo non vuole essere solo un'esposizione di incomparabili capolavori ma anche un proclama politico: l'isola di Taiwan custodisce l'eredità della Cina millenaria.

Hong Kong vista dal Victoria Peak. Il mercato immobiliare è vivacizzato dagli acquisti di Giapponesi che comprano terreni e palazzi, convinti che dopo il '97 essa sarà la testa di ponte dalla quale muovere finalmente all'assalto del mercato cinese. [P. Arnold]

Cina

La Cina è un'ampia regione caratterizzata da una vasta gamma di climi che sono determinati, oltre che dall'estensione, dalla complessa morfologia e dalla particolare situazione astronomica e geografica. I monsoni cinesi, fattori determinanti della vita e dell'economia del paese, risultano meno regolari che in altre regioni asiatiche. Complessivamente il clima è caratterizzato da una notevole escursione termica annuale, dovuta all'avvicendarsi di masse d'aria caldo-umida di origine marina, d'estate, con masse d'aria freddo-asciutta, di origine continentale, d'inverno.

A parità di latitudine la temperatura della Cina risulta in genere inferiore a quella europea. Infatti Pechino, che si trova alla latitudine di Napoli, raggiunge minimi invernali di $-20°$, con punte di $-40°$ in Manciuria, a Dong Bei, situata alla latitudine della Francia, ove i fiumi gelano per circa 6 mesi all'anno. Nell'ovest le catene himalayane orlano vistosamente steppe e deserti, mentre l'est, che rientra per la maggior parte nell'area monsonica, presenta caratteristiche diverse per l'influenza del rilievo e dei tifoni, particolarmente intensi nel periodo di inversione dei monsoni. Le aree a sud sono caratterizzate da clima subtropicale ad inverni brevi e tiepidi, regno della foresta tropicale a bambù oggi spesso sostituita dalla risaia. Verso nord proseguono regioni con inverni sempre più lunghi e rigidi, regno delle foreste a latifoglie e a conifere, ora limitate ai soli rilievi. In pianura, invece, si succedono coltivazioni di tè, di gelso, di frumento, di miglio.

La già varia vegetazione del vasto territorio cinese venne arricchita da elementi floristici portati dalle regioni circostanti. La Cina è la patria del gelso, del tè, della camelia, della magnolia; numerose sono le conifere, le querce, le betulle, i noci, i bambù e le essenze da resina quali copale e canfora; è ricca di rododendri, glicine, crisantemi, loto, azalee, gardenie, peonie, ortensie. Gli animali più caratteristici sono la tigre, le antilopi, gli elefanti nel Hunan, il panda nel Tibet ed in altre aree montuose; fra gli animali domestici: il cammello nelle aree desertiche settentrionali, bufali soprattutto nelle risaie.

Nel testo è stato adottato il nuovo sistema di trascrizione dei caratteri cinesi detto «pinyin», che riproduce in grafia alfabetica i suoni del dialetto di Pechino, divenuto la lingua ufficiale della Cina.

Cenni storici e peculiarità religiose della Cina

La Cina possiede reperti di civiltà neolitica che risalgono a 4000 anni a.C. ma la storia del paese inizia nel XVII sec. a.C. con l'affermarsi della dinastia Shang nella fertile regione a loess lungo il bacino centrale dell'Huang Ho. L'organizzazione politica ancora rozza di questa società poggiava sulle relazioni di parentela.

L'unificazione della Cina avvenne nel 221 a.C. ad opera della dinastia Qin che avviò un processo di assimilazione di tutta l'area, realizzato a varie tappe: ambasciate, trattati commerciali, colonie precedettero la completa integrazione culturale.

Lo stato cinese, già dall'inizio, basò il suo prestigio sulla figura dell'imperatore e sulla burocrazia, si ispirò alla dottrina confuciana che, con complessi insegnamenti morali, sociali e politici, regolava la vita dell'individuo all'interno della famiglia e dello stato, esaltando il rapporto gerarchico.

La dinastia Tang (620-907) rappresentò un periodo di raffinata civiltà, inoltre possedette un esercito potente e un'efficiente amministrazione, i cui funzionari, i mandarini riequilibravano il potere della nobiltà.

I Tang per facilitare l'esportazione di sete fondarono nuove città quali Samarcanda, Buchara, Taskent.

Una dinastia straniera mongola, iniziata con Gengis Khan, sottomise dal 1209 al 1281 tutta la Cina e ampliò i confini dai Mari Cinesi al Mediterraneo. In questo periodo la Cina vide una fusione di elementi mongoli e cinesi: la società organizzata in base ai clan, com'era nelle tradizioni dei dominatori, e lo stato riorganizzato dai funzionari cinesi. Tanto velocemente come era sorto l'impero mongolo decadde e i Kanati, fondati dai figli e dai nipoti di Gengis Khan, affermarono la propria indipendenza.

La Cina visse in seguito un lento processo di decadenza che la dinastia imperiale Ming (1368-1644) non riuscì ad arrestare. Ancora un popolo barbaro, i Manciù invasero la Cina e vi regnarono fino al 1911.

I Manciù riuscirono a migliorare le condizioni dei contadini tant'è che iniziò una incredibile crescita demografica non più interrotta fino ai giorni nostri; continuarono inoltre la politica di espansione territoriale, che non aiutò la Cina ad avvicinarsi all'Occidente ed iniziare un processo di rinnovamento.

Alla fine del XVIII sec. si intensificarono le pressioni occidentali per stabilire relazioni con la Cina, che si trovava in uno stato di disordine e di decadenza.

Una aggressione armata da parte dell'Inghilterra, ricordata come «guerra dell'oppio (1839-1842), quale risposta al divieto cinese di importare la droga, fu facilmente vinta dalla potenza europea. Il conseguente trattato di Nanchino portò all'apertura di altri porti a navi straniere e ad un sistema di concessioni, grazie al quale gli Occidentali avevano piena giurisdizione su interi quartieri e godevano del diritto di extraterritorialità.

Le condizioni della Cina durante tutto il XIX sec. furono drammatiche. La penetrazione delle potenze imperialistiche e le numerose insurrezioni contadine indebolirono sempre più il potere imperiale, mentre i funzionari locali acquistarono via via maggior autorità. La Cina scivolò così in uno stato di dipendenza dagli stranieri, il malcontento popolare fu incanalato in senso xenofobo e sfociò nella «rivolta dei Boxer» (1900-1901) con aggressioni e uccisioni degli stranieri. Le potenze Occidentali affrontarono concordemente la questione cinese e una breve campagna militare ebbe la meglio sia sui Boxer che sull'esercito cinese. La Cina dovette pagare una forte indennità e accettare la presenza di guarnigioni straniere nella capitale e nelle principali città. Intanto nei porti meridionali del paese, aperti ai contatti internazionali, si era andata formando una nuova classe sociale, la borghesia, animata da idee nazionaliste. Borghesi, intellettuali e studenti diedero i loro consensi al primo partito organizzato con criteri moderni, il Kuomintang, fondato nel 1904 e diffuso nelle regioni meridionali, che preconizzava uno stato repubblicano, l'indipendenza nazionale, la nazionalizzazione di alcuni servizi pubblici e fomentò sommosse che portarono alla caduta dell'impero. La repubblica (1911) nata fragile, malvista dalle grandi potenze, si trasformò ben presto in una dittatura. Lo stato era debole e incapace di imporre l'autorità ai generali ribelli che dominavano intere regioni del Nord; inoltre il paese era un insieme di contraddizioni: la Cina dei grandi porti della fascia costiera si contrapponeva a quella delle campagne ove le condizioni di vita erano miserevoli e le tecniche agricole primitive.

Fra i dirigenti comunisti emerse ben presto la figura di Mao Zedong che dopo la rottura dei comunisti con il Kuomintang sostenne, distaccandosi dall'ottica marxista, che la lotta comunista andava combattuta nelle campagne, i cui spazi immensi offrivano la possibilità di condurre una guerriglia contadina contro i proprietari, i militari e le autorità del Partito Nazionalista. Mao capitanò una guerriglia con il primo nucleo di una armata rossa nel sud del paese. Ove otteneva successo, la terra veniva tolta ai proprietari e divisa fra i contadini. Per trasferirsi a nord l'armata rossa guidata da Mao compì l'epica «Lunga Marcia». Centomila uomini e trentacinque donne, calzando sandali di paglia, valicarono montagne dalle nevi eterne, attraversarono a nuoto fiumi impetuosi, guadarono paludi; tagliarono la Cina da sud-est a nord-ovest percorrendo in 368 giorni quasi 12 mila km. L'armata rossa sostenne 300 combattimenti e 5 battaglie contro le truppe nazionaliste guidate da Chiang Kai Shek. L'influenza comunista affermatasi anche quale forza nazionale che difendeva la patria contro l'aggressione giapponese ottenne sempre più consensi in tutto il paese.

Il 1° Ottobre 1949 fu proclamata la Repubblica Popolare Cinese, Chang-Kai Shek e ciò che rimaneva dell'esercito nazionalista si rifugiarono a Formosa, attuale Taiwan.

Il governo comunista varò subito una riforma agraria, poi con l'assistenza di tecnici sovietici un piano quinquennale inteso a pro-

Nella foto le truppe comuniste guidate da Mao si snodano in una lunga fila su impervi territori cinesi.

muovere lo sviluppo agricolo e industriale. In politica estera, dopo un periodo di stretti rapporti con l'URSS, la Cina, in seguito alla rivendicazione di alcuni territori asiatici sotto l'influenza sovietica e a dissensi ideologici, si avvicinò agli USA, che nel 1971 riconobbero ufficialmente il regime comunista.
Mao seguì un indirizzo di politica interna con particolari iniziative quali il «grande balzo in avanti» (1958-60) per rilanciare l'economia soprattutto nel settore agricolo attraverso l'istituzione della «comune» popolare: vaste unità territoriali che organizzavano non solo la produzione agricola, ma anche la vita dei contadini sulla base di una rigida eguaglianza, limitando tutto ciò che aveva a che fare con la sfera privata. Il «grande balzo» fu un insuccesso, portò a carestie, a disorganizzazione nella produzione, a stanchezza della popolazione.
Altra iniziativa di Mao fu la «rivoluzione culturale», un tentativo di rinnovare radicalmente tutti gli aspetti della vita cinese per sminuire l'importanza del partito e degli operai e per esaltare il ruolo dei contadini, dell'esercito e degli studenti. Anche questa fallì e portò la nazione in pieno caos. Una terribile repressione ad opera dell'esercito portò una parvenza d'ordine. Dopo la morte di Mao (1976) i nuovi dirigenti puntarono sulle quattro modernizzazioni del paese: industria, agricoltura, esercito, istruzione tecnico-scientifica. Le **«comuni»** agricole sono state via via smantellate e l'unità agricola fondamentale è di nuovo la famiglia contadina. Sotto la guida del leader moderato Deng Xiao Ping si è attuata una politica di riforma tesa alla riduzione del controllo burocratico sull'economia e del controllo sociale sui cittadini e si è ammessa l'iniziativa economica privata come supplemento all'economia socialista di proprietà pubblica. Le riforme economiche portarono ad una Cina più ricca, più efficiente, con investimenti stranieri, ma quando esse provocarono le prime richieste di riforma politica la risposta di Deng fu quella di schierare la linea dei riformisti economici in opposizione a quella dei riformisti politici, per varare un pragmatismo autoritario sempre protetto dall'esercito. A 10 anni da queste riforme gli intellettuali apparivano i meno favoriti, nel paese aumentavano i nuovi ricchi; contadini e commercianti vedevano moltiplicare il proprio reddito, cresceva la corruzione.
Sono gli studenti a sentire più d'altri strati sociali l'insicurezza del futuro: chiedono maggior democrazia e manifestano contro la burocrazia, contro i privilegi e contro la corruzione; chiedono una riforma politica democratica senza la quale, essi sostengono, la riforma economica rischia solo di arricchire i ceti sociali che ne beneficiano.
Il malcontento degli studenti e i conseguenti tragici avvenimenti del maggio '89 nella Piazza Tien an-Men, che hanno interessato il mondo intero, dimostrano la vitalità del movimento ma non consentono di prevedere i futuri sviluppi dell'attuale crisi.
Gli avvenimenti storici evidenziano la continuità e peculiarità della civiltà cinese, segregata dalla storia del mondo. Il sistema politico tradizionale poggiava su alcune concezioni filosofiche e morali, elaborate nel corso dei secoli ma sempre di grande coerenza. La concezione del mondo è dinamica: ogni fenomeno naturale o sociale presenta due aspetti opposti e complementari: femmina e maschio, inverno ed estate, notte e giorno, luna e sole in una continua contraddizione che muove il mondo. Esiste un dinamismo in ogni cosa, un'evoluzione in ogni situazione e quindi bisogna rispettare il corso naturale degli avvenimenti.
Questi concetti hanno influenzato per secoli la vita cinese in ogni suo aspetto e determinato il potere dell'imperatore che è intermediario fra la natura e la società umana, ha il compito di mantenere l'ordine e l'armonia del mondo e dispone di potere assoluto sul popolo.
La civiltà cinese è permeata da un pragmatismo che le ha consentito di adattarsi sempre a qualsiasi situazione. Essa ha saputo assorbire, identificarsi nel fatto nuovo, assimilare tutto e rapidamente ma rimanere essenzialmente cinese. Così le dinastie mongole sono state svuotate della loro estraneità, il cristianesimo è stato cinesizzato dopo i tentativi dei gesuiti di cristianizzare il confucianesimo, la rivoluzione culturale è stato un tentativo di sinizzare il modello comunista sovietico che in Cina non funzionava.
Il cinese comune accetta tre religioni: il Confucianesimo, il Taoismo e il Buddismo.
Il *Confucianesimo* regola i «riti di passaggio», cioè la nascita, la maturità, il matrimonio, i funerali e il comportamento morale nella vita pubblica; il *Taoismo* si esprime nelle feste e guarisce le malattie; il *Buddismo* provvede anche ai riti funebri, ma soprattutto porta nella vita quotidiana la compassione e l'idea della salvezza nell'aldilà. Nessun cinese, a parte i sacerdoti e i funzionari, si sente esclusivamente confuciano, taoista o buddista.
Confucio nacque nel 551 a.C. da famiglia povera, ma aristocratica; egli scrisse poco, ma i suoi detti sono alla base del sistema morale cinese. Furono i missionari gesuiti a latinizzare il suo nome K'ung Fu Tzu, che significa «il grande maestro K'ung». La dinastia imperiale Han (206 a.C.) assunse il Confucianesimo come disciplina fondamentale per la preparazione dei funzionari di stato.
Confucio e Mencio, il più grande scrittore confuciano nato oltre un secolo dopo la morte del maestro, mescolano alle loro dottrine morali e agli insegnamenti etici un deciso senso pratico, occupandosi di problemi economici e della conservazione delle attività tradizionali e dell'ambiente.
Lao Tse, il filosofo padre del Taoismo, anch'egli del VI sec. a.C., è un personaggio quasi leggendario. Egli affermò che fondamento di tutto è il Tao, che letteralmente significa «strada» o «tramite» e che due sono le forze che interagiscono nel Cosmo: lo Yang o lo Yin. Lo Yang è una forza maschile, positiva, che si identifica in tutto ciò che è caldo, duro, asciutto, lucente, è l'essenza della luce solare e del fuoco, lo Yin è il principio femminile, negativo, proprio di tutte le cose passive, fredde, umide, morbide, buie, è l'essenza dell'ombra e dell'acqua. Tutte le cose sono sorte dall'interscambio di questi due principi, tra i quali non c'è opposizione, ma un fondamentale accordo. Essi sono ambedue necessari e complementari e, se armonizzati tra loro, producono cose buone.
Alla base della religiosità cinese è il culto degli antenati defunti e la venerazione delle montagne, dei fiumi e di altri elementi naturali. Essi aspirano a raggiungere l'armonia con la natura che amano e godono in questa vita. Antichissima e ancora diffusa è la credenza dell'influsso di spiriti benefici e malefici, ai quali i cinesi offrono sacrifici e offerte simboliche, bruciando immagini di carta o offrendo alimenti che poi essi stessi consumano.
Il regime comunista ha sempre permesso lo svolgersi delle principali feste buddiste quali il Capodanno, la Festa delle Barche del Drago e quella dell'Ottava Luna. Il Capodanno Lunare o festa della primavera è la più importante e celebrata fra le festività odierne. Sull'altare di famiglia vengono posti cibi. Le feste e i riti religiosi sono ancora molto sentiti sia nella Cina Continentale che nella Cina Marittima cioè quella dei Cinesi delle altre regioni asiatiche, specie il Sud Est e nella Cina della diaspora, cioè i Cinesi emigrati negli altri continenti.

1. Comunicazioni e turismo

Seppur con una certa cautela, la Cina si propone con insistenza quale meta turistica. Nel 1987 sono entrati 1800 milioni di dollari in valuta pregiata grazie al turismo. Il numero di visitatori è in continuo aumento (139% di incremento annuo), anche se la maggior parte di essi sono Cinesi residenti ad Hong Kong, Macao, Taiwan, in visita a parenti e amici.

Attualmente i tour operator vendono il viaggio in Cina come il viaggio-novità, l'esperienza nuova e la destinazione sulla quale si concentrano le loro attenzioni e aspettative, sempreché le autorità cinesi mantengano la promessa di potenziare e rendere qualitativamente appetibili le varie strutture ed infrastrutture ricettive. Il viaggio non è competitivo con altre destinazioni né per interesse, né per costi, né per qualità di servizi. La considerevole lontananza dall'Europa e dal Nord America fanno presupporre il perdurare di un tipo di turismo di élite, né è pensabile che possa verificarsi a breve termine lo sviluppo di un turismo interno asiatico, dato il perdurare in queste regioni di un basso reddito pro capite, ad eccezione del Giappone.

Il movimento turistico in continuo aumento è ben lontano dalla potenzialità reale del paese, ma è sufficiente ad esasperare i problemi inerenti all'attività turistica. L'offerta è limitata quasi sempre alla Città Proibita, alla Muraglia, ai «Soldati di Terracotta». Non sono propagandati a sufficienza luoghi di interesse storico o paesaggistico, avvenimenti sociali, festival perché manca il senso del marketing. Inoltre molte località interessanti non sono comprese nei vari tour per le difficoltà di raggiungerle e per la mancanza di qualsiasi struttura ricettiva. I trasporti sono ben lontani da soddisfare la richiesta turistica e la difficoltà negli spostamenti raggiunge livelli inaccettabili soprattutto in autunno e primavera, stagioni di punta del movimento turistico.

Il treno è un mezzo molto usato per le grandi distanze. I lenti treni cinesi sono un insieme di raffinatezze e sporcizia orientali: cuscini ricamati, pizzi, piante fiorite, luci schermate e poi finestrini e pareti sudici. Le vetture sono frequentemente prive d'aria condizionata, fumo e fuliggine entrano dai finestrini perché la maggior parte delle locomotive funziona a vapore. La rete stradale, seppur ampliata notevolmente, è ancora scarsa, le strade sono soprattutto in terra battuta, strette, senza protezioni ai lati, appannaggio di macchine agricole, carri trainati da buoi, biciclette, pedoni, animali, tutti intenti a superarsi l'un l'altro.

I veicoli sono pochi, vecchi, obsoleti. Recenti piani economici prevedono la costruzione delle autostrade Pechino-Guangzhou (2600 km) e Pechino-Harbin (1300 km) e una trasversale che unirà le regioni centrali alla costa.

Il mezzo migliore per spostarsi all'interno del grande paese rimane l'aereo, anche se le linee interne sono sovraccariche, le prenotazioni spesso fantomatiche, i ritardi di ore, se non di giorni, anche per voli brevi e gli itinerari previsti non vengono rispettati. I servizi aerei internazionali, che utilizzano gli aeroporti di Pechino e Shanghai, sono in espansione. Numerosi sono i voli da Hong Kong alle principali città della Cina. Lungo le principali vie d'acqua un confortevole servizio di battelli costituisce un'alternativa al trasporto passeggeri.

Il livello dei servizi e la professionalità, accettabile negli alberghi delle principali città, lascia molto a desiderare altrove. Aperta la strada al turismo, la Cina in genere e Pechino in particolare hanno dovuto fronteggiare una richiesta superiore all'offerta. Esiste varietà di alberghi, alcuni appartenenti a catene internazionali, ma mancano posti letto e nei periodi di punta è possibile essere costretti a dormire nelle hall o a dividere la stanza con una persona estranea per facilitare altre ospitalità. Si stanno costruendo nuovi alberghi, ma a volte è difficile accedervi.

Attualmente al turista straniero è possibile partecipare a viaggi collettivi, mai individuali, su un congruo numero di itinerari indicativi, per i quali la capillare organizzazione turistica cinese, che fa sempre capo a Pechino, fornisce poi programmi dettagliati. Per le difficoltà che la lingua e la scrittura cinese presentano sarebbe problematico un viaggio in Cina senza le guide-interpreti che, avvicendandosi nelle varie località, si prendono cura del gruppo. Negli ultimi anni si è andato diffondendo lo studio della lingua inglese, necessaria ai crescenti contatti con gli stranieri, che sempre più numerosi si recano in Cina.

La Grande Muraglia fu eretta dalle stanziali popolazioni contadine cinesi a difesa delle loro fertili pianure dalle periodiche incursioni dei nomadi pastori mongoli. Partendo da un punto al di sotto del livello del mare, la Muraglia finisce con l'inerpicarsi sul-

L'armata di guerrieri di terracotta rinvenuta nella tomba del primo imperatore della Cina Shi Huangdi, nella provincia dello Shanxi. [R. Baumgartner/Explorer]

Stazioni balneari riservate di solito a stranieri e ad alti burocrati del regime hanno accolto un maggior numero di turisti cinesi, operai per la prima volta in gita sociale.

2. Pechino e dintorni

Il turista che arriva nella città vecchia di Pechino (Beijing), come dice Le Corbusier, non si trova di fronte a strade curve tracciate dall'asino, ma a strade dritte tracciate dall'uomo. Pechino rispetta le caratteristiche delle città cinesi tradizionali: la pianta quadrangolare, le strade che si tagliano ad angolo retto, l'orientamento verso sud degli edifici, la cinta di mura che si ripete anche attorno ai singoli isolati, lasciando spazio a cortili interni, su cui si affacciano tutte le aperture della casa, mentre sulla strada si aprono piccole porte schermate da muretti.

Dove ora sorge Pechino viveva cinquecentomila anni fa l'Uomo di Pechino, progenitore degli attuali cinesi. Pechino è la capitale (9,7 milioni di abitanti), il maggior nodo di comunicazioni, il principale centro culturale e artistico della RPC. Con il nome di Tatu o Khan Balik fu importante all'epoca di Gengis Khan che, conquistato dalla civiltà cinese, ne fece la sua splendida capitale, la città più cinese della Cina. Dopo avere portato la capitale a Nanchino, capitale del sud, i Ming, nel 1421, la riportarono definitivamente a Pechino, città di frontiera, capitale del nord. Di questo periodo è infatti la struttura urbanistica del centro storico: a nord la città tartara dai sublimi quadrati, a sud la città cinese a pianta rettangolare, ambedue cinte da mura, oggi in parte abbattute per favorire il traffico. Entro la città tartara vi sono altre due città murate: la quadrata Città Imperiale, cui potevano accedere solo ministri e alti funzionari e al suo interno la quadrata Città Purpurea o Proibita, riservata ai membri della famiglia imperiale e alla loro servitù. Tutti gli edifici principali, sia della Città Proibita che di Pechino, sono rivolti al sud poiché dal nord, la terra delle steppe, oltre ai gelidi venti polari, provenivano i nomadi invasori, che avevano sempre ispirato terrore ai Cinesi. La Città Purpurea, immersa in meravigliosi giardini, oggi parchi pubblici, fu costruita più di 500 anni fa dagli imperatori Ming e rappresenta il più splendido esempio di architettura cinese. Nel complesso degli edifici imperiali, oggi trasformati in musei, ampi cortili separano gli oltre cento padiglioni di legno laccato in rosso, dai tipici tetti a vela decorati in verde, giallo e oro, poggianti su grandi imbasamenti di marmo bianco.

Il più ricco dei parchi imperiali è il Pei Hai, fatto costruire dal mongolo Kubilai, con la famosa Collina Artificiale del Carbone, da cui si può ammirare il giuoco dei tetti e dei cortili della Città Imperiale, i molti laghetti, dove i pechinesi vanno in barca d'estate e a pattinare d'inverno. Nel Parco Pei Hai è assai notevole il Muro dei 9 Dragoni, totalmente decorato da draghi azzurri, verdi, gialli e viola in terracotta smaltata. In questo parco dal 1651 la pesante struttura dello **stupa** tibetano, che si innalza fra la rigorosa purezza delle architetture cinesi, viene ad evidenziare una delle caratteristiche della mentalità sinica: la necessità di fondere ed unire elementi comuni delle religioni più diffuse nel paese: il Confucianesimo, il Taoismo, il Buddismo. In Cina infatti oltre al tempio di tipica struttura cinese, è frequente il tempio confuciano dalle molte piccole pagode, la pagoda buddista, le statue del Budda, talora enormi, come il «Tatagata» del tempio Linying di Hangzhou (alta 24,8 m) o quella di Lashan (alta 70 m), talora molteplici come quelle della Parete dei mille Budda a Jinan (Shandong).

Delimitata a nord dal lungo muro meridionale della Città Proibita, interrotto solo dalla Porta Tien an-Men (della Pace Celeste), si apre la recente omonima piazza, la più vasta del mondo, teatro di grandi manifestazioni e divenuta popolare in tutto il mondo dopo il movimento studentesco del 1989. Su di essa si affacciano il Palazzo del Congresso del Popolo, il Mausoleo di Mao e grandi alberghi. Qui comincia la Pechino moderna con il Monumento agli Eroi del Popolo e il Museo storico della Cina e della Rivoluzione. Lungo le mura della Città Purpurea la grande arteria Chang'an, che è tutta alberata e servita da una tranvia sotterranea, taglia la città in senso est-ovest; vi sfrecciano continuamente nugoli di biciclette e ora anche moto e auto che ne rendono problematico ai pedoni l'attraversamento.

le montagne in vista del Tibet. Per l'altissimo numero di persone che morirono durante la sua costruzione la muraglia è considerata il più grande cimitero del mondo. La sua enorme estensione la rende visibile anche dalla Luna. [R. Burri / Magnum, Milano]

Il Tempio del Cielo, costruito a Pechino sotto i Ming nel 1420. [M. Pell / Magnum, Milano]

Ininterrottamente, per secoli, l'imperatore cinese al solstizio d'estate e al solstizio d'inverno usciva dalla Città Purpurea in solenne corteo, che non doveva essere osservato dal popolo, e raggiungeva, al limite estremo della città cinese, il Tempio del Buon Raccolto, dove si svolgeva un rito che aveva come scopo principale la legittimazione del potere imperiale. Il Tempio, ammirevole esempio di architettura cinese religiosa, è un edificio in legno dell'epoca Ming (XV sec.), costruito con geometrica precisione su base astronomica e nell'esaltazione del numero 9 e dei suoi multipli, e ricoperto da un triplice tetto di mattonelle blu.

La topografia della nuova città di Pechino, nonostante le molteplici opere di ricostruzione, segue il tradizionale modello simmetrico cinese. Numerosi edifici stanno nascendo un po' dappertutto, anche attorno agli spazi liberi della vecchia Corte Imperiale. Il quartiere nord-ovest è il centro culturale e scientifico di Pechino, mentre a est e a sud sono sorti i quartieri industriali, un'ampia circonvallazione alberata e molti spazi verdi. A Pechino vi sono numerosi teatri, la più importante Biblioteca del paese, il ricco Museo del Palazzo Imperiale e più di 50 istituzioni universitarie, tra le quali l'Università di Pechino e l'Università Qinhua, famosa nel mondo.

Si può percepire la misura delle fastose costruzioni realizzate dagli imperatori cinesi osservando alla periferia di Pechino il ricostruito Palazzo d'Estate, oggi animato parco pubblico, raggiungendo la Necropoli dei Ming o il tratto più prossimo alla capitale della Grande Muraglia, di recente restaurato. La necropoli, costituita da 13 enormi palazzi in parte sotterranei, è raggiungibile attraverso la Strada delle Anime, fiancheggiata da grandi sculture in pietra. La Grande Muraglia, iniziata nel 400 a.C. per difendere la Cina dai nomadi del nord e ampliata in particolare nell'epoca Ming, si sviluppa per 6700 km con un muro alto da 5 a 10 m. Regolarmente interrotta da torri di guardia, si snoda nelle pianure e sale e scende sui versanti montuosi che incontra. È simbolo della Cina e meta scontata per ogni turista.

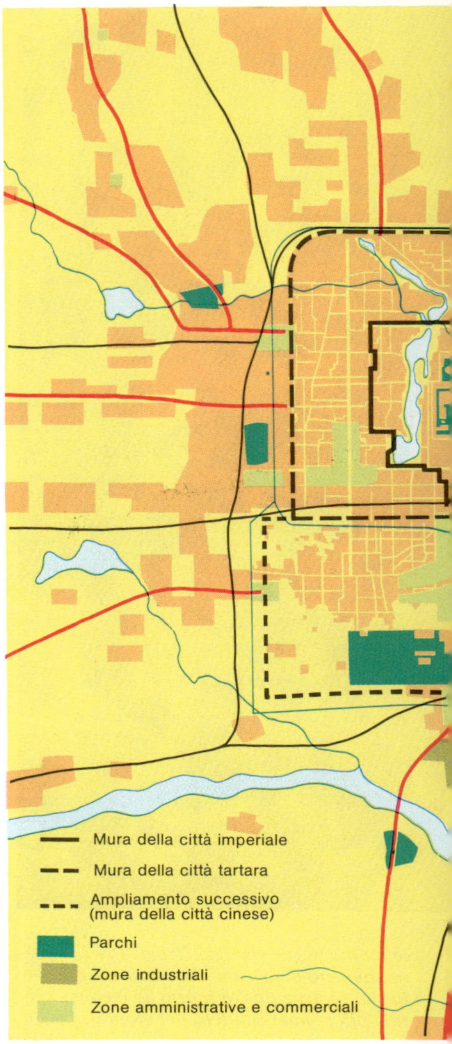

Pianta di Pechino:
«Città Tartara» (quadrata)
«Città cinese» (rettangolare).

3. Altre città

La maggior parte delle grandi città della Cina è situata a est, lungo le coste, lungo le rive dei grandi fiumi, nella regione cioè maggiormente dotata di vie di comunicazione.

Nanchino (Nanjing), più volte capitale imperiale, conserva inalterata l'antica pianta quadrangolare, anche se attualmente ha avuto un notevole sviluppo industriale e come nodo delle comunicazioni. La città è posta sulla riva destra del Fiume Yang tze Kiang (Changjiang), attraversato da un mo-

Pechino: Città Proibita.
[S. Fiore, Torino]

derno, ardito ponte a due piani orgoglio dei Cinesi. Tra i monumenti ricordiamo la Torre del Tamburo (Gulou) dalla cui sommità si gode un ampio e bellissimo panorama e il Mausoleo dell'imperatore Hong Wu, ambedue costruzioni dell'epoca Ming.

Se Pechino e Nanchino rappresentano il tipico modello della città cinese, la più popolosa città cinese Shanghai (12 milioni di abitanti) risente del suo sviluppo nell'800. Antico villaggio di pescatori sulla foce del Yang tze Kiang, nel XIX secolo gli stranieri vi si insediarono con le loro concessioni, accamparono le loro truppe, aprirono banche, costruirono edifici, strade, viali. Il Lungo Fiume o Bund, da cui si diramano le arterie principali della città, ospita sedi amministrative e grandi alberghi in palazzi altissimi. Vicina è la città vecchia, tipicamente cinese, con palazzi dai tetti ricurvi, pagode, giardini, laghetti. Ricordiamo il Giardino del Mandarino, il Tempio Huang Miao e quello del Budda di Giada, recentemente restaurato. Oggi Shanghai è il principale centro portuale e industriale del paese.

Il complesso delta dello Yang tze Kiang ospita meravigliose città e viene definito la «terra dell'abbondanza» per la ricchezza di fiumi e laghi, fra cui il Lago Taihu con il centro turistico di Wuxi.

Suzhou, una delle «Venezie d'Oriente» è costruita su una miriade di canali, nei tempi antichi luogo di villeggiatura dei nobili, che vi edificarono ville e splendidi, raffinati giardini. Particolarmente famosi sono i 4 Grandi Giardini, costruiti da illustri artisti del 1300, la cui pianta è stata tracciata secondo lo stile di giardino tipico delle varie dinastie. Disegnati capricciosamente sfruttano sempre le caratteristiche del paesaggio circostante.

Hangzhou, al termine meridionale del Grande Canale, all'epoca di Marco Polo, oltre che un grande porto, era un centro per lo svago e il divertimento degli aristocratici. Anche oggi il clima e le bellezze naturali ne fanno uno dei più attraenti centri turistici cinesi.

Canton (Guangzhou), in prossimità del Tropico del Cancro a nord del delta del fiume delle Perle, è da secoli il centro politico, economico, culturale della Cina meridionale. Canton ospita le fiere primaverili e autunnali dei Prodotti Cinesi per l'Esportazione e il Centro Internazionale per il Commercio. La città vive oggi nuove esperienze socio-economiche grazie agli stretti rapporti con Hong Kong cui è collegata quotidianamente con aliscafi, voli charter e confortevoli treni Intercity. Il governo di Pechino favorisce lo sviluppo di Canton verso Hong Kong e ha varato l'ambizioso progetto che

L'ampia piazza Tien an-Men di Pechino è punto di riferimento per ogni turista in visita alla città e teatro dei principali avvenimenti del paese. [Action Press]

Arte e architettura cinese

Lo scheletro delle antiche costruzioni cinesi consisteva in una piattaforma innalzata sul livello del suolo, in una struttura di legno e in un tetto massiccio. La piattaforma fu aggiunta in un secondo tempo per proteggere il legno della costruzione dall'umidità e dall'acqua piovana. Anticamente le piattaforme erano costruite in terra battuta ma con una tecnica così sofisticata che sono pervenute a noi quelle della dinastia Shang vecchie di 3000 anni; successivamente vennero ricoperte con pietre larghe e piatte. Dopo la diffusione del Buddismo la piattaforma diventa una terrazza in pietre modellate, con capitelli sporgenti e via via sempre più elaborata. L'altezza della piattaforma indicava generalmente il rango sociale del proprietario; quelle dei palazzi reali aggiunsero via via gradini, scalinate, balaustre in un insieme solenne e dignitoso.

Importanza nella struttura edilizia cinese assume il tetto in un insieme di utilità e valori estetici: le sue grandi sporgenze proteggono dalle piogge l'ossatura in legno dell'edificio; le bellissime curve delle sue linee superiori sono la cosa più evidente degli edifici che, numerosi si aprono su un cortile comune. Il tetto cinese con i lati concavi e la gronda rivolta in alto favorisce l'illuminazione. Le curve dei tetti nelle case del nord della Cina sono lievi, fortemente esagerate al sud. Sono gli smalti vivaci che negli edifici cinesi fanno brillare i peculiari tetti e le multicolori decorazioni. Si ritiene che i primi smalti risalgano alla dinastia Han, a circa 2000 anni fa e che fossero colore oro, verde e blu. Quelli più vari e policromi della dinastia Tang (618-807) sono particolarmente famosi. Durante le dinastie Ming e Qing (1368-1911) si impiegarono negli smalti molti altri colori quali il rosa, il blu pavone, il porporino, utilizzati non solo per tegole e mattoni ma anche per utensili domestici. Inoltre si stabilirono rigorose restrizioni nell'uso e nei colori dello smalto, il giallo fu considerato il colore più esclusivo riservato al palazzo imperiale e ai templi.

Un elemento decorativo molto diffuso nell'architettura e nell'arte cinese è il drago che ha qui un ruolo benefico. Il drago, presente in molte culture quale personificazione del male e mostruoso condensato delle umane angosce, assume in Cina caratteristiche del tutto originali. Il drago cinese si presenta quale creatura fantastica ma benevola, apportatore di pioggia ed emblema del cielo che protegge la terra. Compariva nell'iconografia tradizionale come motivo ricorrente, collegato alla figura dell'imperatore, la cui residenza è sempre ornata con tali figure.

prevede nel 2000 una grande megalopoli di oltre 20 milioni di abitanti che inglobera Canton e Hong Kong dando vita ad un grande polo industriale-commerciale. Uno splendido albergo, tra i più moderni e confortevoli della Cina, è sorto grazie alla collaborazione tra un finanziere cinese di Hong Kong e il governo di Pechino.

Nella regione dello Guangxi, Guilin, detta «Gemma della Cina» per la sua bellezza, è situata lungo la sponda del fiume Li fra riposanti prati verdi da dove si elevano improvvisamente monti e pinnacoli, antichissimo fondale di un mare ritiratosi millenni or sono. Questo vasto paesaggio su cui si adagia Guilin dà forti emozioni: risalendo il fiume appaiono numerose montagne dalle verdi cime arrotondate, dalle forme bizzarre, disposte a onde di mare. Esse hanno costituito in tutti i tempi lo sfondo di stampe, acquarelli, ricami della Cina.

A sud di Canton, di fronte alle coste del Tonchino, si può facilmente raggiungere l'isola di Hainan, con i suoi frutti tropicali, tipica espressione di una regione che non ha mai inverno. Recentemente sono stati istituiti collegamenti aerei con Hong Kong e Canton.

Nella regione dello Shaanxi, Xian è di grande richiamo turistico. Antica città a pianta quadrangolare da cui iniziava la Via della Seta, capitale imperiale di 11 dinastie cinesi, conserva significativi monumenti. Una collina artificiale ospita la tomba di Qin Shi Huang, fondatore della dinastia Qin. I membri di una Comune mentre scavavano un fosso nel 1974, si imbatterono in una statua di terracotta ad altezza d'uomo, che raffigurava un guerriero sepolto verticalmente. Si scoprì che faceva parte di un grande esercito composto di fanti, lancieri, arcieri e cavalieri, con carri e cavalli, tutti disposti in file ordinate, in assetto di guerra per difendere l'imperatore morto. Su ogni statua, originariamente dipinta, si scorgono i tratti del guerriero rappresentato. Le parecchie migliaia di statue, piuttosto ben conservate, di questo esercito di terracotta rappresentano lo spettacolare monumento funebre dell'imperatore che diede il nome alla Cina.

La città di Qu Fu, nell'arida e ventosa provincia dello Shandong, fu considerata attraverso i secoli luogo sacro e centro della storia del pensiero cinese. Vi nacque Confucio e fu continuativamente abitata dai suoi diretti discendenti, che si tramandarono la cura dei monumenti e della tradizione confuciana, fino all'avvento al potere del partito comunista, che li costrinse ad abbandonare definitivamente non solo Qu Fu, ma anche la Cina. La Rivoluzione Culturale bandì il pensiero confuciano; i principali monumenti caddero in abbandono e subirono notevoli vandalismi e Qu Fu venne volutamente dimenticata. Da alcuni anni la Cina ricerca se stessa, non rifiuta la propria storia e le proprie tradizioni. I Cinesi ritornano a venerare la memoria e i luoghi dove visse Confucio. Di conseguenza Qu Fu è di nuovo meta di visitatori cinesi che affollano lo splendido complesso. La città solo da alcuni anni è aperta anche al turismo straniero, anche se ancora poco frequentata perché non compresa negli abituali circuiti.

Il Tibet, caratterizzato nel passato dal regime teocratico feudale dei Lama, è stato assimilato dalla Cina solo dopo gli anni '50. Data la notevole altitudine dell'altopiano la scarsa popolazione si dedica all'allevamento soprattutto dello yak. Questo bovino è utilizzato come animale da sella, da soma, da latte, da carne. [Marka, Milano]

In alto, a sinistra.
Guilin, nella regione dello Guangxi, pur essendo lontana dalle mete più visitate della Cina, per la sua peculiare bellezza, viene sempre più frequentemente inserita negli itinerari turistici. [H. Kubota/Magnum, Milano]

4. Tibet

Il Tibet (Xizang) è il più vasto e il più elevato (4000-6000 m di altezza) altopiano del mondo, chiuso ad ovest dal Karakorum e a sud dall'Himalaya; è in gran parte occupato da deserti di roccia, bacini chiusi e laghi salati. Questo ambiente adatto all'isolamento e alla meditazione è stato la culla della religione buddista-lamaista. Un migliaio di monasteri, ricchi e preziosi, furono per secoli i centri propulsori della vita non solo religiosa e monastica, ma anche economica e politica. Quasi sempre abbarbicati, in simbiosi con le montagne circostanti, erano i custodi di una società teocratica e feudale. L'occupazione cinese del 1950 pose termine al regime teocratico, costrinse il Dalai Lama all'esilio e trasformò lo stato monastico in Regione Autonoma della Repubblica Popolare Cinese. Templi e monasteri furono danneggiati durante la Rivoluzione Culturale e la società medioevale subì profonde trasformazioni. I Cinesi hanno costruito scuole, ospedali, fabbriche e strade che collegano il Tibet alle vicine regioni cinesi, ma la popolazione tibetana ha conservato tradizionali forme di vita: le due comunità non si sono integrate e il paese vive in un clima di tensione. Recente è il tentativo di recupero non solo dei templi, ma anche della società lamaista: ritornano i pellegrini e il paese è aperto al turismo.

Lhasa, la capitale, città sacra situata nel bacino del Bramaputra, a 3680 m di altezza, è dominata dal maestoso **Potala,** reggia, monastero e fortezza insieme. Questo complesso architettonico alto 13 piani appare emulazione, da parte dell'uomo, delle montagne che lo circondano. L'influenza esterna è evidente: al mercato le cineserie hanno sostituito l'artistico artigianato locale, i tradizionali tappeti tibetani si trovano ormai anche nei negozi europei, seppur con modelli e colori diversi, i ristoranti offrono yak-burger, le 500 stanze di un poco confortevole anche se nuovo albergo sono dotate di maschere ad ossigeno.

Il difficile accesso alla regione e il fascino della sua antica civiltà hanno sempre stimolato la curiosità e la fantasia di molti europei, soprattutto oggi che le vicende politiche del paese vengono frequentemente diffuse dai mass media. Infatti operatori turistici includono il Tibet nei programmi predisposti per la visita di Cina e Nepal.

Corea del Sud

Inaugurazione delle Olimpiadi del 1988 nello Stadio Olimpico di Seul. La Corea, il «Paese dell'eterna bellezza», come significa il suo nome, presenta particolari attrattive naturali per la grande varietà della morfologia, dei climi e della flora. La penisola coreana è stata per secoli bacino di sintesi delle diverse civiltà formatesi nelle vastissime regioni limitrofe e testa di ponte per il passaggio delle culture continentali nell'arcipelago giapponese. La sua cultura si è espressa in forme artistiche di eccezionale splendore e raffinatezza come nei fastosi palazzi e templi, nei monasteri buddisti, nelle tombe dei sovrani ricche di preziosi tesori, nella produzione statuaria dalla forte espressività. Tra i paesi dell'Estremo Oriente è stato il più recente ad aprirsi al mondo esterno e in pochi anni ha raggiunto un cospicuo movimento turistico, che nel 1988 è stato di 2.340.000 visitatori, di cui il 30% per affari, dato il grande sviluppo industriale verificatosi negli ultimi anni grazie ai cospicui investimenti stranieri, soprattutto giapponesi. È in corso un timido riavvicinamento alla Corea del Nord, separatasi in seguito a un conflitto terminato nel 1953, che non ha ancora raggiunto una dimensione turistica organizzata. [Olympia, Milano]

Il trekking

Il trekking delinea un modo di fare turismo che assimila la pratica sportiva al viaggio; consiste in lunghe marce alla scoperta di paesaggi sconosciuti, di località emarginate non raggiungibili da strade né da mezzi di risalita. È luogo comune che la parola trekking sia un anglicismo per indicare lunghe camminate, invece esso deriva dall'olandese «trek» che significa migrazione. Attualmente essa ha assunto il significato di migrazione sportiva, un rito di salute; la massificazione del turismo ne va ampliando sempre più il significato.
E questo è un modo di far turismo né comodo né riposante né consentito a tutti, poiché esso cambia i ritmi di vita, richiede spirito di adattamento, buon allenamento e un perfetto stato di salute. Inoltre necessita di un equipaggiamento adatto, della presenza di esperte guide, a volte di un interprete per comprendersi con gli abitanti dei villaggi isolati da millenni.
Comunque il trekking coinvolge le organizzazioni turistiche, si avvale delle loro strutture, poiché per praticarlo è sempre preferibile far capo ad agenzie specializzate. Questa forma di turismo è del tutto recente, i flussi sono numericamente modesti, ma anno dopo anno essa conquista proseliti, si propongono nuovi percorsi e, dalle montagne himalayane vere protagoniste del trekking, la formula è ora passata ad altre catene non meno affascinanti.
Da una decina d'anni l'Himalaya, simbolo di avventura mitizzata, è meta di lunghe marce suggestive; abitata fino a notevole altezza, questa catena consente anche ai non alpinisti l'avvicinamento senza tecniche particolari al mondo inviolato delle alte vette. L'Himalaya, con le sue vette oltre gli 8000 m di altitudine, 2500 km di lunghezza, un universo di silenzi, di nevi eterne, di verdi vallate, si propone come un viaggio non solo nello spazio ma anche nel tempo, per i contatti che si hanno con popolazioni autoctone e con la suggestione delle loro religioni, miti e leggende. Un viaggio alla scoperta di una natura ancora segreta da esplorare passo dopo passo, è al contempo un modo di purificare lo spirito. La fantasia della gente himalayana da tempo immemorabile ha popolato di dei il «tetto del mondo», elevandolo poi a luogo di culto, di preghiera, di meditazione secondo varie fedi; natura e religione sono qui così strettamente legate quasi che l'imponenza e diversità della prima favorisca il moltiplicarsi delle altre. L'individuo vive pienamente la sua fede, il Buddismo tibetano coesiste con l'Induismo in Nepal e con l'Islamismo nel Kashmir, mentre nell'Hindukush infedele si adorano divinità dell'aria. L'Himalaya non è una regione emarginata, solitaria, violata solo da qualche alpinista alla ricerca di record; a memoria d'uomo esistono sentieri percorsi da pellegrini diretti a località sacre, da pastori che raggiungono con il gregge pascoli elevati, da intraprendenti commercianti che non temono distanze né fatiche. Si tratta di spostamenti carovanieri che sono la forma tradizionale del movimento tra le montagne himalayane per affrontare, uniti, i pericoli del viaggio; le carovane odierne, un po' insolite, sono costituite da trekkisti. La loro organizzazione è affidata ad agenzie turistiche a Kathmandu, Srinagar, a Islamabad e le più quotate sono in contatto con agenzie specializzate del settore in Europa e in USA. Offrono programmi prestabiliti e consigli sull'itinerario più adatto e sull'equipaggiamento da portare.
Nel grandioso paesaggio himalayano il trekking può prendere il via dal Kashmir, dal Bhutan, dal Pakistan e dal Tibet, ma è soprattutto il Nepal che lo ha sviluppato e, secondo stime ufficiali, ogni anno viene qui praticato da circa 30 000 turisti di varie nazionalità. Sono cifre irrisorie se confrontate al numero di visitatori che in una giornata di ferragosto si muovono in una vallata dolomitica, ma è molto importante per un paese emarginato come il Nepal, per il quale il turismo costituisce la prima fonte di attività salariata del paese.
Il Nepal, regno antichissimo le cui origini si perdono negli affascinanti ma oscuri racconti del mito indù, entrò nella storia quando a metà dell'800, con un regime monarchico assoluto il cui effettivo potere era esercitato dalla famiglia Rana, divenne protettorato britannico. Visse per più di un secolo in completo isolamento, racchiuso dai suoi monti. Era impossibile violare questa terra incontaminata, stupenda, ricca di miti e tradizioni fino a quando la rivoluzione popolare del '51 portò alla definitiva scomparsa della potente famiglia e alla riapertura delle frontiere. Il piccolo paese sembra estraneo a tensioni internazionali nonostante la sua delicata posizione geopolitica, schiacciato com'è tra i due giganti: Cina ed India. È un mondo antico, che segue i ritmi della natura, con una struttura economica fortemente arretrata, con un reddito pro capite fra i più bassi del mondo. Nelle sue valli, sfiorate da un'eterna primavera, nei villaggi abbarbicati lungo le pendici dei monti, è duro coltivare riso e miglio nelle terrazze digradanti, senza mezzi meccanici; inoltre l'isolamento dei centri agricoli impedisce scambi commerciali e riduce l'agricoltura alla forma di sussistenza. L'espansione nel settore turistico desta quindi speranze e il mito del Nepal va sempre più divulgandosi nelle civiltà occidentali quale terra di contrasti, di grandi spazi, di culture antiche, ma soprattutto di spettacolari montagne.
Al Nepal appartiene la sezione più imponente ed elevata del sistema himalayano con le vette dell'Everest, 8848 m, del Kangchenjunga, 8598 m, del Dhaulagiri, 8172 m, dell'Annapurna, 8087 m. Questo imponente paesaggio, oltre alla splendida capitale e al fascino della sua gente, è un'ambita attrattiva di turismo internazionale. Da quando agli inizi degli anni '50 si aprirono le frontiere l'incremento dei flussi di sportivi, trekkisti e visitatori è stato continuo e massiccio.
La notorietà del Nepal si deve alle prime spedizioni alpinistiche himalayane che si susseguirono negli anni '50. La prima spedizione fu francese: affrontò, vinse l'Annapurna e riportò in Europa una visione eccitante di questo mondo arcano attraverso una narrazione romantica riservata per la maggior parte agli alpinisti. Seguirono arrampicatori inglesi, tedeschi, italiani e svizzeri che tentarono la conquista di nuove vette oltre gli 8000 m e compirono imprese gloriose. Il mondo occidentale venne a conoscere gli spettacolari 8000 m, l'esistenza di campi base, di difficoltà respiratorie, dei valorosi sherpa; si immedesimò con l'arrampicatore in continua sfida con freddo, vento, verticalità delle pareti e aria rarefatta.
Un altro flusso turistico più consistente, ma che nulla aveva a che fare con l'alpinismo fu l'invasione dei giovani hippies che all'inizio degli anni '70 elessero il Nepal quale loro meta ideale non solo per la facilità di procurarsi l'hashish, ma quale illusorio regno dell'utopia così diverso dalla loro società. Da ogni parte d'Europa e dagli USA arrivarono a migliaia giovani dai vestiti stravaganti, dai lunghi capelli, che organizzavano feste trasgressive al chiaro di luna e bivaccavano a Kathmandu, immobili al sole, con lo sguardo perso nel vuoto.
Attualmente nell'epoca dei voli transcontinentali, delle grandi distanze annullate, delle pressanti informazioni dei media, le sommità himalayane sono diventate un terreno d'avventura ove si muovono sempre alpinisti professionisti o amatori, ma ove si affacciano sempre più numerosi gli amanti del piacere sottile del camminare.
Tappa d'obbligo per ogni visitatore è la capitale Kathmandu, il cui aeroporto è attivo scalo internazionale, collegato con 11 distretti del paese da numerosi servizi aerei che aiutano le difficili comunicazioni. La città sorge a 1326 m di altitudine, sul versante meridionale dell'Himalaya, alla confluenza di due fiumi. La sua felice posizione, sulla principale direttrice di comunicazioni che collega Lhasa nel Tibet con Patna in India, ne ha fatto la città più importante e popolosa, circa 400 000 abitanti, del paese. L'arteria principale, che scorre da nord a sud, divide la capitale in due parti. La città vecchia conserva attorno alla piazza principale edifici dall'interessante rivestimento in legno scolpito e antiche costruzioni ove si fondono gli stili buddista e induista. La parte nuova ospita le ambasciate, il Palazzo del Governo, lungo il viale che la unisce alla città vecchia si susseguono gli alberghi, le agenzie turistiche, negozi di tipo europeo e numerosi quelli specializzati per l'equipaggiamento alle alte quote, ove si comprano corde, tende e sacchi a pelo. La città è singolare: ogni strada finisce sempre su una prospettiva di monti incombenti, ogni angolo è un crocevia di etnie, piccoli Nepalesi, bonzi dai crani rasati, robusti sherpa, donne indù con la fronte dipinta di rosso. In ogni ora del giorno le strade sono congestionate da una folla di risciò, di carrette, cui si aggiungono i turisti arrivati individualmente, ma soprattutto in corposi gruppi degli «inclusive tour»; il Nepal viene proposto da molti tour operator internazionali quale prolungamento al classico viaggio in India. Sono turisti frettolosi, quasi ansiosi di non riuscire a consumare il prodotto Nepal, che sciamano vocianti per la piazza e le strade, entrano curiosi negli innumerevoli, splendidi templi, vengono coinvolti in infinite discussioni e contrattazioni nel bazar ove comprano tutto il possibile. Kathmandu sembra riuscire ad assorbire le presenze turistiche che qui non hanno ancora prodotto seri guai come altrove. La città, che in linea d'aria dista 150 km dalla catena himalayana, è base di partenza per avvicinarsi ad essa.
Chi non pratica il trekking può usufruire di voli organizzati che per circa un'ora fiancheggiano le montagne e consentono la vista di alte vette, di vasti ghiacciai, di laghi spettacolari, di individuare l'Annapurna e la cima dell'Everest, quasi sempre confuso tra le nubi. Qualsiasi programma di visita al paese prevede qualche giorno supplementare per un breve trek a basse quote, soprattutto nella valle di Kathmandu. È possibile anche effettuare trekking individuali reclutando portatori e guide tramite l'albergo.
Il vero trekking richiede un minimo di due o tre settimane e deve essere l'unico scopo del viaggio, si effettua in gruppo già formato nelle città di partenza o sul posto, con

Grande attrazione costituisce oggi spostarsi a piedi, sacco in spalla, accompagnati da uno sherpa verso vallate che portano a villaggi di montagna in un paesaggio che è tra i più grandiosi della terra, in una dimensione in cui fatica fisica e misticismo si fondono perfettamente. [R. Menardi]

partenze a date fisse e itinerari già stabiliti.
Il trekkista deve scegliere l'itinerario tenendo conto delle proprie possibilità fisiche, dei maggiori sforzi cui si sottopone a causa dell'altezza, del clima, della lunghezza delle tappe; anche l'equipaggiamento varia con la durata del viaggio e se si effettua a medie o alte quote.
Di grande importanza per la sua felice riuscita è la presenza della guida o sirdar, vero responsabile della spedizione.
I classici itinerari in partenza dal Nepal sono tre: il giro dell'Annapurna, il campo base dell'Everest e la traversata dello Zanskar, cui ogni anno se ne aggiungono altri.
Uno dei trekking più spettacolari è il giro dell'Annapurna che prende il via dalla città di Pokhara a 800 m di quota. Per la sua posizione ai piedi della spettacolare montagna è diventata il secondo centro turistico del paese, anche se le sue infrastrutture ammontano a tre semplici alberghi. Si può raggiungere in 40 minuti di volo che servizi plurigiornalieri assicurano da Kathmandu; per chi vuole immedesimarsi nel Nepal dei silenzi inconsueti, dei cieli azzurri, dell'armonia che nasce dal profondo rispetto per la vita è consigliabile il viaggio in pullman lungo la verde valle di Pokhara che le montagne himalayane circondano in un abbraccio quasi ossessivo, attraversando piccoli paesi dalle grandi case in pietra o villaggi rurali con le abitazioni in mattoni rossi e le finestre protette da graticci di legno. La strada, lunga 200 km, spesso dissestata dalle violente piogge monsoniche, è la principale direttrice fra il Nepal e l'India e segue l'antica carovaniera percorsa per secoli dai mercanti tibetani che scambiavano sale e lana con le merci indiane. Una marcia di 18 giorni descrive un anello di 350 km lungo il «sentiero delle creste» che circonda il massiccio dell'Annapurna. Richiede soste di acclimatazione, adeguato equipaggiamento, una guida esperta, perché se non si dosa bene lo sforzo qui è possibile esaurire le proprie forze. È previsto anche un difficile passaggio, spesso innevato, a 5000 m di altitudine. Questa faticosa marcia consente in compenso un esauriente approccio con il grandioso ed aspro ambiente himalayano, con i campi terrazzati delle risaie, con lussureggianti foreste subtropicali che, con il crescere della quota, cedono il posto ad alte conifere, con spettacolari morene e imponenti ghiacciai, con l'altopiano tibetano e i suoi deserti, con le grotte usate come abitazioni da eremiti; è anche possibile avere contatti con popolazioni la cui vita è impregnata di religiosità perché dominata con severità e violenza dalle forze della natura.

Gli sherpa

Gli alpinisti occidentali che hanno conquistato le vette «oltre gli 8000» del Sistema himalayano hanno avuto onori e gloria e poco merito si è riconosciuto alle guide e ai portatori nepalesi che li hanno aiutati, assistiti, salvati a volte a prezzo della propria stessa vita.
Nel 1953 Edmond Hillary e lo sherpa Tensing conquistarono per la prima volta la vetta dell'Everest, dando all'impresa risonanza mondiale. La lunga polemica che seguì, se in cima era arrivato prima l'alpinista o lo sherpa, fece conoscere al mondo intero questi portatori.
Gli sherpa, in tibetano «uomini dell'est», formano un'etnia di circa 20 000 anime. Essi, fino al XV sec., abitavano il Nordest del Tibet, poi si spostarono negli altipiani tibetani e successivamente nell'estremo Nord del Nepal, sempre comunque ad elevate quote.
Dediti ad un allevamento semibrado degli yak, che vivono nei pascoli di 4000-5000 m di altitudine, gli sherpa, abituati fin dall'infanzia a portare carichi, sono resistenti alle fatiche e ben si adattano all'altitudine. Spesso anche bambini e giovani donne, dai piedi nudi e dall'abbigliamento molto sommario, portano carichi pesanti lungo faticosi itinerari di montagna.
Gli sherpa affiancano gli alpinisti nelle spedizioni facendo della loro resistenza alle fatiche e del loro coraggio una vera professione rigorosamente gerarchica. All'inizio lo sherpa è il garzone di cucina, si occupa del fuoco, delle necessità spicciole del campo, impara dal suo capo a curare la propria igiene personale, le buone maniere.
Quando ha imparato ad usare sul ghiacciaio piccozza e ramponi passa di grado, diventa «portatore in altitudine», quindi sherpa nel senso comune del termine. Da quel momento è al servizio degli alpinisti per i quali prepara i pasti, trasporta bombole di ossigeno e combustibile oltre a tutti gli altri carichi, da un campo all'altro fino all'ultimo, li aiuta a rientrare al campo se hanno disturbi di altezza.
Gli sherpa ubbidiscono al sirdar, il loro capo che è il vero responsabile dell'organizzazione pratica della spedizione. Egli prende ordini dagli alpinisti per poi trasmetterli agli sherpa, di cui coordina il lavoro. Esposto alle loro critiche, supplisce a volte al loro abbandono della spedizione, calibra la lunghezza e le difficoltà della tappa, si occupa dei rifornimenti d'acqua, di carburante, sceglie i luoghi adatti alle soste e spesso contiene il malcontento dei clienti. Deve affrontare situazioni difficili, gli ostacoli di improvvise nevicate, smottamenti del sentiero in seguito ad un temporale e molti altri imprevisti.
Il mondo degli sherpa è notevolmente cambiato in questi ultimi anni. Fino a 30 anni fa essi erano inseparabili compagni dei «conquistatori dell'inutile», ne condividevano pericoli e fatiche in cambio di modeste ricompense; dopo gli anni '70 il turismo ha riversato sulle pendici delle catene himalayane migliaia di trekkisti senza creare separazione tra trekking e alpinismo, poiché molti itinerari percorrono gli stessi sentieri che gli alpinisti seguono per raggiungere il campo base e perché il trekking più impegnativo raggiunge anche l'alta montagna.
Come gli alpinisti dallo spirito avventuroso di ieri cedono a poco a poco il posto agli sportivi delle alte quote, così gli sherpa della nuova generazione si sono adeguati alla moda del trekking. Hanno trasformato le loro capanne, situate ad alte quote, in «lodges», in bivacchi, hanno organizzato il trasporto delle merci con carri trainati da cani coolie e, nelle quote più alte, da yaks. Sempre più numerosi sono gli sherpa che preferiscono accompagnare trekkisti sul «tetto del mondo» che portare bombole d'ossigeno ai patiti degli 8000 metri.

Giappone

La posizione geografica, l'estensione in latitudine di oltre 3000 km tra i 24° e i 45° lat. N, lo sviluppo costiero di ben 28 000 km, la complessità orografica, la presenza di due opposte correnti marine, l'influenza dei monsoni, conferiscono a questo paese una grande varietà di climi, quindi di vegetazione, di paesaggi e di insediamento umano. Molto diffuso è il manto boschivo ricco di conifere ad Hokkaido, latifoglie nelle isole centrali e piante subtropicali a sud. Al bambù, che qui cresce spontaneo, si aggiungono piante intensamente coltivate nelle vallate e nelle pianure, come il ciliegio, il pesco selvatico, le azalee, i giaggioli. Il paesaggio giapponese è caratterizzato da un notevole sviluppo di bellissime coste frastagliate, ricche di porti naturali, da circa 3000 isole, da montagne spesso vulcaniche che offrono sorgenti termali quali luogo di svago e di vacanza più che di cura, da picchi tormentati e limpidi laghi. Un paesaggio non sempre idillico, ma fortemente suggestivo comunque.

Il cono vulcanico del Fuji-yama, secolare simbolo del Giappone e l'avveniristico treno Tokaido (250 km/h) immagine dell'alta tecnologia giapponese. [Ambasciata del Giappone, Roma]

Cenni storici sul Giappone

La storia del Giappone inizia nel VI sec. d.C. quando una successione di mutamenti radicali trasformarono la società tribale primitiva in un Impero, cioè uno stato modellato su quello cinese. L'Imperatore unificò il paese senza però riuscire ad annullare la potenza di alcune grandi famiglie: fin dalle origini è tipica della società giapponese la divisione in clan o grandi famiglie e la continua lotta tra loro costituisce l'essenza della storia del Giappone.
Nara è la prima capitale stabile (VIII sec.) poiché prima di allora ogni Imperatore era solito cambiare capitale e costruirvi il proprio palazzo. Dalla Cina la religione buddista dilagò nell'arcipelago, magnifici templi furono costruiti a spese del governo a Nara, le complesse cerimonie buddiste divennero riti di corte e i conventi furono poli di emanazione di arte e di scienza.
Il Buddismo, per quanto diffuso, non scalzò lo Shintoismo, quale religione ufficiale, ma il clero buddista intervenne sempre più negli affari governativi tanto che, per sottrarsi all'influenza politica dei monaci, la corte imperiale nel 794 abbandonò Nara e i suoi templi e costruì la nuova capitale a Heia, l'odierna Kyoto.
La società giapponese fino al XII sec. fu di tipo feudale dominata da nobili da cui emersero le dinastie imperiali ed entro la quale alcune famiglie si combatterono a lungo anche dopo aver accettato la preminenza di una di loro, cui spettava il potere e l'autorità, mentre all'Imperatore rimaneva un potere simbolico legato al significato religioso della sua persona semidivina. Erano famiglie potenti anche economicamente grazie ad estesi possedimenti terrieri, gli shoen, che non tardarono a divenire ereditari. Gli shoen costituirono il tessuto economico dell'organizzazione feudale che assimilò il Giappone ad alcuni paesi europei e lo differenziò da quelli limitrofi dell'Estremo Oriente.
Nelle province si andò affermando una nobiltà di tipo guerriero che combatteva gruppi tribali ancora esistenti.
Con la nomina a Shogun, comandante generale, del capo della famiglia dominante, nel 1191, iniziò in Giappone un nuovo periodo storico, un interminabile Medioevo, che declinò solo nel XIX sec. La nomina a shogun rese ufficiale la sottomissione dell'imperatore alle grandi famiglie e, nonostante le lotte intestine, lo shogunato rappresentò la continuità del loro predominio sul resto della popolazione divisa in caste.
L'Imperatore, sovrano «de jure», con la corte ufficiale rimase a Kyoto mentre il primo Shogun, sovrano «de facto» stabilì il governo a Kamakura, capitale effettiva da dove esercitava il potere politico. I fedeli dello shogunato coprirono i posti chiave nelle province e nei nuovi possedimenti, in un rapporto di vassallaggio simile a quello occidentale.
Questa società guerriera influenzò il pensiero religioso e incoraggiò l'affermarsi di una setta buddista deviazionista chiamata Zen. È una filosofia della contemplazione, una disciplina spirituale che tende a liberare gli adepti da quanto è effimero e da ogni desiderio di guadagno personale; si basa sul rigore, sulle tecniche di meditazione e di dominio del corpo.
I guerrieri vi attingevano coraggio e accettazione del loro destino in battaglia, oltre alla fiducia in se stessi per svolgere compiti burocratici. Si costruirono monasteri e giardini Zen e monaci itineranti recitavano nei villaggi grandi epopee guerriere in versi.
L'organizzazione feudale durò per secoli e raggiunse la perfezione durante l'epoca Tokugawa che instaurò un rigido sistema amministrativo e una ferrea disciplina.
Lo Shogun amministrava direttamente circa 1/3 del territorio dell'impero, il resto era diviso fra 260 principi o daimyo; al loro servizio erano i samurai che ricevevano compensi in denaro o in natura, mai in terreni. I samurai avevano il privilegio di portare 2 sciabole, il monopolio dello studio e delle arti liberali. Il resto della popolazione era divisa in una rigida gerarchia nelle classi dei contadini, degli artigiani, dei commercianti, degli «eta» o fuoricasta.
La corte imperiale a Kyoto e l'alta società che gravitava attorno allo Shogun di Edo (Tokyo dal 1605) conducevano una vita lussuosa e raffinata; la cultura era tenuta in gran conto, si diffuse l'amore per il teatro, il gusto per una complicata architettura, l'elegante cerimoniale per servire il tè.
La chiusura di quasi tutti gli empori commerciali, l'acuirsi delle tensioni sociali, il collasso economico, alcune carestie indebolirono il potere dei Tokugawa e favorirono nel 1853 l'attracco delle navi americane nel porto di Edo, aprendo il Giappone al commercio e ai transiti con l'occidente.
Nel 1868 un colpo di stato ristabilì il potere imperiale: l'Imperatore trasferì la capitale ad Edo, l'attuale Tokyo, i principi gli restituirono i feudi, i samurai rinunciarono ai loro privilegi e il vecchio regime feudale tramontò definitivamente.

1. Turismo e vie di comunicazione

Oltre alla convinzione comune che il lavoratore giapponese deve migliorare la qualità di vita c'è la volontà del governo di mettere in moto un colossale business, quello del tempo libero, che dovrebbe portare ad un considerevole aumento dei consumi per equilibrare la politica economica del paese. Il governo ha messo a punto un piano per ridurre le ore lavorative poiché solo il 28% dei lavoratori godono della settimana corta e la durata della vacanza estiva va da 5 ad 8 giorni. Per incentivare il turismo interno, con il solito rigore e precisione si stanno costruendo 200 centri di vacanze con alloggi e attrezzature sportive e ingenti capitali sono stati stanziati per gli investimenti nel settore.

In Giappone la ricettività e il servizio alberghiero sono ottimi, moderni gli impianti di condizionamento d'aria o di riscaldamento. I «Ryokan» sono alberghi in stile tradizionale: l'atmosfera familiare, la serena comodità, la calma e la bellezza degli ambienti stupiscono l'ospite occidentale. Si dorme sul «tatami», una stuoia posta in terra e su di un cuscino incredibilmente duro. È possibile partecipare al rito del bagno in locali comuni. Si mangia necessariamente con le apposite **hashi** pesce crudo e alghe. Nel quadro naturale dei Parchi Nazionali e delle stazioni termali molti sono gli ostelli e i villaggi per le vacanze. Sono esercizi pubblici destinati ad accogliere Giapponesi che necessitano di riposo e di svago, ma sono ammessi anche visitatori stranieri.

Il continuo aumento di turisti e la previsione di maggior flusso nei prossimi anni, la rapida crescita dell'economia hanno provocato una maggiore ed esigente domanda nel settore dei trasporti e l'industria si è adoperata per realizzare mezzi sempre più veloci, sicuri ed economici. La montuosità del paese ha ostacolato lo sviluppo delle comunicazioni all'interno e ancora oggi sono molto meno sviluppati i collegamenti est-ovest che non quelli lungo i litorali, soprattutto quello orientale, urbanizzato e ricco di attrezzatissimi porti. La tecnologia avanzata ha permesso la costruzione di tunnel sottomarini ferroviari e automobilistici che collegano Hokkaido con Honshu e Honshu con Kyushu. Numerosi sono anche i servizi di aliscafi, lussuosi battelli e navi traghetto. La rete ferroviaria ha fama mondiale per rapidità, puntualità e sicurezza. Lo scartamento a volte è ridotto. Le linee principali sono la longitudinale pacifica e la linea trasversale Tokyo-Nijgata. Il superrapido Tokaido copre i 515 km che dividono Tokyo da Osaka in circa 3 ore. I treni Shinkansen coprono la distanza di 1070 km da Tokyo a Hako-

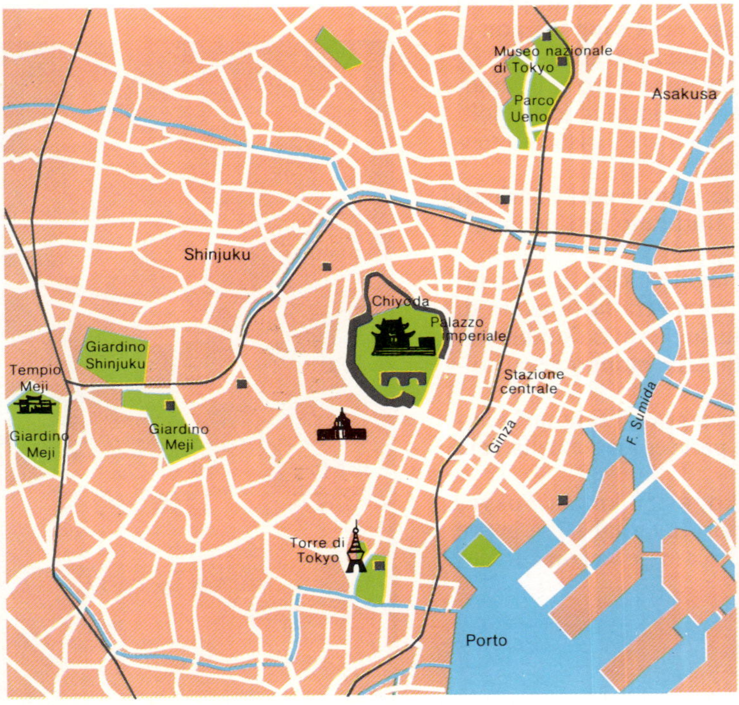

Pianta di Tokyo.

L'inconfondibile Fuji-yama (3776 m) si erge sul lago Ashinoko che, dotato di buone attrezzature turistiche, è noto centro di villeggiatura. [Marka, Milano]

date in circa 7 ore. Una velocissima monorotaia sospesa collega il nuovo aeroporto internazionale costruito a Narita nel 1978 con Tokyo. La rete autostradale si incentra su Tokyo e la collega con i principali distretti industriali. Il paese può contare anche su di una buona rete stradale, non però certo funzionale come quella ferroviaria a causa dell'intensità del traffico. Sei città giapponesi sono dotate di moderne metropolitane: Tokyo, Osaka, Nagoya, Kobe, Yokohama e Sapporo. Gigantesco è lo sviluppo dei porti, soprattutto lungo la costa pacifica. Il più importante complesso portuale è quello di Yokohama-Tokyo che assorbe circa il 30% del traffico totale. Le comunicazioni aeree internazionali sono molto efficienti e fanno capo a numerosi aeroporti. La compagnia di bandiera e altre nazionali assicurano voli continui in tutto il paese e collegano le maggiori città anche a località intermedie.

La bilancia turistica è fortemente passiva: prevalgono i flussi attivi sia per l'aumentato tenore di vita sia per l'incremento di rapporti di lavoro con altri paesi, sia per lo spasmodico desiderio di conoscere il mondo occidentale.

È un turismo particolare che non ha riscontro in alcun altro paese capitalistico. Il Giapponese non si muove da solo o con la propria famiglia, ma la vacanza negli ostelli o nei villaggi dei parchi nazionali come quella all'estero è meticolosamente programmata, per lo più dall'azienda in cui lavora.

2. La natura e i Parchi Nazionali

L'amore per la natura ha portato i Giapponesi ad identificarsi con essa, ad interpretarla come rivelazione divina, ad esaltarla con la costruzione di Torii (portici) nei luoghi più suggestivi, ad estetizzarla con l'Ikebana, arte di disporre i fiori, il Bonkei, creazione di paesaggi in miniatura su vassoi, il Bonsai, coltivazione di alberi nani in vaso, i giardini **Zen**, letto di sabbia bianca con qualche pietra sapientemente disposta. Il giardino giapponese che ha lo scopo di realizzare la comunione dell'uomo con la natura, invita questa ad entrare in casa; la natura non appare mai forzata ma spontanea anche se è sottoposta a continui interventi. L'esasperato rispetto per la natura ha lasciato aree verdi e giardini curati anche dentro le grandi città e ha permesso la costituzione di numerosi Parchi Nazionali su tutto il territorio giapponese. Essi sono progettati come aree di ricreazione più che di conservazione scientifica e molti accolgono opere dell'uomo, come altari scintoisti dedicati all'adorazione delle montagne, templi buddisti dove i fedeli possono meditare sugli splendori del paesaggio naturale, oltre a cascate e altri fenomeni naturali. Alcuni parchi accolgono cittadine, terreni privati e persino zone industriali. I principi di conservazione del Giappone non si possono dunque paragonare a quelli di paesi meno umanizzati.

Il parco più rinomato è quello di Fuji-Hakone-Izu dove si trova il famoso monte Fuji, vulcano a forma conica di straordinaria bellezza, che da molti secoli è il simbolo stesso del Giappone. Si tratta di una meta turistica intensamente sfruttata.

Il parco di Akan protegge una curiosità naturale: alghe verdi (màrimo) appallottolate in sfere di 6-15 cm di diametro, che fluttuano sott'acqua fino a 3 m di profondità.

Nel Parco Kisishima si trovano 15 crateri e 10 laghi vulcanici, sorgenti di acque calde e una vegetazione di pini rossi. In primavera la fioritura di una rara specie di azalee e di molti ciliegi rende più suggestivo l'ambiente. Nella parte centrale del parco, circondata e protetta dalle montagne, si coltiva il tè verde.

Nel Parco di Ise-Shima è possibile visitare, oltre ai grandi santuari scintoisti di Ise, anche i celebri banchi di ostriche per le perle coltivate nella baia di Ago.

Uno dei parchi più importanti è quello di Nikko, a 150 km da Tokyo, caratterizzato da centri di villeggiatura e per gli sport invernali. Tra le sue attrattive è un'immensa foresta di alberi di cedro, le cascate Kegon e il magnifico santuario di Toshogu.

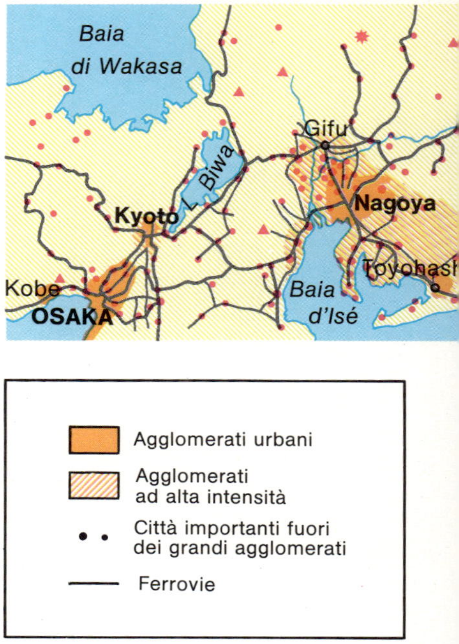

Megalopoli di Tokyo-Osaka.

Le due pagode Yakoshiji a Nara. [Foto Poggio/Double's, Milano]

3. Le città giapponesi

In Giappone al vario insediamento umano dovuto a cause geografiche, si deve aggiungere la forte urbanizzazione quale conseguenza dell'industrializzazione del paese. Si è creata una frattura tra città e campagna e al lento spopolamento del «buraku» o villaggio rurale, che tanta importanza ha avuto nell'assetto sociale del Giappone, si contrappone il formarsi di un'enorme **megalopoli** che, facendo capo a Tokyo, si estende per circa 900 km dal centro dell'isola di Honshu alla costa settentrionale dell'isola di Kyushu, dove si concentra 1/4 di tutta la popolazione.

Le città giapponesi non ubbidiscono ad un vero ordine urbanistico, cataclismi naturali hanno a volte distrutto monumenti storici e i necessari interventi urbani hanno cancellato l'impianto antico, creato nuovi quartieri periferici anonimi e intensificato le costruzioni lungo i grandi assi di servizio. Esse rivelano i difetti dell'eccezionale concentrazione urbana: congestione, inquinamento, carenza di spazi verdi, elevati prezzi delle aree edificabili, penuria di alloggi e nel contempo rivelano l'efficienza delle attrezzature e dei trasporti pubblici, il civile e disciplinato comportamento della popolazione.

Tokyo, l'antica Edo, facilmente accessibile sia dal mare, sia attraverso la depressione centrale o pianura del Kanto, è per condizioni naturali adatta ad accentrare in una grande metropoli la vita moderna della nazione.

Capitale politica, dell'industria, del commercio e della cultura è sempre la prima tappa per il turista. Con i suoi 12 milioni di abitanti si presenta affollatissima e grigia, mai bella, mai vecchia, continuamente distrutta da fame di spazio e da calamità naturali. Tecniche antisismiche hanno consentito l'edificazione di costruzioni intensive e di grattacieli al posto delle numerose case basse in legno, che rappresentavano la tipica struttura urbana fino al dopoguerra. Caratteristiche della città sono la sua topografia irregolare, la presenza di canali, l'assenza di nomi delle vie, mentre i numeri delle case sono in relazione con la data di costruzione.

I monumenti storici si limitano ad alcuni templi e alle mura che circondano il restaurato Palazzo Reale o Chiyoda-Jo (= castello delle mille età), costituito da padiglioni sparsi tra prati e laghetti. Attorno a questo nucleo la città si è andata sviluppando in forma radiale-anulare organizzandosi in quartieri distinti, con specifiche funzioni. Per cercare di risolvere il problema del traffico sempre più frenetico sono state costruite strade sopraelevate, svincoli e una rete metropolitana con ben dieci linee.

In basso a destra. Veduta aerea del centro di Tokyo. Nel mare di case basse sono sempre più numerosi i grattacieli costruiti con criteri antisismici, simbolo di un paese vitale ove lo stato guida e pianifica l'economia ma non la gestisce. [V. Naud/AAA Photo]

Aspetti culturali del Giappone

1. La religione

La religione più praticata in Giappone è il Buddismo, ma esso convive con lo Shintoismo, di tradizione più tipicamente giapponese e con il Confucianesimo.
Il Buddismo giunse in Giappone dalla Corea ed è il Mahayana o «grande veicolo». Shinto, in giapponese, significa «cammino degli dei» e gli dei sono i «kami», essenze superiori onnipresenti, sotto la protezione dei quali entra ogni giapponese al momento della nascita e ai quali dedica culto particolare in fasi ben precise (3-5-7 anni) della sua vita. I kami desiderano che la gente goda di un'esistenza di pace e di abbondanza, ma anche dinamica e produttiva. Centrale in questa tradizione è il ruolo dell'imperatore, il massimo sacerdote del mondo shintoista. Per Shinto si intende anche il culto degli antenati e dei grandi personaggi storici. Esso è un fattore di unificazione per il popolo e di esso con il mondo dei kami e con la natura, che è considerata sacra. Con la restaurazione dell'Imperatore, nel periodo Meji, lo Shinto è stato posto come etica obbligatoria e fino al 1945 la religione fu a servizio dello stato. Espressione fondamentale di questa religiosità sono le feste popolari di primavera e di autunno, legate all'agricoltura. Ancora oggi nella maggior parte delle case giapponesi sono presenti due altari: altare kami, che ha relazione con la vita e la produttività e l'altare buddista che ha relazione con la morte e la venerazione degli antenati. Ad ambedue vengono offerti cibo e bevande ad ogni inizio di giornata.
Dopo la seconda guerra mondiale si è molto sviluppato lo Shinto delle sette, alle quali i giapponesi aderiscono soprattutto per motivi utilitaristici: finanziari, sanitari, matrimoniali. In esse è caratteristica la figura di un leader carismatico o «kami vivente». Tutti i giapponesi frequentano i santuari shintoisti in occasione delle nascite ed effettuano visite in ricorrenza delle principali feste. Una importante festa familiare è quella delle luci di mezza estate (15 agosto), in occasione della quale si crede che gli spiriti degli antenati visitino le famiglie. Milioni di persone ritornano ai paesi di origine e le famiglie disperse si ritrovano. Circa la metà delle industrie giapponesi concede vacanza ai lavoratori. In questa occasione la casa viene pulita e decorata, si accende un piccolo fuoco di benvenuto presso il cancello dell'abitazione, per guidare gli spiriti. Ogni anno il tempio shintoista rimuove il proprio Kami e lo trasporta in processione per le vie del quartiere.
La terza religione giapponese è il Confucianesimo, che soprattutto dà ai Giapponesi le norme morali, regola i rapporti gerarchici in famiglia, in fabbrica.
La lealtà verso la ditta, l'etica del lavoro, una delle cause principali del successo dell'industria giapponese, il paternalismo degli imprenditori verso i loro dipendenti, per i quali cercano l'abitazione, combinano matrimoni, organizzano le vacanze, derivano dagli insegnamenti confuciani. Da essi derivò anche il codice d'onore dei samurai. Questi ultimi tuttavia erano innanzitutto buddisti, del Buddismo Zen che indicava nella forza della meditazione la via per la redenzione.

2. Il teatro

Il noh è un teatro di simboli, la trama è appena accennata; protagonista e antagonista sono il perno della rappresentazione e sono aiutati da pochi altri attori e dal coro. Gli accessori teatrali sono ridotti e schematici. Nella scena: un ramo è una foresta, un telaio una barca o un carro, il ventaglio può significare la luna che sale, le lacrime che si versano, l'arma che si brandisce. La rappresentazione scenica viene così spogliata da quanto distrae e diverte. I costumi sono sontuosi e autentici e maschere, spesso vecchie di secoli, coprono il viso. La maschera cancella volutamente i tratti del viso umano perché deve esprimere un personaggio non i sentimenti; saranno i movimenti dell'attore a far vivere la maschera, a dare l'impressione della gioia, della tristezza, della collera. Gli avvenimenti, sottintesi più che narrati nel teatro noh, sono tragici e alludono a vecchie leggende o a spunti di vita reale. Questo teatro dell'immobilità, del gesto astratto è un teatro selettivo che fiorì nel XIV secolo alla corte dello shogun per lo svago della classe guerriera dominante. Attualmente, malgrado l'universalità dei suoi temi quali l'eroismo, la bellezza, l'amore negato, l'aldilà, il teatro noh è frequentato da un pubblico ristretto; diventa uno spettacolo quasi da museo, un'arte esangue come se tutta la sua vitalità fosse stata assorbita dalle altre forme di teatro, il Kabuki e il Bunraku, che esso ha generato e alimentato nel XVII secolo.
Il teatro Kabuki ha carattere popolare per rispondere ai gusti di un pubblico semplice quale era la classe emergente dei mercanti, che desideravano divertirsi più che ponderare sui pesanti testi letterari del teatro noh. Gli spettacoli Kabuki sono interminabili, i copioni drammatici, tragici ma anche comici e brillanti. Una caratteristica del teatro Kabuki è l'assenza dell'interprete femminile poiché in passato non era permesso alle donne calcare le scene. Per questo qualche attore si specializza in parti femminili interpretandole con grande sensibilità e maestria, si trucca di bianco il viso, il collo, le braccia poiché, secondo la tradizione, la carnagione bianca è sinonimo di bellezza e di seduzione femminile. Gli interpreti raggiungono livelli artistici elevatissimi, che non meravigliano poiché essi appartengono a dinastie di attori e iniziano da bambini a calcare le scene, dedicando l'intera vita al teatro. Questo tipo di teatro si avvale di musica e di narratori che, da una zona sopraelevata della scena, commentano i fatti con impegno e bravura.
Anche il Bunraku, il teatro delle marionette, appartiene al teatro classico e i testi furono scritti nel XVII secolo da autori famosi.
Le marionette giapponesi appaiono in scena insieme ai burattinai, creando una perfetta illusione teatrale. I burattinai, con autentica arte acquisita in anni e anni di pazientissimo lavoro, muovono con impareggiabile destrezza numerose leve e danno vita agli splendidi pupazzi di legno. Un narratore, da un palcoscenico laterale, dà voce alla rappresentazione, interpretando il testo in ogni sua sfumatura.
Le compagnie di Bunraku sono microcosmi: parrucche e scenografie sono costruite con metodi vecchi di secoli, la conoscenza del Bunraku e i suoi segreti si tramandano di generazione in generazione.
Forme di teatro-mimo sono culturalmente più vive ed hanno in comune con l'antico la prevalenza del gesto sulla parola; è un teatro muto, senza l'uso della parola, che esprime sentimenti di passione, di sofferenza, di angoscia, di mistero.

3. La Geisha

La Geisha è un mito ancora vivo non solo per gli occidentali ma anche per la maggior parte dei Giapponesi che normalmente non frequentano il mondo della Geisha. È una realtà difficile da definire perché peculiare di questa società. Geisha, etimologicamente, significa persona dell'arte e all'inizio del XVII secolo indicava il compito di un giovane nell'intrattenere con recite, canti e musiche gli invitati ad un banchetto; successivamente divennero interpreti di quest'arte le donne che, con estrema raffinatezza, allietano ancor oggi le riunioni pubbliche e private. È una vera professione dell'intrattenere che richiede una lunga preparazione, ma è ben retribuita e di norma non degenera nel libertinaggio. L'aspirante Geisha entra giovanissima nell'hanamachi, la comunità, ove seguirà lezioni per affinare il proprio comportamento fin nei piccoli particolari quali il muoversi, il parlare e per apprendere l'arte di disporre i fiori, di servire il tè, e, come nella più assoluta tradizione, l'arte di cantare, suonare e danzare. Nell'hanamachi trova una madre adottiva e una «sorella maggiore», già Geishe, dalle quali apprende le astuzie e i segreti della professione.
La Geisha indossa abitualmente i preziosi kimono e tutti gli accessori che esso comporta, si acconcia i capelli e si trucca con un fondo tinta bianco, come per secoli hanno fatto le dame giapponesi. Alla Geisha non è richiesta una particolare bellezza, ma di essere la «non moglie», ossia una compagna desiderabile, mondana, riposante, che sappia compiacere gli uomini nei discorsi, ascoltare con discrezione, affrontare con abilità ogni argomento, oltre che possedere una raffinata competenza nelle arti tradizionali. Le Geishe sono numericamente in continuo calo, in quanto non sono molti i Giapponesi che possono concedersi tali intrattenimenti, privilegio costoso che richiede tempo e cultura. Inoltre molti trattenimenti di tipo occidentale sono entrati nella società giapponese e hanno limitato le riunioni e l'attività delle Gheishe.

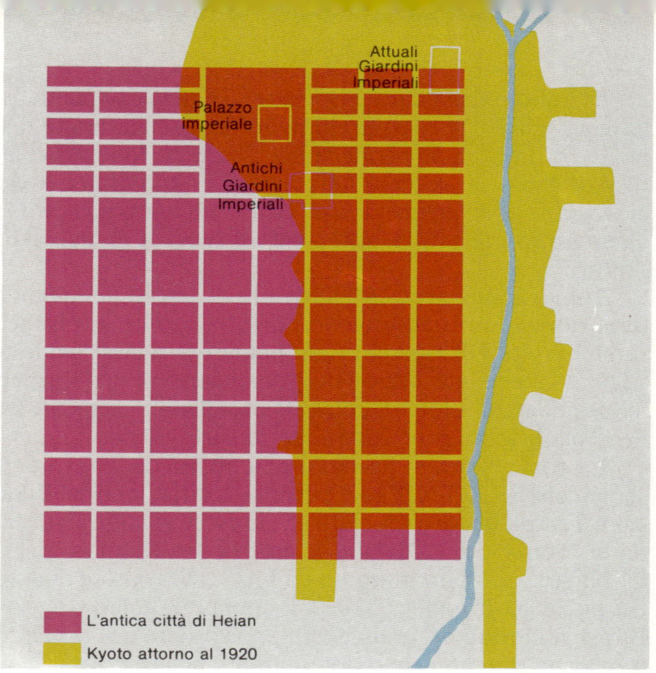

Pianta di Kyoto. La concezione urbanistica di Kyoto testimonia la sua derivazione cinese.

Coste di Kyushu: la morfologia accidentata del Giappone giustifica la massiccia concentrazione di porti, città, industrie, soprattutto sulla costa orientale. [Marka, Milano]

Un Torii a Nara, città ricca di antichi templi buddisti e scintoisti. [S. Fiore, Torino]

Il centro di Tokyo è rappresentato dai quartieri di Chiyoda e di Chûo, ove sono concentrate le funzioni amministrative, finanziarie e culturali. Il quartiere di Ginza è il cuore commerciale di Tokyo, centro del consumismo in versione giapponese. Bisogna frequentarne i negozi di giorno, i ristoranti e i teatri la sera. I grigi palazzi in stile Novecento dei Ministeri e delle amministrazioni contrastano con l'inaccessibile polmone verde del Palazzo Imperiale. Marunuchi è il cervello dell'economia: le banche e le ditte più importanti vi hanno la loro sede centrale. Esso subirà nei prossimi anni una radicale trasformazione: un grandioso progetto prevede la costruzione di numerosi grattacieli alti circa 60 piani per consentire disponibilità di spazio ad uno dei maggiori centri finanziari del mondo: la Mitsubishi. Shinjuku, antico quartiere dei piaceri, sta diventando il centro direzionale della città e vanta vari grattacieli e modernissimi magazzini. Sopravvivono centinaia di piccoli ristoranti e un dedalo di viuzze tipicamente orientale, ove è facile scorgere immagini di un Giappone inedito.

Uno dei templi più importanti e frequentati di Tokyo è dedicato all'imperatore Meji e a sua moglie, che a metà dell'Ottocento conclusero il Medio Evo e iniziarono l'avventura della modernità. Al centro di uno splendido parco con centomila alberi offerti dai Giapponesi al loro imperatore, si passa sotto un Torii dipinto di rosso che limita la zona sacra dei templi scintoisti.

Una puntata va fatta anche alla Tomba dei 49 **samurai** costretti a suicidarsi per aver vendicato la morte del loro **shogun** nel 1707 e da allora eroi popolari della fedeltà feudale giapponese.

Numerosi sono i parchi e i giardini di Tokyo, tra essi ricordiamo il Parco Ueno, famoso per la fioritura dei ciliegi, che comprende i principali musei della città. Il Museo Nazionale di Tokyo presenta tutta la storia del Giappone dalle statue preistoriche fino agli stupendi disegni dei monasteri Zen, alle armature dei samurai e alle maschere Noh. Il Museo d'Arte Occidentale progettato da Le Corbusier è continuamente arricchito di opere acquistate in aste internazionali; le vertiginose offerte giapponesi fanno lievitare i prezzi di tutto il mercato dell'arte. Sparsi nel parco sono anche un Auditorium, un Tempio dedicato al fondatore dell'antica Edo, una Pagoda a 5 piani laccata in rosso, numerosi lampioni votivi, un laghetto e lo zoo.

Il simbolo della città è la Torre di Tokyo, copia della Tour Eiffel: vale la pena salire per guardare il panorama senza limite della città e, con un po' di fortuna, smog permettendo, scorgere, lontano, il monte Fuji. Il quartiere di Asakusa, vecchio sobborgo di Tokyo ormai integrato alla città, oggi è centro di divertimenti e di acquisti a buon mercato, sempre molto frequentato soprattutto di notte, perché ricco di spettacoli di varietà e cinematografi.

Tokyo conta circa 45 000 ristoranti, molti dei quali vantano cucina internazionale; tutti espongono la riproduzione in plastica dei cibi che verranno serviti. Gli alberghi sono numerosi, alcuni fanno parte delle più prestigiose catene internazionali; possono essere in stile giapponese o arredati all'occidentale, unire al comfort occidentale elementi tradizionali giapponesi, quali le finestre schermate in carta di riso.

La città storica di Kamakura, a 50 km da Tokyo fu sede di un potente shogunato nel XII-XIV sec. e centro di diffusione del Buddismo **Zen**. È ricca di Templi buddisti e scintoisti, musei e gigantesche sculture come il Budda in bronzo del 1252, alto 13 m e la dea Kannon, dagli undici volti, dell'VIII sec., scolpita in un unico blocco di legno e alta 10 m. La città, uno dei pochi centri balneari del Giappone, in luglio e agosto è affollatissima. Infatti nonostante il grande sviluppo costiero e la ricchezza di splendide baie e spiagge, esse non sono dotate di buone attrezzature, sia a causa delle intense piogge estive, sia perché non è ancora molto diffusa la balneazione.

La visita alle città di Kyoto, Nara e Osaka, è un passaggio dal medioevo al futuro, alla ricerca di templi e palazzi millenari o alla scoperta di un paesaggio urbano avveniristico. Come tutte le città antiche del Giappone Kyoto e Nara hanno una pianta regolare, di tipo cinese, ma sono prive di cinta muraria.

Nara, capitale dal 710 al 784, riveste grande importanza per l'arte giapponese: 3000 oggetti anteriori al 756 sono raccolti nel suo Museo. È distensivo girovagare tra padiglioni, giardini, numerosi templi, tra cui la classica Pagoda a 5 piani, statue come quella del Grande Budda detto Daibutsu, del 700, in lega di bronzo, mercurio e oro, alta 25 m. Nella complessità degli edifici sacri di Kofukuji si può seguire lo sviluppo dell'architettura giapponese dal IX al XIII sec. Il tempio-museo è ricco di sculture come la statua lignea di Ashura, gentile figura di dea con 6 braccia. La gigantesca statua lignea, alta 50 m, di un Budda dall'aria pacifica ci ricorda che il Buddismo giapponese è nato a Nara.

Kyoto è il maggior centro culturale, monumentale e religioso del Giappone. Fondata nel 794, fu ricostruita dopo diverse distruzioni nel 1500 e fu splendida capitale fino al 1868. Il primo nucleo della città sorse in un luogo di singolare bellezza, nei pressi di un lago e di un fiume ed è disposto a scacchiera alle pendici di monti che compongono una scenografia naturale. Le famiglie imperiali vi costruirono i loro palazzi; raffinati giardini risalivano le colline, templi e santuari buddisti e shintoisti contribuirono a renderla una delle più raffinate città del mondo durante il X e XI secolo. Kyoto possiede ancora oggi 260 santuari shintoisti, 1600 templi buddisti, palazzi imperiali, numerosi splendidi giardini e musei che ne fanno meta frequentata di milioni di visitatori ogni anno. Edifici moderni sono spesso male inseriti nell'antico tessuto urbano.

Al centro della città è il Palazzo Imperiale, ricco di padiglioni come il Padiglione d'Oro e il Padiglione d'Argento e di templi, all'interno dei quali si conservano preziose collezioni che testimoniano la storia del paese.

Il castello Nijo, una poderosa fortezza, già residenza dello shogun; possiede preziose opere d'arte.

Il Toji o Tempio Orientale, una maestosa pagoda a 5 piani eretta 1200 anni fa, appare soffocata dai moderni quartieri di Kyoto.

La Villa Imperiale Katsura costruita nel XVII secolo è considerata un capolavoro dell'arte giapponese e viene ancora studiata dagli architetti per la sua essenziale modernità.

Il tempio scintoista di Haiau è caratterizzato da grandi tetti in corteccia d'albero, da colonnati dipinti in rosso, da cortili, da lunghi corridoi protetti da portici, da edicole ricoperte di tavolette votive in legno, da «torij» grandi e piccoli, che connotano ogni santuario scintoista. Ogni anno vi si celebra la festa delle Ere che fa rivivere i momenti più significativi della storia del

Hiroshima. Situata sul Mare Interno del Giappone è tristemente famosa per essere stata la prima città a subire un bombardamento atomico durante la seconda guerra mondiale.
In seguito all'esplosione la città fu quasi del tutto distrutta e perirono circa 80 000 persone. Ricostruita dopo gli anni '50 è un notevole centro industriale e portuale.
[US Air Force/E.T. Archive]

Quella del giardinaggio è una vera arte da sempre seguita in Giappone e che ha raggiunto l'apice nei templi Zen. Quando il giardino non è naturalmente pittoresco lo si rende tale elevando un poggio, scavando corsi d'acqua, costruendo ponticelli, ammucchiando rocce e piantando alberi. La roccia è sempre presente nel giardino giapponese, sia in blocchi ammassati sia sotto forma di pietre lisce a segnare con apparente naturalezza un sentiero. Le pietre che apparentemente sono disposte a caso, in realtà sono state scelte con gran cura.
[Haruzo Ohashi]

Coltivazione di tè nell'isola di Honshu: l'esiguità del territorio agrario, l'alta densità della popolazione hanno indotto i Giapponesi a praticare colture fortemente intensive, talvolta su terrazzamenti che si adattano all'aspra morfologia.
[B. Glinn/Magnum]

paese: una lunga processione di persone abbigliate in modo diverso simboleggia i periodi storici della città in ordine cronologico invertito, tant'è che la processione chiude con un gruppo di giovani in costume che rappresentano i fondatori della città nell'VIII secolo.

Osaka, da sempre città commerciale sul fiume Yedo, conserva nel centro resti monumentali che testimoniano la sua origine molto antica, ma è caratterizzata da un urbanesimo spinto al massimo. Oggi è un enorme polo industriale con ben 8,7 milioni di abitanti, che con i centri limitrofi tra i quali spicca il porto di Kobe, raggiunge i 14 milioni. Per decongestionare il traffico sono state costruite strade e autostrade a più livelli. Le stazioni sotterranee della metropolitana sono un susseguirsi per chilometri di negozi e ristoranti aperti giorno e notte. Entro il 1992 verrà costruito, su una struttura artificiale lunga 5 km all'esterno della baia, un nuovo aeroporto internazionale.

Asia Meridionale e Sud Est Asiatico

Sri Lanka. Anuradhapura: grande statua di Buddha nel tempio Isurumni Vihara. [E. Dulevant, Torino]

È una regione molto vasta, caratterizzata dalla presenza di due grandi penisole, diverse per morfologia e origine geologica, da catene di montagne giovani che comprendono le più alte vette del mondo, da grandi pianure alluvionali che terminano in vastissimi delta, da isole vulcaniche spesso sconvolte da catastrofiche eruzioni, da idilliaci atolli corallini. Il clima è preminentemente caratterizzato dai monsoni, ma diversificato dalla complessa morfologia della regione.

Una terra molto popolata, culla di antichissime civiltà, ma caratterizzata da problemi di sopravvivenza oltre che di sviluppo. Culla di civiltà del passato e delle più antiche religioni e filosofie, paese ricco di arte induista, islamica e buddista, spesso armoniosamente conviventi, si presenta al turista come un mondo pieno di fascino.

Comune a tutta la regione è lo scarso sviluppo del turismo interno per il basso reddito delle popolazioni; anche il turismo internazionale è numericamente limitato per la distanza dai grandi mercati produttori e per le carenze di infrastrutture.

Emergono per il numero dei visitatori Bangkok e Singapore città dotate di aeroporti, scali intercontinentali da e per l'Estremo Oriente e l'Australia, che contano anche su un cospicuo turismo di transito.

La Thailandia ha rafforzato la promozione turistica lanciando nuove località balneari e organizzando visite nel nord del paese.

Le Filippine, con buone potenzialità turistiche, hanno flussi limitati, altri paesi, pur essendo altrettanto dotati, sono pressoché chiusi ai flussi internazionali per motivi politici o di sicurezza.

L'India attrae un notevole flusso turistico per il fascino esercitato dalla sua millenaria civiltà e per il desiderio di conoscere i numerosi movimenti filosofici e mistici di questo paese. Le maestose catene himalayane sono oggetto di una particolare forma di turismo, il trekking, che si aggiunge alle tradizionali spedizioni. Un certo sviluppo delle comunicazioni, particolarmente nella Valle Gangetica, ha permesso la valorizzazione di nuove mete turistiche. I principali condizionamenti sfavorevoli sono invece le grandi distanze e quindi l'alto costo dei viaggi, le carenze infrastrutturali. I ricorrenti cataclismi naturali determinano la stagionalità dei flussi.

Le Maldive, per il peculiare ambiente corallino e per la felice situazione climatica, si sono imposte come meta di vacanza e vedono aumentare, anno dopo anno, l'entità dei flussi.

	STATO		
	Moneta		
	Lingue ufficiali		
	Religioni		
Popolazione	Superficie in migliaia kmq		
	Abitanti in milioni		
	Densità ab/kmq		
	Reddito pro capite $		
	Tasso urbanizzazione %		
Vie di comunicazione	Strade (km)		
	Autostrade (km)		
	Ferrovie (km)		
	Aeroporti		
	Porti		
Dati turistici	Turisti		
	Visitatori		
	Bilancia turistica $	attivo	
		passivo	
	Numero camere		
	Tasso di occupazione %		
	Paesi di provenienza %		
	Arrivi	per vacanze	
		per affari	
		altri motivi	
	Periodo max flusso		
	Mezzi di arrivo %	Aereo	
		Terra	
		Mare	

India

La regione indiana è nettamente separata dalle steppe dell'Asia centrale: dal deserto di Thar, dalle intricate e malariche foreste birmane, dalle alte catene dell'Himalaya e del Karakorum. Queste catene costituiscono un ostacolo alla circolazione delle masse d'aria e alimentano grandi corsi fluviali che sono stati la causa della formazione del vasto bassopiano indo-gangetico,

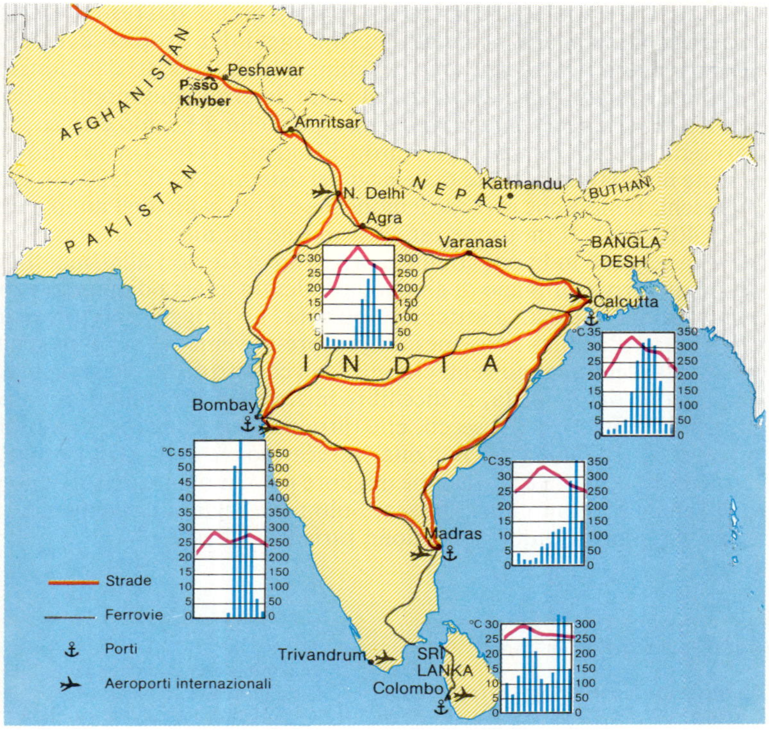

Carta dell'Asia Meridionale.

INDIA	SRI LANKA	MALDIVE	THAILANDIA	INDONESIA	SINGAPORE
Rupia	Rupia	Rupia	Baht	Rupia indonesiana	Dollaro di Singapore
Hindi-Inglese	Singalese-Inglese	Divehi	Thai	Bahasa Indonesia	Inglese-Cinese Malese-Tamil
Induismo-Islamismo	Buddismo-Induismo	Musulmana	Buddismo	Islamismo	Buddismo-Induismo Islamismo
3 287	66	0,3	514	1919	0,6
781	16	0,2	52	164	2,6
237	249	660	101	85	4 017
334	424	405	1 002	435	9 096
27	21	21	21	27	99
1 773 000	31 150		37 725	203 819	2 686
61 810	1 501		3 825	6 444	
Delhi, Bombay, Calcutta, Madras, Trivandrum	Colombo	Male	Bangkok, Chiang Mai, Phuket	Jakarta Surabaja	Singapore
Calcutta, Bombay, Madras	Colombo		Bangkok	Jakarta	Singapore
1 591 000	183 000	156 000	4 231 000		3 833 000
1 604 000	189 000			1 301 000	4 201 000
1 500	79	63	3 120	1 028	2 399
400	63 ('87)	5 ('87)	602	494 ('87)	930
36 666	10 913	3 931	135 962	23 964 ('87)	26 110
68	31	60		48 ('87)	79
Europa 34 (G.B. 11) USA 9 Giappone 3	Europa 68 (RFT 25, Gr. Bret. 9, Fr. 8) India 7 Giappone 4	Europa 75 (RFT 28, Italia 13) Giappone 8	Asia 54 Malaysia 21 Malaysia 21 Europa 25	Europa 25 Giappone 12 Singapore 27 Giappone 12	Asia 29 Europa 24 Giappone 17 Australia 36
62 19 19	89 8 3	88 2 10	87 6 7	63 11 26	66 13 21
luglio-agosto ottobre-gennaio	dicembre-marzo	dicembre-marzo	novembre-dicembre agosto	luglio-agosto novembre-dicembre	luglio-agosto dicembre
98	100	98	76	82	85
2			22		11
		2	1	18	4

la pianura più popolata della terra. Separata quindi dal resto dell'Asia dalla barriera himalayana e tagliata quasi a metà dal Tropico del Cancro, la regione indiana rientra nell'area dei climi caldi interessati dal monsone, ma latitudine, morfologia e distanza dal mare determinano modificazioni sensibili fra le varie zone. Tra marzo e maggio il clima è caldo e secco, si ferma quasi ogni attività umana e gli Europei fuggono verso i centri montani del versante himalayano (limite delle nevi persistenti a 4000/4500 m), con climi più freschi. Il mese che precede il monsone è il più caldo dell'anno, con punte fino a 40-50 °C. Il monsone estivo proviene dal mare e interessa gradualmente la regione indiana: comincia a spirare a Ceylon alla fine di maggio, a Bombay arriva all'inizio di giugno, a Calcutta a metà di giugno e raggiunge la massima intensità a settembre-ottobre. Le piogge sono torrenziali, un vero «muro d'acqua». Nei mesi di ottobre-novembre, per l'inversione dei monsoni, si determinano venti ciclonici con catastrofiche conseguenze, specie nella regione del Bengala. A dicembre inizia a spirare il monsone invernale o di terra, vento fresco e secco, che tuttavia, arricchendosi di umidità nell'attraversare il Golfo del Bengala, arreca piogge sulla costa orientale del Coromandel. Questa è la stagione migliore per il movimento turistico: il tempo in genere è buono, l'aria fresca. Solo nelle regioni himalayane, caratterizzate da clima alpino, la stagione turistica è l'estate.

Danzatore alla festa religiosa di Hemis, nell'India settentrionale. [Giorcelli, Torino]

Aspetti della civiltà indiana

La netta separazione orografica fra la regione indiana e il resto dell'Asia presenta una sola facile possibilità di attraversamento; il Passo di Khyber, la porta dell'India. Il passo (1029 m) che congiunge Kabul a Peshawar, oggi attraversato da una carrozzabile e da una ferrovia, è stato per secoli il passaggio obbligato dei traffici e delle invasioni dirette verso l'India. Ai fianchi della strada sorgono antiche pagode, fortificazioni databili dai tempi di Alessandro fino all'epoca della dominazione inglese, antiche città come Taxila famosa 2000 anni fa come centro culturale e conquistata da Alessandro Magno.
Le opere di fortificazione hanno sempre avuto due scopi: prevenire invasioni dai monti Suleiman, ma anche proteggere il passo Khyber dalle tribù dei Pathan e degli Afridi (circa 9 milioni) che ancora oggi vivono nella regione. Dal Passo di Khyber, intorno al 1500 a.C. entrarono nella Valle dell'Indo gli Arii. Essi vinsero le popolazioni dravidiche, che fin dal 3000 a.C. avevano fondato belle città come Mohenjo Daro nel Sind e Harappa nel Punjab, ed esercitavano un'agricoltura irrigua e commerci. Ne assimilarono la religione (induismo), elementi linguistici e, con la scomparsa del sistema tribale, si andò maturando la loro organizzazione sociale, con la suddivisione in quattro caste: sacerdoti, guerrieri, agricoltori, plebei. Intorno al 1000 a.C. gli Arii avevano completato la conquista dell'India, maturata la loro organizzazione sociale.
Sempre dal passo di Khyber l'India fu successivamente invasa dai Persiani (518 a.C.) che lasciarono influenza sull'architettura, poi da Alessandro Magno (326 a.C.), poi per 3 secoli (dal 200 a.C. al 100 d.C.) da Greci, Sciti, Parti, Unni e anche Romani, come testimoniano ampi ritrovamenti di monete. Le linee e le forme greche che gli Indiani innestarono sui primi rudimenti architettonici appresi dalla civiltà persiana, come chiaramente mostrano i monumenti di Ghandara (Peshawar), di stile greco-buddista e le monete greche ritrovate in molte parti dell'India, testimoniano la consistenza dell'influenza greca.
Nel IV sec. d.C. il paese fu governato dai re Gupta, con i quali ebbe termine una diretta influenza ellenistica e iniziò per le arti un periodo aureo. Gli artisti indù cominciarono ad arricchire i monumenti con figurazioni e simboli, vennero fissati i canoni dell'arte indiana: grandiosità architettonica, ricchezze di particolari eseguiti con grande accuratezza, preminenza dei temi religiosi.
Poiché il tempio indù era una struttura chiusa e il fedele poteva fruirne solo all'esterno, le mura e le loro ornamentazioni ne costituivano gli elementi essenziali e in esse gli scalpellini davano il meglio di sé.
I santuari sono coperti da tetti che aumentano di altezza nell'intento di rivaleggiare con le vette montane. Le pareti interne ed esterne e i tetti grondano di sculture che, seppur ordinate in fasce orizzontali e verticali, esprimono un prorompente dinamismo. La decorazione scultorea può raggiungere la leggerezza di una fitta trina, specialmente quando viene impiegato il marmo bianco.
Nell'India centro-settentrionale la pianta degli edifici sacri, originariamente quadrata, può assumere un aspetto cruciforme per l'aggiunta di tempietti laterali. La forma della torre o sikhara, che ricopre il santuario, ha un'andatura curvilinea per la successione digradante di cornicioni.
Nell'India del Sud la copertura del tempio di tipo piramidale a gradini e spesso di notevole altezza, si erge su una base a pianta quadrata.
Il periodo buddista ha tramandato grandi monumenti come il tempio Lingaraja, nell'Orissa quello di Belur nel sud del paese, i templi grotta di Elephanta, Ellora, Ajanta, decorati da affreschi e da sculture eseguite direttamente sulle rocce delle caverne. Di questo periodo sono famosi i poemi epici come il Ramajana.
Il frazionamento politico del mondo indù aprì ancora una volta il Passo di Khyber agli Arabi prima, ai Turchi poi (dopo il 1000), che introdussero nel paese la religione islamica e aggiunsero allo stile indiano forme proprie della loro civiltà come le moschee. Nel 1221 i Mongoli, guidati da Gengis Khan, penetrarono, sempre attraverso il Passo di Khyber, e iniziarono le loro scorrerie. Nel secolo XVI con la dinastia del Gran Mogol, essi governarono sui territori nord-occidentali della regione fino alla proclamazione dell'Impero inglese (1763). Per la prima volta nella storia della regione indiana, sopra una molteplicità di stati feudali retti da marajà, si venne ad instaurare un unico dominio. In precedenza infatti, nonostante l'esistenza di elementi culturali comuni, le genti della regione indiana non si erano mai costituite in una nazione unitaria. Le rovine delle loro capitali abbandonate attestano questo frazionamento politico. Inoltre nell'India antica sono mancate le grandi città capaci di coagulare attorno a sé un vasto territorio. Tranne Delhi le odierne metropoli infatti sono tutte situate nella regione costiera e si sono sviluppate solo in funzione coloniale. Ma l'unificazione operata dagli inglesi apportò anche delle conseguenze negative. Infatti con la diffusione delle colture di piantagione, essi sottrassero i terreni migliori alle colture di sussistenza, con la conseguenza non solo di periodiche carestie, ma anche del cronicizzarsi del grave fenomeno della subnutrizione. Il reddito pro capite dell'India è uno dei più bassi del mondo e circa il 50% della popolazione è sottoalimentata.
Alla fine del secolo scorso nacquero in India movimenti nazionalisti il cui capo più autorevole fu il Mahatma (= grande anima) Gandhi. Nel 1947, dopo una lunga lotta pacifica basata sul «satyagraha» (= resistenza passiva o attenersi alla verità) e sull'«ahimsa» (= non violenza), la colonia ottenne l'indipendenza e si formarono tre stati: India, Pakistan (oggi diviso in Pakistan e Bangla Desh) e Ceylon (Sri Lanka).
La Costituzione del nuovo stato indiano dichiarò decaduti gli antichi marajà e le caste, che, nonostante questa decisione legislativa, essendo rimaste attive per secoli, di fatto sussistono. Esse insieme agli insegnamenti religiosi che parlano di acquiescenza al volere degli dei e di una felicità che è al di sopra delle problematiche umane, hanno costituito un sostegno ideologico all'immobilismo sociale ed economico. La cultura indiana risulta dunque fortemente subordinata al pensiero religioso.

Lahore: la Grande Moschea nell'ora della preghiera. La città rappresenta il principale centro culturale del Pakistan. [F. Keating/Rapho-Photo Researches]

La periodicità del monsone dà quindi il ritmo a tutta la vita della regione, anche se la regolarità delle piogge è spesso aleatoria.

Ad esclusione delle regioni aride dell'Indo e del Deccan e della zona montuosa dell'Himalaya, prevalgono in India le formazioni vegetali dei climi caldi. Nella pianura gangetica si trapassa dalla savana ad ovest, alle boscaglie e alle foreste sempre più verdi man mano che si procede verso est, fino ad arrivare alle formazioni di **mangrovie** nella zona deltizia del Gange. La foresta dell'India settentrionale è un ammasso di ramaglie, fra cui spesso prospera il canneto di bambù, con il suolo ricoperto da una quantità enorme di foglie. Le essenze più frequenti sono il teak, il sandalo e varie specie di ficus e il ploso dai grandi fiori gialli molto decorativi, le mimose e le acacie.

La fauna indiana è molto ricca e conta specie affini a quelle dell'Africa orientale e della Malesia: le scimmie (macachi), la tigre, il leopardo, il gatto del Bengala, la mangusta e molti serpenti. Bisogna inoltre ricordare il bufalo indiano, la capra dell'Himalaya, molte antilopi, il rinoceronte, l'elefante indiano, il coccodrillo del Gange e tante specie di uccelli.

In tutto il territorio indiano numerosi sono i Parchi Nazionali creati per la conservazione della fauna e della flora, sufficientemente collegati con le principali città. Nell'Assam i Parchi Manas e Kaziranga sono ricchi di uccelli, rinoceronti, bufali. Nella pianura gangetica il Parco Nazionale Corbett con elefanti, orsi, leopardi, preserva rarissimi esemplari di tigre, che si trova anche nei Parchi Kanha e Sarika, ben collegati con Delhi. Nel Deccan i Parchi Nazionali Travancore e Madu Malai sono particolarmente interessanti per la vegetazione tropicale.

1. Turismo e vie di comunicazione

Per il basso reddito pro capite della popolazione, in India è molto scarso il turismo interno, mentre si profila sempre più intenso un flusso turistico dall'Europa occidentale e dagli USA.

Strada per Kabul. Il passo di Khyber fra Afghanistan e Pakistan ha avuto in passato una grande importanza. Anche se ora è attraversato da una rotabile, vede ancora un tradizionale movimento di uomini e merci su cammello. [S. Fiore, Torino]

A sinistra, un villaggio a nord di Kabul. In Afghanistan sono diffusi villaggi fortificati costruiti in mattoni di argilla essiccati al sole. [Titus, Torino]

Nonostante l'India sia un mosaico di genti che usano linguaggi diversi, prevalentemente appartenenti al ceppo indoeuropeo e appena 1/5 della popolazione parli l'hindi, prescelto come lingua ufficiale dello stato, il turista è facilitato dalla grande diffusione della lingua inglese, largamente utilizzata nei rapporti fra i vari gruppi linguistici. Le grandi città dispongono di esercizi alberghieri di buon livello europeo, ma si lamentano ancora gravi carenze in località di notevole interesse turistico. Molti palazzi appartenenti ai **marajà** sono stati trasformati in alberghi.

Dall'amministrazione inglese l'India ha ereditato una buona rete ferroviaria, 60 000 km di rete, ma pochi quelli elettrificati e mancano collegamenti con la rete ferroviaria internazionale. Le principali linee ferroviarie sono quelle che da Peshawar (Pakistan), ai piedi del Passo di Khyber, seguendo la valle del fiume Jumma e del Gange, mettono capo a Calcutta. Da Calcutta partono a raggera vari tronchi ferroviari, di cui il principale è quello che segue la costa orientale del Deccan e che, con servizi di ferry-boat, passa nello Sri Lanka e mette capo a Colombo. Importanti anche i tronchi che uniscono Bombay a Nuova Delhi, Varanasi, Calcutta, Madras.

La rete stradale, solo in parte asfaltata, è inadeguata alle esigenze del paese, anche perché meno della metà è accessibile durante la stagione delle piogge.

Le compagnie aeree di bandiera gestiscono una fitta rete di collegamenti nazionali e internazionali. Tutte le grandi città e i principali centri turistici del paese sono dotati di aeroporto. Di importanza internazionale sono quelli di Calcutta, Bombay, Nuova Delhi, Madras, Trivandrum. Calcutta, Bombay e Madras sono anche i grandi porti del paese.

2. Le città della valle gangetica

Benché paese fortemente agricolo-pastorale (68% della popolazione attiva addetto all'agricoltura), per la sua millenaria storia e per la sua attuale struttura economica, l'India conta numerose città, che rappresentano una delle principali attrattive per il turista. L'insediamento urbano si concentra nel bassopiano indogangetico e sulle coste.

Nuova Delhi, la capitale, cerniera tra la valle dell'Indo e quella del Gange, è spesso il punto di partenza per una visita dell'India. La città con i suoi dintorni è ricca di antichi templi, di moschee, fortezze, palazzi, tombe più o meno ben conservati. Delhi ebbe una posizione di preminenza: nei secoli XII-XIV fu capitale di un regno indo-islamico, poi fiorì nel periodo Mogol, sec. XVI-XVIII. Fu il centro principale durante il dominio degli Inglesi, fino al 1911 quando cominciarono la costruzione del sobborgo Nuova Delhi, dove trasferirono l'amministrazione dell'Impero. Quindi Delhi è il

Pianta di Bombay.

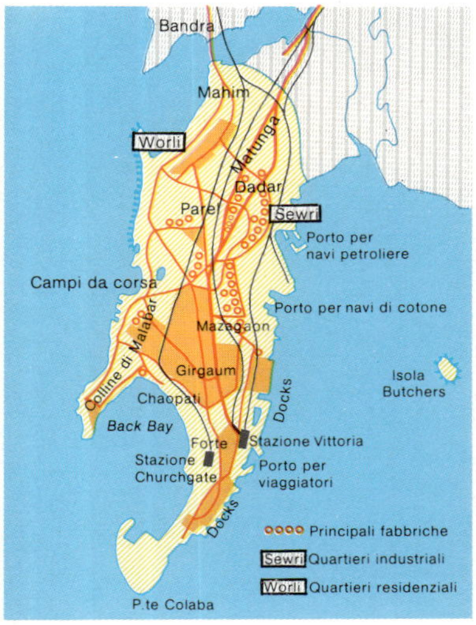

In questa foto di Bombay sono presenti alcuni degli elementi architettonici delle grandi città indiane: la Porta dell'India, arco di trionfo costruito per celebrare una visita di Giorgio V nel 1911, un moderno grattacielo e un lussuoso albergo in stile coloniale. [Marka, Milano]

nucleo più importante sorto a nord, con un'elevata densità di popolazione mentre quello più recente, Nuova Delhi, concentra le funzioni politiche ed amministrative. Un notevole afflusso di profughi dal Pakistan ne ha fatto aumentare notevolmente la popolazione negli ultimi anni. La parte antica di Delhi è circondata da mura di arenaria rossa del periodo Mogol ed è attraversata in direzione est-ovest dalla «Via d'Argento», ricca di negozi e di **bazar.** Il Forte Rosso che comprende il Palazzo Imperiale, il Museo Archeologico, la Moschea delle Perle e la Grande Moschea con i suoi quattro minareti è il complesso monumentale più notevole della città.

La Nuova Delhi, inaugurata nel 1932, è una città moderna, a struttura bicentrica: da due piazze circolari si diramano a raggera le strade principali su cui sorgono il Parlamento e grandi palazzi, spesso circondati da ampi parchi e aree verdi. Numerosi anche i moderni impianti industriali. Delhi è centro culturale di rilievo, sede di un'importante Università e di Istituti di ricerca.

Sulla riva sinistra del fiume Jumma sorge Agra, capitale Mogol nel XVI secolo. È divisa in due parti: la città europea dai larghi viali, vaste piazze e spazi verdi e la città antica ancora cinta da mura e ricca di monumenti tra i più significativi dell'arte indù-islamica. Molto famoso e visitato dai turisti è il Taj Mahal (XVII sec.), mausoleo di marmo bianco con decorazioni policrome e definito «una poesia di marmo». Fu eretto dal Gran Mogol Jahan, inconsolabile per la perdita dell'amata moglie. Facilmente raggiungibile da Agra è Jaipur, detta la «città rosa», per il colore delle sue belle costruzioni. È un tipico esempio delle città fatte costruire dai marajà. Risale al XVIII sec. ed ha pianta regolare essendo stata costruita secondo un preciso disegno architettonico da un marajà architetto e astronomo. Le case hanno balconi e loggiati a sesto acuto, e sono sormontate da cupole rosa. Famoso è il Palazzo dei Venti con numerose finestre dai vani poligonali; splendido è anche il Palazzo di città, residenza del marajà, circondato da lussureggianti giardini.

Presso la confluenza del Jumma con il Gange, Varanasi (Benares), principale centro religioso induista è la più antica città dell'India. L'area di Benares è sacra anche al buddismo, perché nei pressi della città, a Sarnath, 26 secoli orsono, Budda pronunciò il suo primo sermone. Qui sono rovine di monasteri e uno stupa.

Sul ramo più occidentale del delta del Gange sorge Calcutta, importante centro industriale e portuale. Da modesto villaggio di pescatori divenne, nel XVIII sec., capitale dei possedimenti britannici in India. Oggi è un'immensa conurbazione con circa 9 milioni di abitanti. Si distingue la città europea, in uno stile coloniale vittoriano, sviluppatasi intorno a Fort William, sede della Compagnia delle Indie. Intorno si estende la zona indigena suddivisa a seconda delle caste religiose dei suoi abitanti, milioni di persone che vivono in estrema miseria. Ovunque la città appare sovraffollata, inquinata, con un traffico pazzesco, con contrasti terribili, slum a contatto di alberghi ultramoderni. È sede di importanti Università e centro della sviluppata produzione cinematografica indiana.

3. Città del Deccan e località balneari

Altra area di grande interesse dal punto di vista turistico è quella di Bombay. La città, notevole porto e centro finanziario e commerciale, con oltre 8 milioni di abitanti sorge su di un insieme di penisole, congiunte tra loro da ponti e terrapieni. L'isola di Bombay, nucleo della città, ha ad est il porto, mentre presso la costa occidentale, nella collina di Malabar, sorgono le famose «Torri del silenzio»: qui i Parsi, seguaci di Zoroastro, espongono, protetti da un'alta cinta di mura, i cadaveri dei loro morti, perché siano preda degli avvoltoi. Bombay ha importanti musei come il Victoria and Albert Museum, che contiene fra l'altro una raccolta di statuette che illustrano i costumi, gli usi, gli aspetti della vita, della storia e della mitologia indiana, e come il Prince of Wales Museum, dedicato ai famosi ricami su seta. La città è anche nota per i cotoni, sia quelli di lavorazione artigianale dai vivaci colori e i disegni tradizionali, che quelli di produzione industriale. Sulla terraferma, dal 1970, si sta sviluppando una città satellite che ha lo scopo di decongestionare Bombay. Popolarissima anche la spiaggia di Chaopati, ove si svolge una famosa festa del dio Ganesa. Il turismo di transito è imponente e le numerose attrezzature alberghiere non sono sufficienti a soddisfare una domanda in continuo aumento.

Con piccoli battelli si può raggiungere in breve tempo l'isola di Elephanta, ove si possono visitare i 5 famosi «templi-grotta» scavati nella roccia e risalenti al VI sec., capolavori dell'arte Gupta. I templi costituiscono un tutto unico con la montagna: le navate, scavate nell'arenaria, sono sostenute da colonne formate da tronconi di pietra; le pareti esterne e interne sono totalmente ricoperte da basso e altorilievi. Alla tenue luce che penetra all'interno si intravedono lunghe processioni di statue che rappresentano, con uniformità di linee e atteggiamento, centinaia di Brahma, di Siva e di Visnù, elefanti, vacche sacre, coccodrilli, avvoltoi. Nella parete di fondo della cripta più interna ornata di grandi statue, si erge l'alta immagine della **Trimurti,** mostruoso idolo con tre teste e tre corpi uniti, emblema della divinità una e trina, scolpita in un unico blocco di pietra.

Il Taj Mahal di Agra (sec. XVII) fu elevato nel periodo Mogol da un sovrano musulmano in onore della propria moglie e richiese l'opera di architetti dell'India, dell'Iran, dell'Arabia e di 20 000 operai. Il mausoleo si erge in marmo bianco su due piattaforme. Ai lati vi sono quattro minareti e le pareti interne sono un mosaico di pietre preziose. [E. Dulevant, Torino]

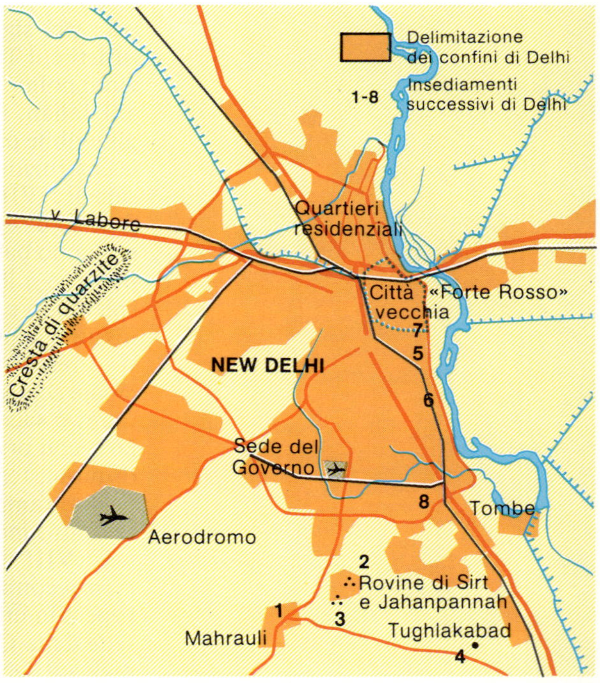

Pianta di New Delhi.

Una via di New Delhi. La strada nel mondo indiano è usuale ambiente di vita: povere merci sono accatastate per terra, risciò e molti pedoni sono i padroni assoluti della strada. [J. - P. Laffont/Sygma]

Il Tempio d'Oro di Amritsar nel Penjab è il luogo sacro dei Sikh. Il metallo prezioso che lo riveste diffonde riflessi suggestivi sulle acque della grande vasca delle abluzioni. [H. Wilson/R. Harding Picture Library, Londra]

Con voli giornalieri si può raggiungere da Bombay Aurangabad e di qui, per strada, Ajanta, una località di grande richiamo turistico, visitata oltre che dagli stranieri dagli studenti indiani. Nel 1819 sono state scoperte, in un anfiteatro roccioso a strapiombo su una valle, grotte, monasteri, celle e cattedrali risalenti al I-VII sec. d.C., scavati nel granito, lungo un itinerario percorso dai mercanti provenienti dal Mar Arabico e diretti nel Deccan. Nelle grotte vi sono mirabili statue di Budda, colonnati e bellissimi affreschi dai colori brillanti e dal movimento e prospettive eccezionali, che rappresentano per lo più la vita del Budda. Purtroppo solo poche hanno conservato i loro dipinti che raffigurano palazzi, saloni affollati da principi e scene di vita di corte. La raffigurazione di costumi anche di altri paesi documenta un'arte composita in cui agli elementi di arte indiana si aggiungono quelli persiani, bizantini, dell'Asia orientale, che qui si coagulano in un unico stile originale.

Anche i vicini templi di Ellora sono in grotte, come quasi tutti i templi indù e come quelli di Ajanta sono stati abbelliti, di secolo in secolo, da fedeli indù, buddisti e seguaci di altre sette.

Al centro del Deccan è la città di Hyderabad, fondata nel XVI sec., la roccaforte indiana dell'Islam, con le moschee, gli esili minareti, le finestrelle ad ogive multiple, i fastosi palazzi immersi negli splendidi giardini, il tutto racchiuso in una possente cinta muraria.

Nella parte meridionale della penisola indiana, dove l'escursione termica annua si riduce moltissimo, si concentrano molteplici attrattive turistiche. Madras, grande porto e importante scalo aereo, offre una bella e lunga spiaggia a Marina Beach. Madurai, una delle antiche capitali, celebre per le pittoresche feste religiose, vanta il Grande Tempio (XVII sec.).

La costa del Malabar ha vocazione per il turismo balneare, soprattutto presso l'ex possedimento portoghese di Goa, ove si trovano alcune spiagge abbastanza note e ben attrezzate: Calangute, Colva, Chapura e, presso Trivandrum, Kovalan Beach, definita la «Miami dell'India» per il notevole afflusso turistico e il prevedibile futuro sviluppo.

Costumi, feste, cucina in India

Un'importante attrattiva turistica dell'India è il folclore, in quanto, anche nelle città, la popolazione, nella sua maggioranza, mantiene tradizioni e costumi legati soprattutto alla religione. La famiglia è ancora patriarcale, le donne, specialmente nelle regioni settentrionali che hanno subito l'influenza musulmana, sono relegate in casa e adibite ai servizi. Particolarmente spiacevole è la posizione sociale della vedova. Nelle località più isolate si verificano ancora casi di «sati», sacrificio della vedova che si lascia bruciare con il cadavere del marito. Il puntino rosso che moltissime indiane portano in mezzo alla fronte indica che la donna non è vedova.
L'abito femminile tradizionale più diffuso è il «sari», un drappo lungo parecchi metri e avvolto intorno al corpo in fogge diverse a seconda della regione, dell'occasione é della comunità alla quale si appartiene. Attualmente in tutta l'India prevale l'uso di annodarlo, formando ampie pieghe nella parte anteriore per lasciare libero il passo. La varietà dei tessuti, dei disegni, dei colori dei «sari» è indescrivibile. Le donne indiane più evolute indossano una camicetta sotto il «sari».
Ogni donna indiana ama abbellirsi con gioielli e anche la più povera porta qualche ornamento. Diffusa è la stelletta di brillanti applicata su una narice.
Nell'abbigliamento maschile unico elemento tradizionale rimasto è il turbante: una fascia avvolta ripetutamente intorno alla testa, indossato specialmente dai sikh.
Tra le manifestazioni folcloristiche le feste agricole, quasi sempre a carattere religioso, sono le più diffuse ed importanti. Celebrato in tutta l'India è il «Pongal», festa della mietitura, caratterizzata da processioni, danze e canti.
La festa «Janmastani», in dicembre, corrisponde in qualche modo al nostro Natale, perché celebra la nascita del dio Krisna. Per 3 giorni litri e litri di latte vengono versati sulle immagini del dio.
«Ganesa Chaturthi» è la festa in onore del dio Ganesa, la cui immagine viene immersa nel mare sulla spiaggia di Chaopati a Bombay durante la processione cui partecipano milioni di persone. La più importante festa autunnale è il «Divali» o festival della luce, durante il quale in ogni città e villaggio si accendono miriadi di luci.
Pellegrinaggi molto seguiti sono i «Mela»: milioni di persone si spostano verso i principali centri e luoghi sacri, spesso dislocati a grandi distanze e ad alte quote. Queste autentiche manifestazioni popolari richiamano folle nelle piazze attorno a fachiri, acrobati, incantatori di serpenti.
La cucina indiana è ricca di piatti in genere molto piccanti. Si fa anche largo uso di spezie e di aglio. Nel nord, base dell'alimentazione è la focaccia di grano, mentre nelle altre regioni domina il riso bollito, con pesce o uova, ma più spesso con vegetali, il tutto accompagnato dal «curry». Il piatto più prestigioso è il «biriani», di origine musulmana, spesso a base di pollo o di montone, condito con molte spezie. I più raffinati lo coprono con una finissima patina di argento, ritenuta commestibile. Il pranzo è un rito privato e i ristoranti sono frequentati prevalentemente da uomini. Si mangia per lo più con le mani, usando solo la destra. Il cibo è posto in un grande piatto comune o su di una foglia di banano.
Molto diffuso in India è l'uso di masticare il «betel», droga orientale formata da una foglia della pianta omonima, in cui si racchiude un po' di calce e un pezzetto di noce di una palma locale. Il «betel» neutralizza gli stimoli dell'appetito e tinge di rosso le labbra.

Un momento di una cerimonia nuziale in India. Alcuni amici del futuro sposo o servitori trasportano i doni del fidanzato (abiti, frutta, dolci ecc.) alla casa della sposa, nella quale si terrà il ricevimento. [J.L. Sanfield/National Geographic Society, Washington]

Studentesse tamil dell'Università di Madras che indossano ancora il tradizionale sari. *È una striscia di tessuto, lunga in media 5,50 m e larga 1,25 m, che si avvolge intorno ai fianchi per poi farla passare sotto il braccio destro e riportarla sulla spalla sinistra. Questo vestito semplicissimo conosce in realtà infinite variazioni, dalle più povere alle più lussuose, a seconda dei tessuti adoperati: dal cotone alla seta, dai broccati alle mussoline. Altrettanto variabili sono i colori e i disegni, i ricami e le dorature. Esistono sari per tutti i giorni e da cerimonia. Quello da matrimonio è rosso e rosa, bordato da fili d'oro e d'argento.*

Benares

Una particolare forma di turismo è quello religioso, che si distingue dal pellegrinaggio per gli scopi che lo caratterizzano. Il turismo religioso ha per fine la visita a santuari e centri religiosi ed è spesso legato a particolari ricorrenze o feste. La componente culturale è dominante in questa forma di turismo poiché ogni religione, fin dall'antichità, ha prodotto numerose, molteplici manifestazioni d'arte: da quella iconografica a quella statuaria, a quella architettonica e oggettistica. Per questo il turismo religioso, a differenza del pellegrinaggio, non è appannaggio di chi segue una determinata fede. Il pellegrinaggio invece è una vera marcia della fede, una esigenza antica seguita da ogni religione e ha per scopo essenziale il compimento di un atto di culto e di penitenza. Il pellegrino moderno spesso abbina al viaggio di fede e di preghiera la visita a mete artistiche o culturali prossime al luogo del pellegrinaggio, diventando così un turista a tutti gli effetti. Normalmente il pellegrinaggio richiede e coinvolge l'attività turistica e l'uso dei servizi da essa forniti, però in alcuni paesi, sia per l'entità e la spontaneità del movimento di massa, sia per la carenza d'organizzazione e di infrastrutture, sopravvivono forme autentiche di pellegrinaggio medioevale.
Benares offre ogni giorno l'immutato fervore e lo spettacolo della fede dell'Induismo: come tutti i luoghi sacri del mondo è un coagulo di memorie spirituali, frutto di devozioni millenarie. Milioni di preghiere e di meditazioni hanno reso questo luogo profondamente sacro.
Ogni Indiano ne viene attratto e manifesta il desiderio di concludere la propria esistenza qui e di poter almeno spargere le proprie ceneri nel Gange. Una liturgia arcaica e solenne, che provoca agli stranieri un notevole disagio, si svolge intorno ai roghi funebri: cadaveri coperti di fiori vengono cremati su pire di legno in due o tre siti adibiti a questa funzione lungo il fiume. Poche persone assistono al rito da cui sono escluse le donne, nessuno dà segni di disperazione poiché il concetto indiano della morte non è angoscioso in quanto passaggio da una vita ad un'altra. Anche per chi muore lontano esiste un servizio nel sistema postale indiano che consente di spedire i propri resti a Benares e una efficiente organizzazione provvede, con l'intervento di «panda», i sacerdoti induisti, alla dispersione delle ceneri nelle acque del Gange. Per questo motivo però la città è anche un immenso mercato del sacro dove ogni piccola cosa viene mercificata.
Città della morte, Benares è anche un centro straordinariamente vivace. Un grande spettacolo gioioso e vitalissimo è quello dei **ghat**, grande anfiteatro di scalini e terrazze che scendono alla riva sinistra, considerata sacra, del Gange, fiume senza il quale Benares non avrebbe ragione di esistere. È un tratto del fiume di circa 4 chilometri considerato particolarmente sacro, tra gli affluenti Varuna e Asi, da cui Varanasi, il nome ufficiale della città. Il solo immergersi in queste acque fa acquisire meriti ai devoti. I «ghat» di Benares sono una cinquantina; queste scalinate di pietra consentono una facile immersione, dall'alba al tramonto, senza correre il rischio di essere trascinati via dalla corrente; sono templi a cielo aperto ornati di simboli, icone e statue delle divinità cui sono dedicati.

Il fiume Gange è altamente inquinato, ma la credenza popolare ritiene che abbia una misteriosa capacità di rigenerarsi e purificarsi. Lungo i «ghat» i fedeli più importanti prendono posto sotto i «chattri», grandi ombrelli sfilacciati e consunti di foglie secche di palma. Tra la folla brulicante venerandi bramini commentano gli antichi testi: i Veda, le Upanishad, mentre intorno si aggirano fachiri, vacche sacre, mendicanti, borsaioli, venditori di dolciumi, di candele, di gelsomini e di petali di rose per onorare le immagini dei templi.
Dal punto di vista artistico e monumentale Benares offre molto poco al visitatore moderno. Nonostante la presenza di ben 1500 templi l'architettura della città è insignificante; di interesse turistico è l'imponente serie di palazzi sulla riva sinistra del Gange. Senza interruzione gli edifici, piccoli o maestosi, con logge, ballatoi, torrette si allineano lungo i «ghat». Realizzati prevalentemente dalle diverse dinastie di marajà, ospitavano le famiglie principesche in occasione delle grandi ricorrenze religiose. Esse si spostavano con tutta la corte dalle loro capitali a Benares dove trascorrevano gli ultimi anni della loro vita per prepararsi con umiltà e devozione al trapasso.
Malgrado certi aspetti miserevoli e fatiscenti Benares è un grande centro commerciale del nord e città riccamente dotata di industrie manifatturiere e artigianali, soprattutto del settore tessile. I suoi «sari» sono famosi, panni e stoffe dai particolari disegni e colori vengono stesi, per asciugare al sole, sui «ghat» nei momenti di pausa delle liturgie.
Il Gange fa di Benares anche un importante nodo di comunicazioni e di trasporto.
Questo polo della religione induista desta interesse anche nel mondo occidentale tant'è che alcuni tour operator includono una visita a Benares nei viaggi in India.
Non è possibile comprendere lo spirito di Benares senza un consistente approccio alle religioni indiane.
La religiosità è un elemento molto importante e intimamente legato alla vita quotidiana dei popoli della regione indiana e dell'Asia in generale. Le credenze religiose sono molto numerose e varie, ma alcuni elementi sono comuni alla maggior parte di esse: il ciclo delle rinascite o metempsicosi, la non violenza, il rispetto per ogni forma di vita e per la natura, le purificazioni rituali con acqua.
La religione più diffusa è l'Induismo, professato da oltre mezzo miliardo di persone, segue la religione musulmana, che rappresenta l'11% nella Federazione Indiana, la maggioranza in Pakistan e Bangla Desh, seguono poi i Cristiani convertiti ad opera dei numerosi missionari operanti nella regione, ma localizzati soprattutto al sud, poi i Sikh, i Buddisti, i Giainisti, gli animisti tribali e i Parsi.
La più antica forma di religione è lo *Zoroastrismo* o Mazdeismo. Il suo fondatore Zoroastro, conosciuto in Occidente come Zaratustra, visse probabilmente tra il 1400 e il 1200 a.C. Egli predicava un unico dio saggio, buono e giusto, ma non si trattava di un vero monoteismo essendo presenti in que-

La riva sinistra del sacro Gange a Benares (Varanasi). La tradizione indiana porta a considerare sacro tutto ciò che è utile, per cui anche il Gange, che è fonte di vita per milioni di indiani, è ritenuto fiume sacro. [SEF, Torino]

sta religione due spiriti primordiali contrapposti e increati, il bene e il male. Il testo sacro è l'Avesta, dapprima trasmesso oralmente, poi scritto nel V-VI sec. d.C. Molto venerata era la terra, l'acqua e il fuoco che non dovevano essere contaminati, i suoi sacerdoti erano i famosi «magi» e molto importante era la preghiera. Per volontà di Ciro il Grande questa fu la religione dell'Impero Persiano. Verso la fine del IX sec., a seguito dell'introduzione dell'Islam in Persia, un gruppo di Zoroastriani salpò verso Oriente in cerca di libertà religiosa e si insediò nel Gujarat, dando vita alla comunità dei Parsi (= Persiani), minoranza etnica dedita soprattutto ad attività commerciali, che ha avuto un ruolo determinante nello sviluppo della città di Bombay. In Iran, attualmente, alcune minoranze di agricoltori zoroastriani sono concentrate nell'oasi di Yazd, a ovest del deserto di Lut.

Anche l'*Induismo* è di origine antichissima e consta di un complesso di tradizioni religiose in continua evoluzione, accrescimento e sincretismo con altre religioni. I Persiani chiamavano Indù gli abitanti della regione indiana che fin dal 4000 a.C. veneravano un dio maschile seduto in posizione yoga, divinità femminili, simboli fallici, animali e piante. Intorno al 1500 a.C., con la invasione degli Arii, tribù seminomadi provenienti dall'Iran e dall'Afghanistan trasmisero oralmente e poi scrissero nella loro lingua, il sanscrito, oltre alle antiche raccolte sacre dei Veda, la «Bibbia dell'India», e anche inni e canti sacri spesso altamente poetici. Da una evoluzione dei testi vedici derivano le Upanishad, nelle quali compare la filosofia della liberazione dal ciclo delle rinascite per raggiungere il «brahman» o assoluto cosmico. Tra il 500 a.C. e il 500 d.C. si sviluppò il periodo classico dell'Induismo i cui scritti sacri sono i poemi epici Ramayana e Mahabharata e i mitologici Purana. È di questo periodo la nascita delle quattro caste: bramini, guerrieri, agricoltori e servi. Fu durante il successivo periodo dell'Induismo medioevale (VI-XIX sec.) che le caste proliferarono fino a divenire numerosissime, assumendo le caratteristiche di endogamia, specializzazione nelle occupazioni, rigida gerarchia e si regolamentarono per evitare le contaminazioni. Se le caste furono causa di un certo immobilismo economico e sociale, assicurarono tuttavia continuità alla cultura induista e ai propri membri identità sociale e solidarietà protettiva. L'ascesa della casta braminica fece sviluppare una dottrina spiritualista e rinunciataria con il conseguente sorgere di eremitaggi e sviluppo della vita monastica, mentre gli appartenenti alle caste inferiori si dedicavano a culti popolari soprattutto di due divinità: Siva e Vishnù. Siva presenta molteplici aspetti, alcuni anche negativi e per questo è molto venerato e conta il maggior numero di templi. Vishnù è sostanzialmente un dio benefico che si incarna nei periodi di declino morale. Delle sue dieci incarnazioni le più note sono quelle di Krishna e di Rama. Molto venerato è anche il dio elefante Ganesa, figlio di Siva, con testa elefantina su corpo umano e il gigantesco toro Nandi, veicolo di Siva. Krishna, considerato l'autore del Canto dell'Adorabile che viene definito il Nuovo Testamento indù, è rappresentato come un bambino in culla o talvolta come un ragazzo che scherza, gioca e danza con le pastorelle. Rama, la cui epopea è contenuta nel poema epico Ramayana, è un principe che ha ristabilito la giustizia sulla terra. Tra le divinità femminili emerge Parvati, moglie di Siva, una figura materna, bella e dolce. In epoca moderna nel Bengala si è diffuso il culto di una dea sanguinaria: Kalì. Calcutta significa «ghat» di Kalì. Anche il culto diffusissimo della vacca è da collegare a quello della dea madre e fu fortemente incrementato da Gandhi, che scelse la vacca come simbolo degli Indù.

Nelle pratiche indù non è obbligatoria la visita ai templi, che tuttavia sono molto frequentati durante le feste ed i pellegrinaggi. Questi ultimi sono molto praticati e comportano lo spostamento di centinaia di migliaia di persone per distanze notevoli, cosa che ha

Due pitture indiane che rappresentano due divinità indoeuropee: nella prima, il dio Shiva con la propria famiglia sta giocando, ai piedi dell'Himalaya, attorniato dagli animali che gli sono dedicati: l'elefante, la vacca, il pavone; nella seconda il dio Krishna (Vishnu) è in altalena: è ancora bambino e due donne insieme ad un altro piccolo lo sospingono; queste raffigurazioni non sono antiche: la prima, infatti, è del secolo scorso, e la seconda appartiene alla metà del Settecento. [Staatliche Museen, Berlino; British Museum, Londra]

consolidato il senso di unità e l'autocoscienza degli Indù. Le sedi dei pellegrinaggi sono molto ben organizzate, guide e sacerdoti accolgono e accompagnano i pellegrini. Le più spettacolari manifestazioni religiose indiane sono le «mela», fiere religiose che si svolgono con particolare solennità ogni 12 anni in determinati luoghi e radunano milioni di persone.
Il *Buddismo* è una religione mite e pacifica che è diffusa in Asia dall'isola di Sri Lanka al Giappone ed è oggi seguita da quasi un miliardo e mezzo di persone. Il suo fondatore, il principe Siddharta Gautama, nacque in una città dell'odierno Nepal nel 563 a.C. Nelle antiche scritture buddiste, le Sutra, è descritta la vita di lusso e di felicità familiare del principe, che tuttavia non era soddisfatto. Uscito dal suo fastoso palazzo egli venne a contatto con la sofferenza, profondamente colpito visse alcuni anni da rinunciatario, senza però raggiungere l'Illuminazione, che conquistò, invece, sedendosi sotto il «Bodhi», un albero sacro, per ben 49 giorni. Da allora venne chiamato Buddha, cioè l'Illuminato e girò predicando l'India settentrionale per 45 anni, fino alla sua morte. Buddha era nato Indù e si può dire che il Buddismo sia una ribellione protestante all'Induismo ortodosso. Da esso ha ereditato il ciclo delle rinascite, la dottrina del «karma» e l'idea della rinuncia. Gli elementi essenziali della sua dottrina, detti perciò i tre gioielli del Buddismo, sono: il Buddha, cioè l'Illuminato, colui che conosce la verità, il Dharma, cioè la verità o legge cosmica e il Sangha, cioè la comunità. Nucleo dell'insegnamento sono le Quattro Nobili Verità e il Nobile Ottuplice Sentiero. Le prime spiegano la causa e offrono il rimedio delle sofferenze umane: 1) il dolore è universale; 2) la causa del dolore sta nei desideri egoistici; 3) il dolore si guarisce eliminando questi desideri; 4) per eliminarli si deve seguire l'Ottuplice Sentiero. Esso consiste in: retta conoscenza, intenzione, parola, condotta, modo di vita, sforzo, riflessione, concentrazione. Il vero Buddista che ha raggiunto l'Illuminazione conquista il Nirvana, la massima meta spirituale che si può definire la «suprema realtà impersonale».
Attraverso la predicazione di monaci itineranti il Buddismo si diffuse rapidamente in tutta l'India e la influenzò durante un millennio, in seguito però si ridusse a una esigua minoranza di fedeli, circa 4 milioni, probabilmente perché era una dottrina troppo poco «religiosa» per un popolo abituato al culto delle divinità. Verso il II sec. il Buddismo si scisse nelle sette: Hinayana o del Piccolo Veicolo e Mahayana o del Grande Veicolo. Il primo è diffuso nello Sri Lanka e nella Penisola Indocinese, il secondo nell'Asia centro-settentrionale e conta il maggior numero di seguaci in Cina e Giappone. Mentre il Buddismo Hinayana mira alla salvezza personale ed è prevalentemente una religione monastica, il Mahayana mira alla salvezza di tutto il genere umano, che si può raggiungere con la fede e la devozione e più che esaltare il distacco o la disciplina pratica la compassione.
Secondo il Buddismo l'io è instabile e solo liberandosi dalle aspirazioni mondane e dai desideri fisici l'uomo raggiunge la vera comprensione del suo io e quindi può entrare nel Nirvana. Ciò può avvenire solo attraverso una serie di reincarnazioni successive, nelle quali l'uomo si purifica con le opere buone, gli alti pensieri e la rinuncia al proprio interesse personale. Fondamentale nella pratica buddista è il donare, fare l'elemosina, specie ai religiosi.
I Buddisti sono in maggioranza laici che praticano alcune austerità, ma i Buddisti ideali sono i monaci le cui qualità essenziali sono: povertà, innocuità e celibato, anche se non si esige in tutte le sette. La loro vita è semplicissima, passata in gran parte meditando. Non possiedono quasi nulla e devono procurarsi da mangiare mendicando. Di loro proprietà sono solo l'abito, una scodella, un ago, un rosario, un rasoio e un filtro per eliminare gli insetti dall'acqua che bevono. Essi officiano funerali, eseguono cerimonie nei templi dei monasteri, curano l'istruzione religiosa dei giovani, ma sono soprattutto dei modelli di vita. In alcuni paesi come la Thailandia e la Birmania tutti i Buddisti maschi passano qualche settimana della loro vita come monaci, ma quasi tutti tornano poi nel mondo. Ciò fa parte della loro educazione. Una degenerazione del Buddismo è il *Lamaismo* del Tibet, dove i monaci costituiscono circa 1/3 della popolazione maschile e formano un ordine sacerdotale che, prima che il paese fosse assorbito dalla Cina comunista, governava politicamente. Esso si divide in due sette: quella del cappello giallo il cui capo è il Dalai Lama attualmente in esilio e quella del cappello rosso, il cui capo è il Tashi Lama, ambedue considerati reincarnazioni di leggendari personaggi buddisti.
Dopo la morte di Buddha, avvenuta verso il 483 a.C. le reliquie del suo corpo, compresi i denti e i capelli, furono conservate in appositi reliquiari a forma di cupola o di torre, detti stupa o pagoda.
Un'altra religione nata in contrapposizione all'Induismo è il *Giainismo,* che prende nome dall'epiteto Jina (= vittorioso) dell'asceta Vardhamana o Mahavira (540-468 a.C.), l'ultimo di 23 profeti che rivelarono la dottrina necessaria a superare il ciclo delle rinascite. È una religione essenzialmente monastica, nella cui morale è in primo piano la non violenza, anche in forme esasperate ad esempio nel rispetto degli insetti, e per questo motivo i Giainisti sono vegetariani. Le pratiche religiose tuttavia sono molto simili a quelle induiste.

La vita politica indiana fu dominata nella prima metà del '900 dall'eccezionale personalità di Ghandhi.
Egli trasformò il movimento indipendentista di una minoranza intellettuale e borghese in un ampio movimento di massa. Inoltre decretò una forma di lotta basata sulla non-violenza, sulla disubbidienza civile contro i dominatori inglesi e su prolungati digiuni per richiamare l'attenzione dell'opinione pubblica mondiale.
Nella foto: Ghandi davanti al filatoio, simbolo dell'indipendenza economica e delle tradizioni culturali dell'India.

4. Le massime altitudini del mondo

Le catene himalayane rappresentano, come è noto, una grande attrattiva turistica. In India, sulle pendici dell'Himalaya, ci sono alcune stazioni di villeggiatura come Simla e Darjeeling a 2900 m di quota, tutte e due un tempo residenze estive di autorità inglesi e tuttora dotate di buone attrezzature. Darjeeling, fra le verdeggianti coltivazioni del rinomato tè è base di partenza per le escursioni nella zona dell'Everest.

Il Kashmir, che include l'estremità occidentale della regione himalayana ed una parte del Karakorum, ricco di vette, laghi, fiumi e foreste fu definito dai sovrani Mogol il «paradiso terrestre». La capitale Srinagar (1768 m) è chiamata la «Venezia dell'India» per le sue tipiche case su barche, che permettono spostamenti sul lago e possono essere affittate anche ai turisti. Di recente è iniziata la valorizzazione turistica di queste montagne con la creazione di centri per gli sport invernali, frequentati esclusivamente dalla ricca borghesia indiana. Il Kashmir è entrato da qualche anno nei circuiti di turismo internazionale.

Al confine con il Pakistan il Punjab è la regione dei Sikh, setta religiosa nata nel XV sec. nel tentativo di fondere l'Islam con l'Induismo. Amritsar, con il suo famosissimo Tempio d'Oro, è la Benares del Sikkismo, ma l'attuale capitale dello stato è Chandigarh, creata da Le Corbusier in cemento grezzo, modernissima e razionale.

Il Nepal, aperto al turismo internazionale solo nel 1951, è punto di partenza per escursioni sulle cime himalayane ed è ricco di monumenti religiosi buddisti e induisti. La valle di Katmandu è detta la «valle dei templi» per le sue numerose opere architettoniche, soprattutto santuari.

Piantagione di tè nello Sri Lanka. Accanto alla coltura tradizionale del riso nell'isola si sono sviluppate colture di piantagione che hanno nel tè il loro prodotto principale. Lo Sri Lanka è al terzo posto mondiale per la produzione ed al secondo per l'esportazione. [Dimt, Milano]

Sri Lanka (Ceylon)

Rivestita da grandiose foreste sempreverdi, percorsa da fiumi ricchi di acqua, circondata da lagune e da scogliere coralline, Ceylon (Sri Lanka) si innalza dalle pianure costiere alle zone più elevate dell'interno, ove si trovano grandiose rovine delle antiche città sepolte nella giungla. L'isola è compresa tra i 6° e i 10° lat. N e ha temperature costanti intorno ai 26 °C con piogge estive. Soltanto la parte occidentale del paese è fornita di strade e ferrovie, sviluppatesi specialmente in funzione delle colture di piantagione: tè soprattutto, ma anche cocco, hevea, banane, manghi. Le comunicazioni nella regione interna sono rese difficili dal rilievo e dalle foreste tropicali.

Colombo, la capitale, posta sulla costa occidentale, ha un aeroporto intercontinentale, importante scalo delle rotte per l'Oriente ed è uno degli empori marittimi più attivi dell'Oceano Indiano. Centro religioso buddista e induista, Colombo è una città-parco di aspetto moderno, seminascosta nel verde prepotente della foresta circostante. Nel quartiere di tipo europeo sono grandi alberghi, musei, Università e numerosi giardini, a sud si sviluppano i quartieri indigeni. Ben attrezzate le splendide spiagge di Negombo, prossima alla capitale, di Mount Lavinia, e, all'estremo sud dell'isola, Weligama Bentota. Kandy, l'antica capitale dei re di Ceylon, è un importante centro buddista e stazione climatica a 500 m di altezza. Vi si svolge una festa spettacolare il «Perahera», cui partecipano centinaia di elefanti riccamente addobbati, tamburini e ballerini.

Nella parte settentrionale dell'altopiano, in mezzo alla giungla, sorgono maestose le rovine di Anaradhapura (500 a.C.), ben presto divenuta capitale dell'isola e rinomato centro religioso che pare contasse 3 milioni di abitanti. Le rovine della città, che subì varie distruzioni e saccheggi, si sviluppano su di un'area vastissima e costituiscono una delle zone archeologiche più interessanti dell'Asia. Vi si ammirano resti di templi buddisti a forma di campana, chiamati **Dagoba,** che superano i 100 m di altezza. Vi sono monasteri, di cui uno arriva a 9 piani ed è circondato da un imponente colonnato, il Palazzo Reale e grandissimi bacini per la raccolta delle acque piovane.

Di un certo interesse è la città di Polonnaruwa, del 1100 d.C., caduta in rovina, ma ancora famosa per i suoi templi buddisti.

L'isola di Ceylon offre una flora e una fauna molto ricche; ricordiamo tra gli alberi il mogano, il teak e l'ebano e tra gli animali soprattutto l'elefante che viene protetto nei suoi Parchi Nazionali.

In alto: Katmandu, la capitale del Nepal, contiene numerosi tempi buddisti o dedicati a varie divinità induiste. Una caratteristica dell'architettura nepalese è il tetto a tre piani di forma piramidale. [S. Prato, Milano]

Le Maldive

L'arcipelago delle Maldive affiora nell'Oceano Indiano a sud ovest di Ceylon e si estende longitudinalmente per oltre 850 km tra 7° lat. N e l'Equatore, con gruppi di isolotti piatti la cui altezza non supera i due metri, che l'alternanza delle maree copre o fa riemergere, rendendone difficile il conteggio; ufficialmente essi assommano a 1190, ma ne sono stati contati fino a 3000 di cui solo 202 abitati.
La Repubblica delle Maldive (Divehi raajje) si compone di 26 atolli dall'insolita forma simmetrica, per una superficie totale di 300 kmq. Questo arcipelago con quello delle Chagos e delle Mascarene appartiene alla catena corallifera sottomarina che unisce l'Asia centromeridionale al Madagascar e di conseguenza all'Africa australe.
Non è facile orientarsi tra barriere coralline, barre di sabbia, isolette disposte in doppia fila, accomunate dal mare cristallino e dal grande giardino sommerso, che ne costituisce la peculiare bellezza.
Il clima dell'arcipelago, ubicato nella fascia equatoriale, esposto ai venti monsonici, ha temperature costantemente calde e abbondanti precipitazioni, soprattutto in primavera quando s'inverte il monsone.
La vegetazione è fitta e lussureggiante, costituita soprattutto dalla palma da cocco. Sono presenti anche pandani, alberi del pane, magnolie e sono diffuse le colture di banane, papaie, arance e limoni.
La popolazione è di provenienza continentale sicuramente singalese. In molte isole sono presenti resti archeologici: tumuli piramidali, templi, vasche per le abluzioni, sculture e bassorilievi che testimoniano successive invasioni provenienti dalla Valle dell'Indo e dallo Sri Lanka. Tracce di un'antichissima religione, caratterizzata dall'adorazione del sole, reperti prima induisti e poi buddisti, rivelano le civiltà che hanno preceduto l'imporsi dell'Islam che, nella sua formidabile spinta espansionistica, si insediò nelle isole dal 1153. Nel loro rigorismo i Musulmani hanno cercato di cancellare le testimonianze dei precedenti culti, ma giovani leader progressisti favoriscono da qualche anno le ricerche scientifiche ed archeologiche alla scoperta delle radici culturali del paese.
Alla luce di recenti studi appare evidente l'importanza che l'arcipelago ha sempre avuto quale crocevia fondamentale del commercio tra Oriente e Occidente, in posizione strategica sulle principali rotte per la circumnavigazione del Deccan e dell'Africa; anche i Romani, come ricorda Plinio, seguivano la via delle Maldive per raggiungere Ceylon.
La storia recente delle Maldive risale a quando il sultano locale accettò la sovranità britannica, alla fine dell'800, convinto di essere così protetto dalle continue incursioni indiane. Quando la Gran Bretagna concesse l'indipendenza nel 1965, il governo di Male fu subito corteggiato per la sua posizione strategica da varie potenze: l'URSS offrì borse di studio, la Libia regalò una nave ospedale, il Giappone propose di sviluppare l'industria del freddo e la Francia di lanciare l'industria turistica. Il governo maldiviano, che da sultanato divenne Repubblica nel 1968, dichiarò proprietà dello stato tutto ciò che era sfruttabile e redditizio.
La lingua locale è il Divehi e ha relazione con il Sanscrito e le antiche lingue dell'India e dello Sri Lanka. Grazie ad un vocabolario sufficientemente ricco essa ha consentito il fiorire, durante i secoli, di una notevole letteratura poetica. Canzoni, ballate, versi ritmati esprimono l'amore degli isolani per la natura, l'interpretazione che essi danno alla vita animale e vegetale, i loro sentimenti semplici e puri. In parallelo si è sviluppata anche la prosa, si è costituita un'accademia letteraria e poeti e scrittori maldiviani sono conosciuti anche all'estero.
Fin dall'antichità le Maldive erano famose per la grande produzione di conchiglie di Cypraea moneta, dette «boli» che sembra venissero allevate e che fungevano da moneta fino alla fine del secolo scorso. Una forte esportazione era diretta agli antichi regni di Benin e del Congo. I Maldiviani erano anche noti presso il mondo arabo per la loro abilità nel lavorare il calcare corallino e per la fabbricazione di finissimi tessuti in cotone. Il famoso navigatore e scienziato norvegese Thor Heyerdahl sostiene che dalla Valle dell'Indo si trasmise la coltura del cotone alle Maldive e da qui nell'America andina e nella mesoamerica.
I «dhoni», tipiche barche a vela con la prua ad uncino, ricordano le barche fenicie ed egiziane, ma anche quelle della Mesopotamia e della Valle dell'Indo. Dotate di vele triangolari e di sartie difficili da maneggiare, hanno la chiglia piatta per navigare sicuri tra gli atolli e non incagliarsi tra gli scogli sommersi. Queste imbarcazioni non affrontavano mai il mare aperto, servivano per la pesca o per il trasporto della copra solo fra isola e isola. Ancora oggi gli equipaggi, così esperti nel muoversi fra le insidie dei bassi fondali, appena soffia il vento o il mare si gonfia, cercano subito riparo nelle lagune.
Questo arcipelago dagli anelli di corallo, al cui interno l'evolversi della laguna ha fatto nascere talvolta un lago d'acqua dolce, sempre frangiati da palme, con spiagge di sabbia candida e impalpabile, con uno straordinario giardino subacqueo, possiede tutti gli ingredienti necessari ad un fortunato paradiso turistico. Il soggiorno alle Maldive, che suggestivi manifesti pubblicitari propongono come la vacanza a tutto sole, mare e natura in ogni periodo dell'anno, è il prototipo del turismo di vacanza. Alle Maldive non ci si reca per visitare qualcosa, ma per vivere alcuni giorni in un ambiente tropicale incontaminato, fra le trasparenze delle tiepide acque lagunari, fra le meraviglie del reef corallino. Per i turisti europei appartenenti alla fascia medioalta il soggiorno invernale alle Maldive è la vacanza alla moda, uno status symbol sempre più ricercato.
Peculiarità del turismo maldiviano sono le isole adibite esclusivamente agli stranieri, ospitati in villaggi turistici, che sono le uniche costruzioni presenti. Se ciò limita la conoscenza ad una sola isola e non consente l'approccio con le consuetudini e i modi di vivere maldiviani, assicura però una vacanza di assoluto relax e di silenzio, rappresenta una fuga dal quotidiano, cambia i ritmi di vita, annulla tempi ed orari, fa dimenticare impegni e formalità.
Nel 1987 gli arrivi dei turisti sono stati 131 400, il 75% in provenienza dall'Europa, quasi esclusivamente Tedeschi e Italiani, con un incremento di presenze del 40% negli ultimi 4 anni. Le Maldive rappresentano per gli Italiani una vacanza sempre più alla moda e sempre più richiesta, nell'87 le loro presenze sono state oltre 22 000 e ben 12 nostri tour operator includono quest'area nei loro programmi.
Il turismo internazionale ha scoperto le Maldive agli inizi degli anni '70; era un turismo pionieristico, alla ricerca di bellezze naturali,

di luoghi incontaminati, di vita primitiva, di entusiasmanti esplorazioni subacquee e si accontentava di attrezzature semplici. Si campeggiava sulle spiagge di isolette deserte o si alloggiava in villaggi turistici costituiti, allora, da una manciata di capanne di paglia. Le isole si sono sempre più adeguate a una richiesta turistica in continuo aumento e sempre più esigente, che chiede soggiorni all'insegna di ogni conforto e svago. Recentemente sono state realizzate strutture ricettive di prestigio. Gli insediamenti costruiti e gestiti dai più grandi tour operator internazionali, sempre con la formula del «villaggio», hanno bungalow in muratura, aria condizionata, frigobar, docce calde, porticciolo e discoteca. L'atollo più frequentato è quello settentrionale che comprende isole con insediamenti grandi e piccoli, da 12 a 300 posti letto, che offrono vari modi di interpretare la vacanza: elegante, sportiva, spartana. Anno dopo anno sono state coinvolte anche le isole più lontane; difficili da raggiungere, diventano inevitabilmente esclusive.
Per scoprire le Maldive sconosciute si può partecipare a crociere in motobarca, a piccoli gruppi seguendo itinerari al di fuori dei circuiti turistici. Si naviga di notte da un atollo all'altro e durante il giorno si sosta per le immersioni fra i fondali più belli. Si visitano isole disabitate o villaggi di pescatori, alla sera barbecue sulla spiaggia, a base di pesce, per poi salpare durante la notte.
Tipica escursione per ogni turista è alla capitale Male che occupa tutta l'isola omonima: ha strade in sabbia bianca, non selciate per far filtrare l'acqua che alimenta i pozzi, un lungomare dagli edifici in pietra corallina, bianchi con le persiane azzurre, alti non più di due piani. Numerose sono le casette in legno e di canne, circondate da microscopici giardini traboccanti di buganvillee; il porticciolo è ingombro di piroghe e di «dhoni». Per le strade circolano molte biciclette, qualche taxi, si aggira la popolazione locale abbigliata con il tipico pareo, molto colorato quello femminile, più semplice e dai colori più sbiaditi quello maschile.
Come in tutti i paesi raggiunti dal turismo internazionale anche a Male vanno diffondendosi negozi per turisti. Souvenir del luogo sono i gusci di tartaruga, le collane di corallo nero, le mascelle di pescecane, i modellini di «dhoni» e i lavori dell'artigianato locale che sono appannaggio delle donne. Esse tessono a mano stuoie, coperte, tappeti, servendosi come materia prima della fibra di cocco; praticano anche il ricamo secondo il loro gusto, su pezze di stoffa importate da Ceylon. Intagliano anche il legno in una varietà di forme che poi vengono abilmente laccate. Nel moderno aeroporto di Male, costruito recentemente allungando un isolotto, atterrano anche i Jumbo. Per incoraggiare il movimento turistico e per i poco distesi rapporti con lo Sri Lanka si sono recentemente stabiliti voli diretti dall'Europa. Dall'Italia si arriva in 10 ore di confortevole volo.
Queste meraviglie della natura secondo il parere di alcuni scienziati sembrano destinate a sparire; esse affondano lentamente di circa 1 cm all'anno a causa dell'effetto serra e dei conseguenti cambiamenti climatici che portano anche uragani, gravi siccità, inondazioni. Le più pessimistiche previsioni calcolano che entro mezzo secolo la maggior parte dell'arcipelago maldiviano sarà sommerso. Le Nazioni Unite hanno dichiarato la necessità di una speciale assistenza e un'organizzazione giapponese ha già costruito opere murarie per difendere Male dalle alte onde oceaniche.

Le Maldive sono il prototipo di un turismo esotico. La domanda di turismo esotico è in crescente aumento e la scelta fra le molte località è influenzata dalla pubblicità turistica. I tour-operator alla domanda del diverso, del non scontato, dell'ultimo paradiso, dell'ambiente incontaminato, rispondono spesso etichettando, banalizzando, vendendo località esotiche. Così spazi differenti nei loro aspetti fisici, nei loro valori antropici e nella loro organizzazione turistica vengono erroneamente uniformati e caricati di uguale valore. [Working Press/L. Ricciarini, Milano]

Oggi anche il turismo può essere una minaccia per le Maldive, gli enormi interessi che il business comporta scandiscono ormai la vita delle isole riproponendo il problema di sempre riguardo ai danni che il turismo provoca all'ambiente naturale e alla società autoctona. Vale la pena ricreare in queste isole tutti quei servizi e quelle comodità a cui ormai siamo abituati, violentando ambiente, natura, popolazioni locali e distruggendo inesorabilmente nel tempo l'atmosfera e gli spettacoli peculiari che hanno fatto la fortuna turistica del luogo?
La frenesia della vacanza vanifica la gioia di vivere alcuni giorni al sole dei tropici nelle isole di sogno; il piacere si annulla se si trova una realtà simile a quella da cui si fugge e che niente ha a che fare con l'ambiente esotico cercato.
Il turismo crescente è insaziabile, rischia di immolare barriere coralline all'insegna del comfort e delle sempre più massicce presenze. Già troppi insediamenti turistici sono stati costruiti in blocchi di pietra corallina estratti dagli scogli che proteggono la laguna dalle correnti oceaniche. Troppe tartarughe massacrate e conchiglie raccolte per essere vendute come souvenir turistico, troppi canali artificiali sono stati tagliati nella laguna per consentire il passaggio alle navi che devono rifornire quotidianamente i villaggi turistici. Per la verità il governo maldiviano ha vietato la raccolta e l'esportazione di rami di corallo, di gusci di tartaruga, di tritoni, tipica conchiglia dell'Oceano Indiano, ma deve ancora vigilare attentamente che il sovrapporre ad un ambiente naturale le inevitabili infrastrutture turistiche avvenga nel pieno rispetto dell'ecosistema, che nel trasformare queste risorse naturali in luoghi di vacanza si mantenga un equilibrio fra esse, i flussi turistici e le infrastrutture.

La scogliera corallina

La scogliera corallina è uno degli ecosistemi più interessanti scientificamente, ma anche scenograficamente più spettacolari e che affascina lo scienziato quanto il turista. Il reef è considerato l'ambiente con maggior indice di diversità, ossia che ospita il maggior numero di specie diverse, sia vegetali che animali.
I coralli costruttori sono celenterati, animali dalla semplicissima anatomia, hanno praticamente una sola apertura attraverso cui entra il cibo e attraverso cui vengono espulsi i resti del cibo stesso. I polipi dei coralli sono generalmente piccoli e sempre coloniali. Ogni colonia deriva da un polipo capostipite la cui larva vagante nel plancton si è installata su una superficie rocciosa. In seguito a divisioni asessuate il polipo genera un numero elevatissimo di individui, che si sviluppano uno accanto all'altro in una struttura comune: la colonia. La forma della colonia è spesso ramificata, da ciò la convinzione radicata anche nel pensiero scientifico ufficiale, fino a tempi relativamente recenti, che i coralli appartenessero alla specie vegetale. In alcuni casi i celenterati hanno scheletro calcificato, duro, compatto: sono i madreporari, coralli costruttori di banchi. Essi vivono in acque calde e soleggiate, la cui temperatura ideale va dai 23° ai 25° e non deve abbassarsi sotto i 18°, per cui le barriere coralline sono distribuite soprattutto tra i due Tropici. Assenti in acque di bassa salinità o torbide. La scogliera si trova a scarsa profondità, è rarissima sotto i 40 m, cosa che dimostra che i coralli costruttori necessitano di luce. La velocità di accrescimento delle colonie tropicali è stupefacente, com'è stupefacente la capacità dei coralli di costruire, seppur in molti anni, atolli, frangenti e barriere. Questa straordinaria capacità di costruzione che consente alla scogliera di riformarsi continuamente, nonostante l'azione distruttiva dei marosi e degli organismi che disgregano il corallo per nutrirsi, dipende però dalla presenza di tutta una serie di condizioni ambientali inalienabili. Per questo gli scienziati temono per il futuro di questo straordinario bioma e considerano la recente colonizzazione turistica, con le conseguenze dirette e indirette, il massimo responsabile del suo degrado.

Il famoso mercato dei fiori di Bangkok.
[da Italia Viaggia, *autunno-inverno 1989-90]*

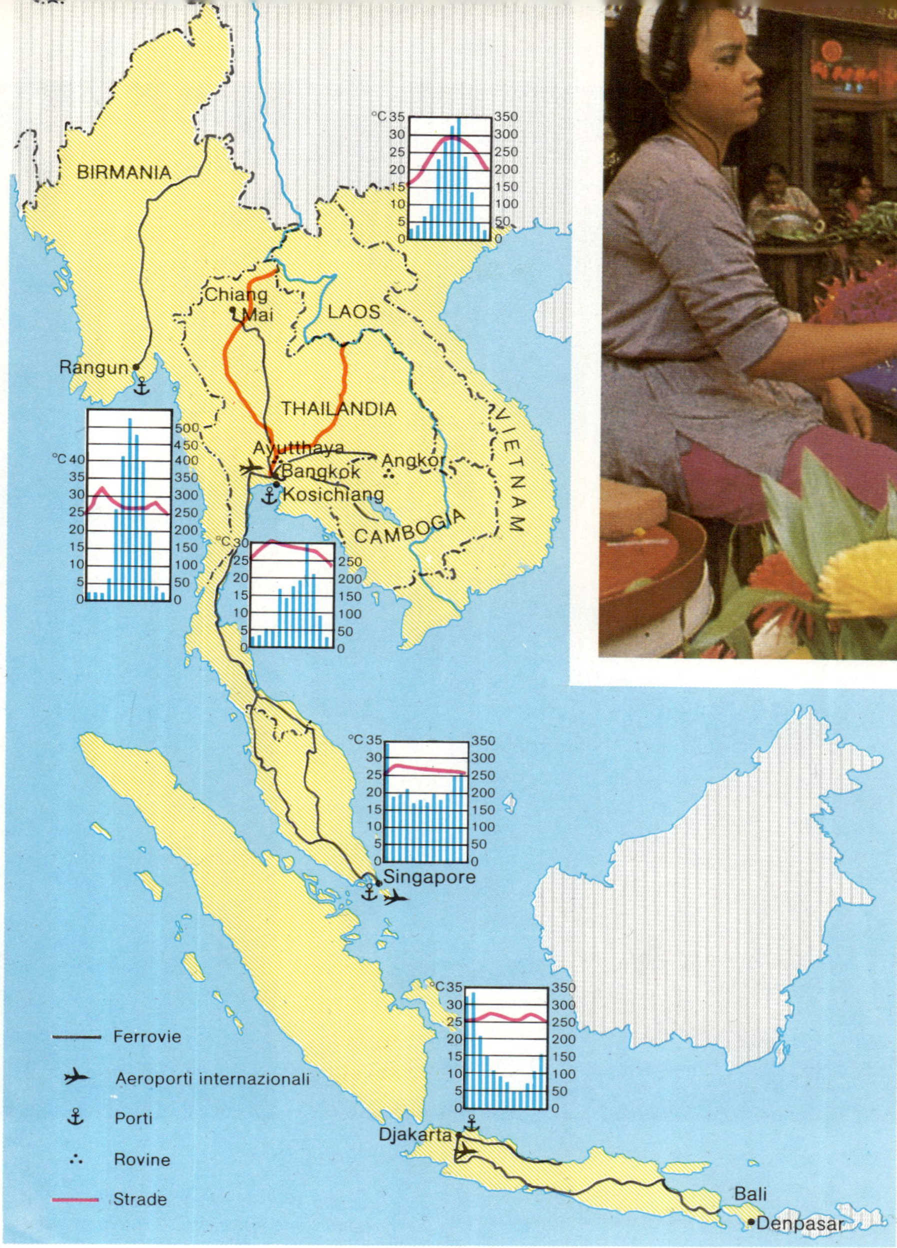

Carta del Sud Est asiatico.

La Penisola indocinese

La penisola indocinese è frammentata in stati diversi senza alcun rispetto dei confini naturali, ma possiede comuni caratteristiche geografiche, storiche ed economiche. In ogni paese sono presenti catene montuose parallele che si estendono da nord a sud, ricoperte, a seconda dell'altezza e della piovosità, da giungla con legnami pregiati come il teak, il bambù, il palissandro, da bosco ceduo, da conifere. Nei monti più isolati l'esistenza di «zone rifugio» ha fatto sì che minoranze etniche locali non si amalgamassero con il resto della popolazione, incoraggiando spinte autonomistiche.

Il clima delle pianure è qui tropicale-monsonico, con la caratteristica alternanza di una stagione caldo-umida, da maggio a novembre, e di una secca. La temperatura è sempre elevata e minima è l'escursione termica, che aumenta gradualmente verso nord. Varia la fauna: tigri, serpenti, coccodrilli, rinoceronti, scimmie, elefanti, pappagalli e tanti uccelli multicolori. Animale domestico molto diffuso è il gatto siamese. La flora comprende molte varietà di orchidee, gardenie, ibisco e tante altre piante tropicali.

Lo scorrere da nord a sud di quattro grandi fiumi, incassati in gole profonde fra catene di monti, ha sempre reso difficili le comunicazioni in senso ovest-est, mentre naturale è il transito in senso nord-sud verso la Cina

Il tempio Wat Pra Keo mostra la ricca ornamentazione tipica dell'architettura religiosa thailandese. [G. Cubitt / B. Coleman, Londra]

Cenni storici della penisola indocinese

Ai più antichi abitanti Cham e Khmer (IX-XIV sec.), influenzati dalla civiltà indiana, seguirono popoli tibetano-birmani. Conseguenze importanti nella regione portò l'invasione dei Thai (massimo sviluppo dal XIII al XVII sec.) dalla Cina di sud-ovest, perché dotati di una civiltà più evoluta, dato che conoscevano già l'uso dell'aratro e dell'irrigazione. Più tardi gli Annamiti, di ceppo simile ai Thai, riuscirono a distruggere nel XIV sec. lo stato dei Cham e ad infierire contro i Khmer della Cambogia. Ampie tracce della civiltà indiana si ritrovano tuttora tra le popolazioni birmane (Birmania), Thai (Thailandia), Khmer (Cambogia), mentre presso i Lao (Laos) e gli Annamiti (Vietnam) prevale l'influsso della civiltà cinese.
In genere la maggior parte della popolazione vive in piccoli centri, caratteristica questa di molti paesi a basso livello economico e solo alcune città sono milionarie, tra cui le capitali Bangkok, Rangoon e Hanoi.
Nell'800, ad uno a uno, antichi regni indipendenti si trasformarono in colonie inglesi (Birmania) o francesi (Laos, Vietnam, Cambogia). Solo il Siam (oggi Thailandia) riuscì sempre a mantenere la propria indipendenza politica, anche durante i contrasti franco-britannici per il possesso della penisola indocinese.
Dopo la II guerra mondiale, con la raggiunta indipendenza, sempre più evidenti apparvero gli squilibri sociali fra una ricca borghesia legata all'Occidente e i ceti più poveri, fra città e campagna. Sempre più pressanti divennero le rivendicazioni delle numerose minoranze etniche, sempre più facile il diffondersi delle teorie marxiste sia di importazione russa che cinese. Tutto ciò ha portato a guerre sanguinose e spesso fratricide, a colpi di stato e al costituirsi di repubbliche socialiste, seppure con indirizzi diversi, in quasi tutti i paesi.
Il susseguirsi di regimi politici instabili, i confini geografici non ben delineati, la guerriglia nella giungla, la miseria endemica, ma soprattutto la posizione strategica, fanno di questa regione una delle più inquiete e preoccupanti aree del mondo asiatico.

Il mercato galleggiante nei klong di Bangkok è una scontata meta turistica, anche se ha perso di autenticità. [M. Freeman, Londra]

e soprattutto verso il mare. Questi fiumi sono d'importanza vitale oltre che per le comunicazioni, per la pesca e per l'agricoltura nelle pianure e negli apparati deltizi. Durante le piogge monsoniche, le acque di piena vengono deviate in una ricca rete di canali che consentono lo sviluppo del tipico paesaggio agrario indocinese, basato sulla diffusione della risaia.

Il tipico insediamento umano è il villaggio spesso su palafitte, i gruppi etnici sono vari per il sovrapporsi nei secoli di popoli diversi.

La Thailandia

Della penisola indocinese la Thailandia è il paese più fornito di comunicazioni. Il maggior porto è quello di Bangkok con il suo avamporto Kosichiang. A 32 km dalla capitale, il trafficato scalo internazionale di Don Muang è il più importante aeroporto dell'Asia sudorientale. Dalla città di Bangkok si irradiano ferrovie dirette a Chiang Mai e ai confini con il Laos, che si collegano a sud con la rete ferroviaria malaysiana e con quella cambogiana. Recentemente si è sviluppata la rete stradale, la via principale è la «strada meridiana», diretta verso la Cina. Per ragioni strategiche gli Americani hanno unito Bangkok al Laos costruendo la «strada dell'amicizia». Continuo è il traffico di piccolo cabotaggio lungo le vie d'acqua.

I flussi turistici attivi, provenienti per la massima parte dall'Europa occidentale, dal Giappone e dagli USA sono in costante, notevole incremento. Il paese è ricco allo stesso tempo di attrattive esotiche e di opere d'arte e il governo dedica particolare cura alla promozione del turismo.

Bangkok (Krung Thep = città degli angeli), fondata nel 1782 e proclamata capitale del Siam dopo la distruzione dell'antica Ayuttaya, introduce in una regione affascinante e spesso ancora misteriosa del continente asiatico. La città, circondata dal fiume Menam (Chao Phraya), ha subito notevoli cambiamenti, perdendo molto del suo aspetto orientale: al posto di antichi canali (klong) prosciugati, scorrono moderne strade. Il traffico automobilistico è congestionato nel centro ove sono grandi moderni alberghi rallegrati da piscine, negozi e night. Ottimi sono i ristoranti, in cui è possibile gustare la cucina thailandese influenzata da quella cinese, ma assai diffusa è anche quella internazionale.

Il colore locale si deve ormai cercare nelle campagne, nei villaggi lontani dalla capitale, lungo i canali ove unico mezzo per spostarsi è ancora la barca a remi. La fortuna turistica di Bangkok ha avuto inizio con la chiusura della frontiera cinese agli stranieri durante la rivoluzione e quindi con la ricerca di nuovi scali da parte delle linee europee per le rotte verso il Giappone, Hong Kong, l'Australia e viceversa. Più tardi gli Americani durante la guerra del Vietnam erano soliti trascorrere qui la loro licenza. Infine ai soldati statunitensi si sostituirono i turisti occidentali. Una delle maggiori attrattive è rappresentata dai templi buddisti: 20 000 nel paese e 400 nella sola Bangkok. Impossibile visitarli tutti, ma vale la pena notare la fantasia degli artisti thai nel dosare i colori blu, giallo, purpureo e nel decorare le costruzioni. Il loro fascino è accentuato da un numero infinito di particola-

Vietnam

Un unico treno da Hanoi, capitale del Viet Nam, scende lungo la costa raggiungendo, in uno stillicidio di chilometri, Ho Chi Min (ex Saigon). Il Viet Nam, teatro negli anni '60 di una sanguinosa guerra con un inutile intervento degli USA, si è unificato, nel 1975, sotto regime comunista. Il paese, malgrado timidi segnali di ripresa, è economicamente stremato. Da pochissimo si sta aprendo al turismo, soprattutto di provenienza USA. Sono ex militari che ritornano sui luoghi di tragiche esperienze, a contatto però con un popolo sorridente e curioso, capace di stupori dimenticati nel mondo del benessere. Sono viaggi che non possono contare su una valida organizzazione turistica perché il paese vive il turismo come una novità ed i servizi sono ovunque e sempre scadenti. [R. Crocellà, Ch. Fourniau, *Vietnam, oggi*, Mondadori, Milano, 1980]

ri: creature dorate metà fanciulle metà uccello, demoni grotteschi in brillanti vesti di porcellana, porte intarsiate di perle, pareti decorate con rosette di smalto, grondaie da cui pendono campane dorate che suonano alla brezza più leggera riempiendo i cortili di un delizioso tintinnio. Colpisce trovare qui un Budda dimagrito e ringiovanito rispetto a quello indiano o giapponese. Si impara ad interpretare le varie posizioni del dio: le mani incrociate sul petto = insegnamento, sdraiato sul fianco = nirvana, le gambe incrociate = meditazione. È preferibile visitare i templi di Bangkok al pomeriggio, quando la grande folla dei turisti rientra negli alberghi o quando i **bonzi** dalla tunica color zafferano riprendono possesso dei loro santuari e il gong del campanile ricorda loro le varie attività manuali.

Il Wat Pra Keo, certamente il tempio più prestigioso, è all'interno del Palazzo Reale o Grande Palazzo e custodisce il famoso Budda di smeraldo, in realtà di giada, simbolo dell'indipendenza thai, alto 66 centimetri e vestito di splendidi abiti tessuti in oro e costellati di pietre preziose. Lo stesso re con una cerimonia suggestiva ne cambiava gli abiti ad ogni mutar di stagione. Il Wat Po è il tempio più visitato di tutta Bangkok: in esso un enorme Budda sdraiato incute una certa soggezione. Nel vicino chiostro si ripetono centinaia di statue di Budda seduti. Wat Trimit è un tempio piuttosto modesto, ma all'interno troneggia un Budda d'oro alto 3 m, dal peso di 5 tonnellate. La visita dei templi continua da quello dell'Alba a quello costruito in marmo di Carrara. Non vi è casa thai che non abbia all'esterno, accanto all'ingresso, un minuscolo tempio: è il santuario dello spirito che veglia sulla casa.

Di grande interesse è il mercato galleggiante che si tiene al mattino presto lungo i klong, alla periferia meridionale della città. Le giunche, cariche di carne, pesce, frutta e verdura o di seta appena tinta, stesa ad asciugare, scivolano tra palafitte e palafitte. I canali servono a tutto: vi si fa il bagno, vi si lavano i piatti o la frutta e verdura, vi si scaricano i rifiuti. Questa meta d'obbligo ha ormai perso in autenticità e acquistato in inquinamento. Il vero mercato galleggiante è il Damner Saduak, a circa un'ora di auto da Bangkok. È frequentato soprattutto dai Thailandesi e i pochi turisti sono investiti da una festa di colori e di odori diversi, che vanno dal profumo dei fiori all'odore del pesce, dei panni lavati, del fango. Dal vociare si intuisce che le massaie discutono i prezzi.

Presso la capitale merita una visita il «Rose Garden» un immenso giardino che si estende lungo le rive del fiume Kachin, pieno di rose e di fiori di loto. È possibile assistere qui ad uno spettacolo che rappresenta una sintesi della vita, dell'arte, della tradizione thailandese: danze rituali, cerimonie nuziali, incontri di boxe combattuti a calci, pugni e gomitate, furiosi combattimenti fra galli o bufali, elefanti ammaestrati al lavoro.

Da Bangkok è possibile risalire in battello il fiume Chao Phraya e, fra un autentico paesaggio thailandese, raggiungere Ayuttaya, antica capitale del Siam, fondata nel 1350 e distrutta dai Birmani nel 1766. Molte rovine sono state restaurate, alcuni templi molto belli hanno all'interno statue del Budda, singolare quella in pietra nera e quella in legno dipinto.

Una spaziosa autostrada collega Bangkok a Pattaya. Questo antico centro di pescatori sul Golfo del Siam, in pochi anni, si è trasformato in una rinomata località balneare internazionale, con una perfetta organizzazione alberghiera. Le troppe costruzioni hanno stravolto l'aspetto originario trasformandola in una metropoli del turismo.

Ad un'ora di aereo da Bangkok l'isola di Phuket (Malacca), affacciata sul Mare delle Andamane, è subentrata a Pattaya quale meta del turismo internazionale. L'isola, collegata da un ponte alla terraferma, offre alberghi confortevoli, ampie spiagge tranquille e l'occasione di escursioni nelle molte isolette vicine. In una di esse, Phi Phij, il turismo è ancora appannaggio di appassionati del mare e della vita semplice, che si accontentano di insediamenti turistici a bungalow, dotati di comfort essenziali. L'ultima scoperta del turismo di élite è Ko (= isola) Samui, nel Golfo di Thailandia, l'unica isola attrezzata con alberghi esclusivi in un ampio arcipelago di isolette incontaminate e rigogliose. Phi Phi e Ko Samui sono due esempi di turismo emergente.

Le Filippine

Filippine: foto aerea del vulcano che sorge al centro del lago Taal da cui prende il nome. [T. Hökper / Magnum, Milano]

Settemila isole, di cui appena 900 abitate, con una superficie vasta quanto l'Italia, costituiscono l'arcipelago tropicale delle Filippine.
Le temperature intorno ai 27°C che caratterizzano ogni giorno dell'anno, la intensa piovosità, i brevi ma rapidi fiumi dalle molte cascate, la foresta che ricopre metà della superficie del paese, la fauna tipica delle aree equatoriali, i diffusi rilievi che mitigano con l'altezza le temperature, l'intensa attività vulcanica e sismica costituiscono le principali caratteristiche fisiche delle isole.
Nonostante il massiccio incremento del turismo sulle rotte orientali, le Filippine, dopo le defezioni che hanno ridimensionato il boom registrato agli inizi degli anni ottanta, con un movimento di circa 1 000 000 di turisti nel 1988, costituiscono ancora un'area incontaminata per i viaggiatori, ad eccezione di poche località come la enorme conurbazione di Manila e le altre città che si sono sviluppate negli ultimi anni in seguito ad un intenso fenomeno di urbanizzazione.
I contrasti e le diversità che le isole presentano sono una delle principali motivazioni di un viaggio nelle Filippine.
Al cemento delle città e alla fitta densità di popolazione di Luzon e Mindanao si contrappongono isole dalle abitazioni in paglia e ancora isole disabitate e senza nome, dalle spiagge bianchissime ed estese barriere coralline. Alle cittadine turistiche tutte bar e discoteche, si affiancano villaggi di montagna ove si osservano ancora leggi e riti tribali. I contrasti culturali sono legati ai di-

versi apporti etnici delle popolazioni giunte in tempi diversi dall'Indocina e dall'Indonesia: i più antichi Negritos vivono nelle regioni interne di caccia e di pesca; la tribù dei Lepanto con una raffinata tecnica ingegneristica ha trasformato i pendii montani in una successione di terrazze irrigue per coltivare il riso; il più evoluto e consistente ceppo malese si è insediato nelle pianure dall'altissima densità di popolazione, dove si sviluppano le attività più redditizie e si sono avvertiti gli effetti degli aiuti USA. Caratteristiche rilevanti sono anche la grande diffusione del Cattolicesimo e, accanto al Tagalog e ai circa 70 idiomi locali, la larga diffusione dell'Inglese. Nonostante siano ancora insufficienti, le vie di comunicazione permettono di raggiungere da Manila, meta turistica ormai scontata, le montuose regioni del nord dell'isola di Luzon, come è possibile raggiungere in aereo nell'estremo sud, ormai prossime al Borneo, l'isola di Palawan e l'arcipelago delle Sulu. Palawan, circondata da una miriade di isole minori, attrae per le sue nere scogliere precipiti sul mare ove si raccolgono i preziosi nidi di rondine. Le Sulu, con centinaia di isolotti e atolli e spiagge deserte e ricche di conchiglie, si aprono su un mare limpidissimo. Sempre in aereo si può raggiungere l'isola di Cebu con la omonima antica città e navigare nel mare di Mindanao con i reef ritenuti i più belli dell'oriente asiatico. Sull'isola di Mindanao emozionante è l'escursione al monte Apo, la massima altitudine di Mindanao e del paese, in cui vive l'aquila mangiatrice di scimmie, la più grande in assoluto della famiglia delle aquile.

1. Aspetti tradizionali del paese

Il Nord del paese offre un clima più mite, tradizioni più vive, la giungla con gli elefanti dediti al trasporto del legname, un mondo talvolta primitivo. Questa parte della Thailandia è stata in passato teatro di epici combattimenti e ha assistito alla nascita di potenti regni indipendenti.

Chiang Mai, la «rosa del nord», è l'antica capitale della regione settentrionale, fondata nel 1296. Dista 800 km da Bangkok e sorge sulle rive del fiume Mae Nam Ping, al centro di una bella vallata chiusa da colline, ove fioriscono le orchidee selvagge. Oltre 100 sono i templi e tutti interessanti, con splendidi pannelli di teak scolpito e decorazioni in stile birmano. Moltissimi i Budda fra i quali primeggia quello di cristallo, del VII sec., che ha il potere di scacciare i cattivi spiriti e di portare la pioggia. La città, seconda della Thailandia, gravita attorno alla «strada del commercio», occupata da bancarelle e da una successione di ristoranti. I vecchi quartieri posseggono ancora le case in legno, circondate da giardini.

Con un triciclo motorizzato, il tuk-tuk, è divertente spingersi fino ai villaggi vicini, ove tutti gli abitanti sono coinvolti in lavori artigianali. Troviamo il villaggio dell'argento lavorato a mano secondo una tradizione antica, quello delle lacche, quello degli ombrelli di carta variopinti e il villaggio dei tessitori, ove si produce una splendida seta e si confezionano camicie e tovaglie.

Un eccezionale richiamo turistico è rappresentato dall'estremo nord del paese con le sue foreste, con i templi soffocati dalla giungla, con i campi di tè, caffè, fragole e aglio con le sue tribù montanare, etnicamente diverse, ma tutte dedite alla coltivazione abusiva dell'oppio. Questa regione è chiamata «triangolo d'oro». Gli abitanti vivono in case di bambù, nei villaggi arrampicati sulle pendici montuose. Finita la stagione delle piogge, tutta la popolazione abbatte una parte della giungla, brucia gli alberi e pianta riso di montagna. Dopo qualche anno questo cereale viene sostituito dalla coltivazione dei papaveri dai quali si estrae l'oppio, che mette in moto un grosso traffico attraverso le vicine frontiere. Difficile per le autorità locali controllare territori tanto selvaggi.

La Thailandia abbonda di frutta esotica e squisita: manghi, pompelmi, papaie, angurie, meloni, banane, mangostini, durian, aranci, ananas.

Particolarmente vivace è lo shopping, soprattutto a Bangkok, emporio di cose preziose e di buon gusto a prezzi convenienti. Il prodotto più celebre è la seta tessuta a mano. Gli scaffali dei negozi offrono centinaia di pezze con ogni sfumatura di colore possibile: 20 toni di verde, 30 di rosso, 25 di blu, 40 di giallo. I tessuti di cotone stampato a disegni esotici fanno concorrenza a quelli di seta. Deliziosi gli animali in patchwork. Tipiche della Thailandia sono le posate in una speciale lega di bronzo. Smeraldi, topazi e zaffiri sono oggetto di acquisto.

Birmania

Paese incuneato tra la regione cinese, indiana e indocinese, la Birmania si protende con un lungo tratto di costa sul Golfo del Bengala e sul Mar delle Andamane.

Esistono tronchi stradali tra Birmania, Thailandia, India e Laos, ma il paese è chiuso ad ogni contatto esterno a causa della guerriglia che imperversa nella regione.

Le difficoltà e le restrizioni condizionano negativamente il movimento turistico.

La capitale Rangoon, nell'area deltizia dell'Irrawaddy, si presenta come una Bombay in miniatura: poveri stesi sui marciapiedi, strade sconnesse e polverose e la giungla che avanza in periferia. L'assetto urbanistico rivela la recente crescita legata alla colonizzazione inglese. Priva di un centro storico antico, la città è invece costituita da una zona centrale, sede di banche, edifici pubblici, uffici e tutt'attorno le abitazioni. Le vecchie costruzioni coloniali sono ormai decadenti e i bungalow abbandonati. La città è dominata dalla Pagoda d'oro di Shwa Dagon, che Kipling definì «la meraviglia scintillante»: otto capelli di Budda dovrebbero essere custoditi da 2500 anni all'interno delle 8 pagode sovrapposte. La base della pagoda, che rappresenta la terra, contiene 64 cappelle più piccole, tutte ricoperte d'oro. Il maestoso **stupa,** alto 112 m, rivestito con 8000 placche d'oro e 2500 brillanti, rappresenta il cielo. Attorno alla grande pagoda vi è un labirinto di piccoli templi e santuari, con figure del Budda in ogni posizione.

La città morta di Pagan è l'antica capitale distrutta dai Mongoli nel XIII sec. Le splendide rovine sono circondate dall'Irrawaddy e si estendono su un'area di 50 kmq. Dei 13 000 monumenti edificati per culto o per dimora del clero, ne rimangono 5000 e 500 sono ancora in discrete condizioni.

Cambogia/Kampucea: la civiltà khmer

Anche se la Cambogia è chiusa al movimento turistico per la instabile e inquieta situazione politica è impossibile terminare il discorso sulla penisola indocinese senza accennare all'antica civiltà khmer e alla città in rovina di Angkor. I Khmer sono una popolazione wedda che si stanziò nel basso Mekong e nei primi secoli dopo Cristo sviluppò una civiltà sotto l'influenza della cultura indiana.

L'arte khmer infatti si riallaccia a quella dell'India, con un'impronta originale e un proprio autonomo sviluppo. Un tipico esempio di architettura khmer lo troviamo nella città in rovina di Angkor (889-1430), scoperta nella giungla nel 1860 da botanici francesi. La città si divide in due parti. La «grande capitale» Angkor-Tom (IX sec.) rivela la planimetria tipica della città khmer: pianta quadrata, mura e fossato di cinta, porta turrita. La dividono quattro strade al cui incrocio è il tempio detto Bayon. Il «tempio della città» Angkor-Wat (XII sec.) è di immensa complessità: gallerie di collegamento tra i diversi santuari, due grandi chiostri, stagni artificiali. Il tempio khmer ha forma di torre quadrata, con copertura piramidale a gradini, sui quali sono disposti elementi ornamentali. All'interno dei santuari vi sono statue sacre. Le sculture sono fortemente suggestive, perché vogliono esprimere la meditazione e la felicità del nirvana.

Nella capitale Phnom Penh il Museo nazionale contiene sculture e documenti storici della civiltà khmer.

Un complesso ricreativo ad Ancoln, a nord di Jakarta. [da Turismo d'affari, *settembre 1988]*

Singapore

La Repubblica di Singapore, costituita dall'isola omonima e da alcune isole minori prospicenti l'estrema parte meridionale della penisola di Malacca, è situata in piena area equatoriale. Costanti sono le piogge e le temperature sempre elevate. Per il clima non certo salubre l'isola era scarsamente abita-

La foresta ha nascosto per secoli i meravigliosi templi di Angkor. Restaurati, sono oggi una preziosa testimonianza dell'arte e della civiltà khmer. Ancora oggi, una volta all'anno, il tempio rivive il suo passato splendore: migliaia di bonzi dai vestiti color zafferano offrono a Budda incenso e fiori. [M. Stierlin]

Pianta di Singapore.

ta fino al secolo scorso, quando divenne colonia britannica. Il porto franco divenne nodo commerciale importantissimo, incoraggiando così immigrazioni di Cinesi, di Indiani, di Pakistani e di popolazioni della travagliata Penisola Indocinese.

Singapore oggi conta una densità di circa 4000 ab./kmq e si presenta come la tipica «città-porto», incredibilmente ricca e con un tenore di vita secondo solo al Giappone nel continente asiatico. Solo l'8% della popolazione è occupato in agricoltura, mentre molto attiva è l'industria, che dipende per i rifornimenti energetici e per le materie prime soprattutto dalla Malaysia. Data la sua posizione strategica sullo stretto di Malacca, è un nodo e uno scalo di importanti rotte marittime ed è il principale centro del mondo per la contrattazione del caucciù. Ingenti capitali provenienti da paesi asiatici, americani ed europei hanno messo in moto importanti attività finanziarie. Singapore, paradiso fiscale delle multinazionali dell'elettronica, è uno dei centri attivi e produttivi del mondo finanziario con il vantaggio, rispetto ad Hong Kong, di un futuro più certo. Cospicue correnti turistiche provengono, in ordine decrescente, dall'Indonesia, dalla Malaysia, dall'Europa, dall'Australia, dagli USA e dal Giappone.

La compagnia aerea di bandiera è la seconda in Asia dopo quella giapponese per movimento passeggeri, di cui il 66% a scopo turistico e il 12% di affari. Importante scalo di smistamento per tutta l'Asia e l'Oceania, negli ultimi anni ha molto incoraggiato il turismo, caratterizzato da soggiorni brevi, abbinati ai tour nell'Oriente.

Ottimo il livello alberghiero e delle infrastrutture grazie a cospicui investimenti.

La maggior parte della popolazione è cinese e vive nella capitale Singapore (2,6 milioni di abitanti), che all'inizio del secolo era un modesto villaggio di pescatori. La città si distingue in due parti: al centro l'europea, dalla tipica impronta coloniale con lussuosi alberghi, negozi, grattacieli; all'esterno eterogenee, disordinate costruzioni, riflettono le diverse componenti etniche della popolazione. Il quartiere cinese merita una visita: si presenta come una ragnatela di vicoli, fitti di botteghe ove si vende qualsiasi cosa; dagli abiti ai pesci vivi, dalle lanterne ai pappagalli, dalle maschere alle corone di fiori, dai bastoncini d'incenso ai televisori. I profumi si mescolano e investono il turista. I negozi più curiosi vendono oggetti per i morti: case, cibo, auto, navi, tutto di carta. Questi oggetti verranno bruciati assieme al defunto e nell'aldilà lo spirito potrà godere di tante ricchezze.

Meritano una visita i templi induisti, buddisti e musulmani.

Indonesia

Dell'imponente flusso turistico a Singapore traggono beneficio la vicina Malaysia e l'Indonesia, perché molti itinerari turistici proseguono per Giava e Bali. L'arcipelago, composto da più di 13 000 isole, è un crocevia di popoli diversi che nel corso dei secoli sono andati mescolandosi pur mantenendo ognuno la propria impronta culturale. L'Indonesia è oggi una nazione ancora alla ricerca della sua identità. In queste isole, in gran parte occupate da catene montuose, hanno grande importanza i vulcani che con le loro eruzioni le hanno ripetutamente sconvolte. L'Indonesia è ancora ampiamente ricoperta da foreste tropicali, ridotte e impoverite nelle aree più fittamente abitate (Giava) per il continuo e incontrollato aumento delle costruzioni. L'arco della Sonda ha costituito una fascia di transizione anche dal punto di vista faunistico, con un numero rilevante di grandi mammiferi asiatici come elefanti, tigri, tapiri, rinoceronti, molte scimmie, e di marsupiali australiani. Fra i volatili ricordiamo l'Uccello del Paradiso dallo stupendo piumaggio. Questo straordinario patrimonio faunistico è stato duramente attaccato dall'uomo ed è oggi notevolmente ridotto.

Giava, tempio di Borobudur.

La civiltà indonesiana è stata influenzata dalla cultura indiana, dalla introduzione del Buddismo, dalla penetrazione islamica. Oggi in Indonesia, il più popoloso paese musulmano del mondo, l'84% della popolazione appartiene all'Islamismo sunnita.

L'Indonesia è raggiungibile per via mare e più frequentemente per via aerea. Il traffico internazionale entra in Indonesia a Jacarta (Giava), Denpasar (Bali), Medan (Sumatra). Negli ultimi anni sono stati fatti investimenti per potenziare il sistema dei trasporti marittimi ed aerei. Navi e traghetti moderni e veloci della compagnia marittima di stato sono i mezzi di trasporto più importanti nel traffico interinsulare. Soltanto Giava possiede una importante linea ferroviaria costruita all'epoca della colonizzazione olandese, e possiede un sistema di strade di tipo europeo, ma soltanto una parte di esse è asfaltata. A Giava e a Bali un ottimo servizio di autobus permette di raggiungere qualunque località importante. Navi da crociera per le isole partono da Singapore e da Hong Kong.

In tutte le rinomate zone turistiche e nelle maggiori città di Giava e Bali vi sono buone attrezzature recettive che fanno parte di catene internazionali, ma vi sono anche alloggi economici gestiti da Cinesi e Indonesiani. Il movimento turistico è particolarmente intenso da maggio a settembre, la stagione climaticamente più favorevole.

Nell'isola di Giava, la città di Jakarta, con 8 milioni di abitanti, è la capitale della Repubblica Indonesiana ed è una vasta e popolosa metropoli. Nella città vecchia la più interessante testimonianza del periodo coloniale è certamente il Forte Olandese del XVIII sec. Ai grandiosi moderni quartieri direzionali si contrappone il desolante aspetto del resto della città. Interessante è il Museo Nazionale che fra i numerosi reperti espone la calotta cranica dell'«uomo di Giava» risalente a circa 350 000 anni fa.

Le numerose e bellissime isole Seribu, facilmente raggiungibili via mare dalla capitale, sono ricoperte da palme da cocco, circondate da barriera corallina e offrono ospitalità ai turisti in bungalow.

Di notevole interesse è il Parco Nazionale di Ujun Gkulon nella estrema punta sudoccidentale di Giava, raggiungibile in battello e in elicottero da Labuhan. Tra la sua ricca vegetazione vivono tigri, pantere, rinoceronti, coccodrilli, iguana e tante altre specie di rettili.

Il Parco Nazionale Krakatau, nell'isola omonima sullo stretto della Sonda, offre lo spettacolo di ciò che resta dell'antico apparato vulcanico: isolette e scogli sparsi. La zona intorno a Surabaya, nodo stradale e ferroviario, massimo porto dell'Indonesia, trafficato scalo aereo internazionale, permette di raggiungere il Gunung Semeru (3676 m), il più alto vulcano dell'isola, meta di molti alpinisti.

Le più importanti testimonianze architettoniche dell'isola sono i templi. Dall'VIII al XV sec. re e conquistatori profusero tesori per erigere una serie di edifici religiosi di culto diverso. Al centro dell'isola sorge il maestoso Borobudur, **stupa** buddista e, poco lontano, il celebre complesso induista di Prambanan.

Giovane danzatrice balinese. [PZ/L. Ricciarini, Milano]

Borobudur è uno dei più conosciuti e imponenti monumenti religiosi bud-

disti. Edificato tra il 778 e l'840 d.C. impegnò alcune generazioni e schiere di architetti, scultori, monaci, artisti e operai. Per circa un millennio fu coperto da ceneri vulcaniche e inghiottito dalla giungla; lunghi restauri gli hanno restituito l'antico splendore. Questo classico stupa copre i versanti di una collina naturale e riproduce l'universo buddista. Il monumento è costituito da una larga base quadrangolare: 4 scalinate portano a 3 terrazze che sostengono 72 piccoli stupa campaniformi, traforati, con all'interno, spesso, una statua di Budda. In cima svetta il grande stupa centrale. Le pareti delle terrazze offrono una mirabile sequenza di pannelli abilmente scolpiti, in cui rivive un mondo, un'epoca lontana. Scene della cosmologia buddista, di vita familiare, musici, danzatori si susseguono per alcuni chilometri e rappresentano uno straordinario testo scritto e illustrato sulla pietra, guida ai pellegrini buddisti sul «sentiero dell'illuminazione».

A Prambanam, 8 templi dedicati a Brahma, Siva, Visnù sono stati costruiti e ultimati prima dell'anno 1000. Il Loro Djonggrang è l'edificio principale, che da maggio a ottobre nelle notti di luna piena costituisce lo scenario fiabesco del ballo «Ramayana». Gli abili danzatori in sontuosi costumi, accompagnati da una musica ossessiva e ipnotica, narrano storie di dei e demoni, eroi e principesse.

Caratteristico dell'isola è il «teatro delle ombre» che non è rappresentato per puro diletto degli spettatori, ma ha un profondo significato religioso. È in realtà un cerimoniale magico nel corso del quale il burattinaio diventa sacerdote, mentre le marionette e le ombre materializzano agli occhi degli spettatori lo spirito degli antenati. Il «teatro delle ombre» non ha mai raggiunto né in Cina, né in Thailandia, né in India la perfezione artistica che si riscontra a Giava.

Separata da Giava da uno stretto braccio di mare è Bali, piccola deliziosa isola, meta prediletta del turismo internazionale.

Bali offre incomparabili bellezze paesaggistiche che variano dalla lussureggiante natura tropicale, ai verdi monti, ai vulcani, ai laghi, alle risaie terrazzate, a un mare verde al di là della barriera corallina. La capitale Denpasar delude il forestiero: si presenta come un caotico ammasso di casupole, piccoli stadi per i combattimenti dei galli, strade sconnesse, negozi poco invoglianti. I nuovi grandi alberghi sono stati costruiti lungo la prossima, sterminata spiaggia di Saram, affogata fra foreste di palme, ricca di tante varietà di ibisco, loto, orchidee dai molteplici colori e profumi.

Bali è l'isola degli dei, perché la leggenda vuole che questi, fuggendo da Giava per l'espandersi dell'Islamismo, l'abbiano scelta a propria dimora. Nell'isola disseminata di risaie e di migliaia di templi, ogni aspetto della vita quotidiana è improntato a grande religiosità. La religione è monoteista, ma il dio ha avuto centinaia di reincarnazioni, ad ognuna delle quali bisogna erigere un tempio e portare offerte.

La società balinese pratica ancora il sistema del baratto e della reciproca assistenza, risolve in comune i problemi dell'irrigazione, organizza la coltivazione del riso e le feste, sceglie le bambine che danzeranno nei templi. Le cerimonie religiose sono moltissime e sontuose e le giovani danzatrici balinesi sono intermediarie privilegiate con gli dei, la danza è considerata il primo passo verso la spiritualità. Vestite di seta colorata e con i capelli adorni di fiori d'oro, alla festa del tempio, offrono con gesti spontanei ed aggraziati policrome e fantasiose composizioni di frutta e fiori. Una danza tra le più caratteristiche rappresenta le movenze delle leggiadre scimmiette, tradizionali animali sacri, che in gran numero popolano l'isola. Solo dopo anni di esercizio i danzatori raggiungono la perfezione in questo mimo. Per renderlo più accessibile al turismo di massa vengono proposti ritmi e musica di tipo occidentale, per cui la danza sacra balinese ha perso i suoi schemi tradizionali.

I balinesi sono inclini alla cortesia e alla gioia di vivere. Così a Bali diventa festosa e non triste la cerimonia della cremazione. La si vive come realizzazione dell'ultimo desiderio del defunto e come aiuto per l'aldilà. Più la cerimonia è fastosa e più il defunto avrà meriti spirituali. Si spendono capitali per onorare il proprio caro, e danze gioiose scacciano i timori dell'uomo di fronte alla morte.

Oceania

Quest'ampia area si caratterizza per il prevalere della superficie oceanica sulle terre emerse; per la presenza di un unico paese continentale, l'Australia con le sue vicine vaste isole; per le innumerevoli disseminate piccole isole di origine vulcanica e corallina.

La prevalente concentrazione nella fascia torrida determina climi per lo più tropicali: caldo-umido lungo le coste e nelle isole ove regna la palma da cocco, desertico con il tipico «scrub» all'interno dell'Australia. Nel sud dell'Australia, in Tasmania e nella Nuova Zelanda si trapassa al clima temperato con foreste di eucalipti e conifere.

In tutta l'area l'isolamento ha determinato un endemico ambiente biologico ben preservato anche a causa dello scarso popolamento.

In Oceania vivono gruppi isolati di indigeni appartenenti a razze primitive o miste, in Australia, Nuova Zelanda e Tasmania predomina il ceppo europeo di immigrati prima da Gran Bretagna e Irlanda, negli ultimi tempi dai paesi mediterranei.

Le grandi distanze che separano l'Oceania da tutte le altre parti del mondo limitano il movimento turistico che pertanto è di élite.

Alcune isole dell'Oceania, come Hawaii e Figi, per la posizione strategica hanno grande importanza quali scali aerei e marittimi nell'Oceano Pacifico e incentrano gran parte del movimento turistico. Per entità di flussi emergono di gran lunga le Hawaii che, 50° stato USA, sono ambita meta di vacanze dei cittadini statunitensi. Fra le altre isole le Figi e Tahiti vantano moderne attrezzature e offrono vacanze tra il verde delle palme, nelle calde, limpide acque del Pacifico.

Il turismo in Australia, molto ben reclamizzato all'estero, è in sostanziale aumento. La presenza della più grande barriera corallina del mondo, con ottime possibilità di accesso, costituisce la principale attrattiva, ma un notevole movimento è motivato anche da turismo di affari e da turismo etnico. L'elevato reddito pro capite dà origine in Australia a un vivace movimento turistico interno verso spiagge assolate e sulle nevi delle Alpi Australiane.

La Nuova Zelanda con i suoi verdi paesaggi, i fenomeni vulcanici, i numerosi laghi, ghiacciai, monti ben innevati, attira turisti, specie dalla vicina Australia.

Nelle regioni a clima temperato di Australia e Nuova Zelanda l'inversione delle stagioni incentiva il movimento turistico da paesi dell'altro emisfero.

In alto. Nel singolare mondo della fauna australiana l'arrivo dell'uomo bianco ha minacciato d'estinzione soprattutto il lento e quindi indifeso koala. Attualmente questa specie è rigorosamente protetta in tutto il continente australiano. [Dimt, Milano]

	STATO		
	Moneta		
	Lingue ufficiali		
	Religioni		
Popolazione	Superficie in migliaia kmq		
	Abitanti in milioni		
	Densità ab/kmq		
	Reddito pro capite $		
	Tasso urbanizzazione %		
Vie di comunicazione	Strade (km)		
	Autostrade (km)		
	Ferrovie (km)		
	Aeroporti		
	Porti		
Dati turistici	Turisti		
	Visitatori		
	Bilancia turistica $	attivo	
		passivo	
	Numero camere		
	Tasso di occupazione %		
	Paesi di provenienza %		
	Arrivi	per vacanze	
		per affari	
		altri motivi	
	Periodo max flusso		
	Mezzi di arrivo %	Aereo	
		Terra	
		Mare	

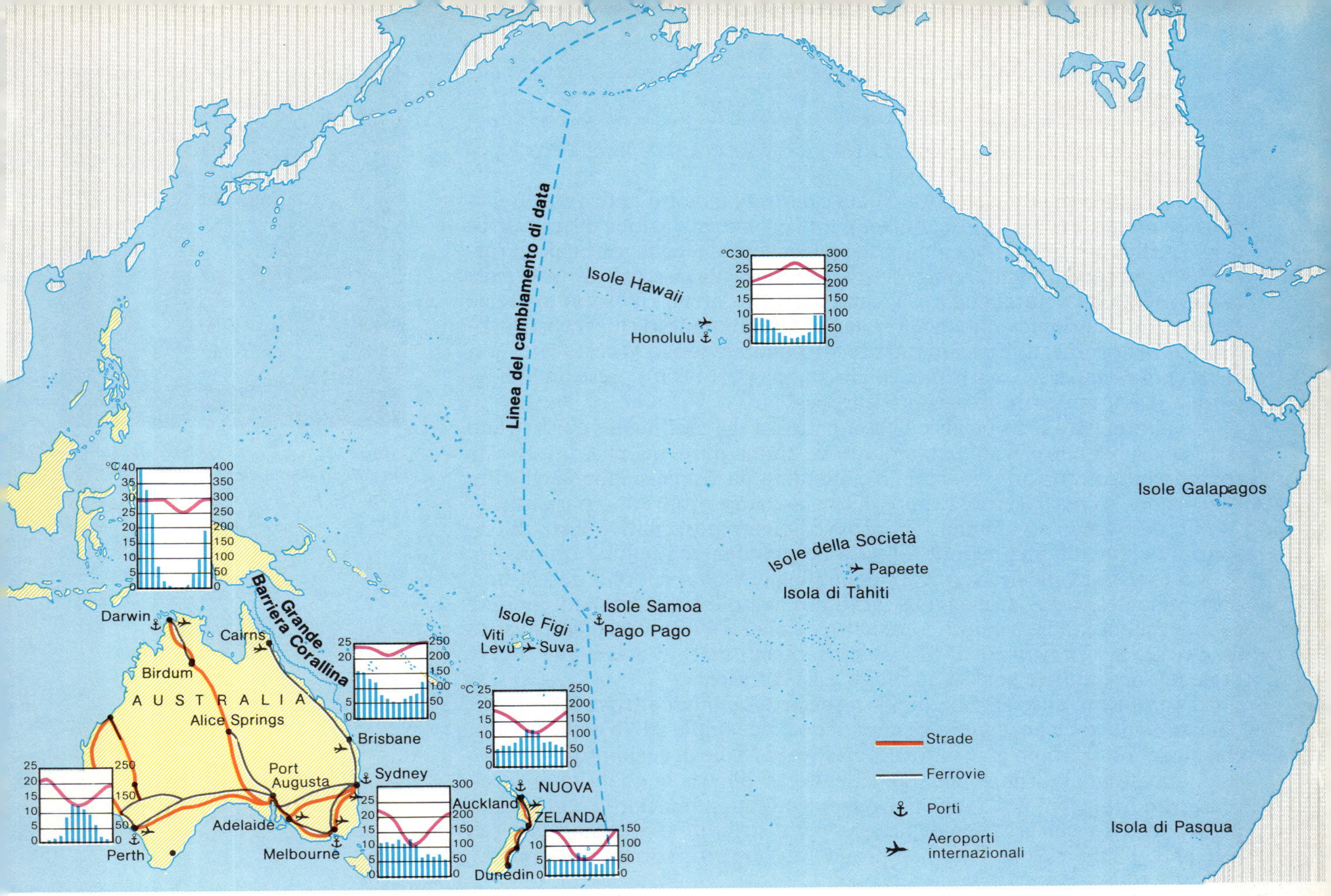

AUSTRALIA	NUOVA ZELANDA	FIGI	POLINESIA FRANCESE	HAWAII
Dollaro australiano	Dollaro neozelandese	Dollaro figiano	Franco C.F.P.	Dollaro
Inglese	Inglese	Inglese figiano	Francese	Inglese
Protestantesimo Cattolicesimo	Protestantesimo	Protestantesimo	Protestantesimo	Protestantesimo Buddismo
7 682	269	2,8	4	16
16	3,3	0,7	0,2	1
2	12	60	40	58
12 386	9 616	1 544	13 638	14 000
86	84	39		
804 753	93 039	4 127		7 231
39 251	4 273	1 062		
Sydney, Melbourne, Brisbane, Adelaide, Canberra, Perth	Auckland, Wellington, Christchurch	Nadi	Papeete	Honolulu, Hilo
Sydney, Melbourne, Adelaide, Perth	Auckland, Wellington	Suva	Papeete	Honolulu, Pearl Harbor
2 249 000	865 000	208 000	135 000	5 607 000 ('86)
		229 000	155 000	
2 801	1 073	181	146	
2 965	1 078	52 ('87)		
139 319	39 327	3 746	2 886	
56	57 ('86)	48	52	
Giappone 16, N. Zelanda 24 Europa 23, Gr. Bret. 12 USA 14	Australia 31 USA 19, Ruropa 16 Gr. Bret. 8	Australia 36, USA 20 Nuova Zelanda 10 Europa 14	USA 46, Europa 31 Francia 13 Australia 6	USA 69 Asia e Pacifico 20 Giappone 13
53 11 36	55 10 35	81 5 13		
ottobre-dicembre	ottobre-febbraio	agosto gennaio-aprile	luglio-agosto ottobre-novembre	sempre
99,4	100		99	100
0,6			1	

Australia

Questo piccolo continente bagnato da 4 mari e 2 oceani, sviluppa coste poco articolate e con scarsi approdi.

Quest'uniforme massa continentale è di origine molto antica e presenta quasi ovunque una struttura tabulare per la prolungata azione disgregatrice degli agenti atmosferici. Dal monotono penepiano si ergono senza alcun raccordo masse tondeggianti, relitti rocciosi più resistenti all'erosione. Solo sulla costa orientale s'affaccia da nord a sud la Gran Catena Divisoria di antica formazione ma ringiovanita nel Terziario. Questi modesti rilievi costringono gli alisei pacifici a scaricare tutta la loro umidità lungo la costa che, grazie al clima temperato marittimo ed alla buona portuosità, presenta il maggiore e il più antico insediamento europeo.

Le alte pressioni tropicali e la compattezza del continente giustificano la forte aridità e le elevate temperature su buona parte del paese. La vasta zona desertica centro-occidentale è circondata da ampie steppe la cui fitta vegetazione spinosa (scrub) rappresenta una vera e propria barriera intransitabile ad uomini ed animali. Un provvedimento governativo vieta di trasportare piante da una regione all'altra per mantenere l'habitat originario.

La foresta tropicale, vivificata dalle piogge estive, copre la fascia nordorientale del paese. A maggiori latitudini australi sono presenti conifere e immensi boschi di eucalipti. Questa tipica pianta è originaria dell'Australia e riesce a sopravvivere al fuoco dei frequenti incendi grazie alle riserve di acqua accumulate sotto i germogli e la corteccia.

Il continente australiano conserva specie di animali altrove scomparsi, i marsupiali, come i canguri e il simpatico koala, simile ad un orsacchiotto, che passa il suo tempo a dormire e a masticare foglie di eucalipto. Numerosi gli opossum, gli ornitorinchi, gli emu. Straordinaria la quantità di uccelli: uccello lira, cigni neri, variopinti pappagalli, uccelli del loto con le zampette dalle dita smisuratamente lunghe, per distribuire il peso su foglie galleggianti. Fauna e flora sono ben protette in numerosissimi e ben organizzati Parchi Nazionali.

L'86% della popolazione è urbanizzata, la rimanente è sparsa per tutto l'immenso territorio, tanto che si è reso necessario istituire forme di insegnamento scolastico via radio e un corpo di medici volanti per assicurare alle famiglie, che vivono isolate o in piccoli centri, tali indispensabili servizi.

Pittura aborigena che ricorda gli eroi totemici, depositari delle istituzioni delle tribù.

Cenni storici e culturali sull'Australia

Circa 200 anni fa gli Inglesi considerarono questo immenso spopolato paese, distante mesi di navigazione dall'Europa, il luogo ideale per sbarazzarsi degli ergastolani. Più tardi colonizzatori britannici si insediarono sulle coste orientali e, aiutati dalla mano d'opera a buon mercato dei deportati, dissodarono ampi territori, avviando un intenso allevamento brado ovino.
La scoperta dell'oro aumentò il flusso migratorio prevalentemente dalla Gran Bretagna.
Nel 1901 l'Australia divenne una federazione di 6 stati, indipendente nell'ambito del Commonwealth, con abitudini di vita tipicamente anglosassoni e continui rapporti economici con l'ex madrepatria.
L'Australia è un paese che presenta rilevanti capacità di espansione economica e demografica. Nonostante l'affermato e in parte effettuato multiculturalismo, la maggioranza bianca si oppone sostanzialmente a flussi immigratori di forti componenti etniche.
I primi Europei trovarono una popolazione autoctona di circa 300 000 individui che da alcuni anni è in aumento. Benché una recente legge abbia equiparato gli aborigeni ai bianchi, essi rimangono fortemente emarginati sia nel lavoro che nella vita sociale. Moltissimi sono analfabeti e ignorano quindi l'esistenza del sussidio governativo a loro favore.
La popolazione aborigena è costituita da una razza antichissima. Essi cacciavano utilizzando il «boomerang» e raccoglievano radici. Popolo nomade non si dedicò mai né alla pastorizia, né all'agricoltura. Molte ipotesi sono state fatte in proposito, ma la più attendibile sembra essere quella che riteneva che l'abbondanza in qualità e quantità di animali e frutti non li abbia spinti a diventare né pastori, né agricoltori, ma a modificare l'ambiente, servendosi del fuoco. Così per migliaia di anni, pur bruciando la vegetazione in enormi estensioni per facilitare i loro spostamenti e per favorire la crescita di vegetali che altrimenti sarebbero stati soffocati da una vegetazione più robusta, riuscirono a mantenere l'equilibrio ecologico.
L'ambiente ostile non ha aiutato l'evoluzione della loro cultura, che però esiste ed è degna di essere salvata e tramandata. Credono nell'esistenza di due mondi distinti: quello fisico che li circonda e quello spirituale che, agli albori della creazione, «il tempo dei sogni», diede origine al primo.
Il «tempo dei sogni» è il loro paradiso. Continua uno strano profondo legame col passato, con l'«inizio», prima cioè che la terra avesse origine. Ogni avvenimento della vita materiale degli aborigeni è influenzato dai lontani eventi del «tempo dei sogni»: la preistoria è tuttora presente.
Loro base sociale è il «gruppo totemico» che determina intensi legami, fusi con quelli del gruppo familiare, e crea una complessa gerarchia. Il «totem», per lo più un animale, rappresenta l'essere in cui tutto il gruppo si identifica. Essi non hanno una tradizione scritta e fin da bambini si scambiano canzoni su storie di deserto e di animali, illustrandole con disegni.
Gli autoctoni sono stati riconosciuti come «Australiani» nel 1966 e raccolti in «comunità aborigene» autogestite. L'Ayers Rock, il loro sacro Uluru, gigantesco monolito di arenaria affiorante in una piana sconfinata, viene considerato dagli aborigeni un gigante pietrificato, loro progenitore. Molte sue caverne, ritenute sacre, presentano graffiti. Nel 1958 la zona è stata racchiusa in un Parco Nazionale nel quale è presente un autentico villaggio aborigeno non visitabile. In siti sacri, cintati e inaccessibili, si svolgono antiche e segrete cerimonie. Nel 1984 l'Uluru è stato restituito al popolo aborigeno.

1. Turismo e vie di comunicazione

L'Australia, sinonimo di terre lontane ove la linea dell'equatore ribalta le stagioni e muta le costellazioni del cielo, con l'avvento dei jet ha accorciato le distanze dal resto del mondo. Il Continente Nuovissimo in ordine di scoperte geografiche è del tutto recente quale meta turistica. Il movimento internazionale proviene soprattutto dalla vicina Nuova Zelanda e dal Giappone. Il turismo dall'Europa, in continuo aumento, è d'élite. L'Australia, così lontana e sconosciuta, sollecita una verifica di quanto sia vera l'idea di un paese nuovo, in molte sue parti ancora vergine, ma con infrastrutture di ottimo livello.

L'alto reddito pro capite favorisce un movimento interno soprattutto verso località balneari e verso la Barriera Corallina. La rete stradale è in buona parte asfaltata e, se in terra battuta, ben mantenuta; si intensifica nel sud-est del paese collegando fra loro le più importanti città e i centri turistici della costa pacifica. Il traffico è scarso anche se il rapporto automobili-abitanti è fra i più elevati del mondo. Pullman lussuosi offrono una varietà di tour con sistemazione alberghiera inclusa e, partendo dalle maggiori città, raggiungono ogni angolo del paese.

I centri abitati delle regioni interne sono molto distanziati ed è obbligatorio di volta in volta avvisare via radio del proprio arrivo la località prescelta, indicare l'itinerario che si intende seguire e l'ora presunta d'arrivo. Il vero pericolo dei deserti australiani è il fango: violenti acquazzoni possibili durante la stagione delle piogge trasformano il suolo in un immenso mare di fango rosso nel quale sprofonda qualsiasi automezzo.

La rete ferroviaria, con treni di lusso, attraversa l'Australia meridionale da costa a costa, ma il mezzo più usato per spostarsi nella vasta regione è certamente l'aereo. Due compagnie nazionali collegano un centinaio di località, ma è abbastanza in uso noleggiare piccoli aerei per risparmiare tempo e raggiungere luoghi remoti. Melbourne e Sydney sono dotate di aeroporti intercontinentali, scalo di ben 23 linee internazionali.

Gli alberghi sono confortevoli, ma numericamente pochi perché l'abitudine più diffusa è quella di viaggiare in camper, roulotte o tenda, più adatti ad un turismo itinerante e del tutto indipendente. Moltissimi, puliti e ben gestiti sono i «caravan park», che non si limitano ad affittare lo spazio ma le stesse roulottes completamente attrezzate. Per avvicinarsi al resto del mondo e richiamare nel paese turisti, vengono spesso organizzate manifestazioni sportive internazionali, quali tornei di tennis, di rugby e gare di nuoto.

Sotto. Bacino del fiume Warren: viene presentata un'Australia umida in contrapposizione ad un'Australia arida, raffigurata nell'altra foto. Nonostante l'irregolarità della portata, che caratterizza la maggior parte dei corsi d'acqua australiani, la loro esistenza determina esplosioni vegetative nelle regioni che essi attraversano e che talvolta vengono allagate nei periodi di piena. [J.-P. Ferrero, Canberra]

A destra. I deserti interni dell'Australia si spingono fino all'Oceano Indiano in ampie distese steppose che sviluppano solo una magra vegetazione spinosa (scrub). [B. Coleman, Londra]

2. Le città principali e Ayers Rock

Le principali città australiane sono nate, verso la metà del secolo scorso, come una sequenza intermittente di porti separati da larghi spazi. Da questi scali si irradiavano strade e ferrovie per il retroterra agricolo o minerario, senza alcuna preoccupazione di collegamento tra loro, tanto che gli scartamenti ferroviari erano diversi.

Nelle città si vive un'atmosfera di disinvolta semplicità che riflette la moltitudine delle varie popolazioni europee della cosmopolita società australiana che, mancando di una civiltà urbana autoctona, ripropone il passato ricostruendo vecchi villaggi, riattivando botteghe artigianali, organizzando musei, lavori teatrali, mostre e concerti di rilievo internazionale. Sydney con 3,4 milioni di abitanti, si affaccia su una splendida baia naturale ove si incrociano transatlantici, petroliere, aliscafi, barche a vela e windsurf. La città vive della sua baia che è attraversata da un lungo ponte sospeso e sulla quale si protendono le immense «vele» bianche del Teatro dell'Opera. Questa modernissima e audace costruzione, visitata da milioni di persone all'anno, è molto più che un teatro. Comprende infatti numerosi ambienti dedicati alla musica, alla prosa, ai festival, ai film d'éssai, che con ristoranti, bar, sale da tè ne fanno un mondo quasi completo e autosufficiente. La città si presenta con ampi spazi verdi e luccicanti grattacieli. È bella, vivace, cosmopolita e la mitezza del clima l'ha resa molto sportiva. È un importante centro culturale, sede di 3 Università, un politecnico e musei. A nord e a sud del porto si estendono per chilometri spiagge di sabbia finissima, frequentate tutto l'anno dagli abitanti della città. Nel sud ovest la «Rivierina» si presenta come un mosaico di risaie, frutteti, vigneti, campi di grano, grazie all'irrigazione che ha reso fertile questa zona. Le «Snowy Mountains» offrono distese di neve e centri ben attrezzati per lo sci.

Canberra è la città creata come capitale nazionale e la parola in lingua aborigena significa «luogo di riunione». Situata ai piedi delle Alpi Australiane a quota 600 m gode di un clima particolarmente favorevole. Possiede un preciso piano urbanistico che intorno ad un lago artificiale svolge un disegno geometrico di viali lunghi e diritti o circolari colleganti piazze e maestosi edifici governativi. Le colline ondulate che circondano la città ammorbidiscono le nitide linee schematiche, troppo perfette, delle strade e degli

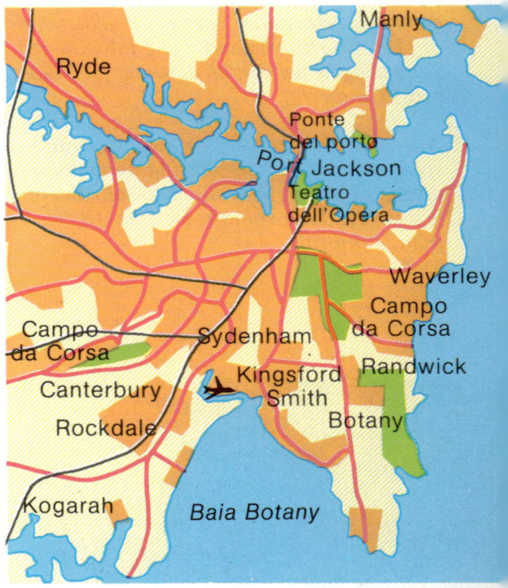

Veduta e pianta di Sydney, maggiore città e primo porto dell'Australia. I primi coloni europei sbarcarono qui nel 1788. La città si sviluppò dal primo insediamento. L'Harbour Bridge collega, dal 1932, la parte Sud con la parte Nord, traversando la baia. Si noti, dietro al ponte, il famoso edificio dell'Opera House. Sullo sfondo si vede il Pacifico [G.R. Roberts/Photo Researchers].

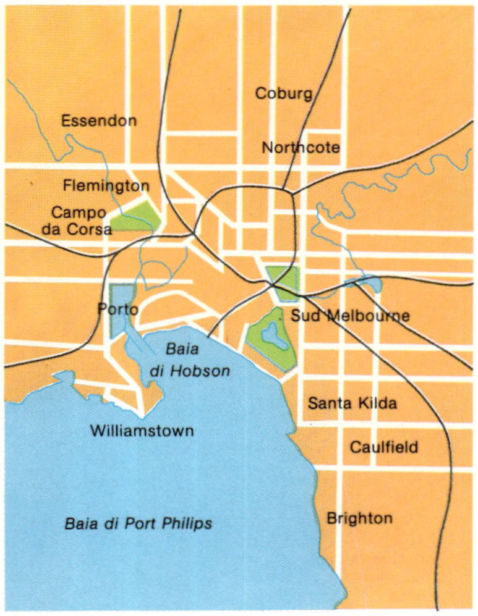

Pianta di Melbourne.

In basso a destra. Panorama di Canberra: la città appare dall'alto come un grande giardino geometrico. È una capitale nata dal nulla per superare i problemi di ordine politico ed economico derivanti dalla rivalità delle sue maggiori città australiane, Sydney e Melbourne. [J. Banagan/Image Bank, Milano]

Insolita immagine dell'Ayers Rock vista dall'alto. Si tratta di un blocco di antichissima roccia dalla stratificazione verticale lungo 2,5 km e alto 380 m, relitto dell'erosione millenaria attualmente quasi inattiva per l'aridità del clima. Altri «inselberg» (= montagna-isola) allineati a distanza di circa 50 km sono forse quanto rimane di un'antica catena montuosa. [da Gerster, Der Mensch*]*

edifici. In questa città giardino le ambasciate straniere hanno la loro residenza, spesso costruita nello stile peculiare della loro patria. È un centro culturale dotato di collezioni d'arte, tra cui molto importante è quella aborigena.

Melbourne, nell'estremo sud del paese, è una città tranquilla e garbata, ricca di parchi e magnifici giardini a cavallo del sinuoso fiume Yarra. Qui l'alternarsi delle stagioni segna il ritmo della vita dei suoi abitanti. Le numerose spiagge della sua baia si animano nell'estate australe. Melbourne come tutto lo Stato del Victoria dà un senso di calma e di serenità. Ma non sempre è stato così: in questo Stato nel secolo scorso si è sviluppata la sfrenata febbre dell'oro ed ancor oggi si può visitare una miniera in piena attività. Esistono sonnacchiose città, che si spensero quando l'oro si esaurì ma che riflettono nei vecchi edifici, giardini, piazze, monumenti e chiese, la grande passata ricchezza.

Perth sulla costa occidentale si stende lungo le sponde del fiume Swan e s'affaccia su una serie di spiagge di sabbia finissima dell'Oceano Indiano ove la latitudine subtropicale assicura un rilevante numero di ore di sole per tutto l'arco dell'anno. Sorprendente l'urbanistica londinese nella periferia e la verticalità newyorchese del suo centro commerciale. Numerosi Italiani vivono attorno a Perth dove hanno ricreato quartieri simili a San Remo o a Sorrento e dove il dialetto genovese e il napoletano prendono il sopravvento sull'inglese.

Brisbane è un grande centro di provincia con quartieri periferici che s'irradiano per chilometri e chilometri dal centro della città. È la capitale dello Stato del Queensland che per ogni Australiano significa sole, vacanze e Grande Barriera Corallina.

A sud di Brisbane si sviluppa la «Gold Coast» ove numerosi centri balneari sono la meta preferita delle vacanze invernali degli Australiani. Questa striscia di costa sempre assolata offre varietà di alberghi, motel, discoteche. Le specialità gastronomiche locali sono giganteschi gamberi e ostriche. Altre attrezzate cittadine balneari si trovano sulla «Sunshine Coast» a nord di Brisbane e ancora sempre più a nord, fino a Cairns ma, meno frequentate, si incontrano splendide coste tropicali di roccia, di sabbie di corallo.

Una meta turistica sempre più visitata nel desolato paesaggio dell'Australia centrale è l'Ayers Rock, l'Uluru degli aborigeni, enorme *inselberg* testimone del precedente livello del deserto roccioso. È scontato scalare, aiutati da una catena, il ripido fianco della grande roccia. Il grande complesso turistico di Yulara, all'interno del Parco Nazionale Uluru, è dotato di un

Visitor Centre con un piccolo museo, un supermercato e un bar. Le attrezzature recettive sono rappresentate dal modernissimo hotel Sheraton, da un più modesto albergo e da un campeggio. Boomerang, frecce, archi fabbricati dagli aborigeni sono diventati souvenir turistici che si possono acquistare alla stazione dei ranger. All'Ayers Rock si giunge in aereo da Cairns, Sydney e Melbourne. La più recente comunicazione stradale è la Stuart Highway che collega Darwin ad Adelaide, 3225 km in parte asfaltati; deviando ad Alice Springs si può raggiungere l'Ayers Rock.

3. La Grande Barriera Corallina

La Grande Barriera Corallina forma una fascia lunga circa 2000 km e larga da 20 a 250 km pressoché continua per circa 23° di latitudine lungo la costa nord-orientale dell'Australia, ad una distanza dalla costa che varia dai 100 ai 200 km da nord a sud. È costituita da 2500 scogliere, 1000 isole e 71 banchi che le colonie di coralli hanno via via formato in circa 20 milioni di anni. L'alta marea copre quasi tutto questo mondo madreporico e la bassa marea consente l'affiorare di circa 30 000 kmq di terre effimere.

Quando la marea è bassa si può passeggiare e rovistare con cautela fra i giardini di corallo che affiorano e mostrano tutti i loro numerosi tesori dagli incomparabili colori; la Grande Barriera appare come un susseguirsi di terrazze, specchi d'acqua, caverne, crepacci ove tutto è gelosamente custodito ed è proibito raccogliere anche la più piccola conchiglia.

Da quando si è intuito che questi «reef» così lontani e scomodi costituivano un notevole business gli investimenti sono stati massicci e molti ancora sono in programma per sfruttare turisticamente la Grande Barriera. I piccoli centri balneari disseminati lungo la costa del Queensland sono trasformati in cantieri: si costruiscono soprattutto alberghi poiché, secondo attendibili previsioni, il numero dei visitatori aumenterà notevolmente negli anni a venire. Proliferano le compagnie che organizzano escursioni giornaliere da Cairns e da altre città della costa alla Barriera con piccoli aerei e elicotteri o con veloci catamarani. Le escursioni via mare sono sempre affidate ad esperti piloti che sanno muoversi tra i banchi, infilarsi in stretti canali. Le escursioni aeree aiutano ad individuare dall'alto questo mondo di scogli semisommersi e ad accedere alle formazioni coralline che qui, contrariamente ad altre subito a ridosso di isole e continenti, si trovano molto lontano dal-

Quest'albergo galleggiante che consente un suggestivo soggiorno è l'esempio macroscopico di come l'attuale organizzazione alberghiera internazionale tenda ad isolare il turista dalla realtà del paese visitato. [da Turismo d'affari, *settembre 1988]*

Di fronte a Wellington, all'estremo settentrionale dell'Isola del Sud nella Nuova Zelanda, si trova la città di Picton, punto d'arrivo del traghetto che attraverso lo Stretto di Cook collega stabilmente le due isole.

Arcipelago Neozelandese. Il centro dell'Isola del Nord è costituito da un altopiano vulcanico sul quale si elevano numerosi coni: il più pittoresco, isolato ad occidente, è l'Egmont (2500 m) dalla forma regolare e la cima ammantata di neve. [Magnum, Milano]

la costa. Larghe piattaforme galleggianti in legno e metallo sono solidamente ancorate ai fondali e costituiscono l'unico approdo possibile. Da esse si possono perlustrare, con maschera e boccaglio, le meraviglie sommerse. Barche attrezzate con robusti finestroni applicati alla chiglia consentono visioni sottomarine tranquillamente seduti sottocoperta.

Solo di recente è possibile soggiornare fra gli scogli della Grande Barriera grazie ad un gigantesco albergo che poggia su una piattaforma galleggiante zavorrata a circa 70 km a nord-est di Townsville, in una delle tante lagune. L'albergo extra-lusso possiede 200 camere, un osservatorio subacqueo, campi da tennis «fluttuanti», un attracco per i catamarani, piscina, palestra, e un sottomarino per trasportare gli ospiti lungo la Barriera. In caso di perturbazioni la struttura si adatta allo spirare dei venti ruotando su una base girevole.

Miniarcipelaghi di isole continentali fra la costa e la Barriera arricchiscono ulteriormente il paesaggio. Esse affiorano dalla laguna, sono numerose e quasi tutte disabitate e coperte da lussureggiante vegetazione tropicale. Ogni tanto il governo australiano ne vende una e qualche **multinazionale** vi sviluppa centri turistici, mai di grandi dimensioni.

L'isola di Dunk ad esempio è proprietà di una compagnia aerea australiana, la TAA, che ospita in questo paradiso tropicale non più di 300 clienti in razionali, raffinati bungalow. L'isola è un insieme felice di giungla, sabbia, farfalle, pesci e uccelli.

Green Island è un vero banco di corallo, solo a 3 m sopra il livello del mare e costituisce un rifugio per gli uccelli marini. Barche con fondi di vetro permettono di osservare la vita marina nel suo ambiente naturale. L'isola può ospitare solo 100 persone ed è soggiorno esclusivo di ricchi australiani.

Heron Island prende il nome dagli aironi bianchi che popolano l'isola. Interessanti le gigantesche tartarughe verdi che da ottobre a febbraio si arrampicano sulla spiaggia per depositare le uova. Un confortevole centro con piscina e bar sulla spiaggia può ospitare fino a 200 persone.

Novembre e dicembre, nel pieno dell'estate australe, sono i mesi consigliati per la visita alla Barriera. Nel 1979 è stato istituito a salvaguardia di questo tesoro naturale il Parco Marino Great Barrier Reef, la più grande zona sottomarina protetta, che ospita 1500 specie di pesci, 4000 tipi di molluschi e 400 varietà di coralli. Specie in pericolo di estinzione come le aquile di mare, le tartarughe verdi, le megattere e altri animali hanno trovato rifugio qui.

Nuova Zelanda

L'Isola del Nord e l'Isola del Sud dell'arcipelago della Nuova Zelanda si affacciano sull'Oceano Pacifico meridionale a SE dell'Australia. L'Isola del Nord si presenta come un grande polipo che protende al mare i suoi tentacoli ed è occupata nella parte centrale da un altopiano ricco di vulcani, di geyser, di laghi caldi e sorgenti minerali. L'Isola del Sud è caratterizzata dalle innevate Alpi Meridionali.

La Nuova Zelanda presenta climi temperati con temperature inferiori nell'Isola del Sud, dove i ghiacciai si avvicinano al mare (fronti glaciali a 250 m di altitudine). La sua forma stretta e allungata, che la rende simile a uno stivale rovesciato, la lontananza dalle masse continentali e la posizione, fra i 34°-47° lat. sud rendono oceanico il suo clima. Le abbondanti precipitazioni, specie sul versante occidentale, favoriscono lo sviluppo di una ricca vegetazione: aree agricole e verdi pascoli le hanno permesso di diventare una grande fattoria. Per l'esistenza di differenti zone climatiche il paese offre una varietà di fiori e di piante: dalle sempreverdi del nord alla vegetazione spiccatamente antartica del sud, e il suo isolamento le ha consentito di conservare una grande quantità di piante endemiche. Gli abitanti sono prevalentemente discendenti dai primi immigrati britannici.

Circa 2/3 della popolazione vive urbanizzata nell'Isola del Nord, che annovera le maggiori città. I Maori, gruppo polinesiano che gli Europei hanno trovato in queste isole, non sono più di 30 000, ma in fase di aumento.

Oggi la Nuova Zelanda si mostra aperta più dell'Australia ad accogliere flussi di immigrati, in particolare dagli arcipelaghi polinesiani.

1. Le città e le attrattive turistiche

Auckland è la più grande città del paese, posta sulle rotte marittime e aeree fra Eurasia e America. Si trova nella parte nord dell'arcipelago, in bellissima posizione su un istmo cosparso di 60 piccoli vulcani spenti e gode del clima più mite del paese.

La capitale, Wellington, è un attivo porto affacciato sullo stretto di Cook, che divide le due isole.

Sull'altopiano centrale dell'isola si trovano le celebri sorgenti termali di Rotorua con geyser, bagni di fango caldo-solforoso e bagni di vapore. Per i Maori i geyser sono i fuochi sacri del sacerdote che guidò le canoe di questo popolo dalla Polinesia alla Nuova Zelanda (sec. XII-XIV), seguendo l'uccello di fuoco che qui abiterebbe. In quest'area vulcanica vi è il Parco Nazionale Tongariro, con le attrezzature recettive della più famosa stazione sciistica della Nuova Zelanda.

Il vicino Lago Taupo, il più grande della Nuova Zelanda, è noto per la pesca alla trota. Sull'Isola del Sud sono state valorizzate, con la creazione di confortevoli attrezzature recettive, soprattutto aree di montagna presso il monte Cook, definito dai Maori per la notevole altezza (3764 m) «il monte che buca le nubi».

Alberghi di lusso sono sorti nel SE del paese presso il suggestivo fiordo Milford.

L'elevato reddito pro capite dei Neozelandesi, le buone attrezzature recettive, le efficienti comunicazioni giustificano il flusso turistico interno e quello dall'estero con provenienza dall'Australia.

I caratteri somatici delle due persone riprodotte nella fotografia testimoniano la presenza di un gruppo etnico negride in Oceania. Da questa caratteristica gli arcipelaghi della Melanesia traggono il nome. [A. Regladi, Torino]

Pagina a fronte, a destra. Tradizionale imbarcazione polinesiana a bilanciere scavata in tronchi di palma. Viene usata ancora oggi per la pesca costiera e per superare brevi distanze fra isola e isola [F. Quilici, Roma]

Pagina a fronte, a sinistra. La grande capanna su palafitte del villaggio melanesiano ospita più famiglie come vuole la tradizione tribale. [S. Fiore, Torino]

Isole e arcipelaghi dell'Oceania

Queste isole sono «mondi a parte» per le loro caratteristiche fisiche e biologiche. Infatti l'isolamento produce endemismo biologico e conserva specie altrove scomparse.

La grande distanza delle isole e degli arcipelaghi tra di loro giustifica sia i movimenti unidirezionali O-E delle genti asiatiche che per tanti secoli e a più riprese navigarono verso gli arcipelaghi, insediandosi stabilmente in alcuni di essi, sia la grande varietà di culture, di lingue locali, di dialetti.

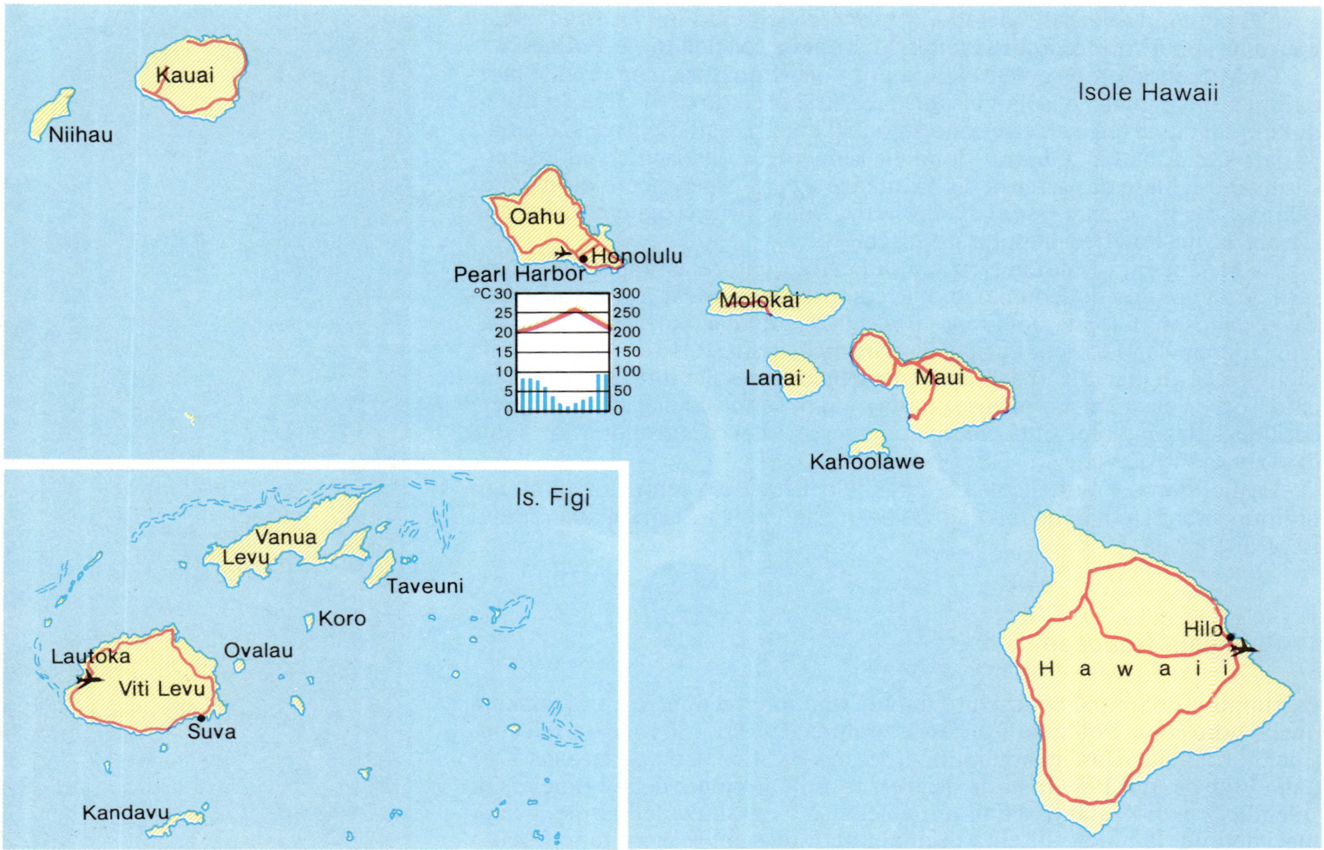
Isole Hawaii
Kauai
Niihau
Oahu
Honolulu
Pearl Harbor
°C 30
25
20
15
10
5
0
300
250
200
150
100
50
0
Molokai
Lanai
Maui
Kahoolawe
Hilo
H a w a i i
Is. Figi
Vanua
Levu
Taveuni
Koro
Ovalau
Lautoka
Viti Levu
Suva
Kandavu

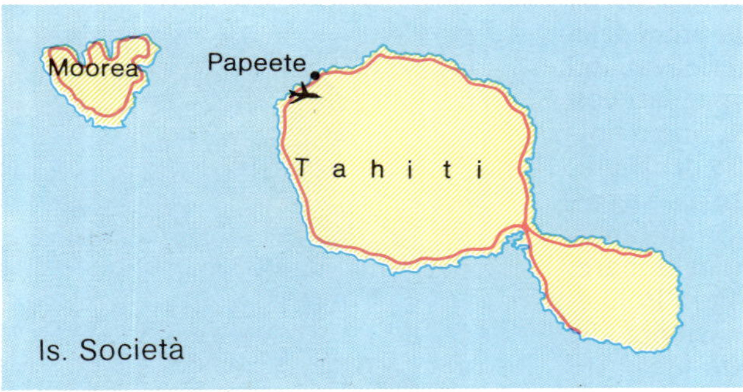
Moorea
Papeete
T a h i t i
Is. Società

Nel più grande oceano del mondo sono disseminati numerosi arcipelaghi raggruppati in 3 grandi sistemi: Micronesia, Melanesia e Polinesia.

La Micronesia, «piccole isole», a nord dell'Equatore, comprende moltissimi atolli e qualche isola vulcanica dispersi in un'area di circa 3 milioni di kmq, di cui le terre emerse sono solo 250 kmq. Di queste isole si è molto parlato quando la 2° Guerra Mondiale sconvolgeva il Pacifico ed esse costituivano la base di partenza dei kamikaze e per l'esperimento atomico di Bikini. Solo di recente esse si stanno attrezzando per accogliere turisti alla ricerca di un Pacifico inesplorato e remoto.

La Melanesia, «isole dei Neri», a sud dell'Equatore, è rappresentata dai resti di un continente scomparso, che comprendeva anche l'Australia. Selvagge e inospitali le sue isole sono invase dalla giungla e soffocate dalle paludi. L'arcipelago che comincia a inserirsi nei circuiti turistici è quello delle Figi, poiché gli ingredienti dell'ambiente tropicale ci sono tutti: spiagge bianche e rocce vulcaniche, immense piantagioni di canna da zucchero, barriere coralline e lagune blu. Importante nodo aereo è l'aeroporto internazionale di Nadi a Viti Levu.

La Polinesia, «molte isole» si estende nel Pacifico centro orientale, in un'immensa distesa di acqua dalle Hawaii alla Nuova Zelanda alla remota isola di Pasqua.

1. Polinesia francese

Il gruppo insulare più conosciuto dal turismo internazionale è sicuramente quello noto come Polinesia francese e comprende circa 130 isole e atolli considerati fra i più affascinanti di tutto l'oceano Pacifico. Colonizzato nel 1767 dalla Francia, dal 1959 fa parte dei Territori d'Oltremare della Francia. Gli splendidi e vari paesaggi, la natura vulcanica o corallina delle isole, i caldi mari del sud, la nota ospitalità degli abitanti, da sempre esercitano fascino e richiamo sull'uomo occidentale. La vacanza in queste isole, ove la natura si impone prepotentemente, spezza le abitudini quotidiane, cambia il ritmo di vita. Non esistono stagioni termiche ma è preferibile evitare di recarsi a dicembre-gennaio che sono i mesi umidi e piovosi. Luglio è il mese della grande festa, il «Tiurai», che inizia con la commemorazione della presa della Bastiglia. Sfilate, danze o tamuré, al suono dei taorè, strumenti ricavati dal fusto delle palme da cocco, himené o canti polifonici, accompagnati con movimenti delle mani e delle spalle si susseguono all'aria aperta fino a notte inoltrata. E poi concorsi sportivi, lancio del giavellotto, corsa di cavalli, il tradizionale combattimento dei galli. La manifestazione forse più suggestiva è di tradizione marinara: pescatori e marinai sono gli autori di fantasiose coreografie ove l'interprete principale è sempre e comunque il mare. Il «Tiurai» con l'avvento del turismo ha perso di genuinità. Sono i Polinesiani i veri creatori del mito di queste isole, è la loro filosofia di vita che affascina i visitatori. Se la Polinesia è cambiata non è cambiato lo spirito dei suoi abitanti che continuano a mantenere un rapporto miracoloso con l'ambiente naturale, soprattutto con il mare che amano e ammirano per ore e ore in silenzio dalla riva.

L'isola di Tahiti è la più conosciuta e frequentata di tutta la Polinesia, inserita già dal 1959 nei circuiti del turismo internazionale con l'apertura dell'aeroporto di Faaa. È collegata con voli provenienti dall'Europa via Los Angeles. Comodi e frequenti sono i collegamenti aerei e con aerotaxi fra Tahiti e altre isole, anche le più piccole. Dal porto di Papeete numerosi sono i battelli che effettuano servizi, anche se occorrono tempi molto lunghi per le traversate. Tahiti è una piccola isola dell'arcipelago della Società, perduta nell'immensità dell'Oceano Pacifico. È di origine vulcanica, circondata da una laguna e da una barriera corallina, con picchi verdi che sembrano uscire dal mare. Il suo mito ha fatto conoscere al mondo la Polinesia, ma oggi, troppo intaccata dall'Occidente soprattutto lungo le coste e nella capitale, l'isola va intesa soprattutto come tappa indispensabile per raggiungere l'arcipelago. Papeete, ha l'aspetto di una città commerciale anonima, trafficata, rumorosa e ha perso l'aspetto di esotica capitale dei Mari del Sud. Alle banchine del porto sono attraccati yacht provenienti da tutto il mondo. Il lungo-mare alberato assomiglia alle passeggiate della Costa Azzurra

e vi si affacciano moderne costruzioni. Pittoresco è il mercato ove i colori della frutta e delle verdure si confondono con quelli del «pareo» delle venditrici. A Papeete esiste un piccolo museo dedicato a Gauguin che ha il grande merito d'aver saputo cogliere i colori, le luci, l'armonia, la bellezza della Polinesia e dei suoi abitanti. A bordo dei caratteristici truck, autobus in legno colorato, si compie il giro dell'isola, al cui interno è possibile ammirare le montagne selvagge e le profonde vallate coperte da una lussureggiante vegetazione, dominata soprattutto dalle palme da cocco, ma anche da banani, ananassi, manghi, pompelmi. I fiori colorano i bordi delle strade: ylang ylang, buganvillee e tiaré, la gardenia polinesiana considerata l'emblema dell'isola di Tahiti.

Moorea conserva ancora un fascino primitivo, un ritmo di vita tranquillo e un ambiente più genuino rispetto a Tahiti: qualche villaggio, qualche negozio, alcuni esclusivi complessi alberghieri a bungalow immersi in giardini con le caratteristiche palme, fra cui il troppo grande Club Méditerraneé con 350 «faré», tipica casa polinesiana, dotati di ogni comfort. Merita un'escursione la profonda baia di Cook.

Bora Bora è un'isola «madre» circondata da splendidi isolotti corallini. Dall'aereo stupisce per le incomparabili lagune in un'impressionante sequenza di spiagge su cui strapiombano verdi montagne. È attrattiva dell'isola sia il giro in piroga che con il catamarano o in bicicletta. La ricettività alberghiera di alto livello consta di complessi costituiti da bungalow, alcuni direttamente poggiati su palafitte, sopra il turchese della laguna.

Rangiroa è il più grande atollo delle Tuamotu e secondo nel mondo: una fascia di isolotti larga 2-300 m, lunga 230 km chiude una laguna immensa. È un vero paradiso per gli sportivi, ma per tutti è d'obbligo muoversi con il «glass bottom» tipico battello con il fondo di vetro.

Un tratto dell'interno, ancora disabitato e selvaggio, di Tahiti, la più famosa delle isole della Polinesia. Il paesaggio dell'isola è montuoso, con valli strette e ripidi pendii; la cima più alta supera i 2000 metri. [Moana, Roma]

In alto a destra. Pesca collettiva a Bora Bora nelle isole della Società. La pesca nelle calde acque del Pacifico, tradizionale fonte di sostentamento per le popolazioni indigene, viene oggi organizzata anche a scopo turistico. [F. Quilici, Roma]

A sinistra. Un'imponente scultura dell'isola di Pasqua. I colossali «moai» costituiscono un fenomeno «etnologico» e hanno a lungo affascinato gli studiosi perché ricordano certe sculture monolitiche sudamericane, ponendo il problema di possibili rapporti tra gli indigeni pasquensi e quelli del Sud America. La scoperta più sorprendente è quella delle tavolette, chiamate i «legni parlanti», ricoperte di ideogrammi che raffigurano personaggi stilizzati, uccelli e altri soggetti di non facile interpretazione. Sorprendenti le analogie con la scrittura di sigilli risalenti al 3000 a.C. provenienti da Harappa e da Mohenjo Daro nella Valle dell'Indo. Oggi i segni ideografici pasquensi non sono considerati dagli studiosi una vera scrittura ma un promemoria per i sacerdoti. [A. Regaldi, Torino]

2. Isola di Pasqua

Circa a metà strada fra i principali arcipelaghi della Polinesia e la costa occidentale del Sud America vi è l'isola di Pasqua, che voli regolari collegano con l'aeroporto internazionale di Santiago del Cile, stato cui essa appartiene. I flussi sono in prevalenza interregionali, ma sempre più frequentemente organizzazioni turistiche europee, con meta la Polinesia, includono una visita di qualche giorno all'isola, che invece è ignorata dalle grandi crociere marittime per la difficoltà di approdi.

Solo da pochi anni l'isola si è organizzata per ricevere il crescente movimento turistico. A Hanga-Roa la ricettività è limitata e in parte a conduzione familiare. A causa delle poche strade, per lo più a fondo naturale, è preferibile percorrere gli scoscesi sentieri a cavallo o a piedi.

L'isola è ricca di vulcani ormai spenti, coperti di vegetazione erbacea e con laghi craterici al centro, ma sono i colossi in pietra, sparpagliati lungo le pendici, che meritano ammirazione. Non si tratta di figure umane intere ma di enormi busti. La testa sproporzionata occupa quasi metà dell'altezza totale, il naso è lungo e appuntito, strane e allungate le orecchie, e le orbite vuote. Recenti scavi hanno portato alla luce ovali di calcare bianco che si adattano alle orbite delle statue, conferendo loro uno sguardo enigmatico. I «moai» sono sempre monolitici, solo qualcuno porta cappelli cilindrici di pietra rossa, che contrasta con il colore ocra del tufo in cui sono scolpiti. Le statue misurano 10 e più metri. Il cratere di Rano Raraku era cava, laboratorio, palazzo d'esposizione. In migliaia e migliaia di metri cubi della sua roccia sono stati scolpiti i titani. Molti giacciono supini, alcuni completi, altri no, abbandonati in varie fasi di lavorazione. Quelli terminati si ergono alle pendici del vulcano lungo gli antichi sentieri tracciati dai misteriosi scultori scomparsi.

Si ritiene che anche i moai costieri siano stati scolpiti sul vulcano e poi trasportati fino alla costa. Oggi si è convinti che i colossi rappresentino eroi mitici, protettori dei vari clan, antenati glorificati perché fossero intermediari tra l'uomo e le violente forze cosmiche che incombevano sull'isola. L'enorme produzione (circa 600), si spiega con rivalità fra i clan che formavano l'antica società pasquense per raggiungere la supremazia.

L'arte di quest'isola, contrariamente ad altre culture antiche, non ha mai conosciuto il metallo né la terracotta, e le opere sono solamente in pietra o in legno, considerato materiale raro e adatto a confezionare oggetti preziosi. Vi è un'abbondanza di petroglifi in antiche grotte o su massi, scolpiti con bassorilievi a soggetto religioso o rappresentanti tartarughe e pesci di varie specie. Alle figure in legno dal ventre scavato, le costole in rilievo, la testa espressiva con mento prominente, naso aquilino, ampie lunghe orecchie, occhi d'ossidiana, i Pasquensi attribuivano certamente un potere soprannaturale.

Migliaia di turisti partecipano ogni giorno ai giganteschi picnic organizzati dagli alberghi di Waikiki. [M. Friedel/Rapho, Parigi]

Le Hawaii

L'arcipelago delle Hawaii, situato in pieno Pacifico a quasi 4000 km da San Francisco, consta di 132 tra scogli e isole piccole, medie e grandi, risultato di un'eruzione vulcanica avvenuta 25 milioni di anni fa; si estende ad arco per oltre 2500 km alla latitudine del Tropico del Cancro, affiancato da una barriera corallina.

La natura è stata generosa con queste isole: montagne elevate, strapiombi, cascate imponenti scendono ai vasti arenili.

Il clima subtropicale, rinfrescato dagli alisei, è splendido e mite tutto l'anno, con valori medi di temperatura variabili tra i 20° e i 28° da aprile a ottobre, che sono i mesi più caldi. Enormi sono i contrasti pluviometrici tra isola e isola e sui diversi versanti della stessa isola. Le coste orientali sopravvento, battute dagli alisei, sono piovose e rivestite da vaste foreste pluviali, mentre le coste occidentali sono per lo più aride e il sole splende per 300 giorni all'anno.

Una lussureggiante vegetazione tropicale riveste di verde le rughe dei monti e le pianure che qua e là si spingono fino al mare. È soprattutto in esse che le piantagioni di canna da zucchero, di ananas e di caffè interrompono la vegetazione spontanea che nell'interno si fa più selvaggia e intricata. Tra le essenze prevalgono le palme, i manghi, le felci giganti, l'ibisco dai fiori variamente colorati, i ginger da cui si ricavano spezie piccanti, la guaiava dai rotondeggianti frutti polposi e il taro, tipico vegetale polinesiano dalle radici commestibili. Ma le più tipiche e pregiate sono le orchidee con 20 mila varietà e di cui sono diffuse anche coltivazioni. Ben 250 specie vegetali sono protette e 219 sono endemiche ed esclusive. La fauna è costituita soprattutto da numerose varietà di uccelli.

Il popolamento delle Hawaii avvenne per ondate successive a partire dal VI sec. d.C. ad opera di Polinesiani provenienti dalle isole Marchesi. Il primo Europeo che vi giunse fu l'italiano Giovanni Gaetano nel 1542, ma il merito della loro scoperta andò a James Cook che approdò a Kauai il 18 gennaio 1778 e chiamò l'arcipelago Sandwich in onore dello sponsor della spedizione. Le isole erano meta di balenieri, marinai attaccabrighe; alcool e belle ragazze abbondavano nelle taverne.

Lo sviluppo agricolo conseguente all'instaurazione della proprietà privata aprì le porte ai coloni bianchi, che acquistarono grandi estensioni di terreno e richiamarono manodopera orientale. La caotica situazione politica determinò l'intervento di Inghilterra e Stati Uniti, che con un trattato del 1875, sancirono l'apertura del mercato statunitense allo zucchero prodotto nelle isole. I Bianchi acquistarono sempre maggior peso politico e nel 1887 gli Stati Uniti ebbero l'uso esclusivo del porto di Pearl Harbor. Per l'importanza strategica dell'arcipelago, alla fine del XIX sec. il Congresso degli USA ne decretò l'annessione, ma solo nel 1959 le Hawaii diventarono a tutti gli effetti il 50° stato del paese. Queste isole sono associate al ricordo dell'imprevisto attacco giapponese alle navi americane attraccate nel porto di Pearl Harbor, il 7 dicembre 1941, che segnò l'entrata degli USA nella 2° Guerra Mondiale.

Il popolo hawaiano è un miscuglio di etnie, religioni, mestieri. Su poco più di 1 milione di abitanti circa 1/3 sono Bianchi, 1/4 Giapponesi seguiti da Filippini e solo in minima parte Hawaiani puri. Quest'universo cosmopolita comprende pescatori, agricoltori, mercanti, operatori turistici, uomini d'affari e avventurieri.

La tradizionale cultura delle Hawaii è ricca e molto varia. La religiosità autoctona mitizzava due divinità legate allo scandire del tempo: Lono assicurava la fertilità della terra e dominava da ottobre a gennaio, Ku proteggeva le attività dell'uomo.

Oahu, l'isola capitale, è anche il più importante centro turistico: la capitale Honolulu, la spiaggia di Waikiki e il porto di Pearl Harbor sono sinonimo di Hawaii.

Honolulu, la più grande città dell'arcipelago, si estende per molti chilometri ai piedi di montagne alte 900 m, congiungendosi con la spiaggia di Waikiki ed il porto di Pearl Harbor. Oahu è l'isola che più ha risentito dell'americanizzazione, i suoi paesaggi tropicali sono stravolti da tonnellate di vetro e cemento, soprattutto a Honolulu dove miliardari giapponesi comprano terreni e palazzi a prezzi proibitivi. L'isola ha pagato un prezzo altissimo al turismo di massa a scapito della natura. Waikiki, una splendida insenatura lunga 4 chilometri, conosciuta in tutto il mondo come prototipo di spiaggia tropicale, è ormai una parata di condomini, alberghi di dimensioni colossali; i quasi 100 hotel non sono sufficienti ad ospitare le migliaia e migliaia di turisti che ogni giorno affollano la spiaggia. Il lungomare è affollato di ristoranti, di locali notturni e di divertimento e di attrezzature sportive. Sulla spiaggia di Waikiki i turisti si contendono le sdraio ignorando le solitarie spiagge di cui l'arcipelago è ricco. Il traffico sempre più intenso non riesce ad essere smaltito dalla imponente rete autostradale. Il porticciolo turistico di Waikiki è sempre affollato di imbarcazioni da diporto e yacht.

Per quanto riguarda le strutture recettive alle

Hawaii prevalgono alberghi, spesso appartenenti alle grandi catene internazionali, enormi casermoni e grattacieli sparsi in giardini tropicali. Del tutto autosufficienti, consentono di trascorrere l'intera vacanza senza mai uscire dall'albergo ove tutto è organizzato e preciso, ma terribilmente anonimo. Almeno una volta alla settimana viene offerta ai turisti la festa hawaiana del «Luau»: graziose fanciulle, abbigliate secondo la tradizione locale, ancheggiano al ritmo della «hula», danza di origine sacra; l'«ukulele», la locale chitarra a 4 corde, accompagna le canzoni tradizionali, mentre maialini da latte vengono abbrustoliti sulla brace e i «tropical drink» scorrono a fiumi. In questo paradiso tropical-tecnologico anche l'antica cerimonia dell'«aloha» si è trasformata in uno scontato benvenuto per turisti: decine di splendide ragazze e affascinanti giovanotti vengono impegnati negli aeroporti ed ogni turista riceve due affettuosi baci sulle guance e la tipica collana di fiori al collo accompagnati dalla parola «aloha». Era il benvenuto degli isolani, voleva esprimere la gentilezza, la disponibilità e l'ospitalità degli Hawaiani. Si chiamano «lei» le variopinte ghirlande di fiori che, secondo una tradizione polinesiana, gli Hawaiani portavano al collo. Le più belle sono intrecciate con oltre 400 corolle di fiori, altre volte sono di foglie e frutti. Ogni isola ha una sua «lei» ufficiale, caratterizzata da un tipo di fiore diverso. Uno degli spettacoli folcloristici più pittoreschi è la regata di canoe a bilanciere che si tiene in ottobre: centinaia di equipaggi gareggiano a forza di remi percorrendo le 40 miglia che separano Molokai da Oahu, con qualsiasi tipo di mare secondo la tradizione locale. Le sottili canoe hawaiane, costruite con il legno di «koa», un gigantesco albero tropicale, sono lunghe fino a 30 m.
Le gigantesche onde del Pacifico che rompendosi in serie sulla costa risultano facilmente prevedibili, hanno fatto nascere in queste isole il «surf», sport hawaiano per eccellenza, citato nei canti popolari del XV sec. Le isole di Oahu e Maui attirano, sulle loro famose spiagge, appassionati e specialisti da tutto il mondo e sono sede dei campionati mondiali. Bollettini radio danno continuamente informazioni sulle condizioni del mare e del vento.

Le Hawaii, che possedevano tutti gli ingredienti di un paradiso tropicale, appannaggio di un numero limitato di turisti prima di divenire il 50° stato USA e prima dell'era delle vacanze lontane e facilmente realizzabili grazie all'avvento dei supersonici, sono passate dai 243 000 turisti del 1959 ai 5 607 000 del 1986, di cui ben l'80% ha soggiornato a Honolulu. Il turismo che ha reso note le Hawaii in tutto il mondo è sviluppato in maniera esasperata; queste isole sono diventate lo «status symbol» della vacanza americana. L'industria del turismo ha creato 175 000 posti di lavoro e ha portato il reddito pro capite, un tempo modesto, a 14 000 dollari, quasi a livello USA. Gli operatori turistici offrono «package tour» che a prezzi più che contenuti assicurano trasporto aereo e una settimana di soggiorno. Si ritiene che nel 1987 circa 3 milioni di Statunitensi abbiano scelto le Hawaii per le loro vacanze in ondate di turismo organizzato e di luna di miele «tutto compreso». Cospicuo è anche il flusso turistico giapponese che, sempre nel 1987, ammontava a circa 1 milione di presenze e comprende un sempre più consistente turismo d'affari. Imprenditori emissari di potenti gruppi finanziari giapponesi fanno delle Hawaii, soprattutto di Honolulu, un incredibile centro immobiliare e di investimento. Negli anni '50 si è verificata una forte immigrazione di Statunitensi che, attirati dal clima mite e salubre hanno scelto come loro residenza queste isole tropicali.
Per anni le Hawaii sono state nei nostri sogni simbolo dell'«ultimo paradiso» e hanno costituito una facile pubblicità che puntava sull'esotismo e su una natura incontaminata. Oggi esse rappresentano un vistoso stereotipo imposto dalle leggi della mercificazione della cultura e del turismo. I tour operator creano continuamente nuovi bisogni; l'informazione turistica si adegua ad essi e crea stereotipi che focalizzano una caratteristica dominante della località da visitare. Nel caso delle Hawaii essa è il sole, la palma, la spiaggia bianca, la «hula», l'«aloha» e la «lei». Anche la cultura locale non si esprime attraverso l'immagine presentata ad uso turistico. Negli incontri affrettati del turismo di massa il rapporto umano è viziato, l'autoctono offre di sé una immagine artefatta e il turista la valuta e la interpreta secondo valori propri, falsando la realtà. Così alle Hawaii si sminuisce il vero significato dello spirito «aloha» che diventa un artificioso approccio per affascinare i turisti; sono stereotipi le indigene inghirlandate che ancheggiano al suono dell'«ukulele» danzando la «hula», altro stereotipo sono i chiassosi «muu muu» e le fiorite «aloha», divenuti ormai una scontata divisa per ogni turista.
Esistono tuttavia ancora Hawaii genuine e autentiche, non ancora entrate nel turismo dei grandi circuiti internazionali. Si raggiungono da Honolulu su piccoli aerei od elicotteri ed è subito un altro mondo.
Kauai è l'isola geologicamente più antica dell'arcipelago e quindi la più lussureggiante. Con le sue immense piantagioni di ananas, mantiene l'aspetto di isola coloniale. Caratteristici sono i suoi picchi affilati come rasoi che scendono a strapiombo sulla costa e degradano in vallate ricoperte di giungla e costellate di cascate. Splendide sono le insenature di Na Pali Coast, raggiungibili preferibilmente via mare. Le strutture alberghiere sono poche ma di gran lusso, l'isola vanta un famoso campo di golf.
Maui, la seconda isola per grandezza, è montuosa, dominata dal più grande cratere del mondo, quello del vulcano spento Haleakala (3057 m) che fa parte del Parco Nazionale omonimo. Soleggiata, dotata di lunghe spiagge, di valli verdeggianti, ruscelli, cascate, rocce ardite e piantagioni di canna da zucchero e ananas, un tempo l'isola era un importante centro baleniero e ancora oggi le balene che stazionano nelle sue acque possono essere avvistate da terra.
Molokai è l'isola hawaiana del turismo emergente. Solo 15 000 turisti la includono tra le tappe della loro vacanza e gli alberghi si contano sulla punta delle dita. Gli abitanti, non più di 6000, sono per il 37% Hawaiani puri. Sulla costa occidentale, bordata da lunghe, deserte spiagge dorate, sorge l'unico, incantevole grande complesso alberghiero costituito da bungalow in legno, a due piani, in stile polinesiano, distribuiti ai bordi del campo di golf. Nel vicino Parco Nazionale Molokai Ranch Willife Park, una savana in miniatura, vivono centinaia di giraffe, antilopi, cervi e struzzi. Prossimi investimenti prevedono la realizzazione di 1100 posti letto in alberghi, 1200 appartamenti in condomini, 1000 villette unifamiliari e uno shopping village.
A Nihau, abitata da una colonia di 260 autoctoni che parlano ancora hawaiano e vivono come i loro antenati, l'ospitalità è autentica; può essere visitata solo da chi è ospite di un residente perché l'isola è tutta proprietà di una famiglia.
Kaholawe è inavvicinabile perché sede di esercitazioni balistiche della Marina Militare USA.
Lauai, la più piccola delle isole abitate, è connotata dalle colture di ananas: 140 milioni di frutti vengono prodotti ed esportati in tutto il mondo ogni anno. L'isola conserva perciò intatto il fascino delle Hawaii di un tempo.
Gli aeroporti internazionali di Honolulu (Oahu) e Hilo (Hawaii) sono scalo di voli provenienti da ogni parte del mondo e in particolare da Los Angeles, cui fanno capo i voli di provenienza europea.

Il Medio Oriente

In questa regione prevale il tavolato desertico, talora circondato da alti rilievi terziari, talora interrotto da fosse, pilastri tettonici e apparati vulcanici. Le varietà climatiche vanno dalla mediterranea alla continentale-desertica.

Per la sua posizione di naturale punto di incontro di tre continenti e quindi di passaggio obbligato per i contatti commerciali, culturali e per le grandi migrazioni di popoli, questa regione è stata un crogiolo di civiltà, di lingue e di religioni. L'isolamento di alcune sue aree ha permesso la conservazione di particolari caratteristiche culturali come alcune lingue indoeuropee

I dati statistici dello Yemen derivano dall'accorpamento di quelli della Repubblica Araba dello Yemen con quelli della Repubblica Democratica Popolare dello Yemen, che nel 1990 si sono unite in un unico stato.
Per quanto riguarda le statistiche relative al turismo è da tenere presente che i dati della Repubblica dello Yemen sono decisamente più rilevanti di quelli della Repubblica Democratica Popolare.
Un radio-telefono a energia solare collega un isolato tratto di strada nel mezzo del deserto in Arabia Saudita con i servizi di emergenza. [R. Azzi/National Geographic Society, Washington]

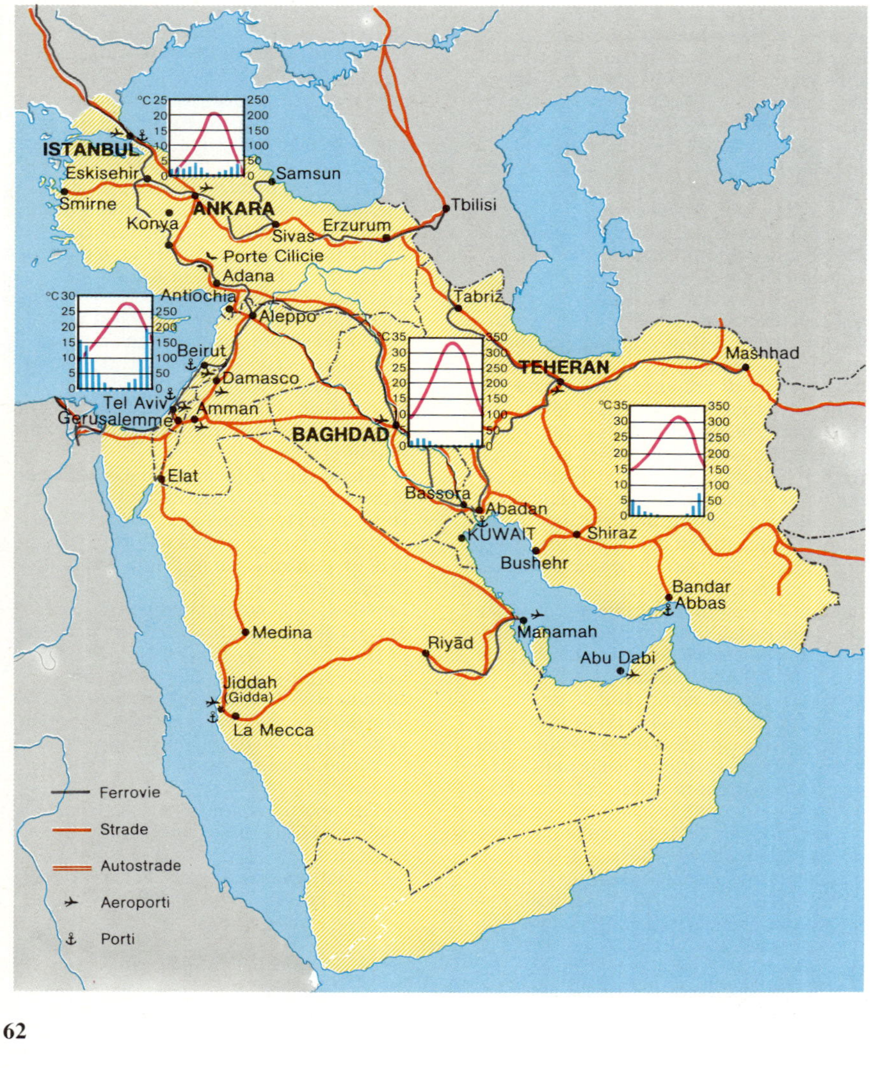

		STATO
		Moneta
		Lingue ufficiali
		Religioni
Popolazione		Superficie in migliaia kmq
		Abitanti in milioni
		Densità ab/kmq
		Reddito pro capite $
		Tasso urbanizzazione %
Vie di comunicazione		Strade (km)
		Autostrade (km)
		Ferrovie (km)
		Aeroporti
		Porti
Dati turistici		Turisti
		Visitatori
	Bilancia turistica $	attivo
		passivo
		Numero camere
		Tasso di occupazione %
		Paesi di provenienza %
	Arrivi	per vacanze
		per affari
		altri motivi
		Periodo max flusso
	Mezzi di arrivo %	Aereo
		Terra
		Mare

in un contesto semitico e culti diversi nella culla delle religioni monoteiste. Gli stati del Medio Oriente sono abitati preminentemente da Arabi musulmani sia pure di sette diverse.

L'acqua e attualmente anche il petrolio condizionano la distribuzione della popolazione che è a bassa densità media.

Le strutture delle comunicazioni terrestri riflettono i grandi squilibri regionali. Ogni paese è dotato di moderni aeroporti internazionali.

L'enorme ricchezza esplosa in questa regione con lo sfruttamento del petrolio ha polarizzato l'attenzione mondiale su quest'area. La preoccupante instabilità politica talvolta mortifica la vocazione turistica, ne condiziona o interrompe i flussi, come dimostra l'aggressione del Kuwait da parte dell'Iraq nell'estate del 1990.

Per la presenza di numerose antiche civiltà essa vanta un po' dappertutto aree e centri archeologici, purtroppo non sempre convenientemente valorizzati e accessibili al turista. Scuole archeologiche, soprattutto europee e americane, da molti anni operano in diverse località.

Per movimento turistico straniero emergono la Turchia, membro associato alla CEE, che si sta imponendo per il turismo balneare sui paesi mediterranei e il piccolo stato capitalista di Israele, che si distingue per le strutture di buon livello.

Gerusalemme e la Mecca sono centri di fama mondiale per il turismo religioso.

La Siria solo recentemente è rientrata nei grandi circuiti di turismo internazionale dopo anni di isolamento per motivi politici.

Lo Yemen è un tipico paese di turismo emergente.

L'Arabia Saudita è meta di flussi di turismo d'affari.

IRAN	IRAQ	SIRIA	TURCHIA	ISRAELE	YEMEN
Rian	Dinar	Lira-sterlina siriana	Lira turca	Siclo (shekel)	Riyal
Persiano	Arabo	Arabo	Turco	Ebraico - Arabo	Arabo
Musulmana sciita	Musulmana sunnita	Musulmana sunnita	Musulmana	Ebraismo	Musulmana
1 648	438	185	779	20	483
50	16	11	51	4,3	11
30	37	60	66	214	27
3 795 ('85)	3 020 ('81)	1 675	1 200	8 649	540
53	72	51	59	90	32
86 900	39 615	29 677	59 302	13 410	39 200
			81		
4 567	2 029	2 047	8 401	865	
Teheran, Abadan	Bagdad Bassora	Damasco, Aleppo, Palmira	Istanbul Ankara, Smirne	Lidda = Lod	San'a Aden
Adaban, Bandar- e Khomeini Bandar Shapur	Bassora	Latakia	Istanbul, Smirne	Haifa, Asdhod, Elat	Hodeida Aden
67 000		421 000	3 715 000	1 700 000	78 000
136 000 ('87)	739 000 ('87)	1 274 000	4 173 000	1 299 000	
26	152 ('84)	204 ('87)	2 355	1 347	23
		131 ('87)	358	130	47
14 998	39 100 ('84)	13 046	56 081	36 323	3 426
65		32	50	52	
Europa 10 Asia 75 Vicino Oriente 20	Egitto 52 Europa 9 Vicino Oriente 20	Vicino Oriente 74 (Libano 35, Giordania 25) Europa 5	Europa 75 Germania 18 Gran Bretagna 11 Asia 14, USA 4	Europa 62 Germania 13 Gran Bretagna 13 Francia 10, USA 22	Europa 58 USA 6
				34 18 48	20 ('84) 40 ('84) 40 ('84)
luglio-ottobre	giugno-settembre	luglio-settembre novembre	maggio-settembre	marzo-aprile luglio-agosto	ottobre-dicembre aprile
53		20	49	76	99
43		80	30	13	
4			19	11	1

Il mondo dell'Islam

Il blocco dei Paesi islamici si estende in una vasta area tropicale, in cui il deserto regna sovrano, tra il Caspio, il Mar Arabico, il Mediterraneo e l'Atlantico. La posizione geografica è di importanza strategica, in quanto gli Emirati Arabi e l'Iran dominano l'accesso dal M. Arabico al Golfo Persico, lo Yemen domina quello dall'Oceano Indiano al Mar Rosso, l'Egitto quello dal M. Rosso al Mediterraneo, il Marocco dal Mediterraneo all'Atlantico. Benché interrotta da catene montuose, dalla **mezzaluna fertile** e da una lunga fossa tettonica, si ha nella regione un susseguirsi di aree desertiche e predesertiche. Alla distesa sahariana seguono i tavolati archeozoici dell'Arabia e della Siria, che proseguono negli aridi altipiani anatolico e persiano.

I paesi della regione, pur divisi da molteplici motivi politici ed economici, sono cementati da due elementi: uno antico, l'Islam e uno recente, il petrolio.

La religione islamica non solo costituisce il substrato culturale di questi popoli, ma essendo una fede disciplinata dall'alto e chiusa in precetti severamente elencati dal Corano, lascia poco spazio all'iniziativa individuale. Inalterate per secoli sono rimaste le pratiche religiose, gli usi, i costumi, il tipo di organizzazione economico-sociale. Solo di recente grandi trasformazioni sono state operate dalla penetrazione di ideologie di tipo capitalistico e di tipo marxista, che nell'Islam sono state filtrate dalla realtà storica e dalle radicate tradizioni.

Il petrolio, presente in grande quantità in alcuni stati islamici, circola in lunghi oleodotti per tutta la regione e rappresenta un punto di forza verso i paesi industrializzati e una concreta possibilità di evoluzione economica per tutta l'area.

La regione non è fortemente innestata né sulle terre africane, né su quelle asiatiche. Dall'Africa nera è separata dal vasto deserto del Sahara di cui include una parte notevole; dall'URSS, dalla Cina e dal subcontinente indiano è separata dalle catene montuose che bordano le sue aree orientali. Questi limiti naturali hanno permesso il formarsi di una peculiare civiltà, ma non hanno mai determinato una chiusura nei confronti di quelle vicine. Infatti i nomadi arabi abituati a vivere senza confini e capaci di usare il mare come via di comunicazione, sotto le vesti ora di conquistatori, ora di mercanti, hanno saputo penetrare nell'Africa nera attraverso il Mar Rosso, la valle del Nilo e la direttrice di Timbuctu. Superato con fatica l'ostacolo delle catene montuose, essi hanno raggiunto l'Altopiano iranico, il bacino dell'Aral, l'area indiana fino all'Indonesia. Già nel VII sec. d.C. mercanti arabi commerciavano sete, vetri e porcellane cinesi, oro africano in tutto il mondo allora conosciuto, con lunghe carovane o via mare. In pochi secoli estesero i loro domini dalla Persia al Marocco, dal Sahara alla Spagna, diffondendo la loro religione e la loro cultura.

Dal sec. XI con le Crociate venne strappata al dominio islamico la Palestina, terra sacra alla religione cristiana; successivamente i maggiori stati europei s'impegnarono ad eliminare il controllo degli Arabi sul Mediterraneo e la loro funzione di mediatori nei traffici con l'Oriente.

Nel sec. XVI i Turchi provenienti dall'est si sostituirono del tutto agli Arabi nel dominio di queste regioni, ne assorbirono la religione, ne difesero il primato sul Mediterraneo, ne assunsero la volontà imperialistica. Solo le grandi scoperte geografiche, iniziate tra il sec. XV e il XVI, permisero ai paesi europei di raggiungere direttamente via mare i paesi produttori di spezie, pietre preziose, oro, ponendo fine alla mediazione turca. Iniziò così il declino politico-economico del mondo islamico. In tutte le sue regioni cominciò la decadenza delle città, delle opere di irrigazione che avevano reso fertili lande prima incolte, e il deserto riprese il sopravvento. Le strategiche costruzioni del canale di Suez e di linee ferroviarie alla fine dell'800, il crollo dell'Impero turco dopo la prima guerra mondiale, spinsero prime fra tutti Francia e Gran Bretagna a interessarsi di questa regione, che cadde in buona parte sotto la loro influenza.

Negli ultimi decenni tutti gli stati dell'area hanno raggiunto l'indipendenza. I comuni interessi e i numerosi problemi hanno sollecitato la formazione della **Lega Araba** con l'intento di creare una politica di solidarietà fra gli stati e una sempre maggiore autonomia da potenze straniere.

La nazionalizzazione del petrolio e la istituzione dell' **OPEC** non hanno risolto i problemi accumulati in secoli di decadenza.

È enorme la sperequazione di reddito fra le classi sociali. Si investono capitali nella costruzione di infrastrutture che non sempre rispondono ad una equilibrata pianificazione.

Le città con il richiamo di facili guadagni sono cresciute troppo rapidamente senza piani di sviluppo urbanistico, determinando il fenomeno delle grandi fasce di **bidonvilles** intorno ai nuclei centrali, ove hanno sede i centri direzionali dell'economia, gli uffici pubblici, le banche, le abitazioni delle classi più ricche. Tutti i paesi islamici infatti presentano gli stessi motivi di debolezza: forte incremento demografico, squilibrio nella distribuzione della popolazione, scarsi interventi per ridurre le vaste aree desertiche. Israele, unico paese non arabo e ad economia evoluta, è un elemento di contrasto con i paesi vicini.

Carta delle più importanti vie di comunicazione nel mondo dell'Islam.

Le due foto evidenziano gli elementi unificatori del mondo islamico: la religione musulmana e l'ingente ricchezza petrolifera. [Beaujard / Cedri / Titus, Torino; Magnum, Milano]

Cenni storici e situazione attuale del turismo

Nonostante la potenza unificatrice dell'Islam, motivi di diversità derivano dal substrato culturale precedente. Mentre la penisola araba fu fino al VII sec. dominio di tribù beduine, in Persia si sviluppò un potente ed evoluto impero, che osò spingersi fino al Mediterraneo ed assalire la Grecia.
In Mesopotamia prosperò la civiltà assiro-babilonese; la Palestina vide l'evoluzione del popolo ebreo e fu la culla di due grandi religioni monoteiste: l'Ebraica e la Cristiana; il Libano fu fulcro della civiltà marinara fenicia; nella Siria si succedettero popoli diversi come Amoriti, Cananei, Aramei, che crearono di volta in volta piccoli prosperi regni. L'Asia Minore vide fiorire e scomparire la civiltà degli Hittiti, l'Egitto quella faraonica e la Tunisia fu il cuore dell'Impero Cartaginese. Inoltre le conquiste di Alessandro Magno unificarono per breve tempo il Medio Oriente, l'Egitto, la Libia orientale, e successivamente i Romani aggiunsero a queste aree tutta l'Africa settentrionale, ove lasciarono resti imponenti di città.
Guerre, rivoluzioni, dissidi e lotte interne, che negli ultimi tempi hanno determinato una situazione di forte instabilità, insicurezza e pericolo in una delle aree ove più convergono interessi delle grandi potenze, hanno ridotto e spesso stroncato il movimento turistico.
La situazione di belligeranza nel Libano, l'affermarsi di nazionalismi musulmani sono motivo di disturbo e talora di una vera e propria interruzione dei flussi turistici. In Egitto, Tunisia e Marocco il movimento turistico è in espansione e, in ciascuno di questi paesi, è di entità decisamente più alta di qualsiasi altro stato africano. Siria e Yemen fanno parte attualmente dei circuiti del turismo internazionale. Il movimento interno è scarso. Infatti il reddito pro capite denunciato dalle statistiche per i paesi del petrolio non è reale per la forte sperequazione esistente tra una minoranza eccezionalmente ricca e il resto della popolazione che vive miseramente. Inoltre gli abitanti ad elevato reddito prediligono come meta turistica i paesi economicamente e culturalmente evoluti.
Ciò che attrae il turista nel mondo islamico sono i vasti deserti con le oasi, con la vita tribale, con le ultime carovaniere, le città splendide di monumenti di tante civiltà fuse e sincretizzate in tanti secoli di Islamismo, aree archeologiche sempre più interessanti e numerose grazie ai continui scavi. La Mecca e Gerusalemme sono importanti poli di turismo religioso internazionale. Un notevole flusso è rappresentato dagli uomini d'affari e dai tecnici delle molte imprese straniere che qui operano.
Nelle grandi città e nelle zone turisticamente più valorizzate sono sorti lussuosi alberghi, spesso appartenenti a prestigiose catene internazionali, che contrastano vivamente con il basso tenore di vita delle popolazioni locali. Poiché la regione è attraversata dal Tropico del Cancro, prevalgono i climi caldo-secchi desertici, con l'esclusione delle aree costiere e di montagna. Pertanto i periodi più adatti ad una visita sono quelli primaverile ed autunnale, mentre è opportuno evitare quello estivo per le elevate temperature. Una delle principali difficoltà di fronte alle quali si trova il turista sono le lingue arabe, sensibilmente differenziate da regione a regione e la scrittura araba. Ma la passata presenza dei Francesi e degli Inglesi, ha lasciato come retaggio l'uso diffuso delle loro lingue.

L'Islam

1) *Arte dell'Islam*
Poiché gli Arabi erano quasi del tutto sprovveduti di qualsiasi tradizione architettonica, prima della conquista del loro vasto impero, è preferibile parlare di arte islamica anziché di arte araba. Essa fu una profonda e originale rielaborazione delle forme d'arte delle regioni conquistate. La sensibilità degli artisti islamici è tutta tesa all'ornamentazione. Non esiste nell'architettura islamica una coerente concezione dello spazio ed essa si risolve in una giustapposizione di superfici, realizzate per lo più in materiale umile, ampiamente decorate. I viaggi alla Mecca permisero scambi di tecniche, di motivi ornamentali, che contribuirono a creare un'unità di produzione, nonostante la disparità delle origini e la diffusione nell'ampio impero. Nata sotto l'impulso di esigenze di ordine pratico, quest'arte è rimasta immutata fino ad oggi, per la sua aderenza a saldi principi religiosi.
Mentre per i più comuni tipi di edifici pubblici manca un prototipo, per le moschee l'architettura islamica ha potuto imitare, a seconda delle diverse zone, basiliche romane (moschee del Maghreb), bizantine (moschee turche di Istanbul, ispirate a Santa Sofia), chiese paleocristiane (moschea di Cordova) e di derivazione persiana (Iraq). La moschea di Damasco è il più antico esempio di assimilazione completa, da parte dei Musulmani, di elementi architettonici stranieri e dell'uso nuovo che essi ne facevano, in modo da creare un ambiente specificatamente musulmano. Il gusto per le porte dorate e per i mosaici, che spesso compaiono nelle moschee, ci riporta a Bisanzio, mentre la profusione degli stucchi, i tipi iconografici, i motivi ornamentali si ispirano all'arte persiana.
Nel suo complesso l'arte islamica si incentra su Dio. L'esclusione dell'immagine umana e animale nelle decorazioni, gli intricati schemi a stucco e gli infiniti arabeschi (estrema stilizzazione di versetti coranici o di figure vegetali), i decoratissimi soffitti, che invitano a guardare in alto, vogliono mettere in evidenza l'eternità di Dio in opposizione al mutare e al frantumarsi delle cose terrene. Più tardi gli Ottomani utilizzarono la luce, sia naturale che artificiale, come simbolo di Dio. Moschee, **mederse,** palazzi, sebbene costruiti per finalità diverse, crearono ambienti separati dal mondo esterno, predisponendo alla contemplazione.
La moschea, monumento islamico per eccellenza, è costituita da una sala di preghiera, preceduta da un cortile con porticato, in cui una vasca serve ai fedeli per le rituali abluzioni. All'interno abbondano i tappeti e il decorato **mihrab** è rivolto verso la Mecca. Spesso alla moschea si affianca la medersa, l'università coranica. Il minareto, inizialmente elemento trionfalistico, fu usato più tardi per chiamare i fedeli alla preghiera. Elementi architettonici di spicco nelle città e ripresi dal mondo romano-bizantino, so-

no i bagni che consistono essenzialmente in una grande sala, ricoperta da una cupola. Nel palazzo, residenza principesca, ricco di stucchi, di legni intarsiati, la vita si svolgeva attorno ai **patii**, nei quali piante e acque mitigavano la calura.

2) *Città dell'Islam*

Le città sorgono o sulla costa o in vallate fluviali, come quelle della Mesopotamia. A volte sono oasi o, se situate in zone accidentate come in Turchia e in Iran, occupano caratteristiche posizioni: sbocchi di valli o di passi, fertili bacini. Poco numerose le grandi città, che si concentrano negli stati mediterranei e nella «*mezzaluna fertile*», dove si ha una stratificazione urbanistica di impronta assiro-babilonese, persiana, ellenistico-romana e araba.

Le città sorgono tra palmeti e verzura, dove esiste l'acqua, tanto preziosa in questi paesi aridi. Spesso sono punti di incontro tradizionali tra nomadi e sedentari, luoghi di passaggio e di mercato per le grandi correnti carovaniere, attualmente in parte snaturate dall'invadente penetrazione di mezzi moderni. La pianta della città araba si sviluppa in cerchi concentrici attorno alla moschea principale. Si susseguono **bazar, suk, caravanserragli;** le vie sono strette e tortuose.

La posizione in uno dei grandi crocevia della terra, in cui sono sorte le religioni monoteiste, rende le città islamiche simili a musei, ove a fianco a fianco vivono, senza fondersi, rappresentanti di razze, di religioni e linguaggi diversi. Ogni gruppo ha i propri quartieri, il proprio tipo di abitazione, i propri costumi, che danno a queste città l'aspetto di mosaici. L'impronta fondamentale è data dai luoghi di culto islamico: moschee dagli aguzzi minareti, che dominano dovunque le linee orizzontali delle terrazze.

La **medina,** città tradizionale, strettamente raggruppata al riparo di mura, è accerchiata dalle contrastanti strutture urbanistiche moderne. Il mercato vi ha luogo nel bazar, che occupa spesso interi quartieri cittadini. Nel **Maghreb** assume il nome di *suk.* Fenomeno usuale sono le *bidonvilles,* incastrate nei punti meno favoriti della città.

Il massiccio insediamento degli Europei nei sec. XIX e XX, ha sconvolto la gerarchia tradizionale e talvolta nuclei antichi sono stati sventrati per creare strade moderne e nuovi quartieri. Gli Europei svilupparono centri con le funzioni di punti di appoggio militare, di mercati e di nodi stradali.

Il forte aumento della popolazione urbana, dovuto sia al massiccio abbandono della terra da parte di popolazioni rurali sia alla politica di sedentarizzazione dei nomadi perseguita dai governi, ha implicato l'ampliamento della città. Non è solo la struttura della città e la forma delle case che cambia, ma anche l'ambiente: alle rauche grida degli asinai e dei portatori arabi, all'accozzaglia delle merci nei traboccanti *suk*, alle donne velate, agli stuoli di bambini delle vecchie città, la città europea contrappone l'intenso traffico urbano, larghi marciapiedi su cui si affacciano vetrine ricolme di merci ben ordinate, l'abbigliamento europeo, e si diffondono usi e costumi occidentali.

L'Islam è una civiltà a carattere principalmente urbano, perché la natura spesso ostile ha portato l'uomo a rifugiarsi in un mondo artificiale: la città, il sistema di irrigazione, il giardino che è il cuore della casa. Per questo gli Arabi nella loro grande espansione hanno sempre rispettato le preesistenti città, limitandosi ad adattarle alle loro esigenze.

3) *Usi e costumi*

In tutta l'area il prevalere dell'Islam ha spesso conferito aspetti unitari a costumi, artigianato, eccetera.

Il mercato, bazar e *suk*, è il luogo di incontro privilegiato per i Musulmani in particolare per le donne che in questi paesi hanno scarse occasioni di rapporti sociali. Si apre generalmente su grandi piazze e s'inoltra nei vicoli. Diviso per corporazioni espone le merci più varie. Alla rumorosa folla locale si uniscono comitive di turisti alla ricerca di colore e acquisti allettanti: monili finemente lavorati, pietre dure e preziose, stoffe e tappeti.

Per isolarsi dal suolo durante le fredde notti il nomade ha inventato il tappeto, le cui origini si perdono nel tempo. Così nella sua tenda egli cammina sempre sullo stesso pavimento. Non sappiamo se i disegni dei tappeti siano nati per soddisfare il desiderio di qualche **sceicco** che voleva portare con sé i pavimenti di mosaico visti nei principeschi palazzi dei sedentari, o se i pavimenti decorati siano invece l'imitazione dei tappeti dei pastori. Il tappeto comunque è un messaggio di civiltà perché è nato dallo sforzo di migliorare le condizioni di vita e dal bisogno di circondarsi di bellezza e di colore in un mondo tanto desolato. Il tappeto ha importanza anche come strumento religioso. Cinque volte al giorno la religione islamica impone ai credenti la preghiera. Ovunque si trovi in quel momento il maomettano svolge il «tappeto di preghiera» e vi si inginocchia in direzione della Mecca.

Il tappeto, componente essenziale e decorativa dell'arredamento in tutta la regione, è uno degli emblemi del mondo musulmano. I più pregiati tappeti sono quelli persiani, realizzati in lana e, i più raffinati, in seta. Ogni regione, ogni città, ogni tribù mantiene immutati nel tempo colori e disegni, spesso messaggi religiosi e poetici, inafferrabili per noi Europei. Fuori della tenda del nomade il telaio aspetta che un qualsiasi componente della famiglia prosegua, con personale interpretazione, il disegno già iniziato. I tappeti prendono nome da città, regioni, tribù. Frequenti sono i disegni floreali e le scene di caccia; a Shiraz prevale il disegno geometrico nei colori rosso scuro e blu. I tappeti di Tabriz, particolarmente noti in Europa, sono caratterizzati da vivi toni di rosso e verde nei fiori e nelle foglie, azzurro brillante e rosso cupo nei bordi. In alcuni esemplari molto antichi sono raccontate novelle. È ancora viva la fama di un tappeto del re Cosroe che raffigurava un giardino i cui fiori erano bellissime turchesi persiane, rubini, topazi e smeraldi, i cespugli erano di raso verde, l'erba di seta variopinta.

Anche l'arte culinaria presenta alcune caratteristiche unitarie: carne di montone, latte acido, spezie sono alla base dell'alimentazione. Dalla Turchia all'Iran piccoli botteghini e addirittura bracieri agli angoli delle strade arrostiscono al momento i tipici spiedini di agnello e verdure (kebab). Le frutta secche, quelle polpose, i datteri sono una delle ricchezze di questi paesi, anche di quelli aridi che le coltivano nelle oasi. Come bevanda si usano il tè, le tisane e, particolarmente diffuso, il caffè alla turca.

4) *Il deserto*

Il deserto, immensa piattaforma di sabbia e rocce nude, punteggiato da torrioni e pinnacoli, da accecanti distese di sale, dai secchi solchi degli **uidian,** ha prorompenti esplosioni di vita solo nelle oasi. Scarsissima la flora limitata a piante xerofile dal lento ciclo vegetativo; la fauna è composta soprattutto da rettili e scorpioni. Il deserto è un mondo a sé, un mondo in sfacelo: la montagna, ultimo residuo di una zona elevata, va sbriciolandosi sotto l'azione dell'escursione termica ovunque altissima (fino a 70 °C). I forti venti che spirano da ogni direzione sollevano la sabbia che smeriglia ogni cosa, cancella le piste, crea dune, entra dappertutto. Quando sotto le dune vi sono caverne, grotte e strati rocciosi, il muoversi di particelle e particelle di sabbia si ripercuote come in una cassa armonica. È il canto delle dune, dicono i nomadi. Muoversi durante le tempeste di sabbia è quasi impossibile. Il deserto è un mondo di profondi silenzi e di colori. Prevale l'ocra, ma si passa dal

Questa miniatura araba del XIV sec.: Cristo e Maometto, a dorso rispettivamente di un asino e di un cammello, evidenziano la comune radice delle due religioni. [F. Arborio Mella, Milano]

bianco al rosso al nero, per la diversa natura delle rocce e il mutare della luce. Un fenomeno di rifrazione creato dagli strati inferiori dell'aria, arroventati dalla sabbia infuocata, è il miraggio, per cui un cespuglio diventa un albero, una roccia un grattacielo, la sabbia un lago.
L'ambiente repulsivo dei deserti dell'Islam da tempo immemorabile ha costituito un inevitabile passaggio per il commercio e per il movimento religioso verso la Mecca.
La presenza dell'acqua in sorgenti, in *uidian* e addirittura in pozze fangose, ha determinato gli itinerari che per il millenario passaggio di carovane sono diventati piste. La parola pista ha un significato molto elastico. Può essere semplicemente una direttrice di marcia, larga decine di chilometri, un tortuoso vagare di solchi di ruote tra le dune dell' **erg,** un sentiero di montagna sull' **hammada,** o addirittura una linea retta di pali del telegrafo, unica traccia di una via cancellata dalla sabbia. Le piste si snodano tra luoghi di sosta, di rifornimento e di mercato: le oasi. Esse sono il risultato di una lunga e sapiente opera dell'uomo che, sfruttando le acque di falda, ha creato nell'arido deserto insediamenti circondati da ampie fasce di coltivi e palmeti.

5) *I Beduini*

Se il deserto nelle sue varie forme rappresenta l'ambiente più consueto del mondo islamico, il Beduino ne è l'abitante più caratteristico. I Beduini, prigionieri per secoli delle steppe e dei deserti della penisola araba, cercarono a varie riprese di evadere verso lidi più ospitali. Con cinque poderose ondate sommersero le contrade vicine, dando loro volto e cultura nuovi e alla fine le fusero in una unità politica e religiosa.
Già nel 3000 a.C. si espansero nella Caldea (Iraq meridionale), nel 1700 a.C. nella valle del Nilo, successivamente in tutta la Mesopotamia, quindi nella Palestina. A partire dal 632 d.C., con l'ultima ondata i Beduini estesero i loro domini dalla Persia al Turkestan, al Punjab, all'Africa settentrionale, alla penisola iberica. I Beduini dell'Africa settentrionale si dividono in due grandi gruppi: berbero e arabo. I Berberi sono stati respinti verso le aree meno favorite del deserto dai conquistatori arabi, dai quali sono profondamente separati per lingua, costumi e odii inestinguibili. Hanno in comune la concezione e l'organizzazione che il nomadismo sahariano impone agli uni e agli altri. Ancora oggi, come nei tempi più lontani, il Beduino percorre continuamente il deserto sul fido dromedario alla ricerca di sorgenti e di pascoli. Ogni gruppo di pastori sa dove trovare l'acqua, anche se talvolta si tratta di una pozza di fango, da cui riescono a succhiare la poca acqua contenuta. Quando le oasi delle regioni più fertili diventano troppo popolose, gli abitanti delle aree di confine sono costretti a cedere terreno e ad inoltrarsi nella zona semidesertica. Questi gruppi lasciano sorgenti ricche, colture irrigue, palme fruttifere, per sorgenti povere e palme assetate, per cui sono costretti a integrare le loro magre risorse con l'allevamento di pecore e dromedari, che a poco a poco costituisce la loro attività fondamentale.
Ma anche il deserto diventa a volte sovrappopolato e le tribù, costrette in pascoli limitati e magri, si agitano turbolente, cercando una via di uscita. Quando i Beduini vengono a contatto con terreni meno ostili, si riscoprono contadini. L'agricoltura, anche se generalmente di sussistenza, ha avuto sempre un ruolo importante nel mondo islamico e non solo in Egitto e Mesopotamia, interessate da grandi fiumi, ma anche nella fascia costiera del Nord Africa, nello Yemen, nel Libano, in Palestina, nelle oasi siriane e in alcune regioni dell'Iran e della Turchia. In tutti i tempi, nomadi da un lato, sedentari e contadini dall'altro sono stati assai divisi per mentalità e costume di vita.
Oggi, nonostante il Beduino non riconosca l'autorità dello stato, ma solo la sua tribù, le rivalità tra sedentari e nomadi sono quantitativamente diminuite, in quanto in seguito agli sforzi degli stati, solo circa il 10% della popolazione del Medio Oriente risulta ancora nomade e nell'Africa Bianca il nomadismo ha un peso consistente solo negli altipiani stepposi e nelle aree predesertiche.
Al fenomeno delle città, oggi in forte espansione, e al villaggio tradizionale, spesso costruito in mattoni cotti al sole, si contrappone l'abitazione del Beduino: la tenda, facile a spostarsi, facile a fissarsi al suolo. Essa è molto resistente perché tessuta mescolando spesso peli di pecora, capra e cammello. Struttura base della società nomade è la famiglia. Le famiglie sono riunite in gruppi tribali, guidati dagli anziani, cui spetta mantenere l'unità del gruppo e osservare le leggi del deserto. L'ospitalità è sacra. Rispettato da tutti è l'accorto uso dell'acqua. Via via che avanza la siccità, il Beduino abbrevia l'abbeverata del suo gregge, sospingendolo sempre più rapidamente fuori dalla pozza, per lasciar posto agli altri. Alimento essenziale del Beduino è il latte acido di cammella e di capra, miele e datteri. Se il problema del cibo si fa grave, ogni nomade sa cacciare con il falco, pazientemente ammaestrato, animali piccoli e grossi come le gazzelle. In alcuni paesi dell'area islamica la caccia con il falco, praticata con gli stessi metodi di un tempo, oggi è uno sport alla moda.
La povertà dell'ambiente desertico ha spinto in ogni tempo il Beduino alla razzia. Di soppiatto i nomadi si avvicinano sui loro cammelli a fertili oasi e a carovane cariche di merci. Improvvisamente balzano su agili cavalli, si impadroniscono di cibi e mercanzie, allontanandosi veloci in una nube di sabbia. A questa tecnica della razzia i Beduini sono educati fin dalla tenera età.
Il Beduino indossa una lunga tunica di cotone o di lino e si avvolge in un mantello di lana di capra o di pelo di cammello. Il copricapo è una lunga fascia bianca girata a più spire attorno alla testa.
I Beduini, così come fece Maometto 14 secoli fa, raccolgono alcune pietre disponendole attorno alla tenda a formare l'«area di preghiera», la loro moschea. Si inginocchiano e pregano nell'assoluto silenzio dello spazio che li circonda.
La tenda rimane la vera casa del Beduino. In essa ci si riunisce per discutere, trattare affari, sorseggiando il tè, durante le pause concesse dalla vita nomade.

6) *Le carovaniere*

La nascita delle vie e del commercio carovaniero risale a tempi antichissimi. Il Tigri e l'Eufrate nel Vicino Oriente e il Nilo in Egitto sono stati sempre vie naturali per il commercio e le carovaniere hanno reso il deserto simile al mare, che non divide soltanto, ma congiunge.
Il commercio carovaniero fu veicolo di civiltà. I più recenti scavi archeologici ci danno prove sempre più ampie dell'esistenza di un traffico internazionale esistente tra le più antiche e lontane civiltà.
Mesopotamia ed Egitto erano i due principali mercati. Nacquero città-nodo di comunicazione come Palmira e Petra e città-porto come Trebisonda e Tiro. Mercanzie considerate un lusso divennero sempre più necessarie con lo sviluppo della civiltà, incrementando gli scambi.
Con l'introduzione della moneta il commercio si estese e la carovana divenne un ente ben definito, un piccolo mondo complicato e accuratamente regolato. Dal commercio regolare nacquero le città, dalle città le comunità, dalle comunità gli stati: i Beduini da pastori e ladroni di strada divennero mercanti e uomini d'affari.
La carovana era una vera e propria spedizione, organizzata a date fisse e affidata a una guida che conduceva un esercito di cammelli (fino a 10-15 000) di oasi in oasi. Sostituendo il cammello al cavallo dopo il IV sec., le direttrici delle vie carovaniere si sono incise definitivamente nel deserto. Le attuali strade e piste automobilistiche le seguono dappresso, anzi quasi sempre si identificano con esse. Probabilmente i primi tracciati si svilupparono in Arabia a partire dal 2° millennio a.C. Una via occidentale seguiva da sud a nord la costa del Mar Rosso e attraverso il Sinai portava in Egitto. Una via orientale da Gerrha sul Golfo Persico arrivava alla Mecca, importante mercato sulla via occidentale. Più a nord Petra, Damasco, Palmira ed altre città erano importanti nodi su carovaniere che collegavano l'Eufrate alle coste mediterranee e all'Egitto.
Nel Sahara le carovaniere sono legate all'espansione dell'Islam. La principale transahariana collegava il Marocco al Ghana ed era dominata dai Tuareg. Dal XVI sec. il commercio si spostò verso oriente e sorsero centri lungo il Niger come Djenné, Timbuctu e Gao. Lo sbocco più usuale del traffico carovaniero sul Mediterraneo era Tripoli, ricca oasi avvantaggiata dal diretto contatto col deserto.
Nel Medioevo il commercio carovaniero si era esteso in Estremo Oriente. L'importante «Via della Seta» univa il Cathay ai porti del Mar Nero e del Mediterraneo orientale, mentre la «Via del Tè» collegava Pechino a Mosca attraverso le steppe.

Iran

Posto nella zona subtropicale, privato dell'apporto di umidità dalle catene montuose periferiche, il vasto altopiano iranico è dominato da un clima continentale con piogge scarsissime e elevata escursione termica annuale e giornaliera. D'estate a Teheran le medie diurne sono di 38°-40°, quelle notturne di 12°-15°. D'inverno l'altopiano si ricopre di neve. Solo sulle rive del Caspio si riduce l'escursione termica e aumenta il grado di umidità. Le scarse piogge, prevalentemente invernali in tutto l'altopiano, sono violente e improvvise e allagano le piane interne, che, per la rapida evaporazione, si ricoprono di croste di sale.

Tutta l'area centrale è solcata da un labile reticolo idrografico i cui corsi d'acqua si perdono tra le sabbie e in paludi salate, invase da giunchi. La notevole altitudine degli altipiani, tra i 1000 e i 1500 m, gli impetuosi venti secchi hanno ridotto ancor più le aree dotate di vegetazione. Intorno ai vasti deserti, particolarmente sviluppati ad est, si estende sterminata la steppa polverosa, verdeggiante solo durante le scarse precipitazioni primaverili. Lungo i fiumi e nelle oasi, assieme all'agricoltura compaiono pioppi, platani, salici. La palma da dattero prospera solo nel sud, prossimo al Tropico del Cancro. Il versante settentrionale dell'Elburz è ricoperto da boschi e sulle rive del Caspio la vegetazione è lussureggiante con flora di tipo mediterraneo-subtropicale e diffusa risicoltura. Aree boschive si estendono anche sul versante ovest dei monti Zagros.

Cenni storici sull'Iran

Sull'altopiano iraniano, che aveva visto solo civiltà agricole, dopo il 1000 a.C., arrivarono gli indoeuropei iranici, che inaugurarono una civiltà a carattere urbano. Medi e Persiani fondarono un forte impero e a Ciro venne attribuito il titolo di Re dei Persiani. Successivamente Dario, riorganizzatore dell'impero, ebbe il titolo di Re dei Re. È di questa epoca l'introduzione nel paese della scrittura cuneiforme, appresa dai Caldeo-Assiri.

Nel periodo ellenistico le antiche capitali persiane: Susa, Ecbatana, Persepolis furono abbandonate e Antiochia assunse il ruolo di capitale. Dopo le lotte con i Romani, nel 651 la Persia cadde nelle mani degli Arabi. Cessò di essere uno stato indipendente, cambiò la sua vecchia religione, il **Mazdeismo**, con quella portata dai conquistatori e adottò la scrittura araba.

Con le invasioni dei Turchi, dei Mongoli di Gengis Khan (XIII sec.), di Tamerlano (XIV sec.) e ancora dei Turchi, iniziò la decadenza. Nel XV sec. si crearono le basi dello stato persiano moderno, che dovette però continuare a difendersi dai Turchi prima, dai Russi e dagli Inglesi poi. Dopo la seconda guerra mondiale la politica filo-occidentale dell'Iran sostituì al monopolio britannico sull'estrazione del petrolio un consorzio che raggruppava le principali compagnie occidentali e USA.

La Repubblica Islamica, proclamata nel 1979, sancì la decadenza della monarchia e il definitivo allontanamento dello scià.

Attualmente il paese vive un tragico periodo di instabilità politica e di collasso economico sotto la guida degli **ayatollah**, esponenti carismatici dell'islamismo **sciita**. I contrasti sociali permangono, lo dimostrano gli ancora numerosi nomadi e seminomadi del paese, i movimenti autonomistici dei Curdi, l'elevatissima crescita demografica e l'urbanizzazione accelerata.

Dopo la morte dell'integralista capo religioso Khomeini, il governo, conscio delle difficoltà in cui si muove il paese, ha dato segnali di nuova apertura verso capitali ed iniziative straniere.

Quartieri residenziali di Teheran dominati dall'imponente catena montuosa dell'Elburz. L'Iran escluso per tanti anni dai circuiti internazionali solo negli anni '90, seppur con cautela, si è riaperto al turismo. Questo viaggio splendido ed interessantissimo rimane comunque «difficile». Il servizio nei grandi alberghi, una volta efficientissimi, è appena accettabile per il mancato rinnovo delle strutture, il turista è costretto a camminare in luoghi non comodi per raggiungere e vedere realtà per tanti anni chiuse all'Occidente. [M. Coyne/Image Bank, Milano].

L'esteso altopiano iraniano, isolato e con uniformi caratteristiche climatiche, ha permesso la conservazione di una notevole omogeneità etnica, nonostante, in tutti i tempi, la regione sia stata teatro di movimenti di popoli, che hanno determinato il coagularsi di elementi di civiltà diverse. Tale unità è stata resa particolarmente solida dal prevalere del peculiare culto musulmano di rito **sciita**.

1. Le principali località turistiche persiane

La complessa situazione politica ha interrotto i flussi turistici che negli anni '70 erano consistenti. La conclusione della lunga guerra con l'Iraq, la maggiore apertura che si può cogliere nell'attuale politica economica, fanno però prevedere una ripresa di correnti turistiche.

Ad eccezione di Teheran, delle grandi città e delle lussuose spiagge caspiche, l'attrezzatura recettiva è ovunque modesta. Le vie di comunicazione risentono delle caratteristiche morfologico-climatiche, per cui le ampie distese desertiche centro-orientali ne sono pressoché prive. Solo una parte delle strade del paese è asfaltata e Teheran ne è il principale nodo.

Poco sviluppata la rete ferroviaria, che un progetto mai realizzato doveva mettere in comunicazione con la rete pakistana, collegando così le ferrovie indiane con il Medio Oriente e quindi con l'Europa.

Le comunicazioni aeree sono invece molto sviluppate, sia per i collegamenti interni che per quelli internazionali. Teheran, Abadan e le principali città del paese sono dotate di aeroporti internazionali.

Un itinerario turistico in Iran non può che prendere l'avvio da Teheran, che sorge a 1230 m di altitudine sull'altopiano, alle falde meridionali dell'Elburz; la capitale si presenta come una vasta oasi in un brullo paesaggio. Punto di incrocio delle direttrici del traffico verso il Mediterraneo, il Caspio, il Golfo Persico e l'Oriente, è il principale centro economico, finanziario, amministrativo del paese. La città, fondata nel XII sec., ma divenuta capitale dell'Impero solo nel XVII sec., ha una pianta poligonale. Il nucleo antico, dal tipico aspetto orientale, comprende la cittadella, numerose moschee, il bazar in cui spiccano tappeti di tutte le dimensioni e prezzi, e pelli del ricciuto agnellino persiano. A nord si sviluppano i quartieri amministrativi con ampi, rettilinei viali alberati e moderni alberghi. Sulle ultime propaggini delle montagne si estende un lussuoso complesso residenziale.

*Le rovine di Persepolis costituiscono la più notevole e propagandata meta turistica dell'Iran. Nonostante la sua rilevante lontananza da Teheran ogni tour nel paese ne prevede la visita. Per raggiungere la località si usa preferibilmente il mezzo aereo per Shiraz. La città fu fondata da Dario nel IV sec. a.C. quale residenza imperiale, con lo scopo preciso di riceverví nobili re persiani e re stranieri. In fondo sulla destra si vede, con le sue alte colonne, l'*apadana, *una grande sala che Dario e poi i suoi successori usavano per udienze e cerimonie ufficiali. L'apadana, con la scalinata attraverso la quale vi si accede, è l'edificio più ricco di sculture e bassorilievi. A sinistra dell'apadana (sullo sfondo, circa al centro della foto) è il Palazzo di Dario. Ancora più a sinistra, il Palazzo di Artaserse II e quello di Serse. In primo piano si vede invece il cosiddetto Palazzo delle cento colonne (delle quali restano i basamenti). [G. Romiti, Bologna]*

A sud del nucleo antico vi è la zona industriale e intorno un'ampia fascia di quartieri poveri, cresciuti disordinatamente. Teheran è inoltre il principale centro culturale dell'Iran; lo dimostra l'Università e l'Iran Bastan, uno dei più grandi e interessanti musei archeologici del mondo, che raccoglie reperti a partire dal 4000 a.C.

Dalla capitale, con buone strade, è facile attraversare la catena dell'Elburz e raggiungere le rive del Caspio ove, prima del recente conflitto, sorgevano attrezzate stazioni balneari. La zona è rinomata anche per la pesca allo storione e per la produzione dell'ottimo caviale.

A sud di Teheran si può raggiungere la città di Qum, posta sull'orlo del deserto, il luogo più sacro dell'Iran. A Qum accorrono da ogni parte del paese i pellegrini diretti alla grandiosa Moschea dalle cupole d'oro.

Proseguendo verso sud si può raggiungere la seconda città dell'Iran, Isfahan o «la metà del mondo» come venne soprannominata. Sorge al centro di un'oasi resa fertile dal fiume Zaindeh ed è circondata da vigneti e frutteti. La città, già nota fin dal 2000 a.C., raggiunse l'apogeo della potenza e della ricchezza nei secoli XV-XVII, quando, divenuta capitale della Persia, pare toccasse 1 milione di abitanti. Il centro della città è l'immensa Piazza Reale su cui si affacciano prestigiosi esempi dell'arte islamica, come la Moschea Reale, con i mosaici verdi e blu, la vicina Medersa, il Padiglione Reale e numerose botteghe artigianali.

Più a sud ancora si può raggiungere Shiraz dove, tra fioriti giardini riposano nei loro mausolei Hafez, l'usignolo di Shiraz, il più grande lirico della lingua persiana (XIV sec.) e il poeta-filosofo Saadi (1184-1291), incomparabile maestro della lingua e della letteratura persiana, la cui opera «Gulistan» è entrata a far parte della letteratura mondiale. La città è nota per la produzione dei tappeti.

A breve distanza da Shiraz sorgono imponenti le rovine di Pasargade e di Persepolis. A Pasargade, con grande fasto, venivano incoronati i Re dei Re e qui, in una tomba solitaria, Ciro volle essere sepolto.

Una monumentale scala porta ad un vasto spiazzo addossato alla montagna, su cui sorge Persepolis. Costruita da Dario 2500 anni or sono, era una sfarzosa città adorna di templi e palazzi. La città, incendiata da Alessandro Magno e devastata dall'azione del tempo, innalza ancora oggi la selva delle sue mozze colonne e conserva, spesso intatte, le gradinate di accesso ai grandi palazzi e bassorilievi con le lunghe schiere dei sudditi, a testimonianza di un grande impero, di una grande civiltà. Nei pressi si trovano le monumentali tombe di Dario e Serse, scavate in alto nella roccia.

Chi desidera vedere altri resti grandiosi dell'antica civiltà persiana, può raggiungere in aereo Hamadan, ove sorgono le rovine di Ecbatana, antica capitale dei Medi e, per strada, Desful, ai piedi dei Monti Zagros, presso cui si innalzano, grandiose e solitarie, le rovine di Susa.

Un villaggio lacustre di oggi nella bassa Mesopotamia. [N. Wheelem/Rapho, Parigi]

Iraq

Al centro di una grande conca argillosa, colmata da depositi marini, scorrono il Tigri e l'Eufrate, i protagonisti della storia dell'arida Mesopotamia. La facile via di comunicazione offerta dalla valle dei due grandi fiumi, che ne fa un corridoio naturale fra il Golfo Persico e il Mediterraneo, ha visto passare e susseguirsi nei millenni popoli e civiltà diverse, dando luogo ad una fusione di usi e costumi.

A partire dal VI secolo a.C. si affermarono nella regione i Sumeri che ben conoscevano le leggi dell'idraulica, la fusione dei metalli, la scrittura e l'astronomia; i Babilonesi, creatori di un fastoso impero, retto con sagge leggi (codice di Hammurabi); gli Assiri, abili guerrieri, che prima riuscirono ad imporsi ai Babilonesi e poi furono da essi domati; e ancora Greci di Alessandro Magno, Romani, Parti, fino agli Arabi, che imposero alla regione il nome di Iraq. Essa fu poi oggetto di lunga contesa fra Persiani e Turchi in passato, fra Tedeschi e Inglesi alla fine del XIX sec.

Quasi al centro della Mesopotamia dove il Tigri e l'Eufrate si avvicinano sorsero splendide città.

Babilonia, sull'Eufrate, racchiusa fra poderose mura nelle quali si aprivano 100 porte di bronzo, vantava grandiosi palazzi, le cui terrazze erano

Questa grande moschea, che sorge a 8 km da Baghdad, è detta «la Moschea d'oro» per il rame dorato che copre le due cupole e le sommità dei quattro minareti. [G. Annequin]

adornate di giardini pensili, templi, alte **ziggurath**, fra cui la torre di Babele, con archi e volte che per primi i Babilonesi costruirono. Lunghi e orizzontali bassorilievi di animali decoravano le costruzioni. Della città superba, fondata 3000 anni a.C. e che i Babilonesi ritenevano eretta dal dio Bel subito dopo la creazione della Terra, oggi rimangono pochi resti.

Sempre nella stessa strozzatura della Mesopotamia, ma sul Tigri, sorsero, l'una quasi sulle rovine dell'altra, le sfarzose capitali dei popoli che dominarono in seguito la valle: Seleucia, Ctesifonte e Baghdad.

Delle prime due emergono solo ruderi dalla desolata steppa. In tutta l'antica Babilonide si intravvedono di tanto in tanto alti cumuli di sabbia, che ricopre ammassi informi di mattoni, fatti migliaia di anni or sono con il fango del fiume. Facile è la fabbricazione di questi mattoni, che continua ancor oggi, rapido è il loro deterioramento. Infatti le ricche e grandiose città, le ziggurath, i forti di difesa, si sono dissolti in polvere, così come sono scomparsi i popoli che queste opere hanno realizzato.

Solo Baghdad, l'ultima capitale mesopotamica, fondata dai califfi nel-l'VIII sec. innalza nell'arida, sconsolata pianura i suoi splendidi minareti. Baghdad, città milionaria e ricca capitale, fu il centro religioso, politico, culturale del mondo arabo nell'alto Medioevo. Oggi accanto alla vecchia città con le sue cupole, i minareti, i ricchi bazar, sulle due rive del Tigri, sorge quella moderna con strade ampie ed alberate, con alti palazzi, un aeroporto internazionale e le strutture del più grande nodo di comunicazioni terrestri del Medio Oriente. È collegata per strada con Mossul e Bassora, Damasco, Amman, Medina.

Il Tigri e l'Eufrate, dopo essersi allontanati nuovamente l'uno dall'altro, si fondono nello Shatt al-Arab teatro dei più sanguinosi scontri della recente guerra che ha opposto il paese all'Iran. In questa regione si svilupparono le civiltà dei Caldei, dei Sumeri che elessero come loro principale centro Ur, fondata prima del 3000 a.C. Sulle «Colline della Pece», materiale usato come cementante nelle costruzioni, oggi dell'antica città rimangono solo cumuli di sabbia e di mattoni, che in parte nascondono l'imbasamento di una ziggurath, dedicata al dio lunare dei Caldei e i resti delle antiche mura. Dopo aver raggiunto un elevato livello artistico nella pittura, nella scultura, nella lavorazione dei metalli e dei gioielli, Ur perse importanza con la caduta di Babilonia e, per l'esaurirsi del traffico fluviale sull'Eufrate, lentamente scomparve sotto la sabbia.

Nei pressi di Mossul, splendido mercato carovaniero nell'alto Medioevo, si trovano le rovine di Ninive; una delle città più straordinarie del mondo antico, che si sviluppava intorno alle sfarzose regge di Sennacherib, di Assurbanipal, di Semiramide. Fu la più famosa capitale del guerriero impero assiro. Di antichissima origine, in posizione strategica sul Tigri, era molto vasta, dotata di sontuosi palazzi, edifici fino a sette piani, giardini pensili, laghi ornamentali, templi ed era cinta da ciclopiche mura. Fu distrutta dai Medi, alleati dei Babilonesi, nel 612 a.C. Ampiamente studiati dagli archeologi, i resti della città hanno fornito una copiosa documentazione dell'arte assira, come evidenziano i numerosi bassorilievi. Tra le rovine della biblioteca di Assurbanipal si reperirono 20 000 tavolette di argilla incise in caratteri cuneiformi. Poco a nord della città, sorgeva la grandiosa reggia di Sargon. Attorno a due grandi cortili sono visibili i resti di splendide sale per la famiglia reale, magazzini, laboratori, cantine, stalle, forni e, lungo un lato del palazzo, una ziggurath. Sono state dissotterrate statue tradizionali dell'arte assira, i tori alati con volto umano e barba fluente, posti a custodia degli edifici e fasce decorative di mattoni smaltati sul cui fondo azzurro spiccano i gialli simboli caratteristici della vita assiro-babilonese: l'aquila, il toro, l'albero, l'aratro.

La ricchezza archeologica del paese costituisce un importante richiamo per un turismo culturale.

Turchia

La struttura fisica della Turchia evidenzia che le catene terziarie sono la prosecuzione di quelle europee. Il vasto altopiano interno è la prima di una serie di alte terre antiche che si vanno susseguendo verso l'est asiatico. Le ca-

A sinistra. La basilica di Santa Sofia fu fondata da Costantino nel 325. Dopo la conquista turca divenne una moschea e poi, dal 1935, un museo. [G.P. Müller]

Pianta della città di Istanbul, misterioso sigillo tra Europa e Asia: la città europea è profondamente penetrata dallo stretto braccio di mare del Corno d'Oro, simile a un fiordo. Si va restituendo il verde alle sue sponde con un intenso lavoro di bonifica urbana che sostituisce le numerose, vecchie e piccole fabbriche con moderni edifici, parchi e giardini. [L. Sharner/Zepa France]

La ziggurath di Ur dedicata al Dio lunare Nammur. La sapienza dei sacerdoti mesopotamici era famosa in tutto il mondo antico: essi scrutavano il cielo, studiavano le costellazioni e le stelle. Molte tavolette, trovate durante gli scavi nei templi, hanno conservato (nelle loro iscrizioni cuneiformi) lunghi elenchi di osservazioni sulla posizione delle stelle, dei pianeti e delle costellazioni. La necessità di catalogare le ricchezze del tempio, di misurare i possedimenti, di costruire canali e di occuparsi della irrigazione delle terre portò i sacerdoti ad approfondire anche le conoscenze di matematica e di geometria; le tavolette che sono state ritrovate in numerosi luoghi della Mesopotamia antica riportano spesso la soluzione di problemi matematici e geometrici molto difficili. [G. Viale, Torino]

tene montuose che orlano questo bacino hanno reso difficile il deflusso delle acque al mare, provocando la formazione di una serie di laghi salati, che l'intensa evaporazione estiva riduce a croste saline, simili a candidi campi di neve.

I climi delle aree costiere dell'Anatolia sono di tipo mediterraneo come nelle penisole europee, l'aridità dell'altopiano ci richiama i desertici tavolati del Medio Oriente, con cui condivide anche la pratica del nomadismo, le greggi di pecore, capre e camelidi. La Turchia non è un paese arabo come ci evidenziano l'origine e la lingua della sua popolazione, anche se i Turchi hanno assimilato la religione e le caratteristiche culturali degli Arabi. Cupole, minareti, bazar, ma anche alcune arti minori come quella del tappeto, la cucina, il nomadismo ci introducono decisamente nel mondo islamico. Negli ultimi decenni però la Turchia ha mostrato la volontà di legarsi al mondo occidentale, non solo adottando dopo il 1923, quando divenne una repubblica, codici di tipo europeo, l'alfabeto latino, il calendario gregoriano e il sistema metrico decimale, ma partecipando oggi, come paese associato, alla CEE.

1. Turismo e vie di comunicazione

La Turchia possiede una rete stradale in buona parte asfaltata e in costante miglioramento. Inoltre ha realizzato nel proprio territorio alcuni tronchi di «strade internazionali europee», che consentono le comunicazioni tra l'Europa e l'URSS, tra l'Europa e il Medio Oriente attraverso la Siria; lo stesso vale per le ferrovie. Buone sono anche le comunicazioni mediante traghetti con paesi mediterranei, soprattutto Italia e Grecia. In estate sono organizzate crociere per visitare le coste del Mar Nero, dell'Egeo, e del Mediterraneo. Istanbul, aeroporto internazionale sulle rotte per il Medio ed Estremo Oriente, è anche il nodo delle comunicazioni stradali e ferroviarie con l'est.

La Turchia si sta imponendo come meta di turismo internazionale in concorrenza con gli altri paesi mediterranei per la vacanza balneare. Dove è presente un buon livello recettivo e il supporto dei servizi aerei i flussi turistici hanno manifestato un notevole incremento. La Turchia considera il turismo attività promozionale, per cui il ministero preposto a questo settore ha pianificato l'aumento delle attrezzature recettive in vista della crescita del movimento degli stranieri. Le grandi città e alcune aree costiere sono dotate di attrezzature confortevoli, ma non così le aree interne, se pure di interesse naturale, storico e archeologico.

L'imponente acrocoro orientale, con le colossali colate laviche, gli estesi apparati vulcanici, fra cui la superba piramide dell'Ararat, manca di ogni attrezzatura e si può raggiungere solo con difficoltà, mentre esiste un piano per la valorizzazione della regione attorno al lago Van. Il movimento turistico più intenso è quello internazionale e privilegia le aree costiere, Istan-

Cenni storici sulla Turchia

La Penisola Anatolica costituisce un ponte sul Mediterraneo tra Europa e Asia. Per questa sua strategica posizione nei millenni ha assistito ad un carosello di uomini e di eventi. La prima grande civiltà anatolica, misteriosamente dissoltasi, rimase nelle tenebre per 3000 anni.
Oggi noi sappiamo che gli Ittiti, trasformando i popoli sottomessi in alleati, crearono un grande impero, che raggiunse il massimo splendore nel 1300 a.C. Costruirono città con grandi cinta di mura, conquistarono Babilonia e misero in fuga il faraone Ramsete II. Contemporaneamente l'Anatolia occidentale con l'omerica Troia era aperta all'influsso del mondo miceneo. L'invasione dei «popoli del mare» all'inizio del sec. XIII a.C. interruppe la fioritura politica e culturale anatolica, con la distruzione di Troia e l'annientamento dell'impero ittita. Si susseguirono i regni dei Frigi e dei Lidi e, dopo le campagne di Ciro, iniziò la sua ellenizzazione.
Nei centri greci delle coste dell'Egeo le millenarie culture della Mesopotamia e dell'Egitto vennero elaborate con una sensibilità già greca, divenendo elemento fondamentale della stessa civiltà ellenica. Molti dei più grandiosi e originali edifici dell'architettura greca sorsero in queste città dell'Asia Minore e ad essi si deve la diffusione dello stile ionico.
Cessato l'impero di Alessandro Magno, l'Anatolia divenne dominio di Roma. Diviso l'Impero romano Costantinopoli divenne la capitale della regione orientale e fulcro dell'arte bizantina. Una applicazione di questa arte si ebbe nelle chiese di antiche comunità cristiane, mentre le chiese rupestri della Cappadocia (VI-X sec.) presentano affinità con costruzioni della Mesopotamia.
I Turchi, essenzialmente pastori e guerrieri, provenienti dalle steppe dell'Asia centrale, trovarono qui nel XIII sec. l'ambiente più idoneo alle loro inclinazioni. I nuovi arrivati si fusero rapidamente con le popolazioni locali e crearono l'Impero ottomano, che segnò la fine di quello bizantino. Nel XVI sec., sotto Solimano il Magnifico, i domini turchi si estesero su gran parte dei paesi musulmani.
Per le sue vicende storiche e per la posizione geografica, uno degli elementi più salienti dello sviluppo culturale dell'Anatolia è il suo perpetuo oscillare tra Oriente e Occidente. Il Caucaso e la Mesopotamia, i Balcani e l'Egeo, la Grecia e Roma, l'Oriente islamico e l'Europa moderna sono state di volta in volta le fonti alle quali l'Anatolia ha attinto, pur mantenendo sempre la sua originalità.

bul e Smirne, ma esiste anche un certo movimento interno. Al turista la Turchia può offrire bianche lunghe spiagge, tiepide e trasparenti acque mediterranee, città che sanno di Oriente, resti di insediamenti di numerosi antichi popoli.

La superba piramide innevata dell'Ararat, antico vulcano spento, domina il vasto acrocoro armeno. [K. Diemberger, Salisburgo]

2. Località di interesse turistico

Istanbul, in ogni tempo, fu la città chiave delle realtà politico-economico-religiose che si avvicendarono sia da Oriente che da Occidente. La città è il massimo centro finanziario, commerciale e culturale del paese. Di incomparabile interesse turistico per l'eccezionale posizione naturale, Istanbul si estende sulle due sponde del Corno d'Oro, braccio europeo del Bosforo e con alcuni sobborghi anche sulla costa asiatica. Prima fu Bisanzio con i Dori (sec. VII a.C.); poi Costantinopoli con Costantino e Giustiniano. Nel Medioevo fu sede di importanti colonie commerciali delle repubbliche marinare italiane, che vi lasciarono numerose tracce nella struttura e nella vita urbana. Rimase capitale dell'Impero ottomano dal 1492 al 1922, quando si rivelò troppo eccentrica per le esigenze organizzative della nuova repubblica, sorta al crollo del decrepito Impero turco. Solo nel 1929 assunse il nome attuale.

A sud del Corno d'Oro si sviluppa la Città Vecchia, dove agli archi dei Cesari si affiancano tesori dell'arte bizantina e ottomana. Il Topkapi, già splendida residenza del sultano, immerso in grandiosi giardini è ora sede di musei e si affaccia sul Bosforo, sul Corno d'Oro e sul Mar di Marmara. Alle sue spalle in mezzo ad una selva di minareti e cupole delle circa 500 moschee, sorgono i più famosi monumenti della città: i resti dell'Ippodromo, colonne e cisterne romane, la bizantina S. Sofia — poi moschea, ora museo —, la moschea Azzurra dai sei minareti. E ancora la fontana di Ahmed in stile rococò turco, la più famosa delle 10 000 che zampillano nella città, il Museo Archeologico, il bazar pieno di folla vociante e di qualsiasi merce.

L'incredibilmente affollato Ponte di Galata scavalca il Corno d'Oro, permettendo di raggiungere il medioevale, omonimo quartiere genovese.

Un continuo servizio di traghetti collega la costa europea con quella asiatica ora raggiungibile anche grazie al ponte Europa. Battelli effettuano piccole crociere sul Bosforo e collegano le vicine località balneari. L'intenso traffico contrasta con le sue riposanti, idilliache rive sulle quali si susseguono, in una lussureggiante vegetazione, fortezze, palazzi di sultani, piccole case in legno a tinte pastello dei pescatori, e i vivaci colori delle loro reti stese al sole. Durante la stagione estiva il Bosforo e le vicine coste del Mar di Marmara sono frequentate mete balneari.

Pagina a fronte a sinistra. Abitazioni troglodite della Cappadocia. Le guglie, trasformate per secoli in abitazioni trogloditiche, sono il risultato dell'azione erosiva delle acque meteoriche e fluviali, che hanno asportato le rocce più tenere. [F. Quilici, Roma]

Il ponte di Galata sul Corno d'Oro unisce la parte più antica della città con il quartiere medioevale, oltre il quale si sono estesi nuovi quartieri. [Magnum/J. Berry, Milano]

Sul Mar di Marmara le Isole dei Principi, dalle sponde rocciose e boscose, già predilette dai Romani, sono un esempio di turismo maturo, luogo di vacanza delle famiglie abbienti turche. Le acque trasparenti, le coste precipiti, il clima salubre, i caratteristici locali ove si mangia il pesce, richiamano un sempre maggior numero di visitatori.

All'interno si può facilmente raggiungere Bursa, rinomata per la Moschea Verde (XV sec.) e una delle maggiori e note località termali del paese, ai piedi dell'Ulu Dag (2543 m).

Il Parco Nazionale di Kus, non lontano dalla costa marmarica, è noto per la grande varietà di uccelli che vi transitano e vi nidificano.

Smirne, adagiata su un ampio e ben protetto golfo dell'Egeo, è raggiunta da strade, mezzi aerei e crociere. Nodo di comunicazioni e di intensi commerci per la sua Fiera Internazionale, è nota per la lavorazione dei tappeti. La regione è ricca di testimonianze del passato presenti nelle maestose zone archeologiche e nelle rovine di famose illustri città. Dalla omerica Ilio a nord, in cui sono visibili i nove strati sovrapposti, il sesto dei quali fu teatro della guerra di Troia, si può passare a Pergamo, sacra ad Esculapio, con l'Acropoli, il Grande Altare di Zeus, le Terme e l'Anfiteatro romano.

Da Smirne, che sulle colline sovrastanti la città moderna conserva i resti del Mausoleo di Tantalo, si può raggiungere, verso sud, Efeso, l'ultima dimora della Madonna e che del periodo greco conserva il Tempio di Artemide e, di quello romano, i ginnasi e lo stadio.

Dai grandiosi resti dell'Agorà di Mileto si può raggiungere l'Oracolo di Apollo a Didimo e infine il Mausoleo di Alicarnasso, che gli antichi consideravano una delle «sette meraviglie».

Lungo la costa diffuse sono le attrezzature balneari di buon livello come quelle di Smirne e della vicina Cesme. Kusadasi, «isola degli uccelli», è il lido di Efeso caratterizzato da due lunghe spiagge. Più a sud Altinkum è una località balneare in rapido sviluppo, grazie anche alla vicinanza con Didimo. Al di là di un promontorio roccioso, sorge Bodrum, presso l'antica Alicarnasso, cosmopolita località turistica. Nel porticciolo turistico sono attraccate centinaia di imbarcazioni da diporto che d'estate vengono noleggiate con equipaggio a prezzi concorrenziali rispetto agli altri paesi mediterranei.

Tutta questa costa, in seguito alla pressante richiesta turistica è stata oggetto di una selvaggia speculazione edilizia. Negli ultimi anni una ottantina di villaggi in soli 180 km di costa hanno arrecato gravi insulti alla natura e alla vegetazione. Centinaia di unità residenziali mal costruite si affacciano su baie stupende, dal mare trasparente.

Nel punto in cui l'Egeo abbraccia il Mediterraneo aperto, Marmaris si apre su una baia punteggiata da isolette. Il suo centro, dalle intricate stradine e la cittadella-fortezza sono tipicamente orientali. L'apertura del nuovo aeroporto internazionale di Dalaman e la presenza di buone strade rendono facilmente accessibili queste coste meridionali della Turchia. Sotto i picchi del Tauro si affaccia la nota località balneare di Fethiye in una baia fronteggiata da numerose isole. Sulle colline circostanti l'antico popolo dei Lici ha scavato nella roccia ricche tombe dall'aspetto di templi e case grecoromane. La famosa «Riviera Turchese», al riparo delle innevate cime del Tauro, gode di un clima particolarmente mite, come evidenzia la lussureggiante vegetazione di palme, aranci e banani. Numerosi villaggi turistici e alberghi delle prestigiose catene internazionali offrono confortevole ospitalità su queste coste e le rendono meta sempre più propagandata di turismo internazionale. Spiccano le magnifiche spiagge di Alanya, il ben attrezzato porticciolo sulla limpida laguna di Ölü Deniz e il centro emergente di Kemer.

Di grande interesse turistico è Antalya, sul golfo omonimo, che si erge su uno zoccolo roccioso. La città, con vistosi resti del periodo romano, ha un profilo caratterizzato da minareti e cupole di moschee.

Un itinerario molto seguito è quello che da Smirne, passando per Efeso, porta con una buona strada (250 km), a Pamukkale, «Fortezza del Cotone». In un paesaggio collinare appare all'improvviso, abbacinante sotto il sole e alta un centinaio di metri, una fantastica cascata pietrificata, bianca quasi fosse ricoperta di neve. Acqua calda ricca di calcare sgorga da diversi punti nel suolo e scende lungo i pendii in una serie di candide vasche. Sulla sommità si affiancano una stazione termale con motel e piscine e le imponenti rovine della romana Hierapolis: le antiche Terme, il Ginnasio, la grande Necropoli e il ben conservato Teatro.

Il viaggio in Cappadocia viene proposto con sempre maggiore frequenza dai tour operator internazionali. Il centro principale è Kayseri, ai piedi del vulcano Argeo, base di partenza per la visita della regione. In un paesaggio in cui i venti, le eruzioni vulcaniche e i terremoti sembra si siano coalizzati vi è la valle delle piramidi naturali e delle grotte di Ürgüp-Göreme, insediamento troglodita, già preistorica vera e propria città, che divenne poi culla del Cristianesimo (S. Basilio). La vasta regione è costituita da stratificazioni di basalti e tufi vulcanici eruttati dall'Argeo. Isolate formazioni basaltiche, più resistenti all'erosione, proteggono le fragili costruzioni tufacee e hanno dato luogo a curiose creazioni geologiche: pinnacoli, guglie, esili torri. Queste bizzarre costruzioni, autentiche città sotterranee, sono state utilizzate ripetutamente nel corso della storia. In esse antiche comunità uscivano all'aperto solo per coltivare i campi. L'ampia area ospitava migliaia di abitanti su diversi livelli, che comunicavano tra loro attraverso un labirinto di tunnel. In queste formazioni eremiti cristiani tra il VI e il X sec. scavarono con paziente lavoro le loro celle, i loro monasteri, le loro chiese rupestri, decorandoli con affreschi e bassorilievi. Notevole attrattiva turistica è il complesso monastico di Zelve dai rossi coni di villaggi raggruppati attorno a pinnacoli rocciosi. Nel centro della regione le cittadine di Nevsehir e di Ürgüp offrono strutture recettive.

Ankara, oggi città moderna dai larghi viali, fu centro importante nel periodo romano, come ricorda il Monumentum Ancyranum, sul cui marmo è scritto il testamento di Augusto. Ataturk (il padre dei Turchi) fondatore della Repubblica, volle la capitale sull'altopiano, nella regione che fu il cuore dell'Impero ittita. Presso l'antica cittadella sorge il Museo Ittita, che contiene la più ricca collezione di manufatti di questo popolo.

Da Ankara si può raggiungere su buona strada Hattusas, la capitale ittita, che con un diametro di oltre 1 km va annoverata fra le metropoli del mondo antico. La città è circondata da ciclopiche mura dal basamento in pietra e dalle pareti di argilla. Nella parte meridionale si sviluppava la città vera e propria, con templi minori e alcune Porte, fra cui ad occidente quella dei Leoni: i due felini, che siedono davanti ai giganteschi monoliti dell'ingresso, sembrano volere respingere con le loro fauci spalancate le potenze del male. Presso la Porta Sud, due Sfingi di ispirazione assiro-babilonese guardano in direzione della città. I Leoni e le Sfingi sono le uniche sculture a tutto tondo dell'arte ittita, che conosceva solo il rilievo. La Rocca Regia, protetta da alte mura, si trova isolata a nord. Nella sua biblioteca sono state trovate oltre 3300 tavolette di argilla, catalogate e disposte in bell'ordine su scaffali di legno. Esse narrano la storia dell'indo-europeo popolo ittita, che scriveva in laboriosi caratteri cuneiformi parole ancora oggi di uso comune nella lingua tedesca. In posizione dominante si ergeva il Grande Tempio, circondato da magazzini dove il re-sacerdote conservava le offerte sacrificali e i tributi. A differenza di quello greco, ampie finestre illuminano il tempio ittita. Il Grande Tempio mette in rilievo una caratteristica di questa architettura: una totale asimmetria che compare tanto nelle piante degli edifici, quanto in quella della città, talché non vi sono tracce né di cortili centrali, né di piazze e strade principali. L'unico esempio di simmetria è rappresentato dalle quattro Porte, situate secondo i punti cardinali, che fanno pensare ad una impostazione orientale nell'ambito della caotica architettura ittita. Sull'altopiano antistante la città lunghe processioni di divinità maschili e femminili, incise sulla roccia del santuario rupestre di Yazilikaya, sembrano proteggere Hattusas.

Pur essendo fuori dai consueti itinerari turistici in Turchia, per la difficoltà di accesso, la regione armena è di notevole interesse quale esempio di civiltà urbana prolungata nei secoli. Ne sono testimoni le sue città e le sue chiese ben affrescate.

Il cortile della moschea di Damasco. [B. Barbey/Magnum, Milano]

Siria

La Siria, riaperta al turismo solo dal 1987, vede giorno dopo giorno intensificarsi il movimento turistico, che le autorità locali incentivano conscie del-

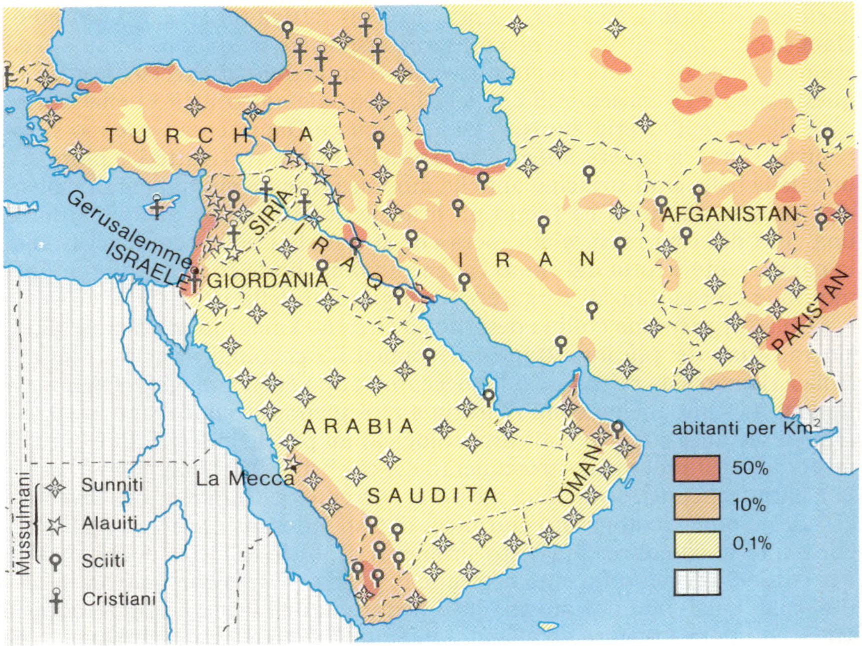

Carta delle religioni: la carta evidenzia la distribuzione delle principali confessioni musulmane: sunniti, ortodossi seguaci di Maometto che costituiscono la maggioranza; sciiti, del «partito di Alì» o «scia», ramo eretico dalla fisionomia più politicizzata; alauiti, estremisti della Siria dal sincretismo orientaleggiante che costituiscono una modesta minoranza.

l'apporto benefico che esso avrà sull'economia del paese. Si costruiscono alberghi e infrastrutture per accogliere viaggiatori finalmente provenienti da tutto il mondo, in piena libertà e senza condizioni né restrizioni. È un'importante conquista perché in precedenza la concessione del visto turistico era subordinata alla presentazione di un certificato di battesimo che dimostrasse la fede musulmana.

Alcuni alberghi che fanno parte di catene internazionali sono di tutto comfort. La catena dei «Turist» offre una ospitalità più spartana, più conveniente, ma sono consigliati solo per una notte d'obbligo nelle località minori.

Alcuni tour operator propongono viaggi lungo le antiche vie carovaniere della Siria e della Giordania, senza tener conto finalmente dei confini politici.

Il viaggio in Siria ha il sapore di una scoperta, anche se i grandi musei del mondo, ricchi di reperti siriani, sono sempre stati testimoni dell'arte e della storia del paese. Incuriosisce, interessa questo viaggio in una terra ove dai Sumeri ai giorni nostri si sono succedute e sedimentate notevoli civiltà, crocevia tra Asia e mondo mediterraneo.

L'oasi di Gontha circonda Damasco (El Châm), oltre si estende il vuoto, il deserto. L'oasi è un giardino di mandorli, albicocchi, peschi, fichi, ricco di sorgenti che zampillano tra cespugli di rose. Si racconta che Maometto non osasse entrare nella plurimillenaria oasi perché, sosteneva, non si poteva varcare due volte il Paradiso. La città storica è un intrico di tortuosi vicoli su cui si allineano basse case in legno e mattoni di terra cruda, ricoperte da intonaci d'argilla rossiccia. Una folla vociante invade le stradine per confluire quasi obbligatoriamente nell'antica Via Recta, la principale arteria della Damasco romana, che porta al **bazar** che a differenza di altri mercati orientali è ancora abitato. Cercando difficili passaggi tra carretti, mercanzie e venditori si raggiunge la colossale Moschea, splendido monumento della civiltà islamica voluto dai califfi omayyadi nel 661. Essi per tutto un secolo fecero di Damasco il centro intellettuale del mondo convertito al profeta, tappa obbligatoria delle rotte carovaniere, capitale di un impero vasto fino alla Cina. La Moschea, costruita nel 708 sull'area di un tempio aramaico, ha inglobato resti musivi del mausoleo bizantino su cui è cresciuta, quasi a testimoniare, religione su religione, l'inesorabilità della storia. All'interno l'immensa sala delle preghiere lunga 150 m ostenta tutta l'arte dell'Islam sunnita: cristalli scintillanti del soffitto, centinaia di antiche colonne lavorate a tortiglione, un tripudio di capitelli, di tarsie marmoree, di tappeti persiani. Accovacciati ai lati di questo spazio immenso gli uomini dormono, pregano, leggono. La principale attrattiva turistica è il Museo di Damasco: con le sue pregevoli collezioni esso offre un quadro completo ed esauriente delle evolute civiltà che si sono succedute attraverso i secoli in questa area e ci consente di cogliere l'essenziale entro il filo della storia.

Sulla buona arteria autostradale che unisce Damasco ad Aleppo si incontra Hama, adagiata lungo il corso dell'Oronte fra frutteti e pioppeti, una delle belle città siriache: antiche moschee, tombe monumentali, splendidi palazzi ottomani ne fanno un insieme architettonico affascinante. È una città dai toni rossi, gialli, ocra che si specchia nelle acque del fiume, la cui corrente è rotta dal ritmo cadenzato delle norie che da tempo immemorabile consentono di irrigare i verdi giardini della città.

Ebla sorge su una collina desertica a circa 60 km a sud di Aleppo. Considerato uno dei più importanti ritrovamenti archeologici di tutti i tempi, Ebla è riemersa da poco più di un decennio dopo 5000 anni grazie agli scavi italiani. Un'imponente cinta muraria a terrapieno racchiude su una superficie di sessanta ettari la zona archeologica: un puzzle indecifrabile di rovine per un profano, ma il ritrovamento dei celebri 17 000 documenti di argilla a caratteri cuneiformi ci ha messo al corrente dei suoi dei, del commercio, del complesso apparato giuridico, di testi letterari, di decreti reali e accordi interni con altre città-stato siriane. Il problema di Ebla come di Mari è la conservazione: sono città costruite in paglia e fango con mattoni seccati al sole. Una volta portate alla luce si sfarinano al vento e solo a toccarle crollano intere strutture vecchie di millenni. Vicino a Ebla, un piccolo villaggio ha case coniche costruite in paglia, terra e fango, che vengono restaurate ad ogni primavera come facevano gli architetti sumeri.

Aleppo protetta da mura vanta la più grande opera militare del mondo musulmano. La rocca pare sorreggere e proteggere la pittoresca confusione orientale della città vecchia ingombra di case e, irta di minareti, il labirinto di vicoli e i 12 km del bazar dalle caratteristiche volte in pietra.

Percorrendo l'arteria autostradale Aleppo-Baghdad, trafficata da camion che trasportano merci dal Golfo Persico ai porti mediterranei, si raggiunge Dura Europos cumulo di rovine sparse su un'arida collinetta presso un'ansa dell'Eufrate. Sorta come avamposto militare macedone nel 213 a.C., distrutta 400 anni dopo dagli eserciti cristiani, non mostra templi e colonne ma solo rocce calcinate dal sole e dune sotto le quali è possibile con pazienza scoprire intonaci, stucchi, mosaici. Particolarità di Dura è il ciclo di affreschi trovati in ottimo stato sulle pareti della Sinagoga ed ora conservati al museo di Damasco. Essi raffigurano tutto l'antico testamento e sono gli unici affreschi di matrice ebraica fino ad ora ritrovati poiché la religione ebraica vieta le raffigurazioni sacre.

Mari, semita e sumera, lambita dall'Eufrate, ci riporta ad un passato di 5000 anni fa, alle radici della nostra storia. Fin dal IV millennio a.C. fu sede di una delle più antiche dinastie mesopotamiche e già nel 1700 a.C. era descritta come una delle meraviglie del mondo allora conosciuto. Mari ostenta la sua gigantesca dimora reale: centinaia di stanze affrescate intorno ai fianchi della collina. I resti di un portone monumentale immettono in un dedalo di cortili, camere, corridoi, delimitati da alte mura. Il cuore del palazzo è la grande sala del trono con attorno gli appartamenti reali, gli alloggi del personale, le cucine, i bagni, gli uffici amministrativi. I templi costruiti in alto su colline artificiali, perché più vicini al cielo, hanno conservato sculture di grande interesse che ora si trovano nei musei di Damasco, di Aleppo, al British Museum di Londra e al Louvre di Parigi.

L'«autostrada del deserto» che collega Damasco con Dayr az Zaxr non è una vera autostrada, ma un nastro di asfalto che si snoda nel deserto. All'improvviso un'oasi di palme e melograni, ricca di acque solfuree, nasconde Palmira, città un tempo straordinariamente ricca, in posizione strategica, lungo le vie carovaniere. Il destino della città segue quello di Zenobia: la regina araba fu imprigionata perché si oppose a Roma e la città rasa al suolo. Oggi Palmira appare come una moderna cittadina di 30 000 abitanti con al centro un nucleo imponente di rovine di colonne, torri e templi. Per secoli i beduini hanno abitato le rovine di Palmira cercando ombra sotto gli archi monumentali, scrutando le stelle sotto i capitelli corinzi, riposando sui mosaici dei templi. Ora essi vivono in un villaggio costruito appositamente alle spalle dell'antico teatro.

Aleppo, la seconda per numero di abitanti tra le città della Siria dopo la capitale Damasco, è dominata da una cittadella fortificata che risale all'inizio del XIII secolo, costruita per difendere la città da possibili attacchi dei crociati. [B. Barbey/Magnum, Milano]

Questo paese, chiuso al mondo fino a pochi anni orsono, nasconde altre magie. Nella regione aspra e rocciosa di nord-ovest fra conche ed altipiani desolati sono sparsi a perdita d'occhio in un disordinato enigmatico caos archeologico spezzoni di mura, di colonne, resti di chiese, frontoni. Sono i resti di oltre 100 città «morte» che furono vive e splendide quando l'area era fertile e coltivata, attraversata dalle vie carovaniere, quando le legioni di Roma vigilavano contro le scorribande dei beduini e dei predoni, quando vi si insediò Bisanzio. Fu l'avvento musulmano nel VII sec. a portare distruzioni e incendi. I Drusi ospitali e gentili, che vivono in villaggi prossimi a queste città abbandonate, se ne sono impossessati: vi accatastano il letame, fanno seccare il tabacco, sorreggono un arco che cede, intonacano un muro che si sgretola.

La Siria ha ancora molto da scoprire e da scavare; secondo gli esperti circa 3000 sono le collinette da esplorare e 40 missioni archeologiche da tutto il mondo hanno chiesto il permesso di mettersi al lavoro. In lingua siriana la collina è il «tell», parola antichissima che richiama l'importanza sacra che gli uomini primitivi attribuivano a ogni luogo sopraelevato e che connota ancora numerose località siriane.

Rovine di Biblo: il Tempio degli obelischi. Biblo era già un porto importante nel 2500 a.C.. La sua posizione di cerniera tra il Mediterraneo, con gli scali di Cipro e Creta, e le regioni interne: Mesopotamia, Assiria e Persia lo rese centro commerciale molto frequentato anche da mercanti appartenenti a stati in guerra tra loro come Egiziani, Ittiti e Mesopotamici.
Qui nacque una fondamentale innovazione fenicia: l'alfabeto, unico esempio di un sistema di scrittura elaborato nel mondo antico non per narrare storie sacre di dei e sovrani, ma per agevolare i rapporti commerciali. La sua diffusione avvenne tra il 1000 e il 700 a.C. [E. Dulevant, Milano]

Libano

Il Libano è compreso nel maggior sistema orografico dell'intera area siro-palestinese con la catena omonima che supera i 3000 m di altezza.

Esso è la culla dell'antica civiltà fenicia e successivamente (VII-X sec. d.C.) le regioni impervie interne ospitarono perseguitati religiosi (cristiano-**maroniti** e musulmani **sciiti** e drusi) dai califfi arabi, mentre sulla fascia litoranea si insediarono principati beduini **(sunniti)**. Queste differenti comunità etniche e religiose convissero per secoli in relativa buona armonia e autonomia. Il Libano fece parte dell'Impero ottomano dal XVI sec. alla fine della I guerra mondiale, quando la Francia ne ottenne il mandato.

Indipendente dal 1941, il paese fra le molte comunità religiose e culturali favorì quella cristiana. In seguito ai conflitti arabo-israeliani accolse migliaia di profughi palestinesi e Beirut ospitò il quartier generale dell'O.L.P. I dissidi interni si acuirono, portarono alla guerra civile e all'intervento militare di Israele e Siria. Nella confusione di faide ed alleanze gli invasori diventano spesso protettori preziosi di questa o quella comunità vittima delle prepotenze delle faide nemiche più agguerrite.

Beirut ovest, la Beirut musulmana è una città sempre più desolata e abbandonata dalla popolazione che si rifugia a Sidone. Altro esodo dalla Beirut cristiana avviene con l'assalto al battello che ogni notte trasporta centinaia di persone verso Cipro e svuota ulteriormente la città, che nell'ultimo anno è passata da circa 1 milione a mezzo milione di abitanti. Migliaia di cittadini bivaccano in campeggi improvvisati pronti a tornare in città ogni mattina per controllare la propria casa o continuare il proprio lavoro. La Beirut cristiana sopravvive grazie alla ricchezza del passato.

È necessario ricordare cosa era il Libano qualche decennio fa, ora che di questo paese abbiamo un quadro penoso di bombardamenti, distruzione, fame. Considerato la «Svizzera del Medio Oriente», costituiva in effetti un'oasi di pace nell'inquieto mondo delle rivoluzioni, dei colpi di stato della regione. Era sicuro rifugio dei capi dell'opposizione ai governi costituiti dei vicini paesi, di valuta custodita da centinaia di banche compiacenti. Qui tutto era commercio: si comprava, si vendeva, dalle lussuose ville alle più belle imbarcazioni da diporto; dai cavalli arabi ai pozzi petroliferi, dalle armi agli aeroplani, ossia tutto quanto richiedeva il capriccioso ricco mercato arabo.

La capitale Beirut, intermediario commerciale tra paesi arabi e paesi industrializzati europei, controllava il traffico di spezie, sete, droghe e fissava il prezzo delle pietre preziose, dei tappeti, degli argenti.

Il paese è interessantissimo, conoscerlo vorrebbe dire approfondire un capitolo della storia del nostro Mediterraneo. I grandi porti di Tiro e Sidone, facilmente difendibili perché costruiti su promontori o isole, erano centri di attività incessante dei navigatori fenici.

Costruita 2600 anni a.C. Biblo era un importantissimo centro religioso e commerciale dell'area del Mediterraneo orientale. Come le altre città costiere libanesi, testimonia con i resti dei suoi monumenti un susseguirsi di civiltà che controllavano il Mediterraneo. I ricordi sono egiziani, fenici, greci, romani, bizantini, arabi e crociati. I pittoreschi vicoli della vecchia Biblo conducono fra suggestive rovine all'antico porto.

Anche Sidone è una delle più antiche città del mondo abitate in maniera continuativa; i resti sono soprattutto dell'epoca crociata perché le spedizioni europee per liberare il Santo Sepolcro hanno lasciato lungo i loro percorsi, chiese, monasteri, fortificazioni.

In panoramica posizione, a 1170 m sulle pendici occidentali dell'Antilibano, Baalbek fu importante centro carovaniero fra la valle del Nilo e la Mesopotamia. Il complesso maestoso dei suoi templi è considerato la maggior testimonianza dell'architettura romana in tutto l'Oriente. Prima del determinarsi dell'attuale situazione era un importante e molto frequentato centro climatico.

Il re fenicio Ipshemabi si fregiò nel XVIII secolo a.C. di questo splendido pettorale in oro, smalto, lapislazzuli ed altre pietre preziose. L'influenza egiziana su questa opera d'arte è chiarissima: appaiono diversi da quelli egiziani solamente i profili dei protagonisti (probabilmente re o dei) e il simbolo di comando che i due uomini seduti tengono nella mano destra. [Museo Nazionale, Beirut]

Israele

1. Turismo e vie di comunicazione

Israele è meta turistica di rilevanza mondiale. I flussi turistici non sempre hanno motivazione religiosa, a volte sono determinati da rapporti di lavoro, a volte dal desiderio che molti Ebrei hanno di conoscere la loro terra di origine o di ritrovare parenti e amici stabiliti nel nuovo stato.

Gli alberghi dai più modesti ai più lussuosi sono confortevoli. Prestigiosa è la catena degli hotel kibbutz. Infatti i **kibbutz** posseggono frequentemente una struttura alberghiera che sorge come satellite del villaggio collettivo e di questo costituisce un'attività complementare a quelle tradizionali. Sono disseminati su tutto il territorio, offrono comfort di alto livello, possibilità di effettuare escursioni nelle vicinanze e di partecipare alle feste e alla vita del kibbutz.

Altre forme di ospitalità sono conventi e ben attrezzate case per pellegrini, recentemente costruite per accogliere il cospicuo movimento di turismo religioso.

Il grande aeroporto di Lod è ben collegato con tutto il mondo e soprattutto con i paesi europei.

Cenni storici su Israele

La modesta striscia di terra, che sulla costa mediterranea unisce la Siria all'Egitto, nota col nome di Terra Santa perché vi si svolsero i principali fatti dell'Antico e del Nuovo Testamento, fu lungo i secoli chiamata terra di Canaan, degli Amorrei, d'Israele, Giudea, a seconda dei popoli che l'abitarono. Dai tempi ellenistici a quelli moderni prevalse il nome greco di Palestina. Col mutare del nome variavano i confini attraverso le epoche storiche.

Attorno al 2000 a.C. Abramo guidò una tribù nomade dalla Mesopotamia verso il Mediterraneo, alla ricerca della «Terra promessa» da Jahvè, loro unico Dio. «Il paese dal torrente d'Egitto fino al fiume grande, il fiume Eufrate», apparve a questa popolazione che usciva dal deserto terra di «latte e miele». Molte le vicende del popolo ebraico descritte nel «Vecchio Testamento», sempre legate agli eventi storici delle potenze vicine e caratterizzate da ricorrenti periodi di esilio e di spostamenti. Neanche l'assimilatrice colonizzazione romana riuscì a piegare gli Ebrei e Gerusalemme divenne il centro della lotta contro Roma. L'incendio del tempio, l'interdizione di vivere nella città santa portarono gli Ebrei in tutto il mondo mediterraneo, dando inizio alla diaspora.

La successiva loro storia è in parte quella dei paesi nei quali si stabilirono comunità israelitiche. Nonostante la dispersione e le persecuzioni, la secolare lettura della Bibbia, in cui ogni Ebreo coglie la continua presenza di Dio nella storia, la speranza che Gerusalemme sarebbe tornata un giorno centro della loro fede, permisero agli Israeliti di mantenere un'identità di popolo in qualunque parte del mondo si trovassero.

La regione conquistata dagli Arabi nel 634 entrò a far parte del mondo islamico, fu sottoposta dal 1516 al 1917 alla sovranità dell'Impero Ottomano fino a che fu occupata dagli Inglesi che ne ottennero successivamente il mandato. All'inizio dell'800 nacque un movimento **sionista** per il ritorno alla «Terra Promessa». Le terre degli Arabi passarono gradatamente, con regolari atti di acquisto, in mano agli agricoltori ebrei. Durante le persecuzioni naziste europee e dopo la fine della 2° guerra mondiale, in Palestina aumentarono progressivamente gli insediamenti ebraici. Quando nel 1948, scaduto il mandato inglese, gli Ebrei proclamarono la nascita dello stato di Israele, i paesi arabi non riconobbero il nuovo stato e una situazione di instabilità, ancora non risolta, si instaurò nel Medio Oriente. La cospicua immigrazione di Ebrei in Palestina capovolse la percentuale di popolazione araba (nel 1848 65% oggi 15%). La difficile situazione del nuovo stato nei confronti del circostante mondo arabo portò a vere e proprie guerre nel corso delle quali Israele occupò alcuni territori, provocando il massiccio esodo della popolazione palestinese verso i paesi arabi. In questi territori, tuttora occupati, si è recentemente sviluppato un movimento insurrezionale della popolazione palestinese noto come «intifada».

Israele è un sorprendente mosaico umano che si esprime con gran varietà di costumi, usi, musiche e feste. Gli stessi Ebrei appartengono a etnie diverse perché provenienti da ogni parte del mondo; solo i loro figli e nipoti (il 60% circa della popolazione ebraica), nati in Israele, sono coscienti di appartenere a un'unica nazione: essi sono denominati «sabra», ossia «cactus», perché nati nel deserto.

Servizi marittimi di linea e crocieristici toccano il porto di Haifa. Israele è raggiungibile in auto dalla Giordania e dall'Egitto e un servizio di autobus di recente istituzione collega le capitali. Il paese possiede un ottimo sistema di linee di autobus sul quale non si può contare il sabato, giorno di riposo, che blocca qualsiasi attività. Il vecchio treno Tel Aviv-Gerusalemme, eredità del regime coloniale britannico, è un'interessante alternativa che consente di attraversare i paesaggi dimenticati dell'antica Palestina.

Per i Cristiani un tour in Israele rappresenta spesso un vero e proprio pellegrinaggio e in tal modo viene organizzato e propagandato soprattutto durante le feste natalizie o pasquali per la ricchezza di emozioni e di ricordi che la terra di Cristo, in quei giorni particolarmente cari alla Cristianità, suscita con le sue funzioni.

2. Gerusalemme

Gerusalemme, costruita in pietra chiara a oltre 800 m sui monti squallidi della Giudea, è fatta di linee più che di colori e di infinite stratificazioni, specchio delle genti che l'hanno popolata e che tutt'ora la popolano. Ebrei, Cristiani e Musulmani sono quotidianamente impegnati nella difesa della propria identità culturale e del proprio spazio logistico. Ogni luogo, ogni pietra vengono appassionatamente rivendicati e protetti.

È città ugualmente sacra per gli Ebrei, per i Cristiani, per i Musulmani. Qui infatti Salomone costruì il primo tempio ebraico, qui Cristo fu crocifisso, da qui il profeta Maometto salì in cielo sul suo cavallo. Come molte città orientali, anche Gerusalemme ha alle spalle un lunghissimo passato e già il re David nel 1000 a.C. la elevò a capitale del mondo ebraico e a centro di culto per eccellenza. Il successore re Salomone vi fece costruire da molti artisti siriani e fenici il «grande tempio». Gli edifici sacri sono stati nel tempo distrutti e ricostruiti e la città si presenta ricca di monumenti dedicati a differenti culti ed è caratterizzata da sovrapposizione di stili. Oltre tutto gli edifici monumentali, innalzati in epoche diverse dalla pietà dei fedeli, hanno spesso cancellato la primitiva forma e al pellegrino tocca ricostruirla con l'aiuto della fede e dell'immaginazione.

Comunque il cristiano non può sottrarsi alla suggestiva impressione di camminare sulle orme di Cristo e al turista di qualsiasi religione, la città offre molteplici sensazioni: scene di genuina devozione, speculazione commerciale, aspetti pittoreschi di vita quotidiana orientale.

Gerusalemme vanta monumenti di grande valore, un'avveniristica architettura, scavi archeologici interessanti.

Panorama di Gerusalemme. Nella foto è visibile in primo piano la dorata cupola della Moschea di Omar. Oltre la Città Vecchia, nello sfondo, svettano moderne costruzioni. [J. Cobb]

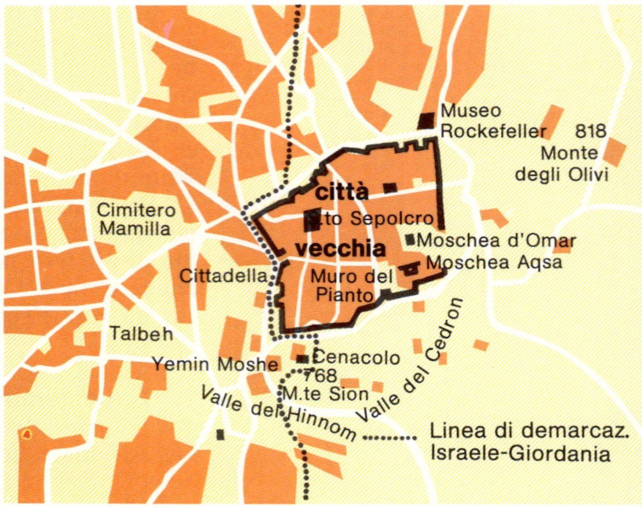

Pianta di Gerusalemme.

In alto a sinistra. Il «muro del pianto» a Gerusalemme. Lungo 48 m, fa oggi parte della cinta di una moschea musulmana, ma è certamente un avanzo del tempio di Erode e, secondo una più incerta tradizione ebraica, fece parte anche del tempio di Salomone. Il sabato, e negli altri giorni festivi, gli ebrei vi si recano a pregare e a commemorare la caduta di Gerusalemme nel 70 d.C., che determinò la dispersione del popolo ebraico. [P. Marlow/Magnum, Milano]

Sette porte lungo la cinta delle mura consentono l'accesso alla città vecchia divisa in quattro quartieri: cristiano, musulmano, ebraico, armeno. La porta di Giaffa si apre sulla sempre affollata via David che dritta dritta conduce al luogo sacro, l'antica area del Tempio su cui poggiano la Moschea di Omar o «Cupola della Roccia» e la Moschea di Al-Aqsa. Oggi è rimasta solo la «spianata del tempio» e la stessa «sacra roccia», testimone del sacrificio d'Isacco, è stata sottratta alla devozione ebraica con la costruzione di una moschea. Unico ricordo biblico è il «muro del pianto», testimone del lutto del popolo ebraico disperso, presso il quale gli Ebrei si riuniscono a pregare. Questo povero rudere è nobilitato dal fervore della gente in preghiera e dalle numerose celebrazioni religiose. Sulla spianata troneggiano le bellissime moschee islamiche: quella della «Cupola della Roccia» dall'inconsueta pianta ottagonale, fu costruita nel 691 d.C. da artisti bizantini. Nonostante i tanti rifacimenti, conserva ancora l'armoniosa disposizione delle origini. Le colonne monolitiche, i mosaici, i preziosi stucchi dorati su fondo azzurro della cupola, le vetrate colorate dell'ambulacro, rendono questa moschea fortemente suggestiva. La superficie nuda e irregolare della «roccia sacra» forma un singolare contrasto con la ricchezza delle decorazioni che la circondano e con la cupola che la ricopre.

La moschea di Al-Aqsa, a impianto basilicale, si apre su un vasto spazio ornato di cipressi e fontane.

Entro le mura della città vecchia è un susseguirsi di moschee, chiese, sinagoghe erette su luoghi legati ad episodi sacri.

Sant'Elena madre di Costantino, riuscì ad individuare il luogo esatto della morte e della sepoltura di Cristo: vi fu costruita una splendida basilica poi distrutta dai Persiani nel 614. La successiva basilica voluta dai Crociati si identifica con l'attuale Santo Sepolcro. Una visita al dedalo di cappelle e di ricordi evangelici, consente di cogliere le diverse anime del Cristianesimo. Affidata in custodia a molte confessioni cristiane ne riflette e ne rivela le particolarità storiche e religiose, le credenze, i riti, l'arte. La basilica amministrata dai Francescani è sempre affollata di fedeli che divisi in gruppi seguono il proprio sacerdote.

Fuori le mura, la nuova Gerusalemme ostenta costruzioni moderne, grandi alberghi disseminati nel verde. Il Palazzo del Parlamento ospita tre interessanti arazzi di Chagall. Il Museo di Israele è un'altra tappa d'obbligo per le collezioni di arte e di archeologia che possiede; in un edificio a forma di giara sono custoditi i manoscritti che, scoperti a Qumran sul Mar Morto nel 1947, hanno rivoluzionato gli studi biblici.

La città è sede di centri internazionali di studio, di biblioteche e vanta un'intensa vita culturale.

3. Altre località turistiche

A pochi chilometri da Gerusalemme, Betlemme, con l'imponente Basilica della Natività, si adagia con abitazioni di pietre bianche e rosate su colline ricoperte di vigne, fichi, mandorli e ulivi. Il paesaggio conserva un aspetto autentico e i pastori con i loro greggi ricordano quelli di 2000 anni fa. Più ad oriente si apre la profonda depressione del M. Morto, la cui caratteristica è l'intensa concentrazione di sali che danno un colore ed una densità incredibile all'acqua completamente priva di vita. Tutta la zona, posta a 400 metri sotto il livello del mare, è particolarmente adatta al soggiorno invernale, mentre d'estate le sue temperature sono proibitive. I centri ben attrezzati di cure termali che sorgono sulle sue rive sono un esempio di turismo emergente.

Gerico, oasi in mezzo a banani e ad aranci, è famosa per i resti delle mura vecchie di 7000 anni ed è caratterizzata da turismo di transito per la vicinanza al Monte delle Tentazioni con l'abbarbicato, antico convento.

Sono i paesaggi più che le città a suscitare nel visitatore intense emozioni, permeate da ricordi biblici ed evangelici. La parte settentrionale d'Israele è la Galilea, terra di vivaci contrasti per i suoi monti, per i suoi corsi d'acqua, per le vallate verdi di ulivi. Una gita in barca sul sereno lago di Tiberiade fa ricordare i più significativi miracoli di cui il lago è stato testimone. Verso sud il paesaggio si fa più dolce: è la bassa Galilea, la terra dell'infanzia di Cristo e del suo primo ministero. Nazareth si presenta con bianche case scaglionate in serie sovrapposte fra il verde grigio degli ulivi. La città deve al Cristianesimo la sua celebrità, è infatti meta di continui pellegrinaggi alla moderna Basilica dell'Annunciazione che ingloba la grotta dove l'angelo apparve a Maria.

La disposizione regolare degli edifici di un «kibbutz». Questa azienda agricola, a conduzione collettiva fondata su principi egualitari e democratici, è ormai limitata alle aree di confine con funzione di difesa e sempre più sostituita da «moshav», in cui ogni famiglia del villaggio rurale coltiva il proprio podere, pur avendo in comune la gestione delle attrezzature e la vendita dei prodotti. [SEF, Torino]

A breve distanza si eleva dalla pianura il maestoso Monte Tabor, che David voleva esultasse al nome di Dio. Sulla sommità domina il Santuario della Trasfigurazione. Il magnifico panorama più che una visione di bellezze naturali offre una visione di secoli e di popoli lontani, una visione di fatti della storia dell'uomo.

Tel Aviv è collegata a Gerusalemme da una superstrada. La città fu sede nel primo dopoguerra di immigrati ebrei russi e polacchi ai quali si devono le basse costruzioni dagli insoliti balconi e dai tetti bombati. Altrove è una città tutta nuova con palazzi essenziali costruiti d'urgenza per assorbire le ondate sioniste che giungevano sempre più massicce. È caotica, disinibita e con intensa vita notturna.

Il tour in Israele consente di aggiungere una vacanza ad Elat sul Mar Rosso, ove è sempre estate e ove i fondali corallini sono paragonabili solo a quelli dei mari tropicali. Elat possiede un eccezionale museo: un osservatorio marino in cristallo consente di ammirare, all'interno della scogliera corallina tutte le spettacolari forme del fondale.

Una comoda strada litoranea che da Elat si spinge verso sud permette di raggiungere numerosi luoghi appetiti dai subacquei che possono ammirare formazioni madreporiche di ogni forma e colore.

Merita una visita il deserto del Negev sempre più trasformato in floride colture con impiego di tecniche avanzatissime. La moderna strada che unisce i due estremi del Negev, Beersheba ed Elat, permette di raggiungere non solo **kibbutz** e **moshav,** ma di vedere resti di chiese, palazzi, terme soprattutto d'epoca bizantina come a Subeita ed a Avdat.

Giordania

La Giordania è un compatto altopiano cristallino, con ampie coperture calcaree, leggermente inclinato da ovest ad est, che continua nei deserti interni. È inciso da solchi profondi formati da acque un tempo sicuramente presenti nella zona.

La Giordania ha un territorio in massima parte desertico e una popolazione eterogenea composta da palestinesi, beduini nomadi, cristiani e integralisti islamici.

Il paese, senza risorse naturali, grazie ad una politica di «equilibrismo» si è assicurato una stabilità sociale, economica e politica sconosciuta agli altri stati limitrofi. La capitale Amman si è sostituita a Beirut quale centro degli affari, della finanza e degli scambi mediorientali, offrendo condizioni favorevoli agli investimenti stranieri e alle società multinazionali. La Giordania è sempre più presente nella programmazione di molti tour operator mondiali che normalmente prevedono itinerari con la possibilità di una settimana supplementare di soggiorno balneare ad Aqaba. Nella zona desertica ad est del Mar Morto vi sono resti di antiche città carovaniere che non rientrano negli abituali itinerari turistici e che gli scavi stanno portando alla luce. Includere queste altre città meno spettacolari, ma non meno significative di quelle ampiamente reclamizzate, nei futuri programmi turistici giordani significherà allargare il panorama turistico e quindi incentivare i flussi attivi. Amman e Aqaba offrono un'ampia scelta di sistemazioni alberghiere. Un efficiente servizio di autobus con aria condizionata collega tra loro le principali località turistiche. Le città carovaniere sono meta ricercata di un turismo che può ormai dirsi di massa e anche meta di un giustificato sforzo archeologico teso al restauro e alla ricerca. Le autorità locali incoraggiano ogni iniziativa tesa al recupero di straordinarie opere d'arte che spesso viene affidato a missioni straniere tant'è che nel paese sono attualmente impegnate più di 30 missioni archeologiche.

La facciata del Tempio di Ed Deir, a Petra, modellata nella roccia.
Antica città della Giordania, Petra è mèta turistica soprattutto grazie ai suoi maestosi edifici rupestri che datano tra il III e il I sec. a.C. [S.E.F., Torino]

1. Località di interesse turistico

La capitale Amman, situata a 760 m di altezza su un altopiano, gode di un clima temperato durante tutto l'anno. L'ordinata struttura urbanistica iniziale è stata stravolta, negli ultimi decenni, da un'espansione caotica che ha coinvolto le colline circostanti, danneggiandone il paesaggio.

Da Amman si può raggiungere Aqaba con una moderna autostrada percorrendo lo stesso tragitto della «Strada dei Re», una delle più antiche vie di comunicazione del mondo che collegava Babilonia con l'Egitto. Percorrere questo itinerario significa tornare indietro nel tempo dalle storie bibliche all'epoca romana, alla dominazione bizantina, in un ambiente desertico di grande suggestione. Questa via tocca luoghi un tempo sede di antichi regni e ai lati di essa si possono individuare importanti resti storici: a Madaba la Chiesa di S. Giorgio con l'inaspettato pavimento musivo che rappresenta la carta geografica della Palestina ai tempi di Adriano; sul desolato Monte Nebo un monastero dai pregevoli mosaici bizantini meta di pellegrinaggio dei primi Cristiani; a Makaver il famoso Palazzo di Erode; a Keerak il Castello-Fortezza crociato in posizione dominante sul Mar Morto.

La più visitata località archeologica della Giordania è Petra una città unica nel suo genere che da sola merita un viaggio. Gli arabi Nabatei la scavarono circa 500 anni a.C. con cura e pazienza dalla viva roccia, facendone la loro capitale. Dall'alto controllavano le vie di traffico dall'Oriente e dall'Arabia arricchendosi a spese delle carovane che trasportavano spezie, seta e schiavi. Ancor oggi è emozionante scoprirla fra la cerchia di alti dirupi attraverso il Siq, gola inespugnabile che respinse tutti gli attacchi dei nemici fino a che i Romani, interrompendo il rifornimento d'acqua, riuscirono a conquistarla. Scale di pietra conducono a strade, palazzi, templi, teatri, tombe, sempre tutto scavato nell'arenaria rossa-viola-dorata. Alle ibride decorazioni delle facciate, lavorarono i raffinati artisti greci e romani invitati dagli scaltri mercanti della città. Petra perse la sua importanza dal III sec., quando le carovane deviarono i loro itinerari verso la Valle dell'Eufrate, determinando lo sviluppo di Palmira.

Aqaba, base fenicia di traffici con l'Africa, rappresenta per la Giordania uno sbocco vitale sul mare. Già antico porto nabateo per il commercio delle spezie e luogo di transito per i pellegrini diretti a La Mecca è oggi meta di soggiorno soprattutto per pescatori subacquei. Club europei e americani hanno fatto di Aqaba il loro ritrovo invernale per le immersioni grazie alle acque pulite, trasparenti, tiepide e alle formazioni coralline considerate tra le più belle del mondo. La città sta ampliando le sue strutture recettive per la crescente richiesta di un turismo balneare possibile per gran parte dell'anno.

Un servizio di traghetti di recente istituzione consente di visitare l'interessante penisola del Sinai.

Da Amman si snoda verso est in pieno deserto una moderna strada che permette di visitare 4 castelli, eccezionale esempio di arte e architettura islamica che i califfi dell'VIII sec. costruirono per i loro svaghi in luoghi ora desertici, ma dove un tempo certamente abbondava l'acqua. Le strutture in muratura, i soffitti a volta, i bagni, le sculture in gesso, gli affreschi dei palazzi e delle palazzine di caccia testimoniano la presenza di un'oasi verde e la vita lussuosa che vi si conduceva.

A nord di Amman è facilmente raggiungibile Gerasa (Jeresh); legata commercialmente a Petra, decadde rapidamente dopo la distruzione della città. È certamente una delle meglio conservate e restaurate città romane del I e II sec. d.C. Bella e pagana conserva teatri, terme, templi. Le carovane attraversavano la città scambiando ogni tipo di merce nei numerosi negozi che si affacciavano sulla larga via principale fiancheggiata da porticati e da colonne ioniche e corinzie ancora ben conservate. Scomparsa per secoli dalla storia cominciò a far parlare di sé nel 1925 quando furono intrapresi i primi scavi. Le rovine di Gerasa, uno dei fiori all'occhiello del turismo giordano sono meta frequentata dagli abitanti della capitale durante i fine settimana o in occasione dei numerosi festival estivi.

Arabia Saudita

Riyad, capitale dell'Arabia Saudita, si è sviluppata dopo gli anni '30 in seguito alla scoperta di ricchi giacimenti petroliferi. Moderne, elevate costruzioni emergono dal vecchio tessuto urbano di basse unità abitative. [R. Azzi/National Geographic Society, Washington]

Occupa gran parte della penisola araba ed è dominata dal deserto che ne condiziona la densità della popolazione e ne determina la distribuzione sulle fasce costiere e nelle oasi interne. È ancora diffuso il nomadismo (7%) per quanto il Governo incoraggi continuamente l'urbanizzazione.

L'Arabia Saudita è un tipico esempio di confederazione tribale e il monarca per regnare deve assicurarsi il consenso di vari capi, concedendo loro privilegi e destreggiandosi spesso fra interessi contrastanti e radicati pregiudizi. Questa nazione è insediata nel deserto e la sua solitudine può fomentare ribellioni, ma nello stesso tempo solidifica il clan e aiuta a conservare intatte antiche norme di vita. I rapidi mutamenti non hanno distrutto il mondo patriarcale: la saggezza del Corano si antepone alla seduzione della facile ricchezza. Eppure il paese in un sol balzo è passato dal Medioevo all'era industriale, dal cammello alle tecnologie più evolute, saltando interi cicli storici.

Il governo per dotare il paese di moderne strutture deve ingaggiare all'estero stuoli di tecnici, di specialisti e manovalanza. Nelle strade delle principali città la massa di stranieri si mostra ribelle ad abitudini restrittive non consone alla loro mentalità e all'austerità e intransigenza tipiche del mondo arabo. La prosperità legata al petrolio ha migliorato sensibilmente le condizioni di tutta la popolazione, soprattutto nel campo dell'istruzione e della salute, creando infrastrutture così moderne da non temere confronti.

Le città triplicate o decuplicate, spogliate dal folclore di un tempo, spalancate al consumismo, tese a captare ogni forma di vita occidentale, rimangono pur sempre permeate di incancellabile personalità araba. Si costruisce con ritmo frenetico e all'insegna del «the best» e del più costoso. Esempio sintomatico è il mega-aeroporto di Gedda, composto da 3 aeroporti in uno: quello delle linee interne, quello internazionale e quello per i pellegrini che vanno a La Mecca. Il terminal per i pellegrini sembra un immenso accampamento beduino, formato da decine di enormi tende coniche di una speciale fibra. I pellegrini provenienti da tutto il mondo islamico trovano uffici di smistamento e computer pronti a dirottarli su altri aerei o su torpedoni. Attorno all'aeroporto centinaia di giardinieri trasformano il deserto in un giardino ove a piante esotiche si alternano fontane.

L'Arabia Saudita è interessata ad un turismo religioso verso le due città sante di La Mecca e di Medina, che insieme con Gerusalemme sono i luoghi più sacri dell'Islam, ma coinvolge anche la vicina Gedda e Ta'if.

Escluso il turismo religioso, l'Arabia Saudita non conta flussi turistici rilevanti se non quelli d'affari. Esiste invece un consistente movimento di sauditi verso l'Europa e gli USA non solo per vacanza, ma anche per motivi d'affari e di studio.

1. La Mecca

Il pellegrinaggio a La Mecca fa parte di un rito essenziale della religione musulmana. È obbligatorio almeno una volta nella vita di ogni fedele che ne abbia le possibilità fisiche ed economiche, costituisce uno strumento di fraternità islamica anche fra i popoli di razza diversa.

La città era centro di devozione preislamica e la Kaaba, sede della venerata pietra nera e santuario per eccellenza dell'Islam, era un pantheon politeista. Così La Mecca, da sempre prospero centro carovaniero, accrebbe la propria floridezza per il continuo affluire di tanti fedeli. La necessità di ampi

A destra. La Mecca: la Kaaba è rivestita da un velo nero, ogni anno offerto dagli egiziani, su cui sono intessuti versetti del Corano.

Pianta di La Mecca.

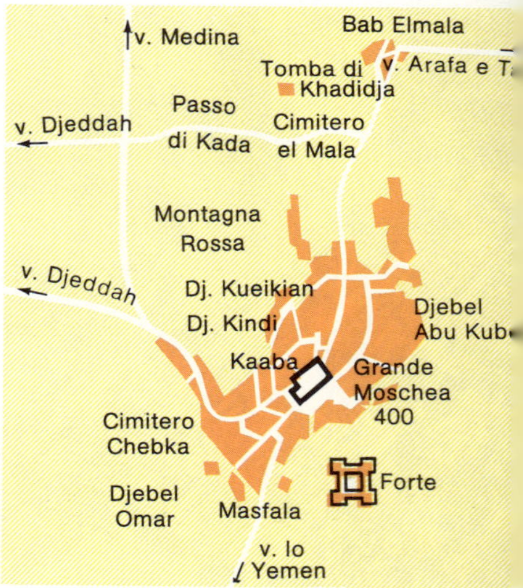

La recente costruzione dell'aeroporto di Sharjah negli Emirati Arabi Uniti. Queste strutture del terminal ricordano la tradizionale architettura del mondo islamico. [R. Lebeck / Stern]

spazi destinati alla circolazione dei pellegrini distingue questa città da quella tipica araba che si impernia sul fitto quanto angusto reticolato viario.

Il rituale del pellegrinaggio è rimasto immutato nel tempo e si compie ancora oggi nella forma fissata dalla tradizione. Solo i proseliti della religione islamica hanno libero accesso ai luoghi santi che, pertanto, sono vietati ai turisti «infedeli».

Terminato il **Ramadan,** un fiume di uomini e donne si muove verso La Mecca dall'India e dal Nord-Africa, dall'Estremo e dal Medio Oriente, dall'Africa tropicale, dalle isole, dai deserti, dalle foreste. Fino a pochi decenni fa, i fedeli partivano in lunghe carovane attraverso i deserti o su precarie imbarcazioni attraverso i mari. Ora il mezzo aereo si è prepotentemente imposto e la costruzione dell'apposito aeroporto di Gedda lo testimonia.

I vicini paesi arabi utilizzano trasporti automobilistici servendosi della «transarabica» che unisce Damman sul Golfo Persico, a Gedda sul Mar Rosso. Il numero dei pellegrini aumenta vertiginosamente. Si sono creati servizi straordinari che servono solo per i pochi giorni dello **Hajy.** I pellegrini durante tutto il periodo di permanenza sono assistiti da organizzazioni private che li ospitano in enormi tendopoli. Le tende seguono i fedeli nei loro spostamenti da un luogo santo all'altro. Il viaggio a La Mecca diventa sempre più un prodotto da vendere su cui è facile speculare. Infatti lo Hajy porta un notevole contributo all'economia saudita.

Lo Yemen

Lo Yemen è situato all'estremità sudoccidentale della penisola araba e costituisce l'Arabia Felix dei Romani in contrapposizione all'Arabia deserta, attuale Arabia Saudita, e all'Arabia petrosa, nell'area dell'attuale Siria e Giordania.
Verso i confini con l'Arabia, ai margini di uno sconfinato deserto ai piedi di brulle montagne, è sorto e prosperato nel VI sec. a.C. il Regno di Birkis, della mitica regina di Saba e del popolo sabeo. I Sabei, con la costruzione di una diga che imbrigliava le acque della montagna, resero coltivabile ed abitabile una vasta zona, di cui oggi restano pochi resti di templi a Mareb e spettacolari mura emergenti dal deserto a Barrakesh.
La regione traeva ricchezza dal passaggio della fiorente via carovaniera dell'incenso che, originario dello Yemen del sud, veniva trasportato da lunghe carovane di cammelli in numerose tappe fino al Mediterraneo, lungo un percorso di quasi 3000 km che passava per Mareb e Petra. Insieme con la mirra, la canfora, il cinnamomo e altre spezie, l'incenso era venduto a prezzi altissimi. Questa via carovaniera perse importanza dopo che, nel 1 sec. a.C., il traffico, sfruttando l'andamento dei monsoni, prese la via del mare; inoltre l'uso dell'incenso si ridusse molto con il diffondersi del Cristianesimo che proibiva la cremazione dei morti. Secondo alcuni studiosi la causa principale del declino di Mareb va ricercata nell'impossibilità, da parte della diga, di assolvere ai suoi benefici compiti. Ciò permise al deserto di soffocare, a poco a poco, gli splendidi giardini e le lussureggianti oasi.
La storia dello Yemen ebbe inizio alla fine del IX sec. con la lunga dinastia degli Imam, discendenti di Maometto, che hanno volutamente isolato il paese dal resto del mondo e hanno mantenuto, spesso con la forza ed il terrore, il potere fino al 1962. Gli sceicchi, capi dinastici di ben 400 tribù, eleggevano l'Imam che esercitava potere assoluto su ogni uomo e su ogni cosa. Un colpo di stato militare, nel 1962, ad opera di alcuni ufficiali yemeniti appoggiati dall'Egitto, depose l'ultimo Imam e portò alla proclamazione della Repubblica Araba dello Yemen. Nel 1990 essa si è unita alla limitrofa Repubblica Democratica Popolare dello Yemen. Anche se il fenomeno del turismo risulta irrilevante in questa regione, la presenza di Aden, porto di importanza strategica all'ingresso del Mar Rosso, potrebbe nel futuro incentivarne il movimento turistico. La Repubblica Araba dello Yemen è aperta verso il resto del mondo, ma appena ci si allontana dalla capitale l'organizzazione statale scompare. Nei villaggi arrampicati in cima ai monti o sperduti nelle piane steppose il sistema feudale, basato sulla figura dello sceicco che regna sul villaggio o su una vallata, esiste ancora.
La religione influenza notevolmente la vita del paese poiché la quasi totalità della po-

Mareb pur non essendo una località facile da raggiungere è sempre compresa come escursione da San'a. Scavi recenti stanno portando alla luce le rovine dell'antica oasi, importante nodo sulla via carovaniera dell'incenso. [P. e M. Maréchaux, Parigi]

polazione professa l'Islamismo e si attiene rigidamente alle regole del Corano con un fanatismo riscontrabile in pochi altri paesi arabi. La società yemenita è divisa in tribù, alcune ancora nomadi, che fanno valere i loro diritti, a volte con vere e proprie guerre. È una società maschilista, l'uomo è tutto, non è dedito al lavoro, si muove armato con il keffiah in testa e porta sempre alla cinta la jambiya, tradizionale pugnale ricurvo, che rappresenta l'identità nazionale ed è simbolo di virilità e di autorità. I lavori pesanti sono appannaggio delle donne, ombre mute sempre velate: velo nero per le donne abbienti, colorato per le altre. Sembrano fantasmi, se non fosse per lo sguardo penetrante che si scorge a fatica fra i sipari dei veli. Ogni Yemenita può possedere fino a quattro mogli che conducono vita in comune, pare in perfetto accordo e solidali fra loro. I matrimoni vengono combinati dai rispettivi genitori e tradizione vuole che la madre dello sposo scelga la nuora durante il rito del bagno comune, nel tradizionale hamman. Ai futuri sposi è concesso un solo incontro dopo il quale possono rifiutare il matrimonio. La sposa ha un prezzo che varia secondo lo stato sociale, l'età e la bellezza. Tutta la tribù è coinvolta nella grande festa nuziale: gli uomini danzano per ore e ore al ritmo martellante dei tamburi, le donne, con mani e piedi dalle complesse decorazioni ottenute con l'uso di erbe, indossano gioielli d'argento e circondano la sposa, che balla portando un paniere di frutta, simbolo di fertilità.
San'a, la capitale, appare in una leggera nuvola gialla, polvere che viene dal deserto. Il suo fascino è l'insieme, è un enorme monumento diventato città. Il profilo verticale, quasi uno skyline medioevale in terra color ocra, stupisce per la perizia architettonica, tant'è che gli Yemeniti sono stati definiti un popolo di architetti. Costruire edifici tanto elevati con un materiale così fragile e povero come l'argilla, appare come una sfida. La città, adagiata su un altopiano a 2400 m di altitudine, desta grande interesse perché è stata protetta per secoli dal deserto, dagli altipiani, dal rigore degli Imam, che ne vietavano l'accesso a chi seguiva religioni e costumi diversi. I resti delle vecchie mura in pietra e fango vanno sgretolandosi e sono assediati da piccole case anonime ma funzionali ed alcuni confortevoli alberghi, frequentati da una clientela straniera.
Appena superata l'unica porta rimasta, la città vecchia si presenta in una scenografia monocromatica. Essa è divisa in quartieri che fanno capo ad una moschea ed un quarto dell'area urbana è occupato da giardini nascosti da un fronte compatto di facciate. Questi giardini sono un bene intoccabile, necessario al mantenimento idrico della moschea; infatti, secondo un diritto ereditario, la famiglia usufruttuaria può godere del giardino con l'impegno di rifornire la moschea con l'acqua estratta dai pozzi. Oggi i bei giardini di San'a e l'antico equilibrio urbano sono minacciati dalla fame di spazio. Le case-torri in argilla, alte fino a 10 piani, ancora abitate, offrono un chiaro esempio del compito difensivo che esse dovevano assolvere in tempi precedenti l'Islam e che rispondono ai bisogni di un gruppo familiare rurale; le decorazioni in gesso denotano lo status di chi le abita: finestre arabescate, stucchi, archi ed edicole impreziosiscono con fregi bianchi ed enormi ricami l'esterno delle case, ne evidenziano i vari piani e rivelano il gusto e la libertà compositiva dei costruttori. Queste decorazioni a volte fingono una finestra o scrivono una preghiera; vengono ridipinte o rinnovate in occasione di un felice avvenimento familiare. Differente dalla casa araba, che si incentra sul cortile interno e al passante mostra solo mura cieche, la luminosissima casa-torre yemenita è traforata da tante finestre che stabiliscono un continuo rapporto tra l'esterno e l'interno: finestre piccole per la circolazione dell'aria e grandi per far passare la luce, si distinguono quelle dei locali ove vivono le donne, perché coperte da grate in legno che consentono di vedere senza essere viste. Le finestre dei palazzi più ricchi e più antichi hanno lastre di alabastro dalle quali filtra una particolare luce opalescente, lunare.

Piano terra e primo piano, dotati solo di strette feritoie, sono adibiti a stalle e a magazzini: una scala a chiocciola, poggiante attorno a una colonna centrale, porta ai piani superiori. Ogni piano si apre su una sala comune cui accedono varie stanze. I primi piani sono abitati dalle mogli e dai figli, quelli successivi dagli uomini, il penultimo è adibito a cucina. Essa possiede sempre un pozzo e numerosi tannur, forni cilindrici in terracotta inseriti nel muro e sormontati da una cappa. Ogni donna ha diritto al proprio forno. Una terrazza, esposta sempre a nord, mantiene freschi i cibi, in essa si seccano le sementi, vi si stendono i panni e vi si coltivano, in vasi di latta, varie erbe per aromatizzare i cibi. L'attico ha grandi finestre che spesso si aprono su panorami stupendi ed è arredato solo con tappeti e cuscini: è il fulcro di tutto l'edificio, prerogativa del padrone di casa che qui riceve amici e parenti, discute di affari, fuma in compagnia il narghilé o mastica il qat.
L'antico variopinto bazar è ancora il centro sociale della città, lo spazio limitato viene sfruttato al massimo dagli artigiani che hanno scavato il sottosuolo ricavandone negozi a più piani. Essi sono raggruppati, a seconda della merce che vendono, in settori che riflettono la tradizionale suddivisione in caste della popolazione. Al centro sono le corporazioni dei falegnami, dei fabbri, degli orafi, dei venditori di jambiya e di narghilé, ossia gli appartenenti alle caste più prestigiose, ai margini quelle dei macellai, dei conciatori di pelli, che appartengono alle caste più spregevoli. Il polveroso bazar è una meta d'obbligo per i turisti in visita a San'a; è divertente cercare tra montagne di gioielli di ogni foggia qualche pezzo raro da contrattare: tra le stoffe sgargianti bei sari indiani, tra le armi il classico souvenir yemenita, uno jambiya, pugnale spesso con preziose impugnature, il cui artigianato costituisce la sola industria attiva del paese. I tappeti, meno pregiati di quelli di altri paesi arabi, hanno qui una particolarità nel disegno che, cosa rara in un paese di fede musulmana, rappresenta esseri viventi. Nella tarda mattinata per i vicoli stretti e sudici tra l'odore delle merci e l'afrore della gente, arrivano gli abituali carichi di qat; uomini avvolti nei loro keffiah si stringono ai venditori di qat contrattandone il prezzo. Improvvisamente, senza cura dell'orario ogni attività si interrompe, si chiudono gli uffici e inizia un lungo pomeriggio di sogni.
Questa città che affascina i turisti è invivibile per il degrado: condotte igieniche scolano fra i muri a cielo aperto, le strade in terra battuta sono coperte da strati di immondizia. Ad essa si è aggiunto il materiale nuovo, indistruttibile: la plastica che costituisce ovunque uno spesso strato di bottigliette vuote e di sacchetti multicolori. Molti abitanti della città vecchia si trasferiscono nella parte nuova in edifici anonimi, ma funzionali. L'UNESCO è intervenuto nel 1984 per salvare la città che considera parte di un patrimonio comune.
Un viaggio nello Yemen non si esaurisce con la visita alla capitale, i tour più importanti prevedono altri itinerari; a sud verso il Mar Rosso nella fascia pianeggiante in parte desertica e in parte paludosa, a nord fra le alte montagne e ad est dove l'altopiano degrada dolcemente verso il deserto arabico.
Sono mete molto interessanti, anche se turisticamente ancora poco attrezzate. Dalla capitale si organizzano escursioni ai villaggi-fortezza sperduti sull'altopiano, cittadelle abbarbicate ai fianchi dei monti che digradano verso il Mar Rosso.
Taizz, nel sud del paese, è una meta d'obbligo raggiungibile attraverso l'unica strada asfaltata, dominata da una rocca turca e dal palazzo dell'ultimo Imam, trasformato in uno stravagante museo dalle manie collezionistiche del suo proprietario. Con una strada sinuosa fra ampi terrazzamenti si accede al mercato dei villaggi del monte: ogni domenica esso richiama gli abitanti dei paesi vicini, ma ciò che stupisce è che qui protagonista è la donna. Insolitamente esse contrattano, vendono e comprano, esibendo sguardi maliziosi, dimostrando un carattere forte ed aggressivo. Sono donne bellissime, vestite con colori sgargianti e con fogge diverse e fantasiose, ingioiellate portano con civetteria un mazzolino di erbe profumate all'orecchio sinistro.
Oggi lo Yemen va scoprendo il turismo e la ricchezza che esso porta con sé. Solo San'a possiede alcuni alberghi a livello internazionale, Mareb e Taizz sistemazioni accettabili. Altrove è possibile pernottare solo nei funduk, caravanserragli utilizzati unicamente dagli Yemeniti; ai turisti sono riservati stanzoni ove si dorme per terra nel proprio sacco a pelo. Nell'estremo sud, nei pressi di Moka, sono predisposte per la notte alte brande di foglie intrecciate e si dorme sotto un incredibile cielo stellato. Esistono progetti per aumentare i posti letto trasformando i palazzi del sultano in alberghi per stranieri e recuperando molti caravanserragli abbandonati per far posto a banche, alberghi e centri di artigianato.
Le vie di comunicazione sono ancora molto carenti, il mezzo più usato dai turisti per spostarsi nel paese è il fuoristrada guidato da spericolati ma abili autisti; spesso le strade sono così accidentate che è necessario proseguire a piedi.
Il periodo migliore per un viaggio nello Yemen va da ottobre a maggio, evitando agosto e settembre, stagione delle grandi piogge. Sull'altopiano il clima è salubre e temperato, a San'a in gennaio la temperatura media è di 14° e a luglio di 22°. La fascia costiera presenta invece un clima caldo torrido durante tutto l'anno, umido, ma con scarsissime precipitazioni.
La visita al paese da «Mille e una notte» consente, seppur fra sporcizia generalizzata e strutture che lasciano molto a desiderare, d'immergersi in un'atmosfera irripetibile, tanto diversa da ogni nostra altra esperienza. Il paese, isolato per secoli, non ha subito nessuna contaminazione con altre società e ha mantenuto intatte le tradizioni millenarie, un'architettura unica nel suo genere e una struttura sociale medioevale.
È questo dello Yemen un turismo emergente. In pochi decenni, il turismo, d'élite fino al 2° dopoguerra, grazie alla facilità di co-

Sana'a: I caratteristici palazzi di Sana'a sono la maggior attrattiva del paese; incuriosiscono ingegneri e architetti occidentali per la tecnica delle ardite costruzioni.

municazioni, alla maggior disponibilità economica e di tempo libero della popolazione nei paesi industrializzati ha conquistato grandi spazi e ha spinto i suoi interessi in aree emarginate. Molte località, seppur dotate di potenzialità turistica per risorse naturali e umane, non facevano ancora parte dei circuiti turistici per vari motivi: grande lontananza da aree di turismo attivo, difficoltà di accesso, mancanza di infrastrutture, regimi politici ostili al turismo, inquietudini interne. Quando organizzazioni ufficiali del paese avviano una politica del turismo o quando multinazionali del settore investono ingenti capitali, l'area decolla dal punto di vista turistico con un «turismo emergente». Essendo un turismo agli inizi le infrastrutture, normalmente carenti, vanno via via adeguandosi alle crescenti richieste. I tour operator, attenti al processo di saturazione del mercato e sempre alla ricerca di novità da proporre, con l'aiuto di invitanti appelli pubblicitari, lanciano la nuova località ed è quasi sempre successo. Diventa una moda spingersi in posti sconosciuti ai più, conoscere un paese e le sue genti nella loro totale realtà e genuinità, prima che cospicui flussi turistici ne stravolgano i connotati.

Il qat

La pianta del qat fu scoperta dal botanico Forskall nel 1760 nello Yemen e la si è creduta originaria del paese fino a quando, un secolo dopo, alcuni botanici francesi scoprirono che in Etiopia cresceva spontanea e veniva consumata in infuso. È un arbusto dalle piccole foglie coriacee simili a quelle del té, si coltiva molto facilmente e migliora di qualità quando cresce in montagna. È una pianta oppiacea dalle proprietà inebrianti. Le sue foglie, strappate una per una dai rami, vanno masticate fresche fino a farne un grande bolo che viene tenuto tra la guancia e le gengive a macerare per ore, inghiottendo il succo che ubriaca e cancella le preoccupazioni. Gli Yemeniti sostengono che non crea assuefazione, che si tratta di una pianta tonica come il tabacco, il caffè o il cacao, il matè o la coca. È invece scientificamente provato che contiene anfetamine, alcaloidi il cui uso prolungato provoca nell'uomo insonnia, anoressia, mancanza di concentrazione, gastriti e impotenza.
La dipendenza da questa droga è da considerarsi più di carattere psichico che fisico. Nessun Yemenita rinuncerebbe mai alla sua dose giornaliera di qat. Ovunque, ogni giorno, questo rito si ripete. Necessità primaria per la popolazione non è il cibo ma il qat, non costruirsi un futuro, ma assicurarsi un pomeriggio di sogno. Molti contadini hanno sostituito le colture di caffè e cereali con quelle più redditizie del qat, impoverendo l'agricoltura con una monocoltura senza scambio. Altri danni provocati dal qat sono la svogliatezza che procura e lo sperpero di denaro, poiché si ritiene che ogni Yemenita spenda i 2/3 del proprio reddito per il qat.
Un tempo privilegio dei ceti più abbienti, questa droga ha conquistato quasi tutta la popolazione: è consumata sempre in compagnia, dalle donne solo nell'intimità coniugale. Si tratta di un vero e proprio rito sociale di integrazione al gruppo. Usato in cerimonie, sposalizi, incontri politici, ha un ruolo tanto importante che rinunciare ad esso corrisponde ad isolarsi. Questa pianta inebriante, mentre crea problemi economici, aiuta a dimenticare quelli sociali, tanto che il governo yemenita ne consente la vendita, che è rigorosamente vietata nei paesi contigui.
Durante il rito del qat, che si svolge nel mafraj, un salotto all'ultimo piano della casatorre, gli uomini siedono tutt'intorno alla stanza su tappeti e morbidi cuscini. Ognuno ha di fianco una bottiglia d'acqua o di Coca-Cola per inumidire la bocca durante la masticazione. Da sacchetti colorati si estraggono ciuffetti di qat e, dopo averli battuti con un colpo secco della mano per selezionare i germogli più teneri, si getta il resto sul pavimento, che ben presto diventa un tappeto verde. Piccole coppe di ottone servono per raccogliere lo scarto della masticazione. Man mano che passa il tempo la conversazione si anima, si ride, si scherza. Dopo alcune ore, verso sera, con lo sguardo velato e un po' più taciturni tutti si salutano e si allontanano per ritrovarsi il giorno seguente.

Africa Bianca

La regione è molto vasta (circa 6 milioni di kmq e oltre 4000 di estensione in longitudine) e presenta notevoli varietà morfologiche anche se è preminentemente caratterizzata da un antico tavolato desertico che occupa il 90% del territorio e si spinge fino alla costa mediterranea ed atlantica. Tra Marocco e Tunisia, l'Atlante è un complesso orogenetico terziario, costituito da catene parallele, separate da altipiani e valli spesso caratterizzate da **chott**. Nelle sue quote più basse è diffusa la steppa; la macchia mediterranea, spesso sostituita da rigogliose colture di olivi, agrumi, frutta e primizie, è diffusa lungo le coste.

Gli stati dell'Africa settentrionale per la prevalenza di popolazione araba vengono accomunati nella definizione regionale di Africa Bianca.

Reperti preistorici testimoniano l'antico popolamento di queste regioni. Fin dal IV millennio a.C. la raffinata civiltà egiziana fiorì nella valle del Nilo, dal IX al III sec. a.C. la civiltà punica si sviluppò lungo le coste del Mediterraneo, testimonianze greche e romane sono presenti in tutto il territorio. Gli Arabi, dal VII sec., diedero unità culturale a tutta la regione che visse un periodo di grande splendore grazie al fiorire dell'arte moresca. La colonizzazione europea aggiunse alle caratteristiche *medine* nuovi quartieri dalle ampie arterie rettilinee e contribuì fortemente alla creazione di infrastrutture quali vie di comunicazione e complessi alberghieri.

Le comunicazioni terrestri, pur fra le più estese e moderne dell'Africa, si limitano a linee litoranee con alcune diramazioni verso l'interno. Parallelamente allo sviluppo turistico si sono incrementate le comunicazioni aeree che si avvantaggiano di un numero rilevante di aeroporti. La domanda turistica, un tempo d'élite e rivolta ai centri archeologici e alle opere d'arte raccolte nei musei, è oggi allargata a una sempre più vasta clientela e predilige i ben attrezzati centri balneari, che godono di un'ampia stagione turistica.

Il turismo interno è molto modesto, quello internazionale è prevalentemente europeo, sia per vicinanza geografica che per intensi rapporti economici; cospicui flussi privilegiano le ex colonie ove i turisti ritrovano lingua, abitudini e modi di vita propri.

Rovine di Leptis Magna: questa città dell'Africa settentrionale (attuale Libia) fondata dai fenici nel 1° millennio a.C. fu tributaria di Cartagine e poi del re di Numidia, si alleò quindi con i Romani, dei quali divenne una florida colonia. L'espansione dell'Impero Romano a sud del Mediterraneo è testimoniata dalle rovine di numerosi templi, monumenti, ville e anche città, sia sulle coste che nell'interno, ai margini del deserto. Le terre che si affacciano sul Mediterraneo meridionale hanno partecipato per millenni alla vita di quelle che le fronteggiano in un alternarsi di guerre, paci, scambi umani e commerciali. Esse videro l'affermarsi, la competizione, la scomparsa di popoli e identità politiche; numerose etnie hanno tracciato gli infiniti sentieri della storia, passando costantemente per gli stessi luoghi.

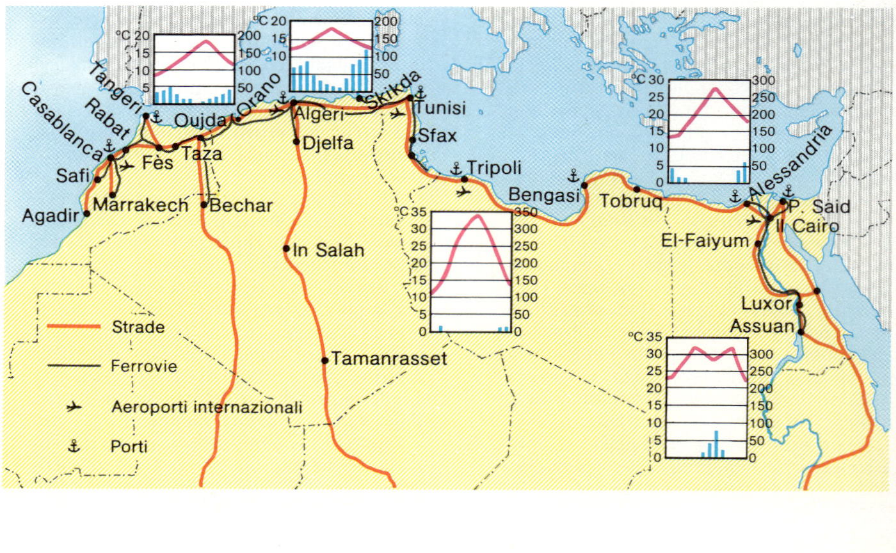

Le principali vie di comunicazione dell'Africa Bianca.

	STATO	EGITTO	TUNISIA	MAROCCO
	Moneta	Sterlina egiziana	Dinaro	Dirham
	Lingue ufficiali	Arabo Francese - Inglese	Arabo Francese	Arabo-Berbero Francese
	Religioni	Musulmana	Musulmana	Musulmana
Popolazione	Superficie in migliaia kmq	1 001	164	458
	Abitanti in milioni	50	78	22
	Densità ab/kmq	50	47	49
	Reddito pro capite $	723	1 232	745
	Tasso urbanizzazione %	48	56	47
Vie di comunicaz.	Strade (km)	31 640	26 741	57 530
	Autostrade (km)	–	–	–
	Ferrovie (km)	5 355	2 192	1 779
	Aeroporti	Il Cairo, Alessandria Assuan, Luxor	Tunisi	Casablanca, Tangeri Agadir
	Porti	Alessandria, Porto Said	Tunisi	Casablanca
Dati turistici	Turisti	1 833 000	3 468 000	2 241 000
	Visitatori	1 969 000	3 515 000	2 914 000
	Bilancia turistica $ – attivo	1 764	1 271	1 102
	Bilancia turistica $ – passivo	78 ('87)	94 ('87)	132 ('87)
	Numero camere	34 603	52 427	36 519
	Tasso di occupazione %	68	62	55 ('86)
	Paesi di provenienza %	Europa 48 (Italia 7) Vicino Oriente 27 USA 6	NAfr. 49, Europa 48 (Francia 14, Germania 14 Italia 4)	NAfr. 16, Europa 47 (Francia 17, Spagna 12)
	Arrivi – per vacanze			60 ('86)
	Arrivi – per affari			7 ('86)
	Arrivi – altri motivi			33 ('86)
	Periodo max flusso	aprile luglio-ottobre	aprile-ottobre	luglio-agosto
	Mezzi di arrivo % – Aereo	73	85	56
	Mezzi di arrivo % – Terra	16	12	30
	Mezzi di arrivo % – Mare	11	3	14

Egitto

L'Egitto presenta una struttura fisica molto semplice: un'enorme piattaforma desertica attraversata da un grande fiume, il Nilo.

Il territorio utile si riduce a meno di 1/20 della superficie totale ove si concentra la quasi totalità della popolazione. Si tratta di una stretta fascia di terra coltivabile estesa sulle due rive del fiume, che si allarga notevolmente nel Delta, il quale inizia a circa 200 km dalle coste mediterranee. Appartiene all'Egitto anche la penisola del Sinai, al di là del Canale di Suez, montuosa e desertica, ma ricca di memorie bibliche e splendidi litorali.

L'unica divisione del paese è tra il nord e il sud, tra la regione del Delta o Basso Egitto e la Valle del Nilo o Alto Egitto.

Nelle monotone pianure del Delta il deserto scompare all'orizzonte, il fiume, diviso in bracci e canali, è circondato da colture intensive. Delle grandi città e monumenti del passato restano solo basse colline dette «tell» che ne racchiudono le rovine. Vi si prevedono per il futuro scoperte archeologiche sensazionali. La Valle del Nilo è altamente umanizzata, ma assediata drammaticamente dal deserto. Città e villaggi sorgono sul terreno coltivabile, i templi si dispongono nell'adiacente fascia desertica e le necropoli ne risalgono le colline. Dall'inizio del Delta alla 1° cateratta sono circa 1000 km di un'unica lussureggiante oasi. Prevale il clima tropicale desertico che il Nilo mitiga con brezze, rendendolo così salubre da giustificare il sorgere di centri di cura.

Da destra a sinistra sono visibili le piramidi di Cheope, Chefren e Micerino. La piramide di Chefren è l'unica a conservare ancora, solo nella parte alta, il rivestimento in pietra calcarea e ad essere visitabile all'interno. [M. Fantin, Bologna]

Storia dell'Egitto

La storia dell'Egitto deve la sua peculiarità al lungo fiume che attraversa il paese; il Nilo ha svolto un ruolo importante non solo economico ma anche politico e ideologico. La regolarità delle piene e la fecondità delle terre lungo il Nilo e nel Delta resero l'Egitto un'oasi di prosperità, ove si coltivava essenzialmente grano per il pane e avena per la birra, che, prodotti facili da conservare, costituivano la base dell'alimentazione. Si coltivavano inoltre lino, frutta e legumi, si pescava nelle sue acque e si cacciavano gli uccelli nelle paludi. Il fiume costituiva il principale asse di comunicazione e ciò ha contribuito notevolmente a forgiare l'unità del paese, mentre il labirinto del Delta era un baluardo naturale alle invasioni straniere. Il fiume era determinante dal punto di vista sociale, infatti povero era colui che non possedeva battello. Il battello appariva sempre nei geroglifici per simboleggiare il viaggio, lo spostamento.

Già nel 2800 a.C. la dinastia dei signori di Menfi sottomise con le armi numerosi piccoli centri governati da sacerdoti, unificandoli in un solo stato: nacque così il primo stato-nazione del Mediterraneo, che per circa 3 millenni fu il più prospero e vasto dell'area. Capostipite della dinastia fu il leggendario re Menes, il re-dio perché incarna il dio di Menfi, Horus, dalle forme di falco. Al re-dio appartiene tutto il paese: uomini, animali e terre. Il suo nome è faraone che significa «grande casa».

La storia egiziana, scandita dagli anni di regno di ciascun faraone o di ciascuna delle XXXI dinastie, si divide in Antico Regno (2800-2400 a.C.) e Nuovo Regno fino circa al 1000 a.C. Nel periodo dell'Antico Regno, posto nel Basso Egitto, la capitale fu Menfi. I faraoni unificarono il paese, accentrarono il potere e accumularono ingenti ricchezze. Contadini e artigiani pagavano forti tributi e costituivano una manodopera disciplinata e non retribuita, utilizzata per realizzare opere d'irrigazione e di regolamentazione delle piene, fortificazioni militari, palazzi, templi, tombe reali e necropoli. Inoltre vennero sottomessi i popoli neri della Nubia e i Beduini del deserto.

Dopo il 2400 a.C. la potenza del faraone venne minata: nel paese si costituirono signorie locali che tendevano a diventare ereditarie e a condividere il potere del re con la casta dei sacerdoti. Per assicurarsi l'appoggio dei gruppi sacerdotali e la fedeltà dei ministri e dei generali il faraone concedeva loro terre in cambio di tributi. La maggior parte delle ricchezze era quindi improduttiva e veniva impegnata solo per esaltare il prestigio e la potenza del re, dei sacerdoti, dei signori. Un gruppo sociale abbastanza vasto conduceva una vita dispendiosa e raffinata, tra cacce e feste, in lussuose corti e splendidi palazzi, attorniato da folle di servitori, di funzionari, di artigiani e di artisti. Le tombe monumentali e i corredi funerari avevano la funzione di perpetuarne la potenza oltre la morte. Gli splendidi bassorilievi che decorano le tombe sono una testimonianza dell'elevato tenore di vita delle classi privilegiate.

Con lo spostamento della capitale nell'Alto Egitto, a Tebe, iniziò il Nuovo Regno, che durerà per un millennio, caratterizzato da una fase di grande ricchezza, floridezza artistica e culturale e da una forte espansione territoriale.

Attorno all'anno 1000 a.C. l'Impero faraonico decadde, nel paese si andò affermando il potere dei sacerdoti e di dinastie straniere. Contemporaneamente si affermarono potenti regni indoeuropei, tra i quali emerse quello dei Persiani che unificarono tutto l'Oriente antico dalle rive dell'Indo fino alle coste anatoliche. Nei secoli successivi la storia della Grecia s'intreccerà sempre più con quella dell'Egitto. Con la conquista di Alessandro il Grande nel 332 a.C. Alessandria divenne la nuova capitale. Nel 31 a.C. con la battaglia di Azio, l'Egitto divenne una provincia romana, destinata a fornire grano all'esercito romano.

Ogni aspetto della vita egiziana fu sempre

1. Turismo e vie di comunicazione

Al flusso turistico d'élite di un tempo, motivato principalmente da interessi archeologici, oggi si aggiunge un sempre crescente movimento di visitatori, tanto che lo si può considerare turismo di massa. Il più suggestivo richiamo è costituito dalle monumentali vestigia di una grande e antica civiltà, ma numerosi sono i motivi di interesse come i paesaggi, un'umanità variegata e di antichissima cultura, i suggestivi costumi, le località balneari.

Il periodo migliore per visitare il paese è quello dei mesi invernali ma il massimo flusso è estivo in concomitanza con le ferie. Prevalgono i viaggi organizzati, per lo più «pacchetti» di organizzazioni locali venduti agli agenti di viaggio stranieri. I viaggi individuali incontrano molte difficoltà e hanno bisogno di una organizzazione particolarmente accurata.

Il mezzo di accesso più usato è l'aereo e l'aeroporto Heliopolis del Cairo è collegato con tutti i principali scali europei. Compagnie di bandiera collegano i maggiori centri: il Cairo con Alessandria, Assuan, Luxor, Abu Simbel e Marsâ Matrûh. La linea ferroviaria principale che si snoda lungo il Nilo è dotata di confortevoli vagoni letto. I servizi automobilistici sono in genere meno affidabili. Le crociere tra una cateratta e l'altra del Nilo sono in grande aumento e costituiscono una piacevole alternativa alle trasferte in autobus, treno o aereo e hanno il pregio di ovviare alle carenze di infrastrutture ricettive. Le imbarcazioni collegate ai più lussuosi hotel sono confortevoli, veri e propri alberghi galleggianti, e fanno scalo presso le più importanti aree archeologiche. Brevi ma suggestivi trasferimenti si effet-

A sinistra. Un corteo nuziale si sta avviando verso il luogo nel quale saranno celebrate le nozze (probabilmente di un personaggio importante); ognuno reca doni: pesci, animali vivi, anfore di profumi. Entrambe queste raffigurazioni risalgono al 1400 circa a.C. e sono state ritrovate in alcune tombe vicino a Tebe, nell'Alto Egitto.

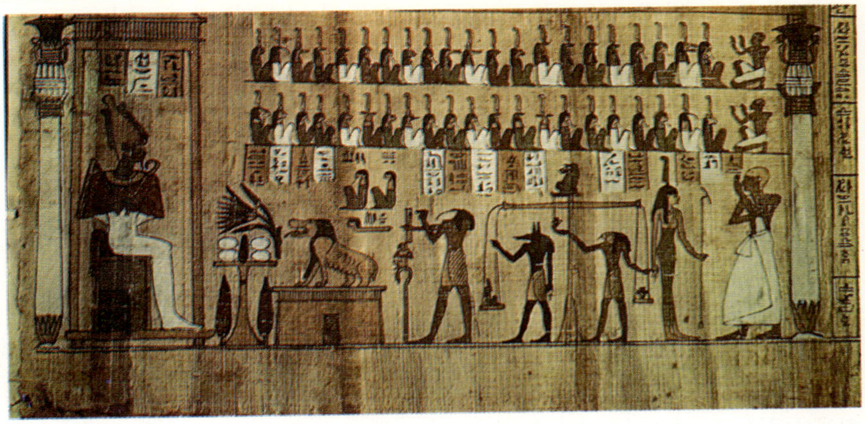

A destra. Questa pittura fatta su di un papiro, rappresenta il tribunale dei morti. [Museo Egizio, Torino]

strettamente connesso con il potere del faraone, con l'apparato statale e con gruppi sacerdotali che detenevano il controllo della cultura e del sapere. Il re era considerato immagine, erede e servitore degli dei: dal momento in cui cingeva la corona e fissava il cobra sulla fronte entrava a far parte del pantheon degli dei, quale dio perfetto in terra. La società egiziana fu fondamentalmente politeista e ostinatamente idolatra. Ogni gruppo sacerdotale tendeva ad avere le proprie divinità da adorare nei templi. Così accanto al dio adorato a Menfi, Ptah, incarnato nel sacro toro Api, simbolo della forza generatrice, altri dei s'incarnavano in animali che venivano quindi considerati sacri, quali l'ariete, il coccodrillo, il serpente. Ogni dio era caro agli abitanti del luogo di cui era signore, ma tutti gli dei erano contemporaneamente riconosciuti nel faraone.
Il dio Ra, dio solare, dominava su tutti e rappresentava il principio del mondo, della vita, dell'esistenza umana. Nella tradizionale religiosità egiziana era basilare il culto dei morti e l'aspirazione alla sopravvivenza dell'anima. Secondo il concetto egiziano, l'anima per sopravvivere aveva bisogno che il corpo rimanesse integro. Artigiani specializzati si tramandavano di padre in figlio la tecnica della mummificazione, che consisteva nello svuotare dei visceri il cadavere, riempirlo di sostanze conservanti e infine bendarlo. Inizialmente la mummificazione era prerogativa del faraone, ma via via venne estesa ad altre classi sociali, alle quali spettò il diritto ad una tomba prestigiosa, purché avessero i mezzi economici necessari per realizzarla. Intere città dei morti vennero costruite ad occidente, dove tramonta il sole, in contrapposizione alle città dei vivi costruite ove sorge il sole. Le grandi tombe dei faraoni avevano significato religioso e politico: la loro monumentalità ne esprimeva la condizione divina e ne simboleggiava la potenza.
Osiride era il dio dei defunti al quale spettava giudicare i morti. Il giudizio dopo la morte e la sopravvivenza nell'aldilà sono rappresentate allegoricamente nella decorazione pittorica di molte tombe. Le allegorie s'ispiravano alla vita quotidiana: la mietitura e la vendemmia rappresentavano l'offerta ad Osiride, il banchetto funebre l'invito a sperimentare l'ebbrezza divina, la caccia all'ippopotamo doveva paralizzare i demoni che avrebbero potuto intralciare il cammino nell'aldilà.
Le prestigiose vestigia dell'Antico Egitto non si esauriscono nei monumenti funebri ma si esprimono anche in altre costruzioni monumentali che stupiscono per l'audacia e le tecniche usate in tempi così remoti: sono gli obelischi, le sfingi colossali, i templi. Solo il faraone rendeva onore agli dei; il popolo non aveva accesso ai templi e venerava gli dei in ogni manifestazione della natura. Si ritiene che la sequela delle piramidi fosse il simbolo del viaggio del defunto nell'aldilà secondo il percorso del sole.
Le lontane vicende del popolo egiziano ci appaiono più chiare dal 1822 grazie al ritrovamento della stele di Rosetta, incisione bilingue geroglifica e greca.

tuano sulle tradizionali feluche.

Le attrezzature turistiche, pur essendo in espansione, non coprono la grande richiesta. Moderni alberghi appartenenti alle grandi catene internazionali sono concentrati al Cairo, Alessandria, Luxor e Assuan. Recente è lo sviluppo di alberghi e villaggi turistici sulle coste del Mar Rosso, del Mediterraneo nei pressi di Alessandria e nelle località minori dell'interno come Al Fayyûm e le oasi del Deserto Occidentale.

2. Il Cairo

Punto di partenza consueto per il visitatore è il Cairo, la capitale, che conta 13 milioni di abitanti, nella pur non vasta area urbana. Sorge sul Nilo all'inizio del Delta. È una città di contrasti e l'enorme espansione ha reso necessaria una legge per limitarne lo sviluppo orizzontale. La città evidenzia tre culture: quella dell'Egitto Antico, quella cristiano-copta e quella islamica. Si distingue la città storica con moschee, minareti, cupole, botteghe stipate lungo vicoli tortuosi e la città europea, dell'ultimo secolo, che si estende soprattutto lungo il Nilo con edifici di tipo coloniale intercalati da aree verdeggianti e da grattacieli. Per la massiccia migrazione dei *fellahin* anche alcune necropoli musulmane sono state trasformate in precarie zone abitative. Il Cairo delle periferie residenziali più lontane e dei centri industriali è collegata al centro da una moderna autostrada. Un traffico caotico e incredibilmente indisciplinato, una folla traboccante e affaccendata, un rumore assordante di clacson, autobus sovraccarichi sono caratteristiche a volte sconvolgenti della città. La piazza et Tahrir (= della liberazione), ristrutturata dopo la rivoluzione del 1952 e sconvolta dalla costruzione della metropolitana è il centro della città; in essa convergono le principali vie del traffico, vi si affacciano il Municipio, il Parlamento, l'antica sede della **Lega Araba,** alcuni ministeri e l'università americana, un lussuoso albergo e l'importantissimo Museo Egizio. Il palazzo ottocentesco conserva la più ricca collezione (oltre 10 000 reperti esposti) di arte egizia del mondo. Al pian terreno sono situate le sculture, al piano superiore i reperti di minori dimensioni. Particolarmente prezioso e famoso è il Tesoro di Tutankhamon, unica tomba faraonica giunta intatta fino a noi e scoperta nel 1922 nella necropoli tebana. Il Museo, tappa d'obbligo per ogni turista, è sempre incredibilmente affollato.

Il quartiere copto o Cairo Vecchio, ancora in parte cinto da mura romane, ospita l'interessante Museo Copto con una documentazione quasi completa dei primi secoli di cristianità in Egitto. Ancora oggi gli abitanti della città vengono chiamati copti in contrapposizione ai fellahin, contadini, abitanti le campagne. Molti sono i monumenti di arte islamica: la Cittadella di Saladino (1176) circondata da mura e torri merlate, numerose Moschee tra cui quella di Al-Azhar (970) con l'annessa Università, la più importante del mondo musulmano, con 9 facoltà frequentate da oltre 20 000 studenti. Questa moschea è il centro spirituale e politico della città. L'antico Bazar è il più grande di tutta l'Africa. Il carattere delle sue strade, i profumi e gli odori di spezie, i numerosissimi venditori ambulanti lo rendono pittoresco e sempre affollato.

I dintorni del Cairo offrono i più famosi monumenti della più antica arte egiziana. A circa 30 km verso sud-ovest, ove sorgeva la prima capitale Menfi, è visibile una grandiosa costruzione dell'antico Regno (3000-2270 a.C.), la **mastaba** di Sakkara, tomba del faraone Zoser, costruita in forma di piramide a gradoni, in varie fasi.

Raggiungibile dal Cairo con pochi chilometri di autostrada, il pianoro di Giza racchiude la necropoli reale più visitata d'Egitto. Le piramidi (Antico Regno), una decina in tutto, sono rigorosamente disposte secondo i punti cardinali e ciò fa pensare che fossero anche un laboratorio astronomico. La più alta è la piramide di Cheope (137 m) seguita da quelle di Chefren (136 m) e di Micerino (66 m). Pur avendo perduto i sontuosi rivestimenti marmorei esse sono il simbolo più conosciuto della civiltà faraonica. Scolpita nella roccia è la Sfinge, un leone accovacciato dal volto umano, probabilmente il re Chefren. Ogni sera, nello spettacolo «Suoni e luci» essa narra ai turisti la storia dell'antico Egitto.

Pianta di Luxor, Karnak e la necropoli tebana.

Il Cairo: in primo piano le fortificazioni della Cittadella e la Moschea di alabastro. [N. Cirani/L. Ricciarini, Milano]

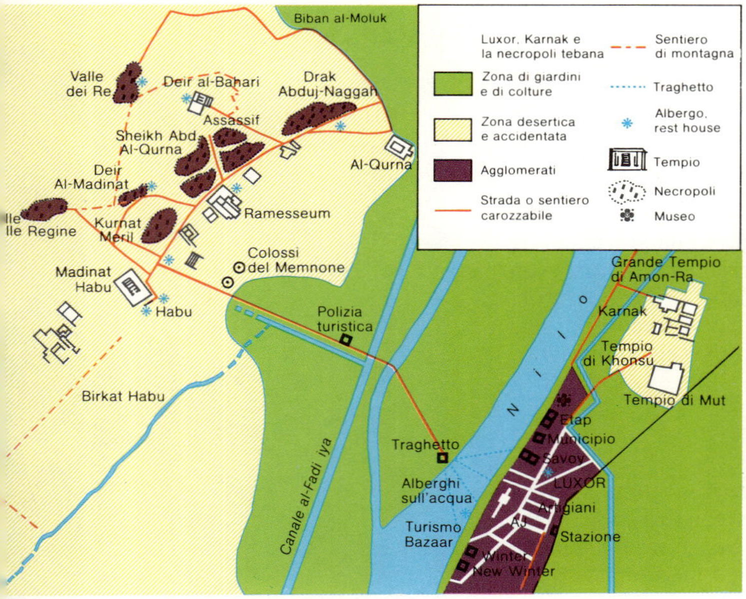

Il Nilo nei pressi di Assuan, nell'Alto Egitto. [M. Cappon]

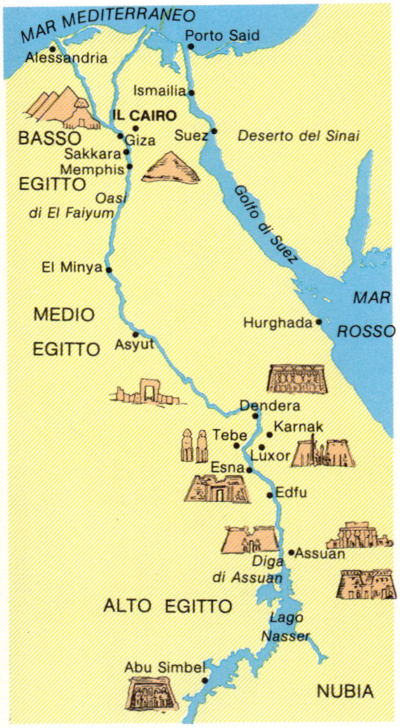

La carta mette in risalto le località archeologiche della Valle del Nilo che compaiono nei classici itinerari turistici.

Le statue di Ramsete II, ad Abu Simbel, sui bordi del lago Nasser. Il lago è artificiale, e deriva dalla messa in opera della diga di Assuan. Per evitare che venissero sommersi dalle acque, i templi furono smontati e ricostruiti 64 metri più in alto del punto in cui si trovavano. [Ihrt/Stern]

3. Itinerario lungo il Nilo

Un itinerario lungo il Nilo conduce di località in località attraverso i diversi periodi della storia egizia.

Dall'area archeologica di Giza, dirigendosi verso sud, un susseguirsi monocorde di piramidi e necropoli caratterizza il bordo del deserto. Il severo paesaggio arido contrasta con la rigogliosa terra di Al Fayyûm. In questa vasta oasi fanno spicco piramidi e templi del Medio Regno, mulini ad acqua e **norie,** utilizzati fin dall'antichità per l'irrigazione. La storia del sito è condizionata dal lago Qâr, un tempo ben più vasto, che un canale con più diramazioni collega al Nilo. La costante presenza di un fittissimo insediamento umano ha quasi cancellato gli antichi centri.

Per raggiungere l'Alto Egitto, ove sono concentrate le più famose località archeologiche del Nuovo Regno è preferibile usufruire del mezzo aereo. A 700 km dal Cairo, presso l'antica «Tebe dalle 100 porte», capitale egiziana del Medio e Nuovo Regno, sulla riva destra del Nilo sorge la moderna città di Luxor, prestigioso centro di turismo invernale. Il gigantesco complesso di edifici sacri del Tempio con le caratteristiche colonne a fiore di loto ha presso la porta due colossali statue del faraone Ramsete II. Caratteristiche carrozzelle conducono, lungo il Nilo, alla vicina Karnak, ove sorge il Grande Tempio di Amon, ricco di decorazioni e dagli splendidi capitelli papiriformi. Nell'area del tempio ritroviamo una gigantesca statua di Ramsete II, in posizione eretta, con una deliziosa piccola regina poggiata sui suoi piedi. Servizi di traghetto collegano Luxor alla Valle dei Re e delle Regine, la riva destra alla riva sinistra del Nilo, la «città dei vivi» alla «città dei morti», sorvegliata dai colossi di Memnon. Scavate nel tenero calcare, sono le tombe dei faraoni egiziani fra cui quella di Tutankhamon, delle Regine e dei Nobili. Le tombe, ipogee, scendono fino a 60 m di profondità e sono ricche di geroglifici e pitture che ci informano sulla religione e sulla vita quotidiana dell'epoca. Forte il contrasto fra le due rive del Nilo: sulla riva destra alberghi, bazar, vegetazione, sulla riva sinistra spopolamento, silenzio, deserto.

Spingendosi verso sud fino alla prima cateratta si raggiunge la città di Assuan, che di solito rappresenta un'importante tappa dei viaggi in Egitto ed è considerata la «porta dell'Africa nera». È una grande città che si trova in uno dei più suggestivi paesaggi d'Egitto. Qui la Valle del Nilo si restringe tra scarpate granitiche e montagne di sabbia, interrotte da sottili strisce coltivate e ciuffi di palme. L'isola Elefantina, adagiata nel fiume, ricca di giardini e palmizi, è una scontata meta per i turisti, che la raggiungono da Assuan con le caratteristiche feluche. Tipico stereotipo turistico è la visita ai suoi villaggi nubiani.

Assuan costituisce negli itinerari di ogni tempo il punto di partenza per la visita dei due famosissimi siti archeologici: la vicina isola di Philae e Abu Simbel, in Nubia. L'opportuno intervento dell'UNESCO ha salvato i loro famosi templi, sovvenzionandone il trasferimento in luogo più elevato dopo che la diga Nasser aveva decretato la loro definitiva sommersione. Ad Abu Simbel i templi di Ramsete II e della sua sposa Nefertari sono completamente scavati nell'arenaria color ocra e le vastissime sale, riccamente ornate, contengono statue del faraone e degli dei egizi. Fanno corpo unico con le facciate pregevoli bassorilievi con animali sacri, scene storiche e le immense statue del faraone e della moglie. Solo recentemente la lontana Abu Simbel è stata collegata ad Assuan da una moderna strada. I tour operator, in alternativa ai consueti voli su piccoli aerei, hanno introdotto comodi servizi di autobus, che consentono di conoscere il desertico paesaggio nubiano.

Il Nilo presso Luxor con sullo sfondo la Valle dei Re. È evidente il contrasto tra la rigogliosa vegetazione che riveste la riva del fiume e l'estrema aridità del deserto roccioso in cui è situata la necropoli tebana. [E. Mucchiati/Double's, Milano]

4. Località balneari e il Sinai

Il turismo in Egitto presenta anche molti centri balneari e buone sono le prospettive per il futuro. Alessandria, antica capitale ellenistica, oggi grande porto commerciale e polo finanziario, è dotata di ben attrezzate spiagge meta di flussi interni. È scalo di movimento crocieristico mediterraneo e il suo porticciolo turistico ospita numerose imbarcazioni da diporto.

Molto più ad ovest si estende la lunghissima spiaggia di **Marsâ** Matrûh, importante centro balneare, raggiungibile anche per via aerea.

Hurghada, sul Mar Rosso, nota soprattutto ai subacquei per l'eccezionale trasparenza delle acque, ha visto compromessa la sua vocazione turistica dal recente insediamento di pozzi petroliferi. L'assenza di piogge, gli inverni miti, i trasparenti fondali, le formazioni madreporiche del caldo Mar Rosso meriterebbero una maggiore valorizzazione turistica, sia sulle coste africane che del Sinai.

Il tunnel stradale attraverso il Canale di Suez facilita l'accesso al Sinai, e al Monastero di S. Caterina (1570 m di quota). Fondato da Giustiniano nel VI sec. questo famoso convento ha l'aspetto di una fortezza; la sua chiesa, in stile bizantino, è un museo ricco di antiche icone. Due monti lo sovrastano, quello delle tavole di Mosé e quello dove gli angeli avrebbero portato il corpo della santa martirizzata ad Alessandria. Il Monte di S. Caterina (2637 m), massima quota del Sinai e di tutto l'Egitto, si raggiunge solo a piedi e a dorso di dromedario, sempre accompagnati da una guida. Dalla vetta si gode un panorama grandioso su tutto il Sinai, il Golfo di Suez e di Aqaba fino al Mar Rosso.

Libia

La Libia, pur essendo uno dei paesi a più elevato reddito pro capite di tutta l'Africa, non gode di un rilevante flusso turistico. Anche se il territorio è in gran parte desertico, la ricchezza di località archeologiche e i bei litorali ne giustificherebbero la vocazione turistica.

Il paese, caratterizzato da una politica di nazionalismo esasperato con atteggiamenti xenofobi, ostacola lo sviluppo di questo settore.

Sulla costa cirenaica, ricca di vegetazione mediterranea, si trova la zona archeologica della **Pentapoli greca.** Il deserto arriva al mare nel Golfo della Sirte ove sorgono importanti porti, terminal di lunghi oleodotti e metanodotti. Il paesaggio riprende a verdeggiare di olivi e colture mediterranee in Tripolitania.

Le sabbie del deserto hanno conservato in tutta la regione imponenti rovine di centri romani. Leptis Magna è la più famosa fra le città dissepolte, il massimo complesso monumentale dell'Africa romana. Di origine fenicia, la città contava già un millennio di vita quando, nel 25 a.C., fu annessa dai Romani alle province d'Africa. Patria di Settimio Severo, fu da quell'imperatore resa tanto bella da meritare l'appellativo di Magna. La sua importanza decadde ben presto e intorno all'anno 1000, scomparve del tutto sotto le sabbie e gli apporti alluvionali. Le imponenti vestigia stupiscono

per la solidità, per la finezza dei fregi, la dovizia dei marmi, l'ampiezza di vie, piazze, terme, templi. Il Museo ospita splendidi mosaici e numerose statue.

Meno famosa è Sabratha, anch'essa di origine fenicia, fiorente non solo sotto i Romani, ma anche in epoca bizantina. Tra le ben conservate rovine emerge il grandioso teatro, l'anfiteatro con la sua vasta arena. Numerosi sono i reperti conservati nel Museo: monete, suppellettili, pitture parietali, mosaici e sculture.

Tunisia

La Tunisia è il più piccolo stato dell'Africa Bianca, ma racchiude nel suo territorio le principali tipologie morfologiche, climatiche e antropiche del Maghreb.

La Tunisia ha ereditato dal periodo coloniale francese un sistema di comunicazioni relativamente moderno. Ottima è la rete stradale pressoché interamente asfaltata, tranne nelle aree desertiche dove vi sono piste. La rete ferroviaria è in corso di modernizzazione e di estensione. Buone sono le attrezzature aeroportuali e i porti. Servizi di aliscafo collegano Trapani a Kelibia, presso il Capo Bon.

Un settore in fortissima espansione è quello turistico, con un forte aumento dei visitatori stranieri grazie alla competitività dei prezzi e alla lunga stagione turistica. Negli ultimi anni, con partecipazione di capitali europei, si è iniziata la realizzazione di progetti per aumentare la recettività a sud di Tunisi, dove già centri balneari moderni attirano notevoli correnti di traffico provenienti dalla Francia e da altri paesi europei. Le strutture recettive, soprattutto lungo la costa si sono arricchite di club, villaggi, alberghi di ogni categoria, parecchi di lusso, ma con prezzi sempre competitivi. Le oasi, sempre più proposte nei tour del paese, cercano di adeguare la loro recettività all'aumento dei flussi. Caratteristici, anche se modesti, sono gli alberghi che il Touring Club Tunisino ha installato in alcuni edifici storici, come a Matmata, all'interno di abitazioni trogloditiche.

Il periodo da maggio a ottobre è ideale per vacanze al mare, i mesi da ottobre a marzo per escursioni nel sud desertico e per le visite nelle oasi.

Un caratteristico scorcio di Sabratha. La città, devastata dagli Arabi nel VII secolo, venne abbandonata dalla popolazione fino al nostro secolo. [M. Himmel/F. Speranza, Milano]

1. Città di interesse turistico e località archeologiche

Tunisi è posta nella parte più interna del golfo omonimo e sorge su un istmo roccioso tra un bacino lacustre salato e il «lago di Tunisi». Il suo porto è in comunicazione con la Goulette sul Mediterraneo, mediante un canale navigabile che attraversa la laguna. La città ha avuto negli ultimi anni un notevole incremento demografico e accentra circa 1/10 della popolazione dell'intero paese. Affermata meta turistica, Tunisi è agevolmente collegata agli altri principali centri ed è servita da più aeroporti, il più importante dei quali, Tunis-Carthago, è attrezzato per un rilevante traffico internazionale. La città è nettamente divisa in due parti: ad est, lungo la laguna, la città europea con ampie strade ed edifici moderni, ad ovest i quartieri arabi con la **medina** stretta fra le sue alte mura. Qui troviamo la Grande Moschea dai preziosi capitelli bizantini e gli autentici **suk** (XIII sec.) testimoni della passata prosperità della capitale. Il Museo del Bardo presenta reperti che risalgono alle numerose dominazioni: cartaginese, greca, romana, araba. Notevole la esauriente collezione di mosaici di età romana.

Da Tunisi è facile raggiungere i più importanti centri archeologici romani del paese. Thuburbo Majus manifesta nei resti dei suoi palazzi, templi e terme, costruiti all'insegna dell'opulenza, la tendenza al lusso dei suoi abitanti, abili mercanti.

Attraverso una zona collinare con campi di grano e ulivi si può raggiungere Dougga, cinta da grossi massi e da un muro di pietre squadrate. Il dedalo di strade e vicoli scoscesi mettono in evidenza la capacità di adattamento e la flessibilità degli urbanisti romani, che hanno saputo sfruttare tutte le pendenze ed emergenze del suolo.

In alto, a sinistra. Anfiteatro romano di El Djem in Tunisia. Il grande successo turistico di questo monumento è dovuto anche alla sua utilizzazione per spettacoli teatrali. [E. Mucchiati/Double's, Milano]

Prossima al confine algerino, Bulla Regia «città del sottosuolo» nasconde nella modestia delle rovine in superficie lo splendore delle sue ville. Nel sottosuolo, al riparo dal torrido sole africano si conservano bellissimi mosaici.

Il ben conservato anfiteatro romano di El Djem si erge solitario tra Sfax e Sousse. Tra fichi d'India e ulivi il «colosseo» tunisino appare solare e potente, di poco inferiore, come capienza al più celebre monumento di Roma. Si eleva su tre ordini di posti fino a 36 m di altezza e poteva contenere 30 000 spettatori.

Buone vie di comunicazione collegano la capitale a Kairouan, faro della fede islamica, situata in una delle regioni più aride del paese, quella delle steppe centrali. Antico nodo carovaniero fu dall'VIII all'XI sec. la capitale della Tunisia arabizzata e centro di organizzazione delle spedizioni per la conquista delle altre regioni del Maghreb e della Spagna. È l'unica città interamente araba, la più ricca di arte moresca della Tunisia. Per le sue numerose moschee è ancora oggi meta di imponenti flussi di turismo religioso. Importante centro commerciale ed artigianale, è particolarmente rinomata per i suoi prestigiosi tappeti: nei *suk* intere famiglie li eseguono a mano con lana di pecora e di cammello.

2. Località balneari

Una fascia balneare assai frequentata si sviluppa a nord della laguna di Tunisi. Cartagine, capitale dell'impero punico, distrutta e ricostruita dai Romani, oggi è una ben attrezzata località balneare. Della Cartagine, fondata dai Fenici nel IX sec. a.C. e divenuta in tempi brevi la più ricca metropoli del mondo allora conosciuto, poco si vede, qualcosa si intuisce, molto si deve immaginare guardando qualche rovina e qualche stele disseminata qua e là. Sulla costa si possono individuare i bacini dei due porti punici, quello commerciale ormai ridotto a stagno e quello militare. Dopo aver distrutto la capitale cartaginese i Romani edificarono Julia Concordia Carthago, di cui rimangono resti più imponenti. Sotto l'egida dell'UNESCO è prevista la sistemazione dell'area a Parco Archeologico.

Sidi Bou Said, paesino in perfetto stile arabo, arrampicato su una collina prospiciente la baia di Tunisi, con i suoi stretti pittoreschi vicoli, le rigogliose buganvillee fra bianche casette dalle porte azzurre, decorate in ferro battuto lavorato a motivi che riprendono quelli delle tipiche inferriate, è meta turistica frequentata da intellettuali e vanta un attrezzato porticciolo turistico.

Fra le numerose spiagge prossime alla capitale, abitualmente meta di turismo interno, emerge per le moderne e numerose attrezzature l'elegante Gammarth, ove i Tunisini abbienti trascorrono le vacanze in belle ville.

A sud di Capo Bon si apre l'ampio golfo di Hammamet, il litorale più frequentato dal turismo internazionale per la notevole concentrazione di attrezzature balneari.

In un ridente paesaggio di agrumeti e colture di gelsomino si susseguono senza soluzione di continuità grandi complessi alberghieri con bungalow, lussuose ville private. Sono luoghi di vacanza sempre più frequentati; Hammamet con la sua antica piccola *medina,* già conosciuta all'inizio del secolo quale meta di vacanze per artisti e personaggi famosi soprattutto francesi, regge il confronto con le più prestigiose spiagge del Mediterraneo. Lo sviluppo turistico è stato qui gestito e programmato con intelligenza: ne è esempio la disposizione che limita l'altezza delle costruzioni a quella degli eucalipti. Da questo lungo tratto di spiaggia numerose e interessanti sono le escursioni quali la visita all'antica medina e alla fortezza di Sousse e la caccia di souvenir nel vivace centro artigianale di Nabeul, famoso per le ceramiche, i pizzi, le essenze e i ferri battuti.

La moschea di El May, in Tunisia, si eleva su uno sperone roccioso, simile a un castello fortificato. [M. Durazzo/ANA]

Un moderno complesso alberghiero dell'isola di Djerba (Tunisia). [Action Press, Milano]

3. L'isola di Djerba e le oasi

Una località turisticamente molto propagandata è l'isola di Djerba collegata alla costa da una strada su terrapieno e ai principali paesi europei con voli charter. L'isola, piatta e sabbiosa, gode di un clima mite tutto l'anno, di un numero elevatissimo di giorni di sole; il silenzio e la tranquillità sono sue prerogative. Le attrezzature recettive, in stile mediterraneo, sono moderne e numerose, concentrate nel nord dell'isola fra uliveti e palmeti. Djerba fu lanciata turisticamente con la costruzione di un villaggio del Club Méditerranée negli anni '60. La popolazione locale, dedita un tempo alla pesca, in particolare delle spugne, è oggi coinvolta nel settore del turismo.

Un'antica comunità ebraica ha qui sviluppato l'arte della filigrana; ceramiche e spugne vengono acquistate dai turisti.

I flussi turistici si estendono a tutto l'anno, ma sono più consistenti in estate.

Nella regione antistante, Medenine e Metameur presentano i caratteristici **ghorfas,** Matmata è un esempio di oasi di montagna, famosa per le sue case trogloditiche. Nella roccia sono scavati pozzi circolari o poligonali profondi fino a 10 m e del diametro di 8-12 m, nelle cui pareti si susseguono ordini sovrapposti di vani fino a un massimo di 6 piani. Erano rifugi berberi ridotti all'essenziale: una stanza in comune per gli uomini e una grotta per gli animali. Questo tipo di architettura aveva lo scopo di difendere dalle razzie dei nomadi e dalla rilevante escursione termica diurna.

Dalla rigogliosa oasi litoranea di Gabés è facile inoltrarsi sul tavolato desertico fino al bordo dello *Chott* el Djerid, il più grande lago temporaneo del **Maghreb,** quasi sempre ridotto a scintillante crosta di sale. Sulla sua riva settentrionale la ricca e grande oasi di Tozeur dalle 200 sorgenti è in un'ampia area pianeggiante. Chiamata la «porta del deserto» è uno dei centri turistici sahariani più importanti della Tunisia. Accanto ai vecchi alberghi dell'epoca coloniale sono sorti moderni complessi turistici che offrono ogni comfort insieme allo stile e all'atmosfera del Sahara. È tipica la lavorazione dei tappeti e della fibra di foglia di palma. Sul luogo di un'antica villa romana sorge una moschea dell'XI sec.

Nefta, situata in una conca ricca di sorgenti è una delle più belle oasi della Tunisia per le sue famose «corbeille», distese di palme racchiuse entro un anfiteatro di colline. Città santa del Djerid conta decine di moschee; dal minareto della più antica, la Jamaa el Kebir (XV-XVI sec.) si può avere una visione panoramica dell'oasi e del palmeto. Gli edifici della città sono in mattoni cotti al sole disposti in forma di decorazione geometrica sulle facciate.

Da Tozeur è facile raggiungere, verso nord, le oasi di montagna di Chebica, Tamerza, Mides, Gafsa. Quest'ultima, situata a 345 m di quota, conta meravigliosi giardini che ricevono ombra da migliaia di palme. Nelle case moderne della **casbah** sono stati inseriti frammenti di colonne e marmi che testimoniano la colonizzazione romana visibile anche nelle tre piscine di acqua cloruro-sodica. Il vivace artigianato locale produce caratteristici tappeti naïf. Gole, canyon e cascate fanno da suggestivo sfondo ai palmeti e alle pietre dei villaggi.

Marocco

Il Marocco ha una grande varietà di ambienti naturali: belle coste rocciose e vaste spiagge, una pianura costiera, il Tir, ricca di intensive colture mediterranee; un altopiano semidesertico, la **Meseta,** ove berberi nomadi o seminomadi si dedicano all'allevamento degli ovini e dei dromedari; le catene dell'Atlante, solo in parte ricoperte da boschi, e infine il deserto con le sue rocce color ocra e le dune sabbiose.

Le condizioni climatiche sono buone e variano dai climi marittimi mediterraneo e atlantico al clima tropicale desertico; il cielo è quasi sempre sereno, la luce e i colori intensi.

Di popolamento preistorico, il Marocco divenne colonia romana con il nome di Mauritania nel I sec. a.C. Notevoli sono i resti archeologici a Volubilis, Lixus e Sala Colonia. Nel 682 iniziò la penetrazione araba che si inoltrò anche al di là dello stretto di Gibilterra, nella penisola iberica. Il succedersi delle dinastie fece sorgere splendide città come Cordova, Granada in Spagna e le «città imperiali» nel Marocco, ricche di capolavori dell'arte moresca. Con la colonizzazione europea, si avvicendarono dal XVII sec. Portoghesi, Spagnoli, Francesi e Tedeschi. Nel 1912 il Marocco divenne un protettorato francese e Tangeri fu dichiarata città internazionale. Anche dopo l'indipendenza (1956) la posizione strategica del Marocco all'ingresso del Mediterraneo ha continuato ad accentrare interessi stranieri, determinando ingerenze nella sua economia. L'apparente floridezza che ne deriva si manifesta particolarmente nel settore turistico. Negli ultimi anni i flussi turistici, facilitati dal discreto sistema di comunicazioni terrestri e dai buoni collegamenti aerei e marittimi, in particolare con la Spagna, hanno mostrato un buon andamento. Pertanto sono state potenziate le infrastrutture, che contano oggi una diversificata rete di alberghi, che nel Sud sono ancora insufficienti a soddisfare la crescente domanda. Sulla costa mediterranea tra Ceuta e Tetuan, sulla fascia atlantica attorno ad Agadir e lungo i grandi itinerari turistici sono presenti attrezzature di livello internazionale e si sono sviluppati rapidamente villaggi di vacanze e complessi balneari.

Veduta aerea di Fès. È bene evidente un tratto della strada panoramica che corre sulle mura della città vecchia. [G. Mangold]

1. Le «città imperiali»

Il più importante itinerario turistico del Marocco tocca le «città imperiali». Attraverso la gola di Taza, passaggio a sud del Rif seguito anche dai conquistatori arabi, si giunge alla più antica «città imperiale»: Fès. L'antica **medina,** Fès el Bali, si sviluppa in bellissima posizione su due colli vicini ed è ricca di ben conservati e splendidi edifici moreschi. Caratteristico è il giro delle mura sulla Route de Fès, strada panoramica che domina la Città Vecchia. All'inizio del nostro secolo è sorta su di un terzo colle la Città Nuova con gli edifici amministrativi, i numerosi alberghi e i negozi più eleganti. Fès è sede anche di un'importante Università coranica, centro spirituale del Maghreb.

La medina di Meknes, dall'alto di uno strapiombo, presenta splendidi monumenti civili e religiosi, con i quali il sultano Mulay Ismāil, contemporaneo del re Sole, volle emulare lo splendore di Versailles.

Le candide case della città santa Mulay Idriss, arrampicate su di un colle, sono abitate solo da musulmani. La città è continua meta di pellegrinaggi e i turisti «infedeli» debbono abbandonarla al tramonto.

La vicina Volubilis, colonia romana del I-II sec. d.C., è il più importante centro archeologico del Marocco. Ben visibile la struttura della città, con le imponenti rovine delle Terme, del Foro, della Basilica, dell'Arco di Trionfo.

L'attuale capitale Rabat fu fondata nel 1150 intorno all'antica **casbah** protesa sul mare. All'immancabile medina si contrappone la Città Nuova con gli edifici amministrativi, ampi viali e magnifici giardini di tipo andaluso, grandi alberghi. Caratteristica è la «Cavalcata» del re e del suo magnifico seguito che ogni venerdì esce dal moderno, moresco Palazzo Reale per recarsi nella vicina Moschea. Poco fuori le mura la Torre di Hassan, minareto tronco, domina i resti delle 360 colonne di una gigantesca moschea, iniziata e mai compiuta.

Il frequentato litorale di Rabat è punteggiato di ville, giardini e numerosi stabilimenti balneari. Il vasto letto semiarido dell' **uadi** Bu Regreb divide la capitale dalla tipica città araba di Salé. Sulle rovine della vicina colonia romana di Sala Colonia, d'inverno, si annidano le cicogne.

Marrakech, ai piedi dell'Atlante, si estende in una conca irrigua, una verde oasi. L'ampia fascia verde cupo dei palmizi contrasta fortemente con il rosso dell'antica cinta muraria. Su tutto spiccano le cime innevate dell'Alto Atlante. La salubrità del clima ne fa un centro di cura e di soggiorno invernale di rilievo internazionale. Splendida capitale nell'XI-XII sec. vanta tra i suoi monumenti la Kutubia, antica moschea e vero capolavoro d'arte moresca, purtroppo non visitabile. Il suo minareto, emblema della città, è stato modello alla Torre di Hassan e alla Giralda di Siviglia. Notevoli sono anche la necropoli del XVI sec. ornata di stucchi, ceramiche e legni intarsiati, e i giardini con le rovine del Palazzo Reale (Badi). Questa lussuosa dimora fu da un sultano costruita in marmo di Carrara, che egli pagò con egual peso di zucchero. Il centro della vita della città è un'immensa piazza, la Djemaa el-Fna, esempio unico di folclore e di vivacità tipicamente orientali. Nel pomeriggio si anima di incantatori di serpenti, giocolieri, danzatori berberi, lettori di Corano, venditori d'acqua, tutti circondati da capannelli di spettatori. Ai suoi margini si sviluppano gli animatissimi suk divisi per corporazioni: gioiellieri, armaioli, ramai, tessitori, calzolai, droghieri. Sotto le mura, molto pittoreschi sono i pozzetti colmi di liquidi dai vivaci colori del quartiere dei tintori. La Città Nuova, che si sviluppa oltre le mura, è attraversata da grandi arterie e ospita i più moderni alberghi. A maggio e giugno la città è sede del Festival Internazionale del Folclore.

2. Il Sud marocchino

Marrakech è ormai alle soglie del deserto: all'intorno il paesaggio è arido, desolato, ma colorato da diversi toni di ocra, e la luce è abbacinante.

Una strada di montagna porta a Ouarzazate, importante punto di partenza per la Via delle Casbah. La strada scorre in un nudo paesaggio su cui si stagliano numerose **casbah** (Ksar). Sono vecchie fortezze in terra rossa, ornate di merli e griglie di ferro battuto. Il tratto più interessante è quello che porta a Kras es Souk, da dove si raggiunge facilmente l'antica città

In basso a destra. Tintori all'opera nei pozzetti allestiti sui tetti a piattaforma delle abitazioni, nel suk di Marrakech. [M. Cappon, Milano]

Pianta di Fès (o Fez).

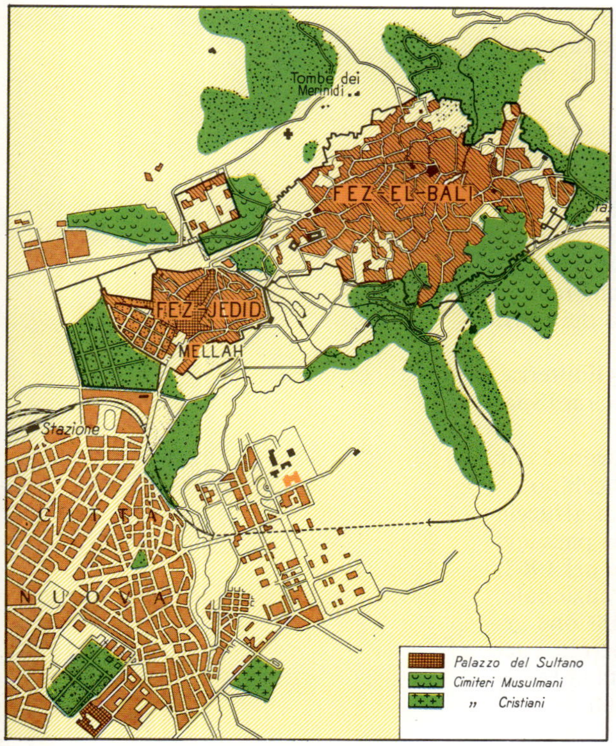

A destra. Un accampamento di nomadi berberi nel Medio Atlante. [C. Sappa/IGDA]

A sinistra. Un villaggio berbero nell'Alto Atlante a circa 100 km a sud est di Marrakech. Le case in terra battuta si mimetizzano con il paesaggio. Per alcuni aspetti esso è di tipo alpino, ma caratterizzato da una desertificazione accentuata. [S. Fiore, Torino]

di Erfoud, nella grande oasi del Tafilalet, centro di sosta per le carovane. In tutta la regione, ma specialmente a Ouarzazate, è possibile assistere alle danze berbere, come l'Awach: le donne in caffettano dai delicati colori, disposte a semicerchio, danzano e gli uomini le accompagnano col suono dei tamburelli.

Vale la pena di raggiungere la città più meridionale, nel deserto, Goulimine, per assistere al caratteristico mercato di dromedari. È detta anche la «città degli uomini blu» perché i suoi abitanti, di inconsueta bellezza e imparentati con i Tuareg, indossano vesti azzurre dalle quali la pelle ha in parte assorbito il colore.

3. Le coste del Marocco

Da Oujda, località di confine con l'Algeria e importante centro di transito e di acquisti per i Berberi che scendono dalle montagne, è possibile raggiungere, con una buona strada panoramica che corre lungo le pendici dei monti del Rif, le più importanti località sul Mediterraneo.

Saïdia offre bellissime spiagge e l'enclave spagnolo di Melilla presenta buone attrezzature balneari e sportive ed è uno dei migliori accessi al Maghreb via mare dalla Spagna. La cittadina di El Hoceima aspira a diventare una frequentata località balneare, avvantaggiandosi dell'esistenza di un aeroporto internazionale e di solide infrastrutture recettive. La vegetazione intorno è stupenda: foreste di querce, abeti e immense cedraie. È in progetto il prolungamento della strada costiera tra El Hoceima e Tetuan che favorirà lo sviluppo di iniziative turistiche nel litorale di Gomara, uno dei tratti più caratteristici della costa mediterranea.

Ceuta, politicamente spagnola, situata di fronte alla rocca di Gibilterra, è moderna località balneare. Il collegamento di traghetti con Algeçiras (Spagna), facilita il movimento turistico fra i due continenti.

La strada costiera tra Ceuta e Tangeri lambisce un tratto litoraneo che è uno dei principali poli di sviluppo del turismo balneare marocchino.

Tangeri, disposta ad anfiteatro su una collina calcarea che si affaccia sullo stretto di Gibilterra, per la mitezza del clima, la bellezza dei paesaggi naturali è frequentata meta turistica. Scelta come capitale estiva nel 1962, ha conservato, del periodo in cui era sottoposta a regime internazionale, un certo fascino di città cosmopolita. Nella sua più recente espansione urbanistica si è accentuato il contrasto fra la medina, alta sullo sperone roccioso, e i moderni quartieri che si sono andati espandendo su tutta la fascia litoranea tra il mare e i rilievi collinari che ormai incombono sulla città. È il più importante centro del litorale mediterraneo e nonostante sia porto

Un tuareg nel suo tradizionale costume blu. Nel territorio abitato dai tuareg si trovano le più belle incisioni e pitture rupestri africane. [M. Cappon, Milano]

franco non attira più i traffici internazionali di un tempo.

Il litorale atlantico, in particolare tra Rabat e Casablanca, dove i lavori per la costruzione di una superstrada sono assai avanzati, è una successione di spiagge, tra le più lussuose del Marocco occidentale. A breve distanza da Casablanca la città portuale di Mohammedia, dotata di porticciolo turistico, sta potenziando le sue strutture, già notevoli.

Casablanca (Dar el Beida) con 2 milioni di abitanti è la più grande città del Marocco. Il porto e l'aeroporto sono scali internazionali per un turismo di transito. Ben dotato è anche il porticciolo turistico. La città si sviluppa a semicerchio intorno al porto e l'aspetto moderno a grandi «boulevards» testimonia il suo passato di capitale del protettorato francese. Pur non offrendo particolari attrattive, Casablanca è un inevitabile punto di transito e offre al turista buoni impianti recettivi, tipici prodotti dell'artigianato nei ben forniti negozi e numerose possibilità di svago. La Route de la Corniche, una bella litoranea alberata, conduce alle spiagge cittadine della costa meridionale. Molte le ville lussuose, gli alberghi, le attrezzature balneari, con numerose piscine per evitare le pericolose acque dell'Atlantico.

Le splendide spiagge che si susseguono da Casablanca ad Agadir sono battute dagli alisei che conferiscono loro un clima mite che amplia la stagione turistica a quasi tutto l'anno; domina nel paesaggio la fitta vegetazione delle arganie, i caratteristici alberi del Marocco, le cui foglie sono alla base dell'alimentazione di dromedari, bovini e capre. El Jadida ed Essaouira sono località balneari di turismo maturo, mentre Amesnaz e Tarharzoute sono località emergenti. Agadir, la «Miami marocchina», ricostruita dopo il terremoto del 1960, grazie alla sua latitudine tropicale è assai frequentata anche in inverno. Negli ultimi anni si è affermata per le attrezzature ricettive di livello internazionale.

Sahara

Il Sahara, la maggior area desertica della Terra, è un ambiente di sabbia e rocce erose in tempi geologici passati dall'acqua, poi dal vento in forme fantastiche.

Il Sahara per posizione, per ricchezza di oasi e per le interessanti civiltà passate e presenti, è il deserto alla moda. La sua «traversata» è ancora oggi un'impresa che presenta rischi. Le enormi distanze, la durezza del clima, la mancanza d'acqua, le insidie del terreno, specie quello sabbioso dell' **erg,** mettono a dura prova uomini e mezzi.

Normalmente il deserto è affrontato da turisti amanti dell'avventura, adattabili ai disagi e in buone condizioni fisiche. I viaggi vanno preparati con cura, è necessario munirsi di permessi, di carte aggiornate, predisporre riserve abbondanti d'acqua e di viveri.

Come in ogni ambiente al di fuori dei grandi spostamenti turistici il tour organizzato è preferibile al viaggio autonomo ed è consigliabile ingaggiare una guida tuareg e seguirne le preziose indicazioni.

Nel Sahara bisogna guardarsi più dal freddo notturno che dalle alte temperature diurne. Il deserto va percorso in convogli di fuoristrada o autocarri. Particolarmente sviluppate sono le piste, tracciate su percorsi che tenevano conto della presenza di acqua e di oasi. Le vecchie vie carovaniere, opportunamente riattate o mantenute, servono da pista o sono trasformate in strade. I tracciati più moderni delle transahariane preferiscono risalire gli **hammada,** perché hanno il fondo più stabile. Le attuali transahariane collegano le coste mediterranee alle regioni di savana dei paesi del Golfo di Guinea.

La transahariana più occidentale parte da Oujda e passando per Colomb Bechar e Tindouf giunge in Mauritania. Da Colomb Bechar si dirama una delle principali transahariane che tocca Gao e Niamey.

Desertificazione

L'UNEP (United Nations Environment Programme) definisce la desertificazione come la diminuzione o la distruzione del potenziale biologico delle terre, che può portare, come conseguenza estrema, a situazioni simili a quelle del deserto.
Nella prima Conferenza Mondiale sulla Desertificazione (Nairobi 1977) si dichiarò che il Sahara dal 1958 era avanzato con una velocità di oltre 6 km all'anno. Da studi effettuati dall'UNEP tra il 1982 e l'84 risultò che circa il 35% delle terre emerse erano strette dalla morsa dei deserti e che ogni anno 21 milioni di ettari di suoli andavano perduti. Ma poiché in quegli anni ci si trovava all'apice di una forte siccità, vennero mappate come aree desertiche regioni che tornarono ad essere produttive al ritorno delle piogge. Secondo alcuni studiosi svedesi che hanno preso in considerazione tale fenomeno nel Sahel, la sola strategia per le aree colpite dalla desertificazione sembra essere quella di aspettare il ritorno delle piogge o di approntare, dove sia possibile e conveniente, adeguati sistemi di irrigazione. L'irrigazione infatti, usata in modo indiscriminato, ha determinato in alcune regioni, una eccessiva concentrazione di sali in superficie. Certamente nel fenomeno della desertificazione entra in causa la natura con l'alternarsi di periodi di siccità con quelli piovosi, ma a favore dell'inaridimento dei suoli gioca lo sviluppo incontrollato della popolazione in molte zone prossime ai deserti, in cui lo scarso livello culturale rende difficile cambiare sistemi di vita radicati nell'uomo da migliaia di anni.
Negli ultimi tempi è stata rilevata anche l'importanza dell'effetto serra, che potrebbe allungare i periodi di siccità.
Oggi in alcuni paesi si fa ricorso a soluzioni nuove, come ad esempio nel Mali dove nel passato sono stati piantati milioni di alberi con la speranza di fermare l'avanzata del deserto. Per fermare il degrado del suolo si operano interventi sulla popolazione. Infatti il suo aumento determina, soprattutto con il conseguente incremento degli allevamenti di bestiame, la distruzione della bassa vegetazione e dell'erba, che costituiscono un grande aiuto nell'impedire l'inaridimento dei suoli.
Anche se non si può sempre contare su dati sicuri e sufficienti, si ritiene che siano 84 i paesi della terra attualmente coinvolti nei processi di desertificazione. Il fenomeno ha avuto inizio nel secolo scorso in concomitanza con l'aumento della popolazione sulla Terra e quindi delle superfici irrigate, che passarono dai circa 8 milioni di ettari nell'800 ai circa 200 milioni attuali. Lo sfruttamento intensivo delle terre non è stato ovunque accompagnato da adeguate misure di compensazione. Forme irrazionali di irrigazione hanno determinato processi di salinizzazione delle terre.
Un deserto di sale avanza e altera gli equilibri produttivi di circa 20 milioni di ettari di terre. In Egitto riguarda l'80% del territorio. Il Sahara divora le oasi e lambisce le periferie di decine di città. Negli USA ha conquistato il 30% della superficie irrigata, in India il 35%, in Pakistan 1/3 del paese.

I Tuareg

Il deserto sahariano è abitato secondo stime ufficiali da centinaia di migliaia di Berberi, prevalentemente sedentari nelle oasi e da nomadi divisi in tre grandi gruppi: ad occidente i Mauri, di origine araba, al centro i Tuareg, berberi, e più a sud, al confine con l'Africa nera, i Tebbu, dalle affinità con i Neri.
I Tuareg, conosciuti come «figli del vento, della lancia, della spada» erano avversari temibili per il loro carattere guerriero, praticamente invulnerabili nel difficile ambiente desertico. Dediti soprattutto alla razzia di carovane, praticavano anche il commercio del sale, che facevano estrarre dai loro schiavi e che vendevano alle popolazioni nere.
L'etnia tuareg era divisa in 6 gruppi e ad ognuno di essi faceva capo una confederazione di tribù, socialmente divisa in nobili, vassalli e schiavi. Naturalmente il guerriero occupava il gradino più elevato nella scala sociale. Di alta statura e colorito chiaro, i Tuareg vivono in tende di pelle di muflone o di capra, cucite con rudimentali corde. Gli uomini avvolgono capo e viso in un ampio velo, quasi sempre di colore blu, lasciando solo una fessura per gli occhi. Esso è un insostituibile riparo dal vento, dalla sabbia e protegge le mucose dall'evaporazione. Per ripararsi dal riverbero del sole è diffuso il trucco degli occhi. Le donne hanno prerogative di autorità e prestigio e godono di grande libertà. Esse sono molto belle e dai tratti più europei che arabi. Sono depositarie della tradizione, della letteratura orale, della scrittura berbera a forme geometriche e delle canzoni. Nella casa comune delle donne, l'ahal, una donna colta indice ogni anno una riunione letteraria cui partecipano Tuareg provenienti anche da zone lontanissime e in cui si discute per una settimana, fino a notte, di poesia, filosofia, musica e politica. I Tuareg hanno una particolare predilezione per la poesia e il canto che caratterizzano sempre feste e corteggiamenti.
Base sociale è la famiglia monogama, nonostante la diffusione della religione islamica. La discendenza è regolata secondo un criterio matrilineare. L'esaurirsi delle tradizio-

Sopra. Pitture rinvenute nelle grotte dei monti Tassili: i due cacciatori sono stati dipinti in epoca antecedente alla figura del muflone ai loro piedi. [da Atlante, *IGDA, Novara]*

Oasi di Dakhla (Egitto): dune di sabbia invadono le colture intensive invano protette da filari di alberi, per lo più eucalipti e da arbusti. [G. Gerster, Zurigo]

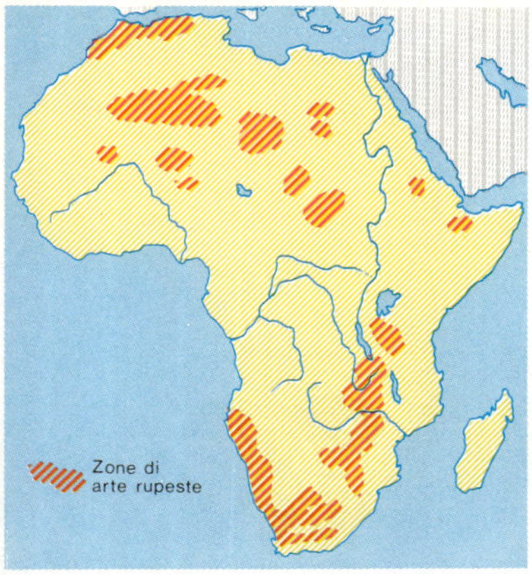

La distribuzione dell'arte rupestre nel territorio africano. L'arte rupestre è diffusa non solo nel Sahara, ma in buona parte delle savane, soprattutto in quelle dell'Africa settentrionale e meridionale. Questa arte, investe un arco di tempo di circa 7 millenni e ci mostra il mutare della vita e delle genti fino ai nostri giorni.

nali fonti di reddito, la graduale scomparsa del nomadismo, il contatto con i turisti occidentali, hanno ridotto a non più di qualche centinaio i Tuareg che vogliono mantenere intatta la loro identità. Essi si isolano nelle zone più impervie, mentre gli altri si mescolano con gli abitanti delle oasi, anche se rifiutano il lavoro dei campi preferendo la pastorizia. La sempre più diffusa moda di tour nel deserto li trasforma in guide preziose per i turisti, spesso capaci di condurre i fuoristrada. Conoscono tutti i segreti della sabbia, trovano passaggi difficili, inventano piste, si orientano annusando l'aria o guardando le stelle.
Ogni anno nei primi 15 giorni di giugno al Festival di Marrakech esplode una sarabanda di voci, profumi, costumi: gli uomini «blu» rivivono le imprese di un passato di combattimenti e di razzie.

I Tassili

L'altopiano dei Tassili sovrasta con una ripida parete di quasi 1000 m di altezza l'oasi di Djanet nel Sahara Algerino. La sua superficie, interrotta solo dal corso sinuoso di qualche uadi e di alcuni picchi più elevati, costituisce una vasta piattaforma sulla quale particolari fenomeni geologici ed erosivi hanno creato stupefacenti formazioni rocciose: profonde fenditure e canyon dalle scoscese pareti, intersecandosi a scacchiera, hanno isolato grandi blocchi alti e massicci o lunghi e sottili pinnacoli, che si ergono in insiemi compatti ed ordinati. L'azione degli agenti esogeni ha modellato le pareti, scavandovi alla base ripari e gallerie e creando pilastri e colonne in un paesaggio grandioso e irreale.
Il quadro geografico fornisce la spiegazione della ricca concentrazione di pitture e graffiti rupestri perché queste alte terre furono da sempre luogo di passaggio e costituirono, anche dopo l'inaridirsi del Sahara, luogo di incontro privilegiato tra il mondo mediterraneo e l'Africa nera.
Quest'altopiano africano, che l'Algeria ha dichiarato Parco Nazionale e l'UNESCO classificato come patrimonio mondiale, è una delle più ricche e singolari esposizioni d'arte rupestre del mondo. Le grotte, le rocce e i canyon di quest'arida località sahariana custodiscono una tradizione figurativa che, perpetuatasi negli stessi luoghi per migliaia di anni, ci consente di seguire la storia dell'uomo. Infatti vi sono rappresentate scene di caccia, di pastorizia e agricoltura; sono raffigurati insediamenti primitivi, l'utilizzazione della ruota; compare una scrittura ad immagini. Tutto è in buono stato di conservazione grazie alla favorevole situazione climatica del deserto.
Ancora non è stata effettuata un'analisi sistematica delle numerosissime incisioni e pitture, ma si è diviso le migliaia di anni che abbracciano quest'arte in quattro grandi periodi cui dà il nome l'animale che le caratterizza. Dal più antico al più recente sono i periodi del bufalo, del bue, del cavallo e del dromedario.
Il periodo del bufalo rappresenta una fauna abbondante di tipo tropicale che testimonia l'esistenza di un clima caldo-umido. Inoltre graffiti e incisioni predominano sulle pitture.
Successivamente fino al 2500 a.C. il bue è l'animale più rappresentato, la pittura si fa realistica nelle scene di vita comunitaria agreste e di allevamento di abbondanti mandrie; il clima doveva essere caldo e secco, ma nelle alte terre c'era ancora presenza di corsi d'acqua.
Il terzo periodo arriva alla nostra protostoria ed è caratterizzato dalle rappresentazioni del cavallo e di carri sempre in luoghi elevati, nei quali l'uomo si era rifugiato in seguito al progressivo inaridimento del Sahara. Le figure di questo periodo appaiono notevolmente stilizzate.
L'ultimo periodo, che si prolunga fino ai nostri giorni, vede protagonista il dromedario, animale tipico delle zone aride. Il clima è quello desertico attuale.
I personaggi, le carovane dipinte non sono dissimili dai ritmi di vita degli attuali abitanti. Accanto alle immagini compare una scrittura che ha i caratteri dell'alfabeto ancora in uso presso i Tuareg.
L'artista sahariano nella scelta delle pareti da usare teneva conto delle condizioni climatiche del suo tempo. Per i graffiti prediligeva rocce che davano maggior risalto all'immagine quali blocchi d'arenaria in piena esposizione; per le pitture invece prediligeva nicchie protette dalla luce e dalle intemperie.
Il progressivo inaridimento del Sahara ha certamente contribuito alla conservazione per così lungo tempo di queste opere, che tuttavia non sfuggono al degrado sia naturale che provocato dall'uomo. Le rocce si disgregano per la forte escursione termica e l'erosione eolica tanto che le opere giunte a noi sono solo una minima percentuale di quelle realizzate. Il crescente numero di visitatori interessati a questa arte sahariana rischia di comprometterne la conservazione. Infatti nella condizione di estrema aridità del Sahara anche la respirazione, con l'aumento di umidità, provoca la dilatazione della roccia e una graduale disgregazione, con conseguente perdita di questi preziosi reperti.

1. L'Algeria e le oasi sahariane

L'Algeria, messa da parte ogni preclusione ideologica nei riguardi del turismo, ha dato il via alla costruzione di grandi alberghi lungo la costa e nelle sue oasi. La capitale Algeri, disposta ad anfiteatro intorno alla baia omonima, come tutte le città del **Maghreb,** presenta una parte europea in stile coloniale dai sempre più sviluppati quartieri moderni, che si estendono lungo la costa per 20 km. La **medina** domina il porto con il famoso quartiere della **Kasbah** (XVI sec.), caratteristico intricatissimo dedalo di viuzze commerciali tra bassi edifici bianchissimi coperti da terrazze e cupole. Il paese offre i più interessanti itinerari nel deserto sahariano. Il più frequentato è quello che partendo da Algeri per Ghardaia e Tamanrasset raggiunge Kano.

Il deserto sahariano è vivacizzato da numerose oasi, verdi microcosmi isolati, quasi una sfida al rigore del deserto. L'oasi nasce spontaneamente quando la falda freatica è prossima al suolo; cresce e diventa importante dal punto di vista agricolo quando la si trasforma con duro lavoro e con sistemi irrigui in palmeti, frutteti e campi coltivati. Le oasi ebbero, tra il XIII e il XV sec., un ruolo importantissimo quale scalo per le carovane che trasportavano oro e altre merci dagli Imperi sudanesi al Mediterraneo. Esse hanno rappresentato sempre tappe essenziali e centri di mercato, ove com-

prare e vendere non è solo un'attività commerciale, ma un'occasione sociale ancor oggi insostituibile per gli abitanti dell'immenso spopolato territorio. Dopo giorni di marcia, una folla eterogenea che proviene da sperduti attendamenti o da villaggi sparpagliati, si accalca sotto il sole bruciante tra le capanne. Sul suolo polveroso sono ammucchiate le più disparate, povere merci. Oggi l'oasi tradizionale è in declino, il numero dei lavoratori agricoli è drasticamente diminuito, i governi dei paesi sahariani puntano su una differente organizzazione della loro economia sollecitandone lo sfruttamento turistico oggi in continuo aumento.

Sahara algerino presso Djanet. Nell'ambiente sahariano, sempre più attraversato da veicoli a motore, è possibile incontrare le tradizionali carovane di dromedari. [da Géo, dicembre 1984]

Le oasi della Mauritania stanno lentamente scomparendo soffocate dalla sabbia, non riescono a rimanere in vita dopo la fine del commercio transahariano e dopo l'esodo della popolazione verso le miniere di ferro e verso la capitale.

Il Sahara algerino conserva un'interessante Pentapoli: ogni città è un'oasi con il proprio palmeto diviso in tante proprietà private. Queste cinque città-fortezza, vecchie di secoli furono costruite dai fuggitivi **mozabiti** e organizzate in modo tale da rafforzare il legame fra città e città per mantenere uniti i suoi abitanti all'interno del mosaico di razze algerino. Inoltre fu realizzata una vasta rete di *foggara* per rendere produttiva la maggior superficie possibile tant'è che queste oasi si presentano con giardini di palme e coltivazioni.

Ghardaia è il centro più importante della Pentapoli. Si tratta in realtà di ben 8 oasi, scavate faticosamente nella nuda roccia calcarea. I più antichi centri abitati, bianchissimi, sono localizzati in alto su sporgenze facili a difendersi. Ghardaia dalle case di pietra ammassate e separate da strade strette e tortuose, domina una conca dallo sprone roccioso.

Tamanrasset, Tam come la chiamano i frequentatori del deserto, si trova nel Sud algerino, a 400 km dal confine nigeriano. È la più elevata oasi sahariana, a 1400 m di quota, sul massiccio dell'Hoggar. Città mitica, oggi rischia di esplodere demograficamente per la continua immigrazione di rifugiati provenienti dal Sud ed è divenuta incrocio di razze, di speranze e di avventure. Tam, ove convergono le piste sahariane più interessanti, è il deserto alla moda e il visitatore ne ha scoperto la magia. Quest'oasi costituisce oggi un richiamo non più per i mercati e per il folclore locale, ma per i grandi avventurosi viaggi, diventati quasi, ormai, un fenomeno di massa.

Il pittoresco mercato dell'oasi di Ghardaia. [da Géo, *dicembre 1984]*

Panorama dell'oasi algerina di Ben-Isguen, prossima alla più nota Ghardaia. [SEF, Torino]

Le più belle oasi del Sud marocchino sono ubicate lungo il corso dell'*Uadi* Draa. Una lunga striscia di verde esuberante esalta la possibilità di vita in un paesaggio di montagne pietrose. La vegetazione appare straordinaria proprio perché sboccia, cresce e si oppone allo squallido ambiente circostante. È il tipico esempio di coltivazione a piani: in alto le palme da dattero e le tamerici, la cui ombra protegge le piante più fragili e gli alberi da frutto; in basso, a far da sottobosco, il miglio, i legumi, il foraggio e l'immancabile hennée. Questa successione di palmeti sembra difesa da una serie di villaggi fortificati, (Ksar), raggomitolati su se stessi per non sottrarre terreno alle coltivazioni. Le costruzioni in terra battuta hanno il tetto a terrazzo chiuso da torri merlate. Questi castelli in terra rossa sembrano giochi di bambini, anacronistici con la loro funzione di roccaforte.

Le più conosciute oasi del Sud tunisino sono meta del turismo organizzato internazionale. Infatti il tour delle oasi è una proposta sempre più accettata da turisti che cercano il deserto comodo o a portata di mano. Torpedoni climatizzati si affacciano a ridosso delle dune, nugoli di bambini festosi accerchiano i visitatori offrendo loro datteri e chiedendo in cambio qualche dinaro. Il grande consumo di acqua dei grandi alberghi compromette l'equilibrio della falda freatica, qualche sorgente si esaurisce, altre diminuiscono la portata ed è necessario installare pompe sempre più potenti e a maggior profondità. Immancabile è la foto-ricordo che i turisti si fanno scattare a dorso di dromedario o di asino.

Nel deserto sahariano un annuale appuntamento sportivo, che acquista sempre più notorietà e numero di partecipanti, è la Parigi-Dakar, gara cui partecipano camion, autovetture, motociclette. Il rally prese il via nel '79 riservato alle sole motociclette, in seguito fu esteso anche alle autovetture, poi ai camion e più tardi alle macchine da corsa. Il regolamento consente l'uso di ricambi solo se portati da camion o vetture regolarmente iscritte in gara. Si tratta di un viaggio nella sabbia con un percorso di 700-800 km di piste seminate di insidie, in cui si cerca solo di arrivare incolumi alla fine di ogni tappa. Questa competizione, unica nel suo genere che mette a dura prova piloti e motori viene da alcuni contestata per i numerosi incidenti, spesso mortali.

Un insostituibile passaggio fra l'ambiente sahariano e le savane è la vasta area del lago Ciad, importante tappa e centro di rifornimento per carovane e moderni convogli (Djamena, ex Fort-Lamy). Per questo il lago è suddiviso tra ben 4 stati e il Camerun si è proteso con una sottile striscia per comprenderlo nei suoi confini. Il Ciad brilla come uno splendido occhio verde, la flora è rigogliosa e la fauna, sia acquatica che terrestre, è molto varia. Negli ultimi anni esso si è molto ridotto.

La penetrazione araba nell'Africa nera spinse una tribù a rifugiarsi nel lago. I loro discendenti, gli attuali Kotoko, vivono di allevamento, di pesca e del nacron, sale estratto dalle acque e dalle erbe del lago. Caratteristiche sono le isole costituite da un intrico di erbe e di papiri, ricche di prezioso foraggio. Fra esse i Kotoko si muovono a nuoto con le mandrie per raggiungere i pascoli flottanti.

Africa Nera

Questa parte dell'Africa, compresa nella zona torrida è abitata soprattutto da popolazione nera. La morfologia prevalentemente di altopiano, sia pure complicata ad Oriente da fosse tettoniche e imponenti apparati vulcanici, condiziona il clima, rendendolo di tipo subequatoriale, con grande sviluppo delle savane. È quindi l'ambiente dei grandi erbivori e carnivori, maggiore attrattiva di quest'Africa.

L'organizzazione tribale della popolazione ha polverizzato la razza negrida diversificandola per linguaggio, costumi e aspetto fisico. Per le difficoltà di comprendersi si usa correntemente la lingua dei colonizzatori, soprattutto il francese e l'inglese. Molti gravi problemi africani sono la conseguenza della passata colonizzazione. In particolare la divisione indiscriminata del territorio, che non ha tenuto conto dei confini geografici né delle caratteristiche etniche, ha contribuito, dopo l'indipendenza, alla diffusa instabilità. Dagli anni '60 continua la ricerca di una propria identità politica ed economica da parte dei nuovi stati, spesso contesi tra le grandi potenze e la riscoperta e valorizzazione delle proprie tradizioni culturali. Una caratteristica negativa comune a molti paesi è l'accesa rivalità tra leader per imporre la propria supremazia.

Le caratteristiche morfologiche e climatiche, la vastità del territorio, la bassa densità di popolazione, il modesto reddito pro capite condizionano negativamente lo sviluppo delle vie di comunicazione. Le principali linee di penetrazione sono state costruite dai colonizzatori a scopo commerciale. I nuovi stati hanno preferito puntare subito sullo sviluppo delle linee aeree, che coprono enormi distanze, suppliscono alla carenza di strade e ferrovie e superano le difficoltà di gestire linee terrestri in comune con paesi non sempre amici.

Il movimento turistico, pur essendo in aumento, è ben lontano dai valori numerici di alcuni paesi dell'Africa Bianca. Kenya e Tanzania emergono per numero di presenze. La provenienza è soprattutto europea, più consistente quella di Francesi e Inglesi che, ritrovando la lingua e alcune proprie abitudini, trascorrono un più gradevole soggiorno. È comprensibile perché una buona affluenza turistica si verifichi anche nei mesi invernali: è sicuramente una grande attrattiva per il turista dell'emisfero settentrionale lasciare i rigori e le nebbie e, dopo poche ore di volo, trovarsi nel pieno dell'estate.

Il Kenya conserva attrezzature del periodo coloniale ben inserite nell'ambiente. Le **multinazionali,** intervenute nel settore turistico con ingenti capitali, hanno realizzato grandi complessi recettivi e ne controllano ogni forma di gestione e di organizzazione.

I Paesi del Golfo di Guinea posseggono presso le capitali strutture per una clientela d'élite, che potenziano via via che aumenta la domanda.

	STATO	
	Moneta	
	Lingue ufficiali	
	Religioni	
Popolazione	Superficie in migliaia kmq	
	Abitanti in milioni	
	Densità ab/kmq	
	Reddito pro capite $	
	Tasso urbanizzazione %	
Vie di comunicazione	Strade (km)	
	Autostrade (km)	
	Ferrovie (km)	
	Aeroporti	
	Porti	
Dati turistici	Turisti	
	Visitatori	
	Bilancia turistica $	attivo
		passivo
	Numero camere	
	Tasso di occupazione %	
	Paesi di provenienza %	
	Arrivi	per vacanze
		per affari
		altri motivi
	Periodo max flusso	
	Mezzi di arrivo %	Aereo
		Terra
		Mare

1. Vie di comunicazione

In tutta la regione le comunicazioni non sono facili.

Le linee ferroviarie, costruite con il solo scopo di esportare prodotti coloniali, sono ancora utilizzate soprattutto per il trasporto di merci. Nell'A-

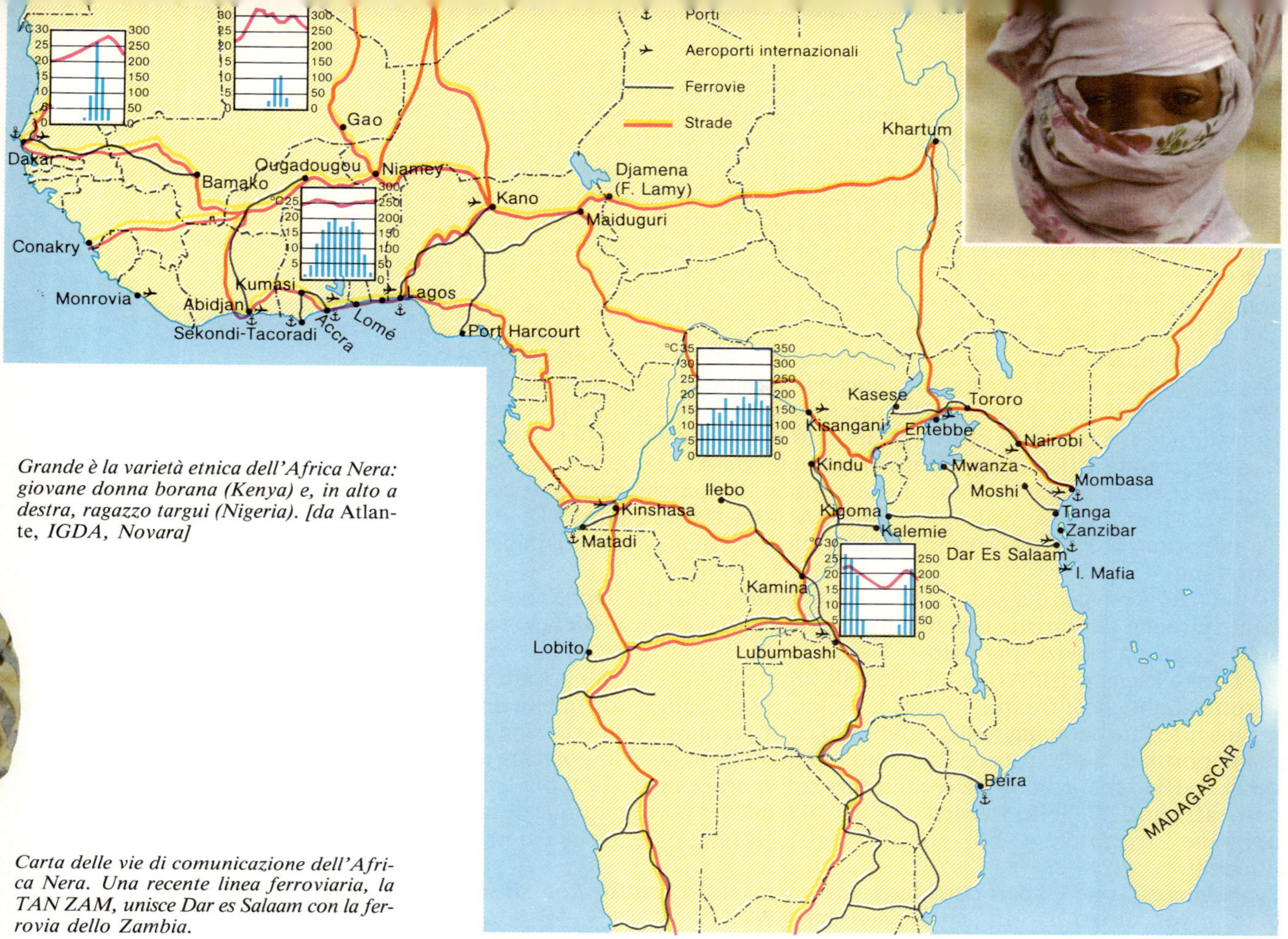

Grande è la varietà etnica dell'Africa Nera: giovane donna borana (Kenya) e, in alto a destra, ragazzo targui (Nigeria). [da Atlante, *IGDA, Novara]*

Carta delle vie di comunicazione dell'Africa Nera. Una recente linea ferroviaria, la TAN ZAM, unisce Dar es Salaam con la ferrovia dello Zambia.

SENEGAL	COSTA D'AVORIO	GHANA	NIGERIA	KENYA	TANZANIA
Franco CFA	Franco CFA	Cedi	Naira	Scellino del Kenya	Scellino
Francese Lingue sudanesi	Francese Lingue sudanesi	Inglese Lingue sudanesi	Inglese Lingue sudanesi	Swahili Inglese	Kiswahili Inglese
Musulmana	Animismo Musulmana	Cristianesimo Animismo	Musulmana	Animismo Cristianesimo	Musulmana Cristianesimo
196	322	238	924	582	939
6,6	10	15	99	22	23
33	30	60	105	35	25
132	750	390	289	361	157
36	45	32	33	22	29
13 968	53 636	28 300	124 000	54 163	59 732
1 186	1 177	953	3 524	1 937	4 460
Dakar	Abidjan	Accra, Takoradi Kumasi	Lagos Kano	Nairobi, Mombasa Malindi	Dar es Salaam
Dakar	Abidjean (Port Bouet)	Tema Takoradi	Lagos Port Harcourt	Monbasa	Dar es Salaam Tanga
256 000	178 000	114 000	340 000 ('85)	677 000	
					188 000
123 ('87)	53 ('87)	23	78 ('87)	410	25 ('86)
42 ('84)	163 ('87)	12 ('87)	38 ('87)	24 ('87)	15 ('86)
6 042	6 116	4 803	18 000 ('86)	12 900 ('86)	5 170 ('87)
36	46	76 ('87)	75 ('86)	53 ('87)	35 ('83)
Europa 75 Africa 17	Africa 50, Europa 40 (Francia 29)	Africa 75 Europa 16		Europa 60 (Ger. 18, Gr. Bret. 13, Italia 6) Africa 20 USA 10	Europa 38 (Gr. Bret. 11) Africa 42 N. Amer. 12
41 59	32 ('86) 35 ('86) 14 ('86)	50 44 6		77 11 12	66 24 10
dicembre-aprile	gennaio-marzo	marzo-aprile novembre-dicembre		novembre-marzo luglio	gennaio luglio-agosto
100	100	68	96	87	42
		30	4	8	57
		2			

frica occidentale le linee più importanti sono: Dakar-Bamako (Mali), Abidjan-Ouagadougou (Burkina Faso), in Nigeria la Lagos-Kano-Nguru, la Port Harcourt-Kano e la Port Harcourt-Bauchi-Maiduguri. In Africa orientale la rete ferroviaria collega la costa indiana alle sorgenti del Nilo ed è imperniata sulla linea Mombasa-Nairobi-Kampala (Uganda), con diramazioni verso i principali centri dell'altopiano. In Tanzania la Dar es Salaam-Tanga-Moshi prosegue in Kenya, mentre la Dar es Salaam-Tabora si dirama raggiungendo il lago Vittoria a Mwanza e il lago Tanganica a Kigoma. I Cinesi hanno costruito la Tan Zam che si collega, nello Zambia, con la linea proveniente dallo Zaire.

Per l'immensità della regione, esigua è la rete stradale, in gran parte costituita da piste in terra battuta, impraticabili durante le piogge zenitali. Strade asfaltate ricalcano le principali linee ferroviarie, altre di recente costruzione uniscono i maggiori centri alle località balneari e ai parchi nazionali. Il movimento turistico è particolarmente intenso in Africa occidentale sulla litoranea Abidjan-Accra-Lagos; nella regione dei parchi nazionali sulle: Nairobi-Mount Kenya, Nairobi-Arusha e Arusha-Dar es Salaam. Di grande importanza è la transcontinentale Conakry-Niamey-Kano-Djamena-Khartum.

Il Niger è navigato a scopi soprattutto commerciali, ma anche con battelli e piroghe dai turisti. I laghi Vittoria, Kiwu, Tanganica, Malawi sono attraversati da servizi traghetto.

Lungo le coste dell'Africa occidentale molti sono i porti importanti per le rotte atlantiche e fra questi emerge Dakar. Superando la difficoltà delle lagune infestate da **mangrovie,** sono stati costruiti nuovi, modernissimi impianti portuali. Sulle coste dell'Oceano Indiano Mombasa è importante nodo di traffico marittimo. Da secoli i mercantili arabi fanno la spola tra la costa africana e il Golfo Persico. Dar es Salaam è un porto naturale dotato di buone attrezzature e utilizzato per i traffici d'oltremare anche dai paesi limitrofi.

Numerosi sono gli aeroporti internazionali, spesso con funzioni di scalo, con voli diretti dai principali paesi europei.

L'incontro tra un funzionario inglese e i capi Yoruba è raffigurato nei rilievi dei portali in legno del palazzo di Ogoga, in Nigeria.

2. Caratteristiche fisiche e antropiche dell'Africa occidentale

L'Africa occidentale comprende un vasto tavolato che si sviluppa dal Sahara alla costa bassa e sabbiosa del Golfo di Guinea, tra l'Atlantico e il bacino del Lago Ciad, con periferici, isolati rilievi. Dal nord il Sahara invia sul territorio aria calda, secca e polverosa, che talvolta si trasforma nel violento vento harmattan; dall'Atlantico, tra luglio e dicembre, proviene aria calda e umida. La lotta fra queste due forze è determinante per le sorti della regione: quando vince l'harmattan vi è la siccità. Gran parte del territorio gravita sul bacino del Niger e da nord a sud si distinguono due diversi ambienti: quello arido costituito dal deserto e dalla steppa e quello umido co-

A sinistra. Un centro di raccolta del cotone in un villaggio del Burkina Faso. [L. Ricciarini, Milano/N. Cirani]

Una veduta aerea dell'isoletta di Gorée, di fronte a Dakar. L'isola era anticamente un centro di smistamento degli schiavi. Dakar è oggi la capitale del Senegal e una delle principali città dell'Africa Occidentale. [L. Ricciarini, Milano/N. Cirani]

stituito dalla savana, con la foresta a galleria lungo i fiumi, e dalla foresta pluviale. La popolazione è costituita da Neri sudanesi.

Sbalorditiva è la recente evoluzione di questi paesi, dopo l'indipendenza raggiunta negli anni '60, particolarmente nei centri costieri. Si nota una forte crescita dell'inurbamento che ha determinato nelle capitali la presenza di edifici modernissimi e grattacieli, circondati da **bidonvilles** ove trova rifugio una sempre più alta percentuale di disoccupati. La fuga dalle campagne è in aumento: è drammatica nei lunghi periodi di siccità, particolarmente frequenti nelle steppe del **Sahel.**

3. Turismo lungo le coste

Il movimento turistico nei paesi dell'Africa occidentale è ancora numericamente limitato. Si tratta soprattutto di turismo internazionale. Il movimento interno è inesistente per il basso reddito pro capite della popolazione locale. Le città più visitate sono quelle dotate di aeroporti con funzione di scalo internazionale, la costa tuttavia è in crescente valorizzazione e sempre più vasta è l'attrezzatura turistica di alta qualità.

Dakar, capitale del Senegal, sorge in un'ampia baia riparata dalla penisola del Capo Verde. La città moderna, dalla pianta regolare, comprende il quartiere degli affari, quello residenziale e la zona industriale. Il quartiere africano, la medina, è costituito da povere case e baracche in continua espansione. Vicino all'aeroporto Yoff, presso una magnifica spiaggia che

Cenni storici e caratteristiche culturali dell'Africa occidentale

In passato l'Africa occidentale fu la terra dell'oro e degli schiavi. Fin dal IV secolo sorsero potenti regni come quello del Ghana, che fu seguito dal regno del Mali (XIII sec.) e del Songhai (XV sec.).
Altri regni sorsero nell'attuale Nigeria dove dal V al XVIII sec. fiorirono civiltà le cui uniche testimonianze pervenuteci sono quelle di Nok, Ife, Owo, Benin. Erano stati retti da un re-dio attorniato da numerosi burocrati, la loro economia era agricola, ma vivevano in villaggi e città murate nel cui centro risiedevano re ed artisti.
L'arte di Nok, la più antica, si è espressa con opere in terracotta dalle forme massicce e stilizzate, caratterizzate dalla foratura degli occhi, del naso e della bocca.
L'arte di Ife rappresenta esseri umani con tale realismo da far supporre intenzione ritrattistica. Oltre alla terracotta veniva lavorato rame e sue leghe. Ife, il centro politico e religioso, esercitava il suo potere su una serie di piccoli regni i cui tributi consentivano di acquistare rame e altri metalli assenti nella regione.
L'arte di Benin è un'arte aulica per rappresentare la sovranità e i suoi attributi superumani. Gli artisti lavoravano per il sovrano in regime di monopolio, con la proibizione, pena la morte, di produrre per altri. La produzione artistica Benin di oggetti in bronzo, ferro e avorio va dal XIV sec. alla fine del XIX sec.
Questi regni furono continentali poiché la scarsa portuosità naturale delle coste subsahariane permise solo vie di comunicazione terrestri. L'introduzione dei camelidi dall'Asia rese possibile, fin dai primi secoli dopo Cristo, lo svolgersi di viaggi regolari attraverso il Sahara e, nel VII sec. con l'arrivo degli Arabi, iniziò un intenso commercio transahariano soprattutto di oro, la cui abbondanza nella regione era nota da tempo.
Gli Arabi influirono sulla cultura delle popolazioni più settentrionali residenti nelle savane e vi diffusero la loro religione.
L'arrivo degli Europei (XV sec.) dirottò i commerci verso il mare e segnò la decadenza di quei regni. Successivamente la tratta degli schiavi (XVI-XVIII sec.) li devastò completamente. Invece altri regni localizzati sulla costa guineense trassero potenza dal contatto con i Bianchi. Passando da una forma di baratto alla circolazione di moneta, si svilupparono i commerci e mutò l'economia. Alcuni capi specularono sulle ricchezze del sottosuolo e sullo schiavismo, a spese dei propri sudditi e di tribù più deboli.
Gli Europei sottovalutarono a lungo queste civiltà che furono ad altissimo livello, anche se numericamente limitate e quindi non in grado di compensare il carattere primitivo della società africana subsahariana in generale.
Le tradizioni culturali dell'Africa nera sono forti e originali, le distingue un profondo umanesimo in cui le entità spirituali sembrano avere la stessa realtà di quelle fisiche e i vincoli che uniscono gli spiriti alla materia legano i morti ai vivi.
È universalmente noto che anche nei paesi dell'Africa nera si sono sviluppate, prima della colonizzazione, civiltà fiorenti. Così afferma lo scrittore nigeriano Chinua Achebe: «gli Africani non hanno sentito parlare per la prima volta di cultura dagli Europei; le loro società non erano senz'anima, ma spesso avevano una filosofia di grande profondità e bellezza, avevano poesia e soprattutto dignità. Proprio questa dignità molti Africani persero quasi interamente durante il periodo coloniale, ed è questa dignità che devono riguadagnare oggi».
Nelle università europee illustri professori incitavano i primi studenti dell'élite nera ad assimilare la civiltà occidentale, in quanto provenienti da un mondo inesistente. Queste teorie portarono a un movimento di riflusso verso le sorgenti delle civiltà africana. La «negritudine», una parola e un'idea per la prima volta espresse da Aimé Cesaire della Martinica e poi dal poeta e uomo politico Senghor del Senegal, furono successivamente divulgate nel mondo intero da Sartre. In America negli anni '20 nacque il «panafricanismo», movimento di idee e di libertà volto alla ricerca della personalità, rimasta soffocata e ottenebrata da secoli di sottomissione ai Bianchi.
La mancanza di scrittura presso i popoli neri ha favorito la misconoscenza delle loro civiltà. Gli Africani avevano elaborato la lingua del tamburo. Il tamburo non usa una specie di alfabeto Morse, ma è una vera e propria scrittura che si rivolge all'orecchio invece che all'occhio. Come mezzo di trasmissione di notizie esso è superiore alla scrittura in quanto più veloce e inoltre può raggiungere simultaneamente un gran numero di persone. L'importante funzione di conservare le notizie era affidata a suonatori di tamburo di stato, la cui formazione durava decenni. Oggi la lingua del tamburo è quasi estinta. L'istruzione scolastica all'europea ha trionfato. Il poeta liberiano Carey Thomas scrive: «la radio che mai si guasta della giungla non rimbomba più sulle colline».
Gli ultimi rappresentanti di questi «storiografi» neri sono i «griots» (= ricordatori), cantastorie simili ai nostri menestrelli medioevali che hanno il compito di tramandare solamente gli avvenimenti delle tribù e gli antichi atti di coraggio dei capi per rendere liberi e degni i discendenti attuali. Essi sono gli unici depositari della storia e delle tradizioni locali. Compongono filastrocche tramandate di padre in figlio e cantate al suono del tam-tam, oggi purtroppo sostituito spesso dalla chitarra. Senghor ha detto: «ogni "griot" che muore per l'Africa è come una biblioteca che brucia».
Notizie sulle antiche civiltà nere si possono trarre da alcuni documenti di viaggiatori arabi dell'epoca.

l'isola di Ngor protegge dalle onde dell'oceano, vi è uno dei migliori complessi alberghieri dell'Africa occidentale, dotato di spiaggia privata e attrezzature sportive. Nell'isola di Gorée, a 50 km dalla costa, sono ancora visibili il Castello e il Forte, la «Casa degli schiavi», nelle cui misere celle erano ammassati i Neri, perché Dakar era un importantissimo centro di raccolta e di smistamento di schiavi.

Un altro tratto costiero in notevole lancio turistico è quello della Costa d'Avorio, un paese abbastanza ricco di risorse e in espansione economica. Abidjan si sviluppa lungo le molte articolate coste della laguna di Ebrié. Il suo aspetto è modernissimo, a pianta regolare. È chiamata la «Parigi nera». Il quartiere centrale del Plateau presenta grattacieli e arditi edifici in stile moderno, ma in città prevalgono edifici bassi, ville familiari e il verde è largamente diffuso. Il popoloso, poverissimo quartiere di Treichville è animato da un pittoresco mercato. Il cordone litoraneo della laguna è stato tagliato dal canale Vridì, creando un avamporto a Port Bouet, ove ha sede anche l'aeroporto internazionale. L'attrezzatura ricettiva è notevole per quantità e qualità.

All'interno della laguna sono da visitare la Foresta di Banco, Parco Nazionale con una grande varietà di alberi e piante tropicali e Grand Bassam, ex capitale abbandonata dagli Europei in seguito a un'epidemia di febbre gialla. La sua spiaggia, sabbiosa e ombreggiata da palme da cocco è meta domenicale degli Abidjanesi.

Altra ex capitale è Bingerville, in stile coloniale, dagli interessanti giardini botanici. Nella parte orientale della laguna le bianche spiagge a palmeti di Assinie ospitano un elegante complesso turistico con bungalow e piscine.

Fuori Abidjan lo stato ha costruito una catena di alberghi per venire incontro alla crescente richiesta.

Presso Yamoussoukro, sta sorgendo la nuova capitale con edifici mastodontici, circondata da un grande parco e alberghi per un'improbabile clientela.

Anche le coste del Ghana hanno spiagge dalle sabbie bianchissime alternate a baie, palmeti, dense foreste. Sono sorti centri balneari quali Labadi

La moschea di Bobo Djoulasso nel Burkina Faso. La moschea è costruita con una mistura di argilla, sassi e paglia tenuta insieme da una struttura di pali di legno secondo una tecnica molto diffusa in questa regione dell'Africa. [Titus, Torino]

Ibadan, in Nigeria, una città precoloniale, sorta nel XVIII secolo ad opera degli Yoruba e poi cresciuta durante l'epoca coloniale e dopo. Qui si vede una distesa di case antiche e, sullo sfondo, i moderni grattacieli del centro. [D. Northrup, Boston]

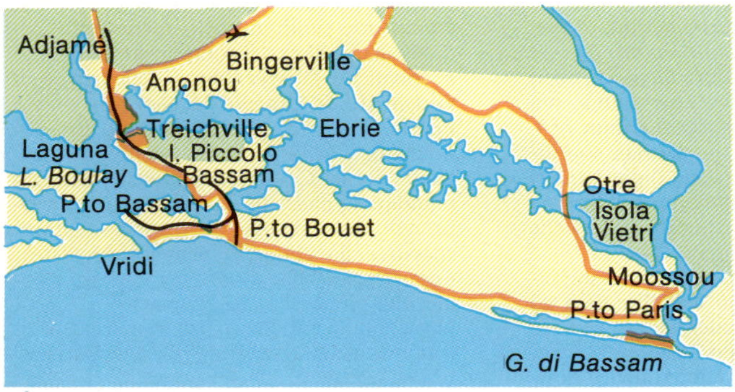

A sinistra. Carta di Abidjan e della laguna di Ebrié. L'area urbanizzata è segnata in rosso.

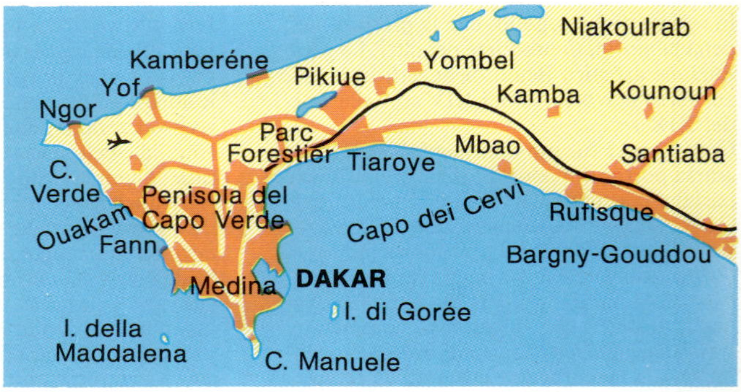

Carta di Dakar.

Un villaggio turistico recentemente costruito ad Assinie in Costa d'Avorio. È un esempio di come in località dotate di potenzialità turistica vengono costruite ex-novo infrastrutture che attivano flussi turistici a volte rilevanti.

Beach, Elmina con il Castello S. Giorgio, il più grande del periodo dello schiavismo, Bushua Beach.

Nell'interna regione dell'Ashanti si possono visitare villaggi ove ancora i re locali siedono in trono circondati dagli anziani e ricevono i turisti, offrendo loro spettacoli folcloristici. Negli interessanti mercati come quello di Bolgatanga si vendono prodotti artigianali: coperte di cammello, lavori in pelle, sculture in legno e bronzo, armi, strumenti musicali.

Espressione dell'arte locale sono i pesi, i più artistici dei quali risalgono al XVII secolo. Presso questo popolo si usava l'oro in polvere come moneta e ogni commerciante possedeva numerosi pezzi che contenevano da 0,02 g fino a 1385 g di polvere d'oro. Erano bilancette, cucchiaini, scodelline, scatole graduate, ma anche figure umane di sembianze grottesche. Ogni peso è unico, porta l'impronta del suo creatore ed è fuso in ottone, rame e, per i più ricchi, in oro.

In Nigeria, il più grande paese del Golfo di Guinea notevolmente arricchito dallo sfruttamento del petrolio, numerose sono le città importanti. Prima fra tutte Lagos, stimata a 5 milioni di ab.; sviluppatasi disordinatamente su di una laguna collegata al mare dal canale Mac Gregor, offre notevoli attrezzature turistiche in stile occidentale come a Victoria Beach. È in costruzione, nel cuore del paese, la nuova capitale Abuja.

L'antica città di Ibadan, sede della principale Università del paese, con i suoi 800 000 abitanti, rappresenta il più grosso centro del mondo con popolazione interamente nera.

Kenya e Tanzania

Questi due paesi presentano una morfologia tabulare uniforme, con un'altezza media di circa 1000 metri. La compattezza dei tavolati è rotta da un susseguirsi di fosse tettoniche, spesso occupate da lunghi, profondi laghi e dalla grande depressione della Rift Valley. Gli imponenti massicci isolati del Kenya e Kilimangiaro superano i 5000 m. La fascia costiera è costituita da terreni alluvionali e si affaccia su coste basse, a tratti paludose, con abbondante vegetazione di **mangrovie** e a tratti sabbiosi, con isolotti e barriere coralline.

Benché siano regioni equatoriali l'altitudine attutisce l'elevatissima temperatura e favorisce l'insediamento umano. Le condizioni climatiche sono quindi abbastanza stabili e gradevoli, il dì molto soleggiato e la notte fresca. Sulla costa invece le temperature sono più elevate e l'acqua del mare si mantiene tra i 23° e i 26° tutto l'anno.

La popolazione è costituita in massima parte da Bantù, suddivisi in numerosi gruppi tribali, le lingue ufficiali sono lo Swahili (antico idioma nel quale confluiscono il Bantù e l'Arabo) e l'Inglese.

Sono paesi ben lontani dal decollo economico, per questo tanta importanza riveste il movimento turistico, legato alla moda delle mete esotiche e del «safari» fotografico, che fortunatamente ha preso il posto della caccia grossa. La parola «safari», di derivazione araba, significa in lingua swahili: viaggio. Questo «viaggio» non assomiglia più alle eccitanti spedizioni esplorative, ma, benché minuziosamente preparato da operatori turistici, mantiene il fascino dei cieli, dei grandi spazi, del mondo delle savane, degli animali esotici e delle regole tribali dell'Est Africa.

L'apprezzabile flusso turistico diretto ai parchi nazionali e ai centri balneari ha determinato lo sviluppo di buone attrezzature.

Nairobi, a 1700 m d'altezza, sorta per iniziativa europea quale centro di traffico ferroviario, scelta dai colonizzatori bianchi grazie al suo fresco clima di montagna, è ora un centro di turismo internazionale. La città colpisce il visitatore con i suoi grattacieli, alberghi di lusso, viali ombreggiati, parchi e giardini lussureggianti di buganvillee, gelsomini, ibischi. Nei quartieri residenziali, stranieri e borghesi kenyoti conducono ancora una vita di stampo coloniale. È una città cosmopolita, ove il fascino dell'Africa si mescola al comfort europeo. Si trovano i «big stores» di Londra, i bazar di Bombay, ristoranti cinesi, italiani, africani. Merita una visita la collezione preistorica del Museo Nazionale, quale documento sulle origini dell'umanità. Catalogato con il n. 1470, il teschio di 2,5 milioni di anni fa, rinvenuto sulla costa orientale del lago Turkana, ha surclassato i reperti umani di Giava e Cina.

Anche nella gola di Olduvai, nella vicina Tanzania, furono ritrovati fossili di 1 650 000 anni fa, considerati appartenenti ai più antichi esseri umani in grado di usare pietre e bastoni. Gli scienziati sono propensi a credere che questa zona dell'Africa orientale, grazie alle condizioni climatiche e topografiche favorevoli, sia stata la culla del genere umano.

Arte africana

Seppur con diverse tradizioni stilistiche numerose sono le sculture rinvenute in varie località dell'Africa Nera e oggi esposte nei principali musei del mondo. È questa un'arte essenzialmente tribale, espressione di singole società, attinente ad attività sociali e rituali di un determinato gruppo; per questo va interpretata alla luce della conoscenza globale delle attività socio-culturali. Quest'arte, mai fine a se stessa, interpreta il compito della comunicazione verbale. L'arte diventa linguaggio che trasmette la cultura e il sapere tribale in una realtà, priva di scrittura qual era quella tradizionale dell'Africa Nera.

L'arte tribale africana utilizza simboli che hanno lo stesso significato per tutta la comunità. L'opera diventa patrimonio collettivo i cui principi formali interpretati dall'artista sono condivisi dal gruppo che giudica e riconosce l'artista stesso; i canoni stilistici tribali sono però solo in parte vincolanti e consentono una certa libertà interpretativa dell'artista determinando così l'originalità della creazione.

Il contributo più significativo della tradizione artistica africana sono le maschere e la statuaria lignea di antenati, considerati elementi di mediazione tra mondo reale e mondo superumano, indispensabili nei rituali sacri e sociali.

La maschera nella civiltà occidentale vuole significare incognito e annullamento della personalità, nel mondo africano invece essa ha per scopo la materializzazione di un'i-

Pagina di fronte. Terra di safari è oggi il Kenya della propaganda turistica. Alle battute di caccia grossa si è però andato sostituendo il teleobiettivo. Un album con foto di animali e di ambienti della savana è comunque sempre una peculiare esperienza turistica. [Speranza, Milano]

La mole conica del vulcano spento Kilimangiaro (5895 m) si erge ripida e isolata sull'altopiano ed è riconoscibile in un raggio di 500 km. [A. Regaldi, Torino]

Bassorilievo dell'Arte di Benin raffigurante un dignitario seduto tra due servitori. L'Africa non ha prodotto arte decorativa fine a se stessa, poiché per gli Africani la bellezza non è una categoria isolata, ma deve essere funzionale, tanto che in molte lingue africane i concetti di utilità, bontà e bellezza confluiscono in una sola parola. I gioielli africani, tanto ricercati dai turisti, sono creati con materiali non preziosi, ma dai profondi significati magici, religiosi, simbolici. [British Museum di Londra]

dea, la dimensione simbolica e non il travestimento della persona. Nella maggior parte dei casi è in legno scolpito, si arricchisce di corna, denti, pelle, ossa, piume, semi, conchiglie, capelli. Queste aggiunte hanno una loro ben precisa funzione e non sono semplici decorazioni. La grande varietà tipologica delle maschere prodotte da ciascuna cultura è sintomatica delle molteplicità dei suoi usi. La maschera è elemento essenziale in occasione socio-rituale del gruppo. Nei riti d'iniziazione puberale la maschera ha il compito di trasmettere le conoscenze tribali e le regole comportamentali; durante i funerali essa è l'elemento catalizzatore delle forze avverse e mezzo per neutralizzarle; nelle funzioni politico-giudiziarie la maschera dai tratti paurosi evoca potenze soprannaturali ed ha una funzione di controllo sociale.

La statuaria, altra espressione artistica africana, consiste nella raffigurazione degli antenati e riflette l'importanza delle relazioni di parentela estesa anche al mondo dei defunti. Quello degli antenati non è un ritratto ma riproduce la loro immagine idealizzata, sentita come forza vitale per i suoi discendenti e come mediazione fra il mondo dei vivi e degli dei.

Le arti nere, a lungo appannaggio di pochi amatori e collezionisti, nella prima metà del '900 contagiarono il mondo degli artisti e degli storici d'arte europei innescando a volte adesioni entusiastiche, a volte vivaci polemiche ma contribuendo al processo di rivoluzione delle arti plastiche, che l'Occidente stava vivendo in quel periodo. Nuove correnti quali il cubismo, l'espressionismo, il futurismo e il fauvismo erano alla ricerca di nuove soluzioni prospettiche e di forme espressive diverse da quelle convenzionali.

Il movimento cubista soprattutto che si preoccupava di come organizzare i volumi, e della tridimensionalità nell'arte, trovò risposta nella plastica africana ove ciò che interessa è l'organizzazione armonica delle forme e non è mai copia di un oggetto reale. Soprattutto Picasso e Braque trasportarono nelle loro sculture con una innovazione rivoluzionaria, le tecniche espressive e l'organizzazione dei volumi dell'arte nera che sfrutta il vuoto oltre alla massa.

L'arte africana divenne una moda, furono allestite mostre ed esposizioni, si accesero dibattiti letterari a sostegno e a discredito delle arti primitive.

Negli ultimi venti anni una serie di operazioni culturali come la creazione di nuovi musei specializzati a New York, a Parigi, a Dakar ha contribuito ad eliminare l'equivoco di considerare l'arte nera in funzione delle informazioni che fornisce su una certa cultura e di rivedere l'arte nera con lo stesso metodo di valutazione formale valido per le grandi culture dell'Oriente e dell'Occidente.

La società tecnicistica ha portato scompiglio nell'arte tradizionale, ne sono sorte forme commerciali, meno genuine e raffinate, ma più comprensibili al turista alla ricerca solo del «souvenir», come la cosiddetta «arte da aeroporto».

La moda africana superò i confini dei circoli intellettuali, si affermò con i balletti, con la musica «spiritual» e con il jazz in una più ampia e rapida diffusione.

Il primo impatto con la ricca fauna africana lo si può avere proprio qui nel Parco Nazionale di Nairobi, in un paesaggio collinare dalla varia vegetazione alla periferia della città. Gli animali sono così abituati ai visitatori che, al crepuscolo, si accovacciano attorno alle auto, illuminati dai fari. Questa dimestichezza delle fiere e il gran numero di visitatori fanno assomigliare il parco ad un grosso zoo e visitandolo non si provano certo le emozioni che offrono le altre riserve.

Mombasa, situata sull'isola omonima, in un estuario sull'Oceano Indiano, è allacciata al vicino continente da ponti stradali, ferroviari e da servizi traghetto. Legata per motivi storici, commerciali, culturali più all'Oriente che all'Africa, presenta un miscuglio di svariatissime razze e splendide testimonianze delle più antiche civiltà asiatiche e africane. È un attrezzato centro balneare con chilometriche spiagge di sottilissima sabbia bianca, ombreggiate da palmeti.

I Parchi Nazionali marini di Watamu e di Malindi meritano un'immersione: essi proteggono spiagge di roccia corallina, limpide lagune ricche di multicolori pesci tropicali. Malindi, con il pittoresco porticciolo, l'architettura araba e le sue baie solitarie è uno dei più frequentati e ben attrezzati centri balneari.

Dar es Salaam, in arabo «casa di pace», è il più attivo porto della Tanzania e sorge allo sbocco del canale di Zanzibar sull'Oceano Indiano. La città è molto accogliente, con numerosi confortevoli alberghi e buoni ristoranti. Le moschee, l'architettura di alcune strade rivelano l'influenza araba. Per i turisti Dar es Salaam è soprattutto un paradiso subacqueo.

Cospicui capitali stranieri sono qui affluiti per la realizzazione di numerose strutture.

L'Uganda, paese particolarmente ricco di bellezze naturali ben protette nei magnifici parchi, vive ancora in una situazione di instabilità politica che non favorisce i flussi turistici.

Pagina a fronte, a lato. Dar es Salaam, il più importante porto e nodo commerciale della Tanzania, sorta come residenza estiva del sultano di Zanzibar nella seconda metà del secolo scorso, oggi abitata da circa un milione di persone. [Alan Hutchinson Library, London]

1. I Parchi Nazionali

I Parchi Nazionali costituiscono una delle principali attrattive turistiche dell'Africa Nera. Un capo di stato africano ha dichiarato: «Noi non siamo imbarazzati di non poter mostrare ai visitatori del nostro Paese antiche cattedrali e monumenti, perché le nostre cattedrali e i nostri monumenti sono il patrimonio che ci hanno lasciato i nostri antenati. E cioè la natura».

Secondo stime dell'85, dei circa 7 milioni di turisti internazionali che hanno visitato l'Africa 1,5 circa si sono interessati quasi esclusivamente alla na-

Carta dei Parchi Nazionali dell'Africa orientale.

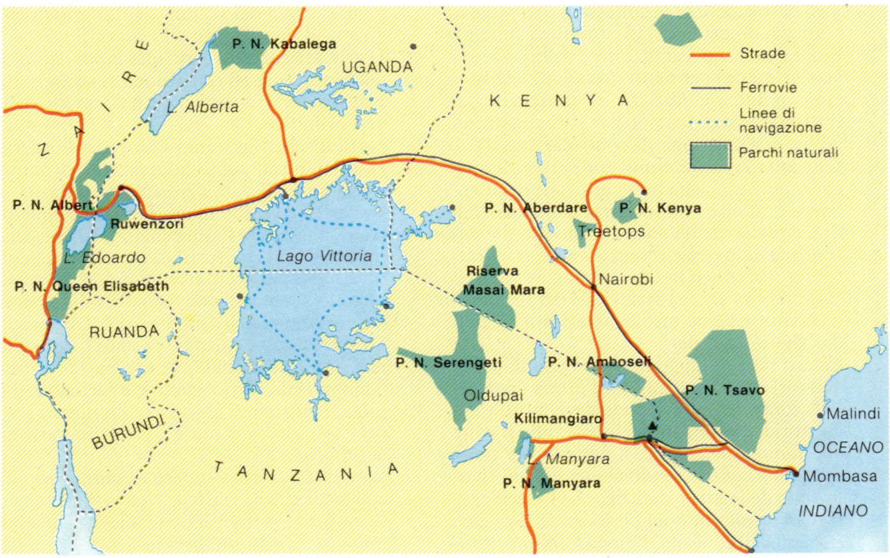

Il baobab dal grosso tronco è un tipico albero della savana africana. [S. Fiore, Torino]

In alto, a destra. Ghepardi e gnu nella savana africana. [N. Cirani/L. Ricciarini, Milano]

Una pista nel Parco Nazionale Arusha (Tanzania). [S. Fiore, Torino]

In basso, a destra. Nelle acque salmastre del lago Nakuru (Kenya), a 1800 m di quota, svernano migliaia di fenicotteri rosa. [Marka, Milano]

Le regioni di Kenya e Tanzania abitate dai Masai hanno mantenuto una natura intatta grazie all'assenza di attività agricola presso questa popolazione. [L. Ricciarini, Milano]

tura, agli animali del Kenya, della Tanzania e dello Zambia.

I numerosi parchi di Kenya e Tanzania offrono varietà di escursioni e di panorami, dalla costa tropicale agli altipiani, dalle cime perennemente innevate del Monte Kenya e Kilimangiaro, ai laghi rosati dal volo di fenicotteri, alla presenza di animali selvaggi e uccelli che vivono in piena libertà.

Sono raggiungibili, oltre che via terra, con aeroplanini da turismo noleggiati nei grandi aeroporti. Si visitano su fuoristrada o su minibus dal tetto apribile, che percorrono piste volutamente accidentate per impedire grandi velocità. I **ranger** sono guide preziose ed esperti conoscitori della zona, delle abitudini e dei movimenti degli animali. Nei parchi esistono hotel, lodge e accampamenti autorizzati. Fra i numerosi ben attrezzati lodge merita ricordare il «Tree tops» caratteristico albergo-rifugio costruito su tronchi d'albero in mezzo alla boscaglia del Parco Nazionale Aberdare. Dalla propria comoda stanza è possibile assistere, di notte, a una sfilata di antilopi, elefanti, rinoceronti, bufali che si accostano all'abbeverata e leccano il sale abbondantemente cosparso sul terreno dagli organizzatori. Il «M. Kenya Safari Club» è un prestigioso complesso costruito su un altopiano a 1800 m, ai piedi del M. Kenya, in un'oasi di giardini, prati, fiori variopinti, laghetti con cigni e fenicotteri. Offre relax a pochi chilometri dall'Equatore, prima di affrontare l'escursione sul M. Kenya. All'inaspettato nevaio si arriva dopo lunghe ore di cammino attraverso una densa foresta che, verso i 3000 m, lascia posto a bambù e poi a grandi radure con alberi, orchidee e fitti rampicanti.

Il Parco Nazionale Nakuru costituisce una importantissima riserva ornitologica con pellicani, marabù, aironi, cicogne e fenicotteri. I dintorni sono popolati da gazzelle, antilopi, babuini.

Il Parco Nazionale Amboseli dominato dalla cima innevata del Kilimangiaro in massima parte in territorio tanzanese è popolato da elefanti, rossi per la polvere e il fango che li ricopre, zebre, leoni, giraffe e rari rinoceronti. Interesse suscita il lago che, secco per la maggior parte dell'anno, dà luogo a miraggi come nel deserto.

Il Parco Nazionale Tsavo è il più esteso (20 900 kmq) ed è attraversato dall'autostrada Nairobi-Mombasa. Caratteristica di questa regione, prevalentemente arida, è la sensibilità ad ogni acquazzone: la vegetazione si risveglia improvvisamente, diventa lussureggiante, piante e arbusti si ricoprono di candidi fiori. Comunque, grazie al recente scavo di numerosi pozzi, la savana sta rinverdendo: crescono boschetti di palme, acacie, biancospino, alberi della mirra e enormi baobab. Nel parco vivono oltre 500 specie di uccelli e, fra le colline vulcaniche, si muovono in grandi branchi elefanti e gazzelle, nei laghetti guazzano gli ippopotami.

Veduta aerea della Chiesa di S. Giorgio a Lalibelà, in Etiopia. Ben visibile è il reticolo complesso di cunicoli scavati nella roccia, attraverso i quali si raggiunge il monumento. [R. Caputo]

Pagina di fronte, a sinistra. Veduta aerea del centro di Nairobi: le ampie strade disposte a scacchiera denunciano l'origine coloniale della città. Nata lungo la ferrovia che collega Mombasa all'Uganda, per la sua posizione d'altura, che le conferisce caratteristiche climatiche piacevoli, e per la presenza di uno dei principali aeroporti africani, Nairobi è il più importante nodo di turismo di transito dell'Africa orientale. [G. Gerster/Rapho-Photo Reserches]

Il Masai Mara Reserve forma un tutto con il celeberrimo parco di Serengeti in Tanzania. Fra dolci colline, boschi di acacie, verdi meandri del fiume Mara si trovano le specie animali più interessanti dell'Africa: elefanti, leoni, leopardi, ghepardi. L'incredibile patrimonio naturale è perfettamente conservato, perché da secoli la zona è abitata dalle tribù Masai, pastori e non cacciatori. I Masai, di origine nilocamitica, mantengono ancor oggi la loro prerogativa di allevatori guerrieri nomadi in Kenya e in Tanzania. Il loro è un allevamento di scarsa utilizzazione perché affidato al pascolo naturale. I Masai, per non depauperare le loro mandrie, non si nutrono di carne, ma di latte e di sangue. Il numero dei capi di bestiame costituisce l'unica risorsa economica ed è fonte di prestigio sociale: per questo nei provvisori villaggi masai il gregge è custodito al centro, ben protetto e sorvegliato dai pastori che vivono in capanne di paglia e fango, tutte attorno al recinto.

Il Parco Nazionale Serengeti è la più famosa riserva della Tanzania. Si calcola sia abitato da moltissimi animali fra i quali leoni, zebre, gazzelle. All'inizio della stagione asciutta (maggio-giugno) la migrazione dello gnu, erbivoro dall'aspetto bizzarro e perciò chiamato il «clown delle pianure», offre uno spettacolo notevole: grandi mandrie in processioni lunghe a volte chilometri e chilometri si spostano verso il Nord-Ovest più umido, lasciando in coda gli animali menomati, facile preda dei leoni e altri carnivori. Nella contigua Area Protetta Ngorongoro, un ampio cratere ricoperto da lussureggiante vegetazione, è ospitata una delle più ricche e complete concentrazioni di animali africani.

Etiopia

Il patrimonio culturale di questo paese è poco conosciuto, specialmente a causa dell'instabilità politica e delle varie difficoltà che il soggiorno presenta.

Le attrezzature ricettive sono costituite da qualche motel di livello internazionale. Il turismo estero è scoraggiato dallo scarso sviluppo di vie e di mezzi di comunicazione, dalla modesta disponibilità di attrezzature e di organizzazione turistica. È una vacanza scomoda ricercata solo da chi ama l'avventura e l'imprevisto.

Alcuni tour operator organizzano viaggi-ricerca e spedizioni in Etiopia che prevedono l'uso di impianti ricettivi nei centri principali come la capitale, l'uso di tende e materiale da campeggio per le altre soste e come mezzo il fuoristrada.

Nei primi secoli della nostra era l'Etiopia era sede del Regno di Axum, che nel IV sec. abbracciò il Cristianesimo, legandosi successivamente alla chiesa copta di Alessandria d'Egitto. L'Impero ebbe relazioni mercantili con le coste dell'Arabia e subì diverse invasioni islamiche tanto che i Musulmani rappresentano oggi il 35% della popolazione. Nel XV sec. l'Etiopia venne in contatto con l'Europa e furono soprattutto i Portoghesi ad aiutare gli Etiopi a raggiungere l'indipendenza.

La principale motivazione turistica del paese sono le chiese copte.

Nell'Etiopia centrale, presso Lalibelà, grosso borgo situato a 2600 m di quota ai piedi di alte montagne, sono concentrate le più famose chiese copte. In questa città il re Lalibelà fece costruire, nel XII sec., copie dei monumenti di Gerusalemme, non essendo possibile, in quei tempi, il pellegrinaggio alla città santa. Egli fece scavare le chiese nella montagna secondo due tecniche: nella prima la facciata veniva scolpita sulla parete verticale di una roccia e il santuario scavato dietro di essa, nella seconda si scavavano, sul piano orizzontale, profondi avvallamenti dal perimetro rettangolare che isolavano un monolite. La chiesa più famosa è quella di S. Giorgio con la pianta a croce greca il cui tetto a fior di terra, è ornato da tre croci inserite l'una nell'altra. Queste chiese sono vere e proprie «sculture» architettoniche. In gennaio la festa religiosa del Timkat (Epifania), che attira grandi folle di fedeli nei luoghi sacri, costituisce una attrattiva turistica.

Il Parco Nazionale dei Vulcani

Gli ecosistemi naturali incontaminati rappresentano la risorsa del turismo naturalistico. Esso, oltre a utilizzare questi ambienti per svago, apprendimento e come isole di tranquillità, è teso anche a non depauperare, anzi a proteggere, spazi geografici, specie animali e vegetali e assume la funzione di laboratorio di ricerca scientifica. Il turismo naturalistico può offrire notevoli vantaggi ecologici, ambientali e culturali, purché sappia instaurare un rapporto corretto con le ricchezze naturali.
La tendenza all'aumento di questo tipo di turismo ha però fatto sorgere un conflitto fra la finalità della conservazione e le esigenze di realizzare strutture e servizi per i turisti, suscitando reazioni contrastanti.
Gli ambientalisti sono in genere preoccupati dall'invasione turistica che rende accessibili e fruibili i luoghi in precedenza dominio incontrastato di piante, animali, popolazioni primitive. Le agenzie di tutto il mondo vendono sempre più pacchetti turistici per l'Antartide, l'Amazzonia, l'Himalaya e le isole Galapagos; il turismo sconvolge habitat rarissimi e particolari con la costruzione di strutture recettive; l'afflusso di visitatori disturba gli animali selvatici, ne riduce lo spazio vitale e ne altera i comportamenti; tradizioni e costumi degli indigeni vengono stravolti da abitudini occidentali.
Alcuni studiosi attribuiscono al turismo naturalistico meriti ai fini della conservazione dell'ecosistema.
Il turismo naturalistico si pratica normalmente nei parchi nazionali, che offrono un ambiente incontaminato, animali e vegetali di specie rare e a volte in estinzione e paesaggi stupendi. Le situazioni ambientali ed i valori variano enormemente da parco a parco, in rapporto con lo stato dei luoghi, con la loro vocazione e con le presenze umane. I parchi e le riserve sono un esempio concreto di come gestire l'ambiente senza intaccare il «capitale» natura in un mondo dove la devastante azione umana è in progressivo aumento in ogni ecosistema della biosfera.
Molti governi dei paesi in via di sviluppo creano di continuo aree protette poiché hanno recepito che esse costituiscono una notevole occasione di reddito senza richiedere grandi investimenti. Questi motivi giustificano la sottrazione di vasti territori al pascolo e all'agricoltura in regioni in cui la popolazione, in drammatica crescita, reclama continuamente nuovi spazi.
Secondo lo IUCN (Unione Internazionale Conservazione della Natura) tutte le aree protette del mondo ammontano a oltre 4 milioni di kmq, ma dovrebbero essere almeno triplicate per avere un campionario rappresentativo dei diversi ecosistemi del pianeta. Dal 1970 l'estensione delle aree protette si è incrementata dell'80%, di cui 2/3 nei Paesi in Via di Sviluppo.
L'idea di proteggere gli ambienti naturali in strutture organizzate allo scopo della preservazione prese corpo negli Stati Uniti nel 1872 quando il presidente Grant istituì il Parco Nazionale dello Yellowstone. Oggi i parchi e le aree protette ammontano a circa 4000.
In USA i parchi nazionali sono proliferati più che in altre parti del mondo, sono i meglio attrezzati ed i più visitati, specialmente dall'imponente turismo interno.
Ma sono soprattutto i parchi nazionali africani che costituiscono lo scopo di viaggi internazionali alla ricerca di paesaggi, fauna e flora esotici. In Africa la grande estensione dell'ambiente della savana, ove vivono grandi carnivori ed erbivori, ove il clima si adatta all'uomo bianco, ove spostarsi è facile, ha favorito l'incremento dei flussi turistici. I parchi nazionali africani fanno usualmente parte dei pacchetti venduti a prezzi molto contenuti da moltissimi tour operator. A questo scopo si sono moltiplicati e ammodernati aeroporti, sono state realizzate nuove vie di accesso e strutture recettive.
Il primo parco nazionale africano, l'Albert, è stato istituito nel 1929 e si estendeva dal massiccio del Ruwenzori a nord, al lago Kivu a sud. Nel 1960, con l'indipendenza degli stati di queste regioni, esso è stato diviso in Parco Nazionale dei Virunga nello Zaire e Parco Nazionale dei Vulcani nel Ruanda.
Una grande varietà di ambienti si sussegue dai 900 ai 5119 m di altitudine del Ruwenzori: la foresta equatoriale di montagna dal sottobosco molto fitto fino a quota 1700 m, più in alto alte erbe e, oltre i 4400 m, il regno delle nevi perenni. I Virunga sono 8 coni vulcanici che si innalzano isolati su una base di circa 2000 m fino ad una quota massima di 4507 m. La dorsale dei vulcani fa da spartiacque fra il bacino del Nilo e il bacino del Congo.
Il Parco dei Virunga e quello dei Vulcani, insieme alla Riserva Kigezi in Uganda, sono l'ultima roccaforte del gorilla di montagna, il grande primate.
Il primo scienziato che si occupò di questo animale fu l'eminente etologo George B. Scheller, negli anni '60. Nel 1966, l'americana Dian Fossey portò avanti i suoi studi e aprì, un anno dopo, il Karisoke Research Centre, cinque casette di lamiera ondulata sparse nella foresta a oltre 3000 m di altitudine sul monte Bisoke, uno degli 8 vulcani Virunga. Nei suoi studi ventennali la Fossey fu affiancata da vari scienziati e studenti, ma anche costantemente disturbata nel suo lavoro da bracconieri, da pressioni di politici e uomini d'affari, giornalisti e anche turisti. La Fossey era convinta della necessità di una protezione su base scientifica dei gorilla. Nelle sue ricerche, instaurò con i gorilla un rapporto di convivenza, di reciproco rispetto. Li proteggeva dal bracconaggio organizzando la distruzione delle trappole, era contraria alla presenza dei turisti perché temeva che i gorilla, animali dalle deboli difese immunitarie, contraessero malattie a contatto con l'uomo. Era in contrasto anche con la popolazione che premeva sempre più per utilizzare aree del parco per le colture. Ciò le procurò non pochi nemici tanto che, nel 1985, fu uccisa nella sua capanna e ancora oggi non si è identificato il colpevole.
Dian Fossey viveva in Ruanda nel Parco Nazionale dei Vulcani, che la sua morte ha fatto conoscere in tutto il mondo. In seguito a questo evento largamente diffuso dai mass media, esso è diventato il parco alla moda e il gorilla ha improvvisamente destato grande interesse.
L'accesso più seguito dai turisti alla visita di questi primati è attraverso questo parco. Il Ruanda è uno dei paesi dell'Africa dall'aspetto più occidentalizzato per l'impron-

ta capitalistica data all'economia dall'attuale regime, è un'Africa con un accenno di industrializzazione, un paesaggio insolito, molto umanizzato, ricco di colture di piantagione. Si tratta di un altopiano sui 1800 m in uno scenario di verdi «colline» ricamate di campi di tè, caffè, banane, dai mille toni di verde. Il clima è un'eterna primavera con temperatura di circa 18° di media, molto umido, nebbioso e piovoso tutto l'anno, ma con punte più rilevanti tra febbraio e giugno. Il periodo migliore per un viaggio è quindi quello estivo. La popolazione, di circa 6 milioni di abitanti, è prevalentemente bantù. Nel 1959 essi hanno assunto il potere sterminando l'etnia minoritaria dei Vatussi, che attualmente costituisce solo il 9% della popolazione.
Per visitare il Parco Nazionale dei Vulcani si deve passare per la capitale Kigali, fornita di buone attrezzature recettive e collegata con voli diretti a Parigi. L'escursione ai gorilla di montagna deve essere prenotata presso le agenzie di viaggio che fanno sempre capo all'Ufficio Ruandese del Turismo e dei Parchi Nazionali. Si parte in gruppi di non più di 6 persone al giorno, in jeep fino a 2300 m di quota, per proseguire a piedi con una marcia di 2 o 3 ore. Ogni gruppo è accompagnato da due guide armate che danno anche istruzioni su come comportarsi durante la visita. Immersi nella nebbia si attraversa una fitta foresta grondante umidità su un terreno rossastro e scivoloso. Si passa tra immensi alberi esotici di hageniae ricoperte di muschio, seneci e bambù giganti su un fittissimo sottobosco di enormi ortiche tropicali fra formiche, lombrichi e zanzare di dimensioni inusitate e pericolosi serpenti. Nel parco si possono visitare solo 3 o 4 «famiglie» di gorilla, ormai abituati all'uomo, delle 15 o 20 esistenti. Una buona parte degli animali è quindi esclusa da ogni contatto umano. La guida, alla presenza dei gorilla, impone ai visitatori silenzio, di non mostrare i denti, segno di aggressività, di non alzare il dito che potrebbe venire confuso con un'arma, di non avvicinarsi mai ai piccoli per non scatenare reazioni violente da parte del primate. Raccomanda anche di non reagire a eventuali attacchi dell'animale per smontarne l'aggressività.

Pagina a fronte. Il Parco Nazionale dei Virunga oltre ad ospitare alcuni esemplari dei gorilla di montagna riveste grande interesse per la varietà degli ambienti naturali. [P. Jaccod]

Dian Fossey visse per circa venti anni nella foresta a diretto contatto con i gorilla di montagna.

Il gorilla

Il gorilla è un animale appartenente all'ordine dei Primati della famiglia dei Pongidi. È la più grande scimmia che esista, ha pelame nero, corpo massiccio e mani tozze, grandi canini, narici ampie e braccia più lunghe dell'avambraccio. Il gorilla di montagna fa parte della famiglia *Gorilla gorilla beringei*. Alla nascita esso pesa solo 2 kg, ma da adulto arriva fino a 250, è alto 1 m e 80 cm e vive in famiglie di 10-15 elementi con un maschio adulto dominante denominato «silverback» per la schiena di colore argenteo e dai biologi «animale alfa». Le femmine sono di solito 3 o 4, spesso nel gruppo è presente un secondo maschio, per lo più un figlio del «silverback», cha ha funzioni di sentinella e aiuto in caso di pericolo. Per i primi 6 mesi di vita il gorilla resta attaccato alla madre, vive più di affetto che di cibo, la mamma lo accarezza, lo pulisce, lo lava oltre a nutrirlo. Il cucciolo gioca molto sotto lo sguardo vigile della madre con la quale comunica a cenni, senza richiami. L'allattamento dura circa 4 anni, durante i quali la dipendenza dalla madre è molto forte, solo verso i 6 anni il gorilla comincia a preferire la compagnia dei suoi coetanei. Non solo la madre, ma tutto il gruppo familiare composto da «zii» e «zie» veglia e educa i piccoli correggendoli. La mortalità, nel primo anno di vita è molto alta, circa il 45%, per lo più per polmonite.
Fino agli 8 anni maschi e femmine sono molto simili, pesano sui 75 kg e giocano sempre meno. Le femmine raggiungono l'età adulta a 8 anni circa, i maschi a 12. Gli accoppiamenti non avvengono mai tra consanguinei, la gestazione dura 9 mesi e ogni femmina partorisce un solo piccolo ogni 4 o 5 anni. Il gorilla è uno degli animali meno fecondi che si conosca dato che la sua vita dura circa 40 anni.
I gorilla sono animali fondamentalmente pacifici, molto pigri e si muovono solo per la ricerca di cibo. Mangiano in continuazione, sono vegetariani e consumano da 40 a 50 kg al giorno di una cinquantina di specie di piante che le madri fanno conoscere ai figli. Scelgono con cura germogli di bambù, sedano e ortiche giganti, cardi, che sono i loro alimenti preferiti. Ogni «silverback» possiede un proprio territorio di 7-12 kmq nel quale si muove, sempre in modo lento e rilassato, alla ricerca di cibo e del luogo adatto per costruire i suoi «nidi». Durante il giorno trascorre una lunga siesta in un «nido» a terra di foglie, rami e liane, costruito giornalmente. Un altro «nido» viene costruito verso sera per la notte.
Quando un giovane gorilla diventa adulto, spesso dopo un alterco con il maschio dominante, lascia la famiglia d'origine e per un certo tempo vive in un terreno neutro cercando di attirare femmine di altri gruppi. Tra le femmine esiste una gerarchia ben precisa: la prima compagna del «silverback» è quella di grado più elevato, cui segue la seconda e così via. Alle ultime della scala gerarchica conviene abbandonare il gruppo per divenire numero uno di un'altra famiglia.
Gli occhi infossati e vivacissimi, le movenze e gli atteggiamenti quasi umani, la capacità di manifestare emozioni e di mostrare personalità fanno di questi giganteschi animali antropomorfi dei «cuccioloni» che ispirano tenerezza. Di fatto i maschi sono aggressivi solo di fronte al pericolo, in eventi eccezionali. In quel caso emettono grida, si battono il petto con un rumore di tamburo e possono anche mordere.
Il mitico gorilla, considerato il terribile King Kong, è in realtà un animale timido, pacifico e solitario. Oggi la specie è in pericolo di estinzione. Dei 450 esemplari censiti nel 1959, secondo stime recenti, sono sopravvissuti forse 300 esemplari, grazie anche alla recente protezione esercitata dagli stati e da diverse istituzioni a suo favore.

Africa australe

Quest'Africa, posta nell'emisfero australe, si sviluppa a sud del bacino del Congo e della lunga fossa tettonica orientale in una regione che diviene via via meno tozza. L'influsso delle correnti crea climi dissimili nella fascia tropicale: i deserti Kalahari e Namib si sviluppano nella parte occidentale della regione lambita dalla corrente fredda del Benguela; la corrente calda del Mozambico favorisce, in quella orientale, lo sviluppo di foreste e savane. In tutta la regione altipiani scendono con ripide scarpate sulla sottile costa. All'Africa australe appartengono le più numerose e importanti isole del continente: il grande Madagascar e altre di modeste dimensioni.

Vasta la gamma dei climi, da quello equatoriale al dolce clima mediterraneo del Capo.

La popolazione è costituita in prevalenza da neri Bantù suddivisi in varie etnie, ma conserva ridotte minoranze di gruppi primitivi. Pur rientrando nell'Africa Nera questa zona favorita dalla mitezza climatica si distingue per la considerevole presenza di discendenti delle diverse colonizzazioni europee. Le notevoli e preziose risorse minerarie continuano a destare interessi e ingerenze straniere. La presenza di movimenti armati, il diffuso fenomeno del razzismo creano un clima di instabilità e di preoccupazione internazionale.

Come in tutti i paesi che si sono affacciati tardi sulla scena internazionale e geograficamente emarginati, si svilupparono solo le comunicazioni di «tratta» ad opera dei paesi colonizzatori. Con l'avvento del mezzo aereo gli sforzi nel settore delle comunicazioni si sono concentrati su questo tipo di trasporto. Le vie di comunicazione terrestri presentano una struttura più articolata nella Repubblica Sudafricana. Alla rete di questo paese si allacciano le principali linee dei paesi confinanti, che usufruiscono spesso dei suoi porti.

Per la notevole distanza dalle aree di turismo attivo i flussi sono relativamente modesti.

La RSA offre organizzazione turistica e comfort a livello europeo in un ambiente spesso tipicamente africano ed è anche meta di turismo di affari.

Mauritius, Seicelle e Madagascar sono propagandate e sempre più frequentate quali mete di vacanze esotiche. La rigogliosa vegetazione tropicale, l'inversione delle stagioni, le buone infrastrutture determinano una crescita continua dei flussi attivi, che costituiscono quasi sempre una essenziale fonte economica.

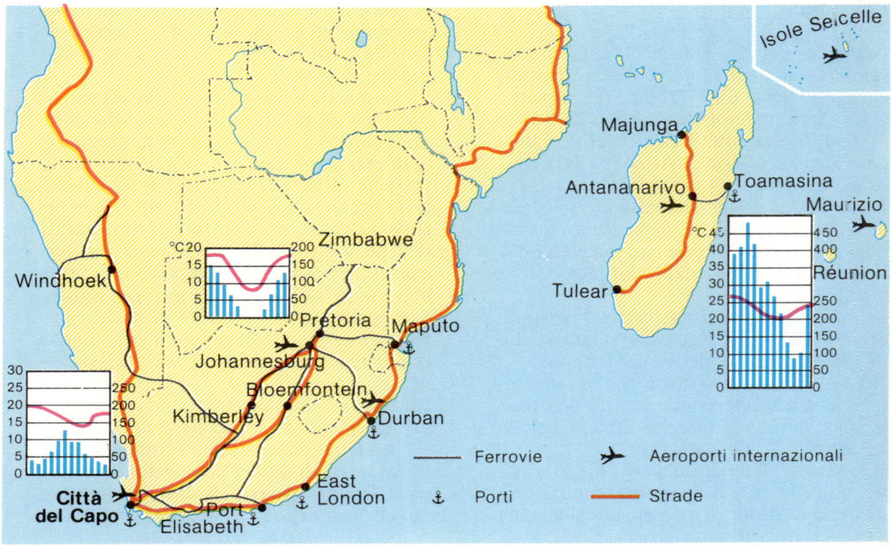

Nel sud-est dello Zimbabwe sorgono le rovine della probabile capitale Zimbabwe, scoperta nel 1868. I resti di un tempio elittico, circondati da edifici minori, sono dominati da una acropoli. Il complesso architettonico più conosciuto dell'Africa australe è Zimbabwe. Queste spettacolari rovine sono state oggetto di congetture più di ogni altro monumento africano: si è detto che fossero le miniere di re Salomone o il palazzo della regina di Saba. Recenti scavi archeologici ne hanno definito la giusta cronologia. Si tratta del centro principale del Regno di Monomotapa (XV-XVII sec.) delle ricche miniere d'oro e di rame, che commerciava perfino con la lontana India. [National Geographic Society, Washington]

	STATO	RSA	MADAGASCAR	MAURITIUS	SEICELLE
	Moneta	Rand	Franco malgascio	Rupia di Mauritius	Rupia
	Lingue ufficiali	Afrikaans - Inglese Bantù	Malagasy Francese	Inglese Francese creolo	Inglese - Francese Francese creolo
	Religione	Protestantesimo	Animismo Cristianesimo	Induismo Cristianesimo Islamismo	Cattolicesimo
Popolazione	Superficie in migliaia kmq	1 181	587	1,8	0,4
	Abitanti in milioni	24	10,5	1	0,07
	Densità ab/kmq	21	17	535	153
	Reddito pro capite $	2 290	184	1 808	3 802
	Tasso urbanizzazione %	57	23	42	37
Vie di comunicazione	Strade (km)	184 523	8 610	1 795	264
	Autostrade (km)				
	Ferrovie (km)	21 215	1 036		
	Aeroporti	Johannesburg, Pretoria, Durban, Città del Capo	Antananarivo	Plaisance	Mahè
	Porti	Città del Capo, Durban, East London, P. Elisabeth	Toamasina	Port Louis	Victoria
Dati turistici	Turisti	805 000	34 000	240 000	77 000
	Visitatori		35 000	254 000	80 000
	Bilancia turistica $ – attivo	673	10 ('87)	172	81
	Bilancia turistica $ – passivo	960	32 ('86)	51 ('87)	12
	Numero camere	46 956	2 719	3 381	1 516
	Tasso di occupazione %	54	69 ('87)	83	63
	Paesi di provenienza %	Africa 52 (Zimbawe 22) Europa 34 (Gr. Bret. 14)	Europa 80 (Francia 35, Germania 16) Africa 16	Europa 43 Reunion 23 RSA 15	Europa 83 (Gr. Bret. 23, Italia 20, Francia 19)
	Arrivi – per vacanze		81	88 ('86)	92
	Arrivi – per affari		6	7 ('86)	6
	Arrivi – altri motivi		13	5 ('86)	2
	Periodo max flusso	febbraio-aprile agosto	agosto-settembre gennaio	ottobre-gennaio	febbraio-aprile
	Mezzi di arrivo % – Aereo		100	99	100
	Mezzi di arrivo % – Terra				
	Mezzi di arrivo % – Mare			1	

Boscimani

I deserti di Kalahari e quello di Namib si contrappongono, sul Tropico del Capricorno, al grande Sahara sul Tropico del Cancro. Il Kalahari, un altopiano posto a 1000-1300 m di altitudine con rilievi periferici, è bordato lungo le coste dell'Atlantico dal deserto del Namib, fra i più aridi della terra.
È un enorme catino spaccato dal sole, povero di vegetazione, di acqua, quasi invivibile. Solo qualche piccola oasi stepposa è disseminata in questo angolo infuocato della terra.
Le rare e brevi piogge trasformano i letti secchi di antichi corsi d'acqua in stagni e paludi, per la poca pendenza del terreno.
Nel Kalahari vivono struzzi, che ben sopportano le elevate temperature, e nelle aree marginali mandrie selvatiche di antilopi, gazzelle, zebre.
Il dromedario, tipico animale delle zone aride, non è riuscito a raggiungere questa zona per la difficoltà di superare le regioni umide dell'Africa equatoriale.
In questo ambiente ostile vivono gli ultimi Boscimani sfuggiti all'integrazione con il mondo moderno. I Boscimani conducono ancora oggi un'esistenza atemporale regolata da bisogni elementari, in rapporto profondo con il deserto. L'organizzazione sociale si basa su piccoli gruppi di famiglie, tradizionalmente privi di capo, senza imposizioni né ordini. In questa società vale solo il prestigio dell'esperienza e delle capacità individuali. I Boscimani sono nomadi, la loro esistenza è regolata dalla continua ricerca del cibo e soprattutto del bene prezioso e raro in quest'ambiente che è l'acqua.
Riescono a sopravvivere ricuperando liquidi nei modi più impensati; con un cannello riempito di erba che funziona da filtro succhiano anche il fango, spremono tuberi e radici, bevono il sangue degli animali, quando trovano una polla riempiono i gusci delle uova di struzzo e li nascondono nella sabbia. Vivono di caccia che praticano con lance e frecce avvelenate, sanno individuare le tracce di qualsiasi animale e lo inseguono per giorni e giorni in attesa del momento proficuo per colpirlo.
La semplicità della vita quotidiana contrasta con la complessità della loro vita spirituale popolata da numerosi spiriti e permeata di magia. Credono in una energia vitale presente in tutte le cose accompagnata da una mitologia delle antichissime origini relative agli astri, alla natura, agli elementi fisici. Lo sciamano, lo stregone, per i poteri magici che possiede, ha una posizione sociale importante all'interno del gruppo. Egli sa curare le malattie, scacciare gli spiriti, convogliare le piogge benefiche ma sa anche esercitare influssi maligni, quindi lo si rispetta e lo si teme.
I Boscimani, in piccoli gruppi familiari nomadi, seguono gli spostamenti degli animali, loro cibo essenziale. La forma ingrossata dei glutei di questa popolazione (steatopigia) li aiuta a superare le difficoltà ambientali. Privati delle rocce e delle caverne ove erano soliti vivere, non eseguono più graffiti e pitture rupestri. Le loro abitazioni sono costituite da poveri frangivento, rifugi che non possono neppure essere chiamati costruzioni.

Graffiti plurimillenari adornano le grotte di Tsodilo Hills (Montagna di Dio) nel nord ovest del Bostwana, ancora abitate dai boscimani. [da Atlante, *IGDA, Novara]*

Villaggio di zulu con capanne a pianta circolare, costruite attorno a un recinto per gli animali (kraal), dalla magica forma circolare.
Gli Zulù rappresentano il gruppo etnico più numeroso del Sud Africa. Esso ha avuto origine da un clan bantù che scese nel XVII secolo dall'altopiano invadendo le fertili vallate del Natal ove erano pochi Boscimani cacciatori e raccoglitori. Gli Zulù sono soprattutto allevatori di bovini di cui usano il latte e che solo molto raramente ed in eventi eccezionali uccidono. Essi hanno sviluppato nel tempo una borghesia facoltosa, possiedono un'Università, Radio Zulù è la più grande emittente del paese con oltre 10 milioni di ascoltatori. [L. Ricciarini, Milano; da Atlante, *IGDA, Novara]*

La Repubblica Sudafricana (RSA)

Sulla cuspide meridionale dell'Africa è situata la RSA, più estesa verso l'umida costa dell'Oceano Indiano che verso quella arida dell'Atlantico. I bordi degli altipiani che talora diventano vistosi come nei Monti dei Draghi, talora caratteristici come nel Monte della Tavola, sovrastano le coste piatte e rettilinee.

Per la presenza di favorevoli climi temperati, gli Europei hanno qui trovato una terra non solo da sfruttare, ma ove insediarsi massicciamente, anche se essi non superano il 20% della popolazione. Per questo la RSA è il paese economicamente più evoluto dell'Africa, il solo che possiede una sviluppata industria e che ha introdotto tecniche moderne nell'agricoltura e nell'allevamento. Nel contempo è quello dai più complessi problemi razziali e sociali e non per nulla è stato definito: «un ricco paese con molti abitanti poveri».

Le vicende che riguardano l'uomo hanno visto qui da sempre vincitori e vinti: i Bantù che avevano respinto i Boscimani nel deserto e gli Ottentotti verso sud sono stati soppiantati dai colonizzatori olandesi, che a loro volta hanno perso la supremazia a conclusione della guerra anglo-boera. Questa complessa situazione sociale è aggravata da molteplici forme di razzismo che investono tutte le componenti della popolazione.

Se la conoscenza di Città del Capo risale al periodo iniziale delle grandi scoperte geografiche alla fine del XV sec. la penetrazione europea ad opera degli Olandesi inizia nella 2ª metà del sec. XVII, quella degli Inglesi nei primi decenni dell'800. Alla fine del secolo scorso la guerra anglo-boera, per la supremazia fra le due comunità, si concluse con la vittoria inglese. Nel 1961 l'Unione Sudafricana, si trasformò nella RSA e, per la questione razziale, venne esclusa dal Commonwealth.

Nel paese dell'«apartheid», o come oggi si suol dire, dello «sviluppo separato», è la suddivisione etnica che struttura la vita della nazione. Una minoranza bianca detiene nelle proprie mani ogni potere. Bianchi e Neri si integrano solo nel settore del lavoro, sia pure con livello di impiego e di retribuzione del tutto diversi. A parità di lavoro un Bantù guadagna un quarto di un Bianco. Il razzismo non è solo fra Bianchi e Neri che di giorno si mescolano nel traffico caotico in città come Johannesburg, mentre dopo le 20 i Neri hanno l'obbligo di ritirarsi nelle loro bidonvilles. L'intolleranza è anche tra Afrikaaners e Inglesi. Essi costituiscono due gruppi diversi per

Un viaggio in Namibia soddisfa la curiosità di prevedere quale sarà il futuro di questa regione annessa dalla R.S.A., indipendente dal 21 marzo 1990 che sta giocando la scommessa dell'integrazione, dello sviluppo cogestito da un governo nero e da una minoranza bianca che di fatto controlla l'economia. Inoltre la Namibia si presenta in termini di conservazione della natura con il 12% del territorio nazionale non solo protetto ma addirittura recintato; una gestione scrupolosa corre il rischio di trasformarlo in un grande zoo all'aperto. Nella foto: la profonda gola del fiume Fish nel Namaland (o Namakwaland) nella Namibia meridionale. [A. Filippini/Marka, Milano]

lingua, Afrikaans-Inglese, religione, usi, ma hanno trovato un punto di intesa nel difendere i propri interessi socio-economici abbracciando la stessa linea politica dell'apartheid. L'intolleranza è anche tra Europei e Asiastici, fra sanguemisti e Asiatici e fra questi due gruppi e i Neri. Ad ogni etnia spettano ben determinati tipi di lavoro e alla guida di tutto vi è solamente la ricca borghesia bianca. Per attenuare il malessere determinato dalla forte sperequazione esistente fra le varie componenti razziali, si era progettato lo «sviluppo separato», cioè la creazione di 10 bantustan in aree rurali poco fertili, che avrebbero dovuto raggruppare il 50% della popolazione bantù sul 13% del territorio nazionale. Le recenti profonde trasformazioni in atto nel paese mettono in discussione questi progetti. I già indipendenti Ciskei, Transkei, Bophuthatswana e Venda evidenziano che questi piccoli stati in realtà non sono riusciti a raggiungere né autonomia politica, né autonomia economica. I Neri, sostenuti sempre più dalla solidarietà internazionale, portano avanti le rivendicazioni dei propri diritti. Soprattutto nelle grandi città emergono segni di integrazione. Alla fine degli anni '80, anche per pressioni internazionali, l'allentarsi delle discriminazioni ha determinato nel settore del turismo l'apertura a tutti delle spiagge un tempo riservate ai Bianchi.

Il paese per le sue vaste proporzioni presenta forti contrasti: la lussureggiante vegetazione della costa orientale, la bellezza mediterranea della Provincia del Capo, le steppe del Grande Karroo, il desolato Kalahari e le intatte oasi naturali conservate nelle riserve.

La RSA ha la più vasta rete ferroviaria dell'Africa, imperniata sull'asse principale: Città del Capo-Johannesburg-Pretoria che prosegue per Zimbabwe-Rhodesia e Zambia fino a raggiungere lo Zaire meridionale. Buona e in parte asfaltata è la rete stradale; Città del Capo, Johannesburg, Durban sono i nodi principali. L'aeroporto intercontinentale Jan Smuts tra Johannesburg e Pretoria è il normale ingresso al paese.

Carta degli aeroporti dell'Africa. Il numero elevato dei grandi aeroporti, paragonato al limitato sviluppo delle vie terrestri, indica l'enorme importanza che in questa parte del mondo assumono le vie aeree, per la presenza di grandi aree anecumeniche. L'Africa dalle molte contraddizioni lo è anche nel settore del trasporto aereo. Il continente nero, diviso in numerosissimi stati spesso in conflitto tra loro, con gravi problemi etnici all'interno dei vari paesi, bloccato dalla recessione economica, conta un'eccessiva frammentarietà e un'insufficiente dimensione delle compagnie aeree. La maggior parte delle flotte conta meno di 10 vettori. Unico esempio di società multinazionale dei trasporti aerei è l'Air Afrique, sorta nel 1961 e comprendente 10 stati africani. Il flusso dei passeggeri è rilevante solo sulle rotte che uniscono il continente nero agli stati ex coloniali europei.

1. Johannesburg, Pretoria e i Parchi Nazionali

Johannesburg, con 1,5 milioni di abitanti, è la più grande città e la «capitale commerciale» del paese.

Sorge su un altopiano ai piedi del Watersrand fra enormi colline di terra color miele, scorie di milioni di tonnellate di roccia da cui si è estratto l'oro. È una metropoli moderna dalla pianta a scacchiera, irta di grattacieli, dotata di aree residenziali, numerosi parchi e attrezzature sportive. Soweto, il quartiere nero teatro delle sanguinose sommosse urbane dei minatori, è inserito nelle visite guidate: gli abitanti del quartiere si esibiscono in fantasiose acrobazie nei variopinti costumi tribali dando il benvenuto ai turisti.

Pretoria, fondata dai Boeri nel 1855, è la capitale amministrativa. Ha l'aspetto di una città tranquilla, un po' provinciale, ornata di giardini e viali con le tipiche jacarandas dalla rosata fioritura primaverile. In questa regione il paese presenta, anche in zone aride, immense distese di variopinti fiori selvatici.

Buoni collegamenti stradali, ferroviari ed aerei permettono di raggiungere facilmente il Parco Nazionale Kruger, uno dei più vasti asili faunistici del mondo. Il parco che ha tre accessi ed è visitato da circa 500 000 turisti all'anno possiede 12 campi di sosta con chalet e cottage, circa 800 km di strade asfaltate e 1450 di piste con ottime mappe a disposizione del pubblico agli ingressi. È totalmente aperto ai visitatori nella stagione invernale, cioè dal 1 maggio al 15 ottobre, mentre nella stagione estiva è accessibile solo da sud. Ospita una fauna varia e ricca: leoni, zebre, giraffe, ippopotami, leopardi, elefanti, rinoceronti, vari tipi di antilopi e 450 varietà di uccelli. Un'accorta pianificazione limita il numero dei visitatori a non più di 3000 al giorno. Il parco non è naturale nel senso letterale della parola, ma un immenso laboratorio le cui condizioni sono sottoposte a un continuo controllo scientifico. In esso sono presenti numerosi centri di ricerca. Ne deriva un habitat quasi privo dei segni della presenza umana, risultato di una impeccabile organizzazione per la conservazione dell'ambiente, che è tuttavia anche una cospicua fonte economica tanto che nel 1986 il Kruger ha incassato 16 milioni di dollari.

La RSA ha istituito numerosi altri Parchi Nazionali molto ben attrezza-

Animali all'abbeverata nel Parco Nazionale Kruger. [da Atlante, *IGDA, Novara]*

Il monumento ai Boeri di Pretoria raffigura i carri dei contadini olandesi, primi colonizzatori del Sud Africa. [S. Fiore, Torino]

ti, essi costituiscono certamente uno dei principali motivi di richiamo per una visita nel paese.

Con la ricca vegetazione del Kruger contrasta il Parco Nazionale del Gembsbok, nel deserto del Kalahari, caratterizzato oltre che dall'ambiente particolarmente arido anche dalla presenza di leoni e di parecchie varietà di antilopi. Nel parco vive una ridotta comunità di Boscimani.

Non lontano da Port Elizabeth, nella costa meridionale vi è il Parco Nazionale dell'Elefante Addo che ospita tra ricca vegetazione elefanti, rinoceronti, bufali, antilopi. Il parco è stato inizialmente istituito per salvare dall'estinzione i superstiti elefanti del Capo. Nel Natal numerosi e ben attrezzati parchi e riserve offrono ricche documentazioni d'arte preistorica. Tra i monti, nascoste in remote forre, esistono circa 3000 caverne e gallerie di rocce dipinte, molte delle quali accessibili. Pitture e incisioni rupestri illustrano aspetti della vita quotidiana di un'età remota. Le più numerose e visitate sono nel Giant's Castle Game Reserve nei Monti dei Draghi.

2. Città del Capo e la costa orientale

Città del Capo si stende all'interno della spaziosa Baia della Tavola.

È chiamata familiarmente «il Capo» e vide il primo insediamento bianco nell'Africa del Sud. La città non ha nulla di africano e conserva un'impronta tipicamente europea; appare luminosa, splendida, piacevole. Il moderno centro con pianta a scacchiera custodisce edifici in stile olandese del 1700. Qualche minuto di funivia apre un infinito panorama dall'alto: le acque di due oceani si confondono in un unico immenso azzurro. È capitale legislativa della RSA, dotata di un ottimo porto, deve la sua attuale prosperità allo sfruttamento dei vicini giacimenti auriferi e diamantiferi che le hanno permesso di superare la stasi economica causata, dopo la metà del secolo scorso, dall'apertura del Canale di Suez con conseguente spostamento dei traffici dall'Oriente. Nella periferia a nord della città oltre agli insediamenti industriali vi sono estesi «ghetti» abitati dalla numerosa forza-lavoro nera. Tra i vari musei, presenta un particolare interesse il «Sudafricana» ove sono esposti disegni boscimani.

Interessante è la visita della penisola del Capo con l'omonimo parco, le spiagge, le piscine a mare sia sull'O. Indiano che sull'Atlantico. Nelle vecchie fattorie, alcune trasformate in musei, di stile olandese, o in cittadine come Pearl e Wellington, appare la vecchia Europa ricostruita dalla nostalgia dei coloni.

La fascia costiera ad est della penisola e la retrostante regione, protette

A destra. Veduta aerea di Città del Capo ai piedi della Montagna della Tavola. [Marka, Milano]

da rilievi, godono di condizioni climatiche e vegetazione di tipo mediterraneo.

L'autostrada che da Città del Capo si spinge a Port Elizabeth, diventa costiera a Mossel Bay e prende il nome di Garden Route. L'intero percorso tra i monti e il mare è uno degli itinerari turistici più famosi: spiagge immense, laghi, colline, gole pittoresche. I periodi di maggior traffico sono la primavera quando fioriscono 2000 varietà di fiori selvatici ed i mesi estivi, in coincidenza con le vacanze scolastiche. Una deviazione all'interno porta a Oudtshoorn e alle Caverne Cango. Oudtshoorn è nota per gli allevamenti di struzzi. Si possono visitare le fattorie ove vengono presentati i grandi nidi, le enormi uova, la lavorazione delle piume, delle pelli e della carne. Una gara di corsa tra struzzi chiude la visita. Le Caverne Cango comprendono un'ottantina di spelonche e alcuni chilometri di gallerie, ricoperti di fantasiose stalattiti e stalagmiti.

Port Elizabeth, oltre ad essere un ottimo porto è anche un rinomato centro balneare per le sue belle spiagge. Per la presenza della calda Corrente del Mozambico e per il favorevole orientamento, le attrezzate spiagge di East London, sono frequentate tutto l'anno. La «Costa Selvaggia» (Wild Coast) su cui si affaccia il Transkei ha litorali paesaggisticamente molto belli per le ampie e lunghe spiagge, per le lagune e le limpide foci dei fiumi; questo stato bantù presenta attrezzature sufficienti senza essere lussuose.

Il Natal, punteggiato da numerosissime località balneari, con splendide spiagge particolarmente invitanti in inverno, attira il maggior numero di turisti. Dalla «Costa dell'ibisco» con Margate e Ramsgate, attraverso Port Shepstone e Amanzimtoti, si raggiunge l'importante scalo di Durban, città di riposo e di svago e il maggiore luogo di villeggiatura della costa. Sul lungomare si schierano grandi e lussuosi alberghi, teatri, piscine, centri sportivi. L'Oriente è presente nel mercato indiano tra un acuto aroma di spezie e un'esposizione di articoli esotici: gioielli, avori e legni scolpiti. Nella città è celebre la «casa delle orchidee» ove alle numerose varietà sudafricane si aggiungono quelle provenienti dal Brasile e da altri paesi.

Lesotho e Swaziland, paesi a bassissimo reddito, rappresentano mete turistiche soprattutto per i week end dei Bianchi sudafricani. Sulle montagne del Lesotho si possono praticare sport invernali. Lo Swaziland (Ngwame), chiamato «paradiso terrestre» per le sue fertili terre e i fitti boschi, vanta alberghi di lusso dotati persino di casinò accessibili anche ai Neri, che, affascinati dalle slot-machine, vi lasciano spesso tutti i loro modesti guadagni. La RSA, che non ammette nel suo territorio la presenza di casinò, di cinema a luci rosse, di spettacoli piccanti, li ha concentrati nello stato del Bophuthatswana, non lontano da Johannesburg. Sun City, in un desertico cratere vulcanico, è la città del divertimento e del gioco d'azzardo visitata da circa 2 milioni di Sudafricani all'anno, soprattutto durante il week end.

Antananarivo è una città dagli aspetti urbanistici contrastanti, europei e orientaleggianti. I tetti spioventi delle case alle spalle del mercato testimoniano i legami culturali con il Sud Est Asiatico. [SEF, Torino]

Seicelle: due isolotti con la tipica palma da cocco. Su alcuni atolli dell'arcipelago hanno trovato rifugio circa 60 000 tartarughe di mare. [M. Friedel/G. Neri, Milano]

Madagascar

La gente di mare soleva un tempo chiamarla «la grande isola rossa» per il colore dei suoli lateritici che il verde tenero del riso fa ancora più risaltare in dicembre, all'inizio dell'estate australe.

Quarta isola del mondo per superficie il Madagascar è un pezzo d'Africa rimasto isolato circa 20 milioni di anni fa. Sua caratteristica è il permanere di forme primitive di mammiferi e l'assenza di quelli più evoluti. Mancano qui i numerosi erbivori e i potenti felini predatori tipici dell'Africa. La fauna presente è costituita oltre che da lemuri (proscimmie) da coccodrilli e da varie specie di camaleonti e di uccelli. Moltissime e coloratissime farfalle attirano entomologi da tutto il mondo.

Vari sono i paesaggi: da foreste tropicali a savane, da barriere coralline a vegetazione di mangrovie.

Ovunque è evidente l'influenza malese: negli attrezzi agricoli, nelle piroghe a bilanciere e negli arpioni dei pescatori, nell'intreccio dei cesti e delle stuoie, nella struttura rettangolare su palafitte delle abitazioni costiere. Palesi analogie si trovano anche nell'organizzazione familiare, nelle danze, nel rituale sacrificio dei bovini.

L'influenza africana si fa sentire invece nella coltivazione del miglio e nella tessitura del cotone. Le diverse etnie non impediscono comunque un'unità che si manifesta nella lingua e nella vita sociale.

Il paese, se pure interessante, non è toccato dal turismo di massa. I flussi turistici sono molto modesti e costituiti soprattutto da turismo regionale, inoltre l'attuale governo socialista non incoraggia il movimento turistico.

Antananarivo costituisce il tipico esempio di capitale centrale. È una città costruita all'europea su un pittoresco altopiano a 1381 m di altezza e gode di un clima mite. Suggestivo è il suo mercato, la «zoma», con tante mercanzie esotiche esposte sotto i candidi ombrelloni. Inconsueto è il tetto spiovente alla francese del «Palazzo della Regina».

All'estremo nord l'isolotto di Nossi-Bé offre molte seduzioni: barriere coralline fra cui guizzano pesci dai vivaci colori, palme da cocco, spiagge e tramonti in technicolor. I sottili profumi della vaniglia e dell'ylang-ylang, fiore giallo-verde da cui si estrae un olio cosmetico, saturano l'aria e inebriano il turista.

Seicelle e Mauritius

Sempre più frequenti sono i collegamenti aerei dall'Africa e dall'Europa con Seicelle e Mauritius, nell'Oceano Indiano.

L'arcipelago delle Seicelle comprende 88 fra isole e isolotti, alcuni dei quali ancora disabitati. Nell'isola di Mahé, la capitale Victoria (15 000 abitanti) presenta aspetti di vecchia Inghilterra. Le isole si presentano varie: di natura granitica, elevate, con ripidi profili o di natura corallina, appena affioranti dal mare. La vegetazione è comunque sempre opulenta, verdissima, con piante rare e ricca fauna. Le candide spiagge abbondano di conchiglie, splendidi e limpidi sono i fondali.

Benché prossime all'equatore, il clima è gradevole, con temperature fra i 25° e i 30°, a seconda delle stagioni. Le piogge, frequenti a dicembre e gennaio, sono di breve durata. La popolazione, è creola-francese, con minoranze di Indiani, Neri e Malesi. Grazie al lungo isolamento le Seicelle conservano specie rare di flora, alcune uniche, come il gigantesco coco-de-mer nell'isola di Praslin. Qui vivono uccelli e altri animali scomparsi dal resto del mondo; nell'isola di Bird proliferano le rondini di mare e i loro voli a volte oscurano il cielo. Dopo la costruzione dell'aeroporto internazionale a Mahé, queste isole incontaminate si sono aperte al turismo, mantenendo comunque la loro primitiva serenità, perché enormi distanze le dividono dal resto del mondo. In breve tempo il turismo è diventato il settore trainante della loro precaria economia, basata sulla coltivazione della palma da cocco, cannella, vaniglia e pasciulì. Le vacanze alle Seicelle, per l'inversione delle stagioni, sono soprattutto invernali. Due compagnie aeree e traghetti assicurano i collegamenti fra Mahé e le isole principali. I complessi recettivi, quasi sempre immersi in giardini tropicali a pochi metri dal mare, sono spesso composti da bungalow e ben inseriti nel contesto geografico, ma non sempre riescono a soddisfare le richieste di una clientela via via più numerosa ed esigente.

L'isola di Mauritius, di origine vulcanica, è costituita da un altopiano di circa 400 m di altezza, con i bordi degradanti dolcemente sulla costa non molto articolata e piuttosto alta. Situata in pieno Tropico del Capricorno, la temperatura varia da 24° in agosto a 30° in febbraio. L'elevata umidità ha consentito lo sviluppo di una ricca foresta pluviale, ora in gran parte disboscata a favore della coltivazione di canna da zucchero. Un particolare aspetto dell'isola, densamente popolata, è la disorientante mescolanza di razze. Vivono Indiani, Francesi, creoli, Arabi, Cinesi, Africani; le diverse influenze dell'Asia, dell'Europa, dell'Africa si riflettono su tutti gli aspetti del paese. Da alcuni anni il governo punta allo sviluppo del turismo, incoraggiando gli investimenti stranieri. Mauritius si va trasformando in un'oasi di gran lusso, dove il continente nero è un po' meno genuino. Splendidi gli alberghi con casinò, sempre collocati in giardini dalla vegetazione esplosiva e prossimi a bianche spiagge. La capitale Port Louis, attivo porto e aeroporto internazionale, è una città movimentata e non priva di colore, soprattutto nell'enorme mercato di verdura e frutta esotica, di spezie profumate.

America Anglosassone

È una vasta regione che si spinge dalle latitudini polari a quelle tropicali, ma si estende soprattutto nella fascia temperata, con differenze orarie di ben 7 fusi. Caratterizzata dalla varietà e dalla grandiosità dei suoi ambienti morfologici, presenta climi diversificati dalla latitudine, ma prevalgono quelli continentali. L'aridità crescente delle aree occidentali ha reso difficile in tutti i tempi la penetrazione verso l'ovest.

La densità della popolazione è mediamente piuttosto bassa, in quanto ad aree ad alti valori si contrappongono vastissime regioni praticamente disabitate. La colonizzazione anglosassone ha relegato le minoranze autoctone in riserve e, sfruttando le enormi risorse del territorio, ha portato rapidamente il reddito pro capite a valori fra i più elevati del mondo. I paesi di questa regione sono all'avanguardia per il progresso, soprattutto scientifico e tecnologico; esistono gravi problemi derivanti dalla varietà etnica e dall'esasperato sviluppo industriale ed urbanistico.

Ciascun americano ha due eredità: il nuovo e l'antico mondo. Gli emigrati in America, spesso i loro figli e discendenti, nutrono per la nuova patria un affetto che è in diretta proporzione con la nostalgia per la terra cui hanno rinunciato. Il nuovo popolo restituisce qualcosa che aveva portato via dai paesi di provenienza.

Nonostante le grandi distanze e alcuni condizionamenti morfologici e climatici negativi, lo sviluppo delle vie di comunicazione è enorme, se pur non equamente distribuito sul territorio.

La regione comprende il Canada e gli USA, due paesi di grande rilevanza nel settore del turismo sia per i flussi attivi che passivi.

Se da un lato l'America anglosassone emerge per i grandiosi ambienti naturali, per le imponenti realizzazioni della tecnica moderna e per la vistosa urbanizzazione, dall'altro colpisce la carenza di quel patrimonio artistico e storico che è tipico delle regioni ove si sono sviluppate antiche civiltà.

Va tenuto presente che una parte del movimento turistico attivo e passivo non è motivato da una vera e propria vacanza e dagli intensi rapporti economici e culturali, ma anche da legami affettivi e sentimentali con i paesi d'origine, che costituiscono il turismo etnico.

Il Canada, vasto e popolato solo nel sud, offre ai turisti, provenienti soprattutto dagli USA una natura incontaminata, immense distese nevose, parchi ricchi di laghi, foreste, animali, ma anche città modernissime, ove si può ancora cogliere, nei quartieri di stile antico europeo, l'impronta dei primi colonizzatori.

Il fascino USA sta nelle fertili pianure e aridi deserti, nei ricchi parchi nazionali, nelle attrezzatissime spiagge, nelle frenetiche **megalopoli,** e nella presenza delle più disparate genti, che conservano spesso le proprie identità etniche, dando vita a comunità isolate. Un cospicuo movimento internazionale trova giustificazione nei viaggi di affari e viaggi-studio.

Fattoria nell'Ontario. In questa provincia, oltre ad aree fortemente industrializzate ed intensa urbanizzazione quali quelle attorno ai Grandi Laghi e tra i fiumi Ottawa e San Lorenzo, non mancano aree agricole particolarmente prospere grazie alla fertilità del terreno e alla relativa mitezza del clima. [Hunter, Parigi]

La Sears Tower di Chicago, alta 443 m, è uno dei grattacieli più alti del mondo, sede di una società americana di vendite per corrispondenza. [D. Pellegrini, Milano]

STATO		USA	CANADA
	Moneta	Dollaro	Dollaro canadese
	Lingue ufficiali	Inglese	Inglese e Francese
	Religioni	Protestantesimo-cattolicesimo	Cattolicesimo-protestantesimo
Popolazione	Superficie in migliaia kmq	9 363	9 842
	Abitanti in milioni	241	26
	Densità ab/kmq	26	2,6
	Reddito pro capite $	19 781	16 759
	Tasso urbanizzazione %	74	76
Vie di comunicazione	Strade (km)	6 247 000	884 250
	Autostrade (km)		
	Ferrovie (km)	296 497	120 000
	Aeroporti	New York, Washington Boston, Chicago, Los Angeles	Montreal, Toronto, Ottawa Vancouver, Winnipeg
	Porti	Boston, New York, Baltimora Filadelfia, S. Francisco, Los Angeles	Montreal, Quebec, Halifax, Vancouver
Dati turistici	Turisti	33 875 000	15 493 000
	Visitatori	52 713 000 ('84)	39 253 000
	Bilancia turistica $ – attivo	29 202	4 655
	Bilancia turistica $ – passivo	32 112	6 216
	Numero camere	2 770 567	307 331 ('84)
	Tasso di occupazione		
	Paesi di provenienza	Canada 43, Messico 21 Europa 17, Giappone 7	USA 85, Europa 9 Europa 9, (Gr. Bret. 3)
	Arrivi – per vacanze	78	61
	Arrivi – per affari	20	14
	Arrivi – altri motivi	2	25
	Periodo max flusso	luglio-agosto	luglio-agosto
	Mezzi di arrivo % – Aereo	52	26
	Mezzi di arrivo % – Terra	45	74
	Mezzi di arrivo % – Mare	3	

Popolamento e colonizzazione nelle Americhe

Le tribù provenienti dall'Asia agevolate dal ripetersi in lunghe fasce con orientamento nord-sud degli elementi morfologici, si ambientarono facilmente nel susseguirsi senza fine di valli, di monti e pianure sconfinate e colonizzarono, in una lenta ma continua diffusione, deserti, foreste, coste e montagne dall'Alaska alla Terra del Fuoco.
Le grandi varietà climatiche incontrate in questi spostamenti, più che essere di impedimento nell'avanzata verso il sud, servirono da pungolo, almeno nel Nord America, per spostamenti verso le aree meridionali più calde, più soleggiate, più ospitali.
Tracce della prima comparsa dell'uomo sono sparse su tutto il Nuovo Continente. Dovunque sono stati trovati resti di antichissimi accampamenti, lastre di pietra più o meno finemente lavorate, coltelli, raschiatoi per pelli, punte di lance e di frecce da caccia e anche resti di macine. Tutti gli studiosi sono quindi d'accordo, nell'affermare che solo quando i grandi ghiacciai del Quaternario cominciarono ad arretrare la via fu libera per i primi immigrati dall'Asia. Essi dovevano appartenere a gruppi con caratteristiche somatiche e culturali varie. Piccole orde in ondate successive incalzavano i primi arrivati. I cacciatori asiatici arrivavano sul Nuovo Continente inseguendo grandi animali come il mammut e il mastodonte. Il più antico reperto paleoantropologico nel Nuovo Mondo è rappresentato da resti umani che risalgono a 11000 anni fa, rinvenuti nel Messico presso il lago Texcoco.
L'Indio, accanto a spiccati tratti mongolidi, presenta con la sua faccia fortemente profilata e il naso accentuato qualche particolarità europea. Il colore preminente della pelle varia secondo l'irradiazione solare tra un giallo opaco e un forte bruno. I lunghi tempi durante i quali avvennero gli spostamenti degli Indiani determinarono la grande varietà delle lingue, non meno di 600, in cui non è possibile reperire nemmeno una caratteristica comune. Fino ad oggi nessuna lingua india si è mostrata apparentata con alcuna degli altri continenti.
Alcune orde si fermarono in luoghi adatti per la pesca, presso le sponde dei laghi e dei fiumi e sulle coste del mare. Tra il 5200 e il 3000 a.C. popolazioni di cacciatori e raccoglitori iniziarono lo sviluppo dell'agricoltura nelle regioni montuose del Messico centrale e negli altipiani andini climaticamente più favorevoli. La più antica forma di agricoltura indiana è stata individuata nella costa peruviana settentrionale, dove circa 2500 anni a.C., furono coltivati fagioli, zucche, cotone. Nasceva così l'agricoltura con due principali civiltà: quella del mais e quella della manioca. Alla scoperta dell'America gli Europei trovarono che vaste aree del nord e del sud avevano conservato un'economia arcaica: caccia, pesca, raccolta di prodotti spontanei. Invece in quattro regioni pianeggianti si era affermata la civiltà dei popoli agricoltori. Sono le aree delle grandi civiltà amerindie il cui sviluppo è relativamente recente, circa all'inizio dell'era cristiana. Tutte si sono via via evolute da comunità contadine e di villaggio divise in classi, in organizzazioni statali e insediamenti urbani.
Le grandi fasi del processo storico concordano tutte in un'«epoca formativa», individuata nel primo millennio precristiano, una fase «classica», a carattere teocratico, nel primo millennio della nostra era, in un successivo terzo periodo «postclassico» incline alla secolarizzazione e alla formazione di regni.
Queste civiltà dalle avanzate soluzioni di urbanistica, dalle elaborate e grandiose forme architettoniche, dalla molteplicità e finezza delle arti minori non hanno lasciato testimonianze significative dello sviluppo di pensiero presente invece nelle civiltà euroasiatiche.
La «scoperta» come abitualmente si definisce l'arrivo di Cristoforo Colombo il 12 Ottobre 1492 in una terra sconosciuta al di là dell'Atlantico innescò un processo importantissimo. Infatti ridurre l'avvenimento alla semplice idea di scoperta e di conquista significa deformarla, riportarla ad una sola delle sue molteplici sfaccettature. La grandiosità della «scoperta» si rivelò per tappe successive: dalle Antille alla Costa Firme, il continente, alla inaspettata costa pacifica, dalla conquista del Messico e del Perú alla ricerca dell'Eldorado, dalla circumnavigazione del globo al dominio dei due oceani che circondano le nuove terre.
Anzitutto cambiò l'immagine geografica del mondo, la concezione tolemaica non resse alla nuova scoperta e fu sostituita con la concezione eliocentrica del sistema planetario. Spostatosi il centro del mondo dal Mediterraneo all'Atlantico, per la prima volta si ebbe una visione globale del pianeta, e la storia divenne universale con l'integrazione attiva di 4 continenti e di 2 oceani.
Gli spazi geografici non solo si dilatarono ma si popolarono di genti provenienti da altri paesi. I conquistatori introdussero nel Nuovo Mondo attività, che richiedevano numerosa manodopera quali l'estrazione di minerali preziosi e nel XVII sec. le piantagioni monocolturali di canna da zucchero, caffè, tabacco, cotone. I massacranti ritmi di lavoro, e malattie sconosciute nel Nuovo Mondo decimarono gli indigeni. Il problema fu risolto ricorrendo all'immigrazione forzata di Africani. La tratta degli schiavi venne effettuata sia dai governi degli stati interessati, sia di contrabbando. Si avviò così un florido commercio detto triangolare: le

Canada

Il Canada è il secondo paese del mondo per superficie ma anche uno dei più spopolati. Infatti il «Canada utile» o «Canada di base», su cui vive la maggior parte degli abitanti, si estende per soli 300 km di profondità dal confine con gli USA, pertanto l'insediamento umano raggiunge valori significativi solo nella regione dei Grandi Laghi, nelle praterie centromeridionali lungo le coste del Pacifico.

Le Montagne Rocciose, per la loro disposizione meridiana e i poco elevati rilievi orientali, racchiudono lo Scudo Canadese, ampia zona prevalentemente pianeggiante, che costituisce un corridoio per il flusso di correnti fredde dal nord e calde dal Golfo del Messico, che determinano repentini e drastici cambiamenti delle condizioni meteorologiche. Nel complesso in Canada si ha una lunga stagione fredda seguita da una breve stagione calda e, ad eccezione delle aree che si affacciano sul Pacifico, una rilevante escursione termica annua.

Questa situazione climatica ha lasciato largo spazio allo sviluppo delle foreste, che occupano circa il 40% del territorio. Fra le essenze arboree predominano le conifere: varietà di pini, abeti, cedri, frammisti ad aceri, olmi, ontani e frassini. Il 60° parallelo rappresenta grosso modo il limite settentrionale di questa foresta, che nelle regioni polari trapassa a tundra di muschi e scarsi licheni. Nelle aree forestali, sede naturale di quasi tutti gli animali da pelliccia, sono stati decimati nei secoli di caccia spietata: martore,

Il Quebec che aspira da sempre all'indipendenza dal Canada deve la sua tradizione alla lingua francese e alla fede cattolica. La fine dell'idea federalista come cemento di solidarietà sociale, il riconoscersi non per comunità ideologiche o di classe ma per blocchi di appartenenza quali Francesi contro Inglesi, cattolici contro protestanti rappresentano le nuove realtà del paese che motivano la rivendicazione dell'autonomia. [E. Otto/Miller Services, Toronto]

Particolare di una pelle di bisonte dipinta da un indiano della tribù dei Sioux Oglalla. [da Alce Nero parla, *Adelphi, Milano]*

navi europee scambiavano sulle coste africane merci di poco valore con schiavi neri che, stivati in condizioni disumane, approdavano decimati oltre Atlantico. I superstiti erano venduti in America in cambio di prodotti coloniali che, trasportati in Europa, consentivano lauti guadagni.
Questa nuova dimensione economica necessitava di una concentrazione di capitali, e l'ingente quantità di metalli preziosi proveniente dalle Americhe diede vita ai moderni sistemi monetari e al capitalismo finanziario. In Europa mutarono abitudini alimentari e costumi sociali con l'introduzione del tabacco, del cacao, del caucciù, del chinino, ma soprattutto furono evitate le abituali terribili carestie grazie alla coltivazione del mais e delle patate.
I nuovi climi, i nuovi cieli, la realtà degli antipodi l'inesauribile varietà della flora e di una fauna sconosciute suscitarono dubbi, discussioni, stimoli e ricerche scientifiche.
Il Nuovo Mondo si formò in seguito a lotte sanguinose, a violenze, a conflitti, attraverso la presa di possesso della terra, la vita in comune, la simbiosi di popoli e culture, l'adattamento a luoghi e a interlocutori nuovi.
La cultura occidentale formatasi lentamente dal Mediterraneo al Baltico in seguito all'eredità greca, latina, ebraica, cristiana, portata nelle Americhe, conobbe un ulteriore slancio creativo.
Gli Anglosassoni nell'America del Nord, gli Iberici in quella del Sud, gli Spagnoli, gli Olandesi, i Danesi, che sciamarono verso lo spazio caribico, portarono con sé una parte della loro Europa. Nel Nuovo Mondo si instaurarono le stesse differenze e antinomie della storia europea, tra un Nord protestante e un Sud cattolico, fra una concezione pragmatica della vita dedicata al lavoro, al risparmio e alle virtù pacifiche a un'altra attratta dal senso dell'avventura, dell'immediato guadagno.
La colonizzazione inglese ebbe diverse sollecitazioni: sulla costa atlantica a sud di New York fu promossa da grandi proprietari terrieri convinti di trarre profitti dalle estese piantagioni; a nord tra New York e il Canada fu iniziativa individuale di perseguitati religiosi: qui prevalse un'economia del tutto diversa ad opera di contadini e piccoli imprenditori nel Nuovo Mondo in cerca di fortuna e di libertà. Questi rifugiati impressero alla nuova società che si andava formando un carattere di profonda religiosità puritana permeato di valori di libertà, autogoverno, lavoro e intraprendenza. Qui presero corso i caratteri complessi di una società democratica e insieme differenziata che trovarono espressione nella costituzione degli Stati Uniti nel 1789, caratterizzata dall'assenza di ogni privilegio, dalla presenza di libere elezioni e da un decentramento di poteri inusuale in Europa.
La colonizzazione spagnola e portoghese nelle Americhe fu opera di signorotti dalla mentalità feudale.
Gli Spagnoli introdussero l'istituzione dell'encomienda: funzionari del re affidavano ad alcuni conquistadores terreni e un numero variabile di indigeni obbligati a pagare tributi, a lavorare la terra in cambio di una protezione formale. Ai tentativi degli encomenderos di costituire una classe ereditaria e di stabilire un'aristocrazia coloniale limitativa dei poteri della corona, rispose la monarchia spagnola che li sostituì con funzionari ubbidienti alle direttive della madrepatria e sottoposti all'autorità dei vicerè del Messico e del Perú.
La colonizzazione portoghese presenta molte analogie con quella spagnola; le piantagioni brasiliane erano appannaggio di latifondisti investiti di poteri pubblici nelle loro terre, ove sfruttavano il lavoro degli schiavi neri e degli indios. Anche qui i poteri pubblici passarono dai latifondisti ai funzionari regi e anche qui si adoperarono i gesuiti per migliorare le condizioni di vita degli indigeni. Seppur dalla differente mentalità, indolente e tracotante quella creola, attiva e imprenditrice quella yankee, tutti i colonizzatori si mostrarono sempre più insofferenti al monopolio della madrepatria e avviarono, seppure in maniera differente, processi di indipendenza.

zibellini, linci, ermellini, visoni, volpi, lontre. Oggi alla distruzione inconsulta si è andato sostituendo un razionale redditizio allevamento in migliaia di aziende specializzate. Sono ormai scomparse le varie specie di foche che un tempo pullulavano nella baia di S. Lorenzo. Nelle tundre dei Territori di Nord Ovest vivono renne, caribù, wapiti, il bue muschiato, volpi, lupi, lepri polari e, presso le coste, l'orso bianco. Più a sud si estende la vegetazione a latifoglie: pioppi, querce, tigli, faggi, frassini e soprattuto aceri, la cui foglia ha ispirato lo stemma del Canada e da cui si estrae l'aromatico sciroppo. Le Montagne Rocciose sono ricoperte da grandi foreste di conifere che ospitano cervi, pecore, capre selvatiche, il grizzli, alto orso che assale facilmente l'uomo. Le praterie centrali, prossime al confine con gli USA, sono largamente trasformate in aree cerealicole.

Data l'estensione delle coste oceaniche e delle acque interne abbondante è la fauna ittica. Caratteristici, sul versante pacifico, sono i salmoni che risalgono dalla foce i grandi fiumi al momento della riproduzione. In questo periodo la pesca rappresenta uno sport fra i più graditi ed è anche di grande interesse economico.

La quasi totalità dell'attuale popolazione discende da elementi immigrati dall'Europa. Anche se fino dal XVI sec. i Francesi si erano stanziati nel Quebec per la caccia e il commercio delle pellicce, con la Pace di Parigi (1763) la Francia dovette rinunciare ad ogni pretesa sul Canada. Nel 1776 le colonie americane conclusero la loro guerra di indipendenza dalla Gran Bretagna ed i sudditi inglesi, fedeli alla madrepatria, si impadronirono dei territori del Canada, ne colonizzarono l'Ovest e associarono il paese al Commonwealth. La minoranza francofona, circa il 30% della popolazione, ha sempre conservato gelosamente la lingua, le tradizioni, la religione della madrepatria, tanto da aspirare all'autonomia, ma la politica canadese degli ultimi anni tende a risolvere questi gravi dissidi interni. Il potere economico è comunque in mano ai Canadesi di ceppo britannico. Gli Indiani e gli Esquimesi rappresentano appena l'1,2% degli abitanti del Canada e sono soggetti a una lenta e cauta integrazione. La maggior parte degli Indiani del Canada vive in riserve, mentre gli Esquimesi, organizzati in forme primitive, esercitano caccia e pesca nelle regioni settentrionali. Il governo canadese ha cercato di non alterare gli usi ed i costumi di queste minoranze etniche, che d'altra parte non hanno mai determinato scontri di interessi con gli Europei.

1. Turismo e vie di comunicazione

Il Canada ha una sua identità turistica ben precisa e apprezzata, anche se per motivi pratici è spesso legato al turismo USA. La rilevante differenza tra il numero di visitatori e di turisti è motivata dalla presenza di importanti scali aerei sulle rotte internazionali e dalla diffusione del movimento escursionistico.

La vocazione turistica del Canada è dovuta alla eccezionale ricchezza di grandiosi paesaggi naturali, di vasti spazi liberi e immensi silenzi. Riserve inesauribili di acqua e di foreste richiamano gli appassionati di pesca sportiva e di caccia. Queste attività sono controllate e per praticarle è necessario acquistare una licenza. Nella stagione invernale si pratica lo sci, il pattinaggio, l'hockey e ogni anno aumenta il numero dei Canadesi che si dedicano a questi sport in località attrezzatissime per impianti di risalita e grandi alberghi. Il Canada rappresenta per le grandi conurbazioni e le megalopoli degli USA una forte attrazione. Il passaggio dagli USA al Canada è facilitato da numerosi collegamenti aerei e terrestri ed è frequente specie per gli uomini d'affari, dato il forte impiego di capitali statunitensi in tutti i rami delle attività economiche canadesi. Per chi vive nelle aree congestionate del Nord Est degli Stati Uniti sono assai più vicine le attrezzate località montane canadesi del Quebec che non quelle statunitensi sulle Montagne Rocciose.

Il vivace turismo interno spesso è praticato con camper, che si possono anche affittare. Molti Canadesi possiedono uno chalet in legno, situato frequentemente sulle sponde di uno dei tanti laghi, ove si recano in estate e sempre durante il week end. I Canadesi avvertono il desiderio di ritrovare le proprie radici europee, ma più facile e meno dispendioso è passare le vacanze, specie invernali, in Florida. Particolari forme di assicurazione permettono agli anziani pensionati di soggiornare in splendidi residence in Florida, in California o in Arizona, invece di riscuotere la pensione.

I trasporti sono di vitale importanza data la grande estensione del paese e notevole è lo sforzo che il governo canadese ha compiuto per sviluppare una vasta rete di comunicazioni, modificando così la vita dei suoi abitanti e incoraggiando l'economia.

L'opera più vistosa nel settore delle comunicazioni, completata negli anni '60, è la canalizzazione del fiume S. Lorenzo: la St. Laurence Seaway (3750 km), che permette alle navi oceaniche, fino a 25 000 t di stazza, di raggiungere il Lago Superiore (184 m s.l.m.). Ai grandi porti sui laghi come, Fort William, Port Arthur e Toronto seguono sul S. Lorenzo Montreal e Quebec, chiuse dai ghiacci durante l'inverno. In un paese tanto condizionato dalle alte latitudini i porti oceanici principali sono meridionali: Halifax e St. John sull'Atlantico, Vancouver sul Pacifico. Le ferrovie canadesi poggiano su due linee transcontinentali: la prima che da Halifax e Montreal porta a Prince Rupert e la seconda che parte dall'Atlantico e raggiunge Vancouver. Rare ma ardite diramazioni portano a Churchill (Baia di Hudson) e a Shepperville (Labrador). Il traffico passeggeri ammonta solo al 3% del totale. L'automobile è un mezzo molto usato dai Canadesi. La rete stradale e autostradale è di recente costruzione e particolarmente efficiente. Ricordiamo la ALCAN (Alaska-Canada) che da Fairbanks porta a Vancouver, oggi affiancata dall'autostrada Alaska Highway (2443 km) e la molto trafficata autostrada Trans-Canada Highway che congiunge St. John con Victoria (7821 km). Un efficiente servizio di spazzaneve assicura la percorribilità delle strade anche a latitudine molto elevata. In un paese così vasto e

Vancouver, costruita su un insieme di isole e penisole, è una delle più belle città canadesi, e la più importante della costa occidentale. Porto di notevole importanza, ha anche conosciuto uno sviluppo industriale di un certo rilievo. [G. Colliva/The Image Bank]

Fiordi e canali nella regione di Vancouver.

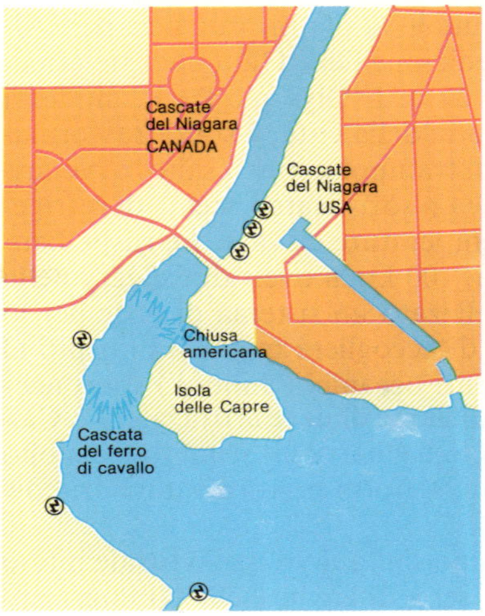

Carta delle cascate del Niagara. Il Niagara River, che con direzione sud-nord unisce il lago Erie all'Ontario, forma le omonime cascate.

Pianta di Montreal.

con le regioni settentrionali prive di vie di comunicazione ha eccezionale rilievo il traffico aereo. Degli oltre 1500 aeroporti di cui è dotato il Canada, i più importanti e moderni sono quelli di Montreal e Toronto. Chi arriva in Canada per le rotte polari può osservare il grandioso spettacolo della banchisa e degli iceberg. Le enormi distanze che separano le grandi città e queste da località non servite da linee aeree nazionali hanno stimolato il grande sviluppo di piccole compagnie locali che con aerei, idrovolanti ed elicotteri permettono escursioni a luoghi poco accessibili.

2. Il Canada di base

La recentissima origine delle città del Canada si traduce in una struttura topografica molto simile a quella USA, pur mantenendo un'inconfondibile matrice delle comunità che le hanno fondate.

L'urbanistica è caratterizzata da ampi spazi, verde pubblico, attrezzati centri sportivi, capienti parcheggi; il centro è costituito da grattacieli e grandi complessi multifunzionali, in periferia prevalgono le abitazioni unifamiliari circondate dall'immancabile prato all'inglese e sono numerosi i complessi commerciali. Sono città organizzate in funzione del duro inverno canadese, spesso dotate di vasti ambienti coperti e climatizzati.

Vancouver è ubicata su una lunga striscia di terra che l'omonima isola separa dal Pacifico. La posizione geografica, con le acque che la circondano, le montagne che la proteggono e la foresta che la cinge, è assai favorevole e le conferisce un clima relativamente mite, grazie anche a un ultimo lembo di una corrente oceanica calda che la sfiora. È un grande porto, una città industriale e culturale sulla foce del fiume Fraser. Da 30 000 abitanti che possedeva all'inizio del secolo, è diventata una città milionaria, la terza conurbazione del Canada, grazie all'intensificarsi dei commerci con l'Asia e allo sfruttamento del ricco mantello boschivo della Columbia Britannica, chiamata la Svizzera del Nord America per il prevalere dell'ambiente montano. Vancouver ha un felice rapporto con la natura: parchi sterminati all'interno della città, piste di sci e numerose spiagge prossime ad essa.

Per la mitezza del clima la città di Victoria, nella grande isola di Vancouver, vanta attrezzatissime spiagge. I suoi porticcioli turistici sono incredibilmente affollati di imbarcazioni a vela. L'isola possiede numerosi parchi particolarmente curati, esempio di educazione ecologica.

È interessante navigare lungo i canali e i fiordi della costa pacifica, sulla quale incombe maestosa la foresta. Dovunque sono presenti cataste di tronchi e zattere di legname che fluitano sulle acque dei fiumi e nelle insenature della costa.

Calgary, cresciuta rapidamente in seguito al boom economico legato al petrolio, domina dai suoi 1000 m di altitudine la piatta provincia dell'Alberta con un inaspettato *skyline*. La XV edizione delle Olimpiadi Invernali nel 1988 ha rivoluzionato l'aspetto della città. L'Olympic Park, modesta stazione per sciatori domenicali alla periferia della città, è stato trasformato in un moderno centro sportivo dotato di trampolini per il salto, avveniristiche piste per le gare di bob e slittino, che un sofisticato sistema di refrigerazione mantiene ghiacciate anche con temperature elevate. Le ruspe hanno attaccato e rimodellato il Monte Allan, 100 km a ovest di Calgary nella catena delle Montagne Rocciose. Si è realizzato un sistema di piste per lo sci alpino, seggiovie e strutture in grado di accogliere migliaia di ospiti al giorno. Gli insidiosi, improvvisi, caldi venti oceanici (chinook) sono neutralizzati da impianti elettronici per la produzione di neve artificiale. La Calgary Stampede, il più grande sport-spettacolo del Far West, è un rodeo molto seguito, si svolge a luglio per la durata di 9 giorni e attira i migliori cow boy degli Stati Uniti e del Canada.

Nel Canada così come negli USA è sconosciuto il villaggio rurale inteso nel tradizionale significato europeo. Una serie di giganteschi sili interrompono la pianura ove Winnipeg è centro mondiale del commercio del grano. È una città in espansione, abitata da una percentuale molto elevata di immigrati non inglesi. Ciò è evidenziato dalle cupole delle sue chiese russe ed ucraine, dalle molte lingue parlate nella città e nei dintorni da Ebrei, Italiani, Tedeschi, Scandinavi, Irlandesi e dai giornali che vengono pubblicati in 23 lingue diverse.

Le migliaia di laghi, estremamente vari per dimensioni e forma, fanno del Canada il paese a più vasta superficie lacuale del mondo. Ciò spiega perché si siano sviluppate prima le vie d'acqua di quelle terrestri. Sulle sponde dei Grandi Laghi Laurenziani e sulle rive del S. Lorenzo, nell'Ontario e Quebec, si estende la parte più popolosa, industrializzata e urbanizzata del Canada, con città come Toronto, Ottawa, Montreal e Quebec.

L'Ontario è la regione del Canada in cui l'impronta britannica è particolarmente marcata. Toronto ha conosciuto negli ultimi tempi uno straordinario sviluppo demografico ed urbanistico. La sua posizione sul lago Ontario, prossima al confine con gli USA, le ha conferito un aspetto di efficientismo americano e l'ha portata ad essere il massimo centro economico e culturale del paese. Alle architetture futuristiche si contrappongono, sull'immensa spianata che circonda la città, numerosi «borghi» quasi autonomi che, pur nella perfetta organizzazione, conservano lo stile dei paesi originari dei numerosi immigrati. Molto estese e curate le aree verdi e gli impianti sportivi, un vasto porticciolo turistico testimonia la passione per la vela degli abitanti. L'immenso lago su cui si affaccia Toronto ne ha stimolato la vocazione commerciale, ne mitiga il clima e le conferisce un aspetto ridente. Tra le manifestazioni culturali della città è molto importante il Festival del Cinema.

Da Toronto si possono facilmente raggiungere le famose Cascate del Niagara, «tuono d'acqua» in lingua indiana, che si sono formate per il dislivello esistente tra il lago Erie e il lago Ontario e segnano il confine tra Canada e USA. La loro attrattiva non è nell'altezza (solo 56 m), ma nell'imponente volume d'acqua e nel fronte che, diviso in una parte canadese più vasta e in una statunitense, è nel suo complesso lungo circa un chilometro. Una gigantesca area turistica si è sviluppata sulle due rive del fiume Niagara. Si tratta di una delle massime espressioni del consumismo e della speculazione turistica, è la scontata meta dei viaggi di nozze della «middle class» USA; tuttavia non si può non ammirare l'imponente bellezza delle cascate.

Le due città 'statunitense e canadese' di Niagara Falls costituiscono un grandioso complesso di strutture turistiche: numerosi alberghi, camping, negozi, ristoranti, teatri e agenzie che organizzano le visite, esposizioni, musei, parchi dei divertimenti e le 3 alte torri, che da 200-300 m di altezza offrono una visuale panoramica sulle cascate e sul territorio circostante. Gli altri modi possibili per la visita sono i parapetti di una strada panoramica che sfiora le cascate, una balaustra protesa verso di esse a quota inferiore, mentre con un comodo ascensore si può arrivare alla loro base ed effettuare una passeggiata alle spalle del rumorosissimo getto d'acqua. Chi vuole una visione ancora più dall'alto può usufruire di giri in elicottero o, con la «teleferica spagnola», una curiosa funivia dalla cabina aperta, sorvolare

In Canada la fluitazione del legname è tipica dei fiumi del nord poco utilizzati per la navigazione sia perché attraversano regioni disabitate, sia perché bloccati dal ghiaccio per lunghi mesi dell'anno. L'enorme quantità di legname che arriva alle segherie preminentemente con la fluitazione ha permesso l'espansione dell'industria della cellulosa, della pasta di legno, della carta, facendo del Canada uno dei paesi guida del settore. [N. Cirani/L. Ricciarini, Milano]

La City di Montreal, situata presso le rive del S. Lorenzo, visibile sullo sfondo. [N. Cirani/L. Ricciarini, Milano]

In alto, a destra. Carta dei Grandi Laghi. La carta mette in evidenza direzione ed entità dei flussi commerciali nei Grandi Laghi. Nel profilo sottostante è ben visibile il diverso livello dei laghi dovuto alla loro origine glaciale e sono indicate le chiuse che permettono alle navi di superare tali dislivelli.

A destra. Grattacieli nel centro di Toronto. Il più alto è quello della Canadian National Company, la cui antenna raggiunge i 553 m. Toronto, città portuale sulla riva settentrionale del Lago Ontario, è uno dei principali centri industriali e finanziari del Canada, oltre che la seconda città del Paese (dopo Montreal) per popolazione. [M. Freeman, Londra]

il grande gorgo formato dallo scontro di due correnti opposte. Ma la visita più emozionante è certo il giro sul battello «Maid of the Mist» (= signora della nebbia) che si avvicina quanto più è possibile alla base della cascata canadese. In tutti i percorsi prossimi alle cascate i turisti sono protetti da gialli impermeabili. Di notte giganteschi riflettori proiettano fasci di luce policroma sul biancore delle cascate.

Ottawa è la capitale, fondata nel 1853 sulla riva destra del fiume omonimo, a 100 km dalla sua confluenza nel S. Lorenzo. Mentre la popolazione del centro è prevalentemente inglese, i sobborghi sono abitati da francocanadesi. Ottawa è una città parco, ricca di fiori, con grandi vie rettilinee, con edifici in stile britannico e il neogotico Parlamento, copia di quello londinese. È un importante nodo di comunicazioni e uno dei più grandi centri del mondo per il commercio del legname. A breve distanza verso nord si hanno infatti estese aree forestali, che solo in parte costituiscono parchi nazionali, entro cui abitano, in villaggi, tribù di Indiani.

Nel Quebec, Montreal, creata dai Francesi nel 1642 sull'isola omonima del S. Lorenzo, è un importante porto fluvio-marittimo e un vivace centro culturale. Sorta sul blocco basaltico collinare di Mont Royal, oggi trasformato in parco, la città si è sviluppata, con pianta regolare, su una serie di terrazze tra esso e il S. Lorenzo. Recentemente si è allargata con i nuovi sobborghi residenziali sorti sia sull'isola, sia sulle due rive del fiume, che è attraversato da numerosi ponti. Il centro di Montreal offre famosi esempi di architettura modernissima e soluzioni urbanistiche di tipo avveniristico come la commerciale «città sotterranea» frequentata giornalmente da migliaia di persone; essa permette al suo ritmo commerciale di non interrompersi neppure quando le temperature diventano proibitive. Oltre ai moderni grattacieli esistono costruzioni più antiche, in particolare alcune chiese cattoliche. Anche se prevalgono le costruzioni tipicamente francesi con scale esterne e grandi balconi, in alcuni quartieri si respira una certa aria londinese. Trovandosi sulla linea di demarcazione fra la regione anglofona e la francofona a Montreal il confronto fra le due culture è molto evidente, ma la tensione, così come quella fra le due religioni cattolica e protestante, non si manifesta al di fuori degli ambienti degli affari e politici. L'Esposizione Universale e i Giochi Olimpici hanno portato profonde trasformazioni urbanistiche alla città. L'area di Montreal è un paradiso per chi vuole esercitare gli sport invernali e si può sciare anche sul Mont Royal, nel cuore della città. Sculture di ghiaccio, opera di artisti di tutto il mondo, fuochi d'artificio e molte altre manifestazioni caratterizzano il più famoso Carnevale del Nord America.

Nel periodo estivo è possibile ed interessante discendere in battello lungo il S. Lorenzo da Montreal a Quebec. Questa città, situata nella parte più interna del vasto estuario è quasi interamente francese e sede principale della chiesa cattolica in Canada. Nei vicini e ben attrezzati Monti Laurenziani, coperti di aceri e ben innevati, sono alcune località di fama mondiale per lo sci come il Monte S. Anna ove si svolgono i campionati canadesi di sport invernali, Monte Gabriele, Sant'Agata, San Salvatore.

Nell'estremo est del paese si estendono le province marittime: il Nuovo Brunswick, la Nuova Scozia, Terranova ricche di aree forestali, di acque, di frutteti.

Intorno all'isola Principe Edoardo, chiamata «giardino del golfo» per il suo dolce paesaggio, vi sono le acque più calde delle regioni del Nord Atlantico. Infatti la Nuova Scozia le protegge dalla fredda Corrente del Labrador. Nell'isola è possibile visitare le grandi aziende per la produzione delle pellicce, particolarmente specializzate nell'allevamento della volpe.

Regolari servizi di battelli permettono di raggiungere Terranova, circondata da immensi banchi, ricchi di aringhe e merluzzi e dotata di grandiosi impianti di lavorazione del pesce.

Al turista manca una visione completa del Canada se non visita l'estremo Nord, terra degli Esquimesi. Le tradizionali abitazioni di questi seminomadi sono di differente aspetto a seconda del luogo dove sono costruite e della stagione nella quale sono utilizzate. A volte si tratta di capanne quadrangolari ricoperte di terriccio, a volte dei famosi igloo, cupole formate da blocchi di ghiaccio sovrapposti, con le pareti tappezzate di pelli ed erbe secche. Al centro dell'igloo brucia continuamente, in larghi piatti, il grasso di foca per illuminare l'ambiente.

Nelle fredde regioni delle alte latitudini sono spesso utilizzati piccoli aerei ad elica e motoslitte. Nella foto a destra la motoslitta, che attraversa la superficie ghiacciata del lago,

traina una barca che potrebbe essere utile nel-l'eventualità che si rompa la crosta di ghiaccio. [K. Diemberger, Salisburgo]

Una non comune esperienza turistica è la ricerca dell'orso polare nella tundra presso l'Hudson Bay. In autunno inoltrato un tacito raduno di circa 600 plantigradi si stabilisce nelle vicinanze di Churchill in attesa di migrare verso il pack della baia gelata per cacciare le foche; in estate, dopo il disgelo, gli orsi ritorneranno sulla terra ferma lungo le coste del Manitoba e dell'Ontario. I gruppi di turisti alla ricerca dell'orso polare salgono a bordo di un veicolo costruito appositamente per girare la tundra. Si tratta di un robustissimo fuoristrada, alto e compatto, dotato di grandi ruote a bassa pressione per esercitare attrito sul terreno gelato. La guida si ferma in posti favorevoli agli avvistamenti e, con cannocchiale o senza, il seguire gli orsi nei loro movimenti, vederli nel loro ambiente naturale, è un privilegio che dà forti emozioni.

3. I Parchi Nazionali

La grande ricchezza boschiva e lo scarso popolamento hanno permesso la realizzazione di una ventina di parchi nazionali, in buona parte di notevole estensione. Essi riflettono le diversità geografiche del grande paese e costituiscono un'importante riserva di bellezze naturali. In Canada i problemi di conservazione dell'ambiente sono quindi meno urgenti che in altre parti del mondo. I magnifici paesaggi e le possibilità di svago offerte dai parchi attirano visitatori per alpinismo, nuoto, pesca, sci e passeggiate.

Una particolare attrattiva è rappresentata dagli straordinari mutevoli colori che la foresta assume in autunno. Nei boschi di tutto il Canada si effettuano stages naturalistici per i ragazzi delle scuole, non solo per insegnar loro a rispettare l'ambiente, ma anche per familiarizzare con una natura meravigliosa, ma dalla quale bisogna anche imparare a difendersi. Ogni provincia ha almeno un parco nazionale, quattro sono situati a nord del 60° parallelo, più quelli provinciali, sorti con le stesse finalità.

Il Wood Buffalo (Alberta settentrionale) è il più ampio di tutti, con una superficie di oltre 44 000 kmq e ospita il maggior numero di bisonti ancora esistenti nel continente nordamericano. Infatti nella prateria canadese è quasi del tutto scomparso questo animale di vitale importanza per gli Indiani.

Le montagne intorno a Vancouver hanno moderne e ben attrezzate stazioni invernali raggiungibili con ottime strade che attraversano le non facilmente valicabili Montagne Rocciose. La più rinomata è Banff, situata nel Parco Nazionale omonimo, ricco di picchi, di imponenti ghiacciai di fiumi, di cascate, di laghi morenici, di sorgenti calde. Uno dei luoghi di villeggiatura più frequentati è Lake Louise, posto in una cornice di boschi che si specchiano sul lago omonimo e su cui incombe il maestoso ghiacciaio Columbia. Imponenti e lussuose le sue strutture alberghiere, numerosi gli chalet e gli impianti sportivi. È la base di partenza per numerose escursioni nell'incanto delle Rocciose e per la pratica dell'eliski.

Nel Quebec i parchi più visitati sono il Laurentides Provincial Park e il Parco Nazionale della Montagna Tremolante che offre la possibilità di frequentare villaggi indiani.

Nel Nuovo Brunswich il Parco Nazionale Fundy racchiude la baia omonima che offre anche lo spettacolare fenomeno della massima amplitudine mondiale della marea, che raggiunge i 20 m.

Numerosi sono anche i Parchi Storici sorti per preservare il passato del Canada. I luoghi vengono scelti per la loro importanza culturale, sociale, politica, economica, militare e inglobano anche scoperte archeologiche come ad esempio il cimitero indiano di Port aux Choix e la colonia scandinava risalente all'anno 1000, nell'isola di Terranova. Molti Parchi Storici ricordano le esplorazioni e i combattimenti per colonizzare il paese. Il Parco Klondike nello Yukon ricorda la corsa all'oro; il Forte Haugley nella British Columbia, dove ha avuto inizio l'esportazione del salmone, rammenta l'espansione commerciale e la colonizzazione dell'Ovest.

Il Parco Nazionale di Banff, prossimo al confine con gli USA, prende il nome dalla tribù indiana dei Banff che vi vivono in una riserva. Nella foto è visibile la linea ferroviaria transcontinentale canadese. [Barnes/Double's, Milano]

USA

Gli USA costituiscono tra Canada e Messico la fascia mediana dell'America del Nord e ripetono, come in Canada da ovest a est, le Catene Costiere, le Montagne Rocciose, che con un altopiano di circa 1000 m degradano verso le Pianure Centrali ed infine antichi rilievi: gli Appalachi, ricchi di minerali e fortemente erosi. Fra le Catene Costiere e le Rocciose si interpongono tre vasti altipiani con fenomeni naturali di rara grandiosità. Quella della Columbia è la più vasta superficie di lava della terra. Il Gran Bacino, diviso in conche con laghi relitti (Gran Lago Salato), nel settore meridionale è occupato da ampie aree desertiche, con numerose depressioni ricoperte da croste saline. L'altopiano del Colorado è continuamente interrotto da vastissimi canyon, nelle cui pareti sono messe a nudo le stratificazioni delle varie ere geologiche.

La grande estensione del paese e la disposizione delle cordigliere giustificano la preminenza dei climi continentali. Un fattore climatico notevole è rappresentato dalle correnti marine calde e fredde che influenzano le zone costiere, mitigando quelle pacifiche e conferendo caratteristiche continentali a quelle atlantiche. Le vastissime aree pianeggianti interne, completamente aperte alle masse d'aria calda provenienti dal Golfo del Messico e a quelle fredde delle aree polari, subiscono violenti e improvvisi sbalzi di temperatura. Il «blizzard», gelido vento invernale, e i catastrofici uragani ne sono le manifestazioni più vistose.

Nonostante le trasformazioni operate dall'uomo, è possibile rintracciare facilmente in USA le originarie fasce vegetative. Data la notevole estensione in latitudine del paese, dal bosco di pini e abeti rossi delle coste atlantiche, da quello a querce, aceri, frassini e castagni delle aree mitigate dei grandi laghi si passa, verso sud, ad una foresta più varia e lussureggiante di magnolie e faggi, fino a raggiungere la foresta subtropicale ad alberi sempreverdi. Una immensa, monotona prateria, sempre più arida man mano che si procede verso ovest, occupa la pianura nel cuore degli USA. Nelle alteterre dell'ovest i pendii occidentali, investiti dalle masse d'aria oceaniche, sono molto umidi e ricchi di conifere con varietà di abeti, larici, pini, di betulle e pioppi, mentre quelli orientali sono più spogli per la modesta umidità e vi predomina il pino giallo. In California vi è una zona dalla vegetazione tipicamente mediterranea, con la macchia sempreverde in buona parte sostituita da ricche colture, soprattutto di agrumi e vite.

Come in tutto il continente americano anche negli USA la fauna originaria ha subito profonde trasformazioni a causa del numero elevato di animali importati dall'Europa. È noto che il bisonte, le cui numerose mandrie dominavano le regioni delle praterie, oggi è ridotto a poche migliaia di unità. Nelle Cordigliere sono presenti: il grizzli, orso grigio feroce ed aggressivo e il coyote, terrore degli animali da cortile. Il puma, caratteristico del continente americano, agilissimo ed abile cacciatore, vive negli Appalachi meridionali. In California troviamo il condor e, nelle regioni meridionali, i temuti caimani ed alcuni variopinti pappagalli. Ancora sono da ricordare vari tipi di linci e gli opossum dalla pregiata pelliccia.

Canyon scavato dal fiume San Juan, affluente del Colorado (Utah). Il ringiovanimento dell'antico penepiano ha messo allo scoperto nella successione degli strati orizzontali la storia geologica degli USA. [Titus, Torino]

1. Turismo e vie di comunicazione

Il fenomeno del turismo USA ha notevole rilevanza nel mondo. I flussi attivi sono appannaggio soprattutto dei vicini Canadesi che si recano in questo paese spinti da diverse motivazioni: affari, turismo, studio. Intenso è il movimento interno, giustificato dall'elevato reddito pro capite. Muoversi è tipicamente americano, sia come tendenza storica (per i pionieri fermarsi a volte significava fame), sia come tendenza psicologica, perché il movimento viene identificato con il desiderio di libertà. L'abitudine alla vacanza, al week end diventa una necessità per gli abitanti delle grandi e frenetiche metropoli che così scaricano la propria nevrosi, ma è diventata anche una moda abilmente reclamizzata, che come tante mode USA ha varcato l'oceano e si è prepotentemente diffusa nei paesi industrializzati.

Visitare gli USA si impone all'uomo moderno per conoscere da vicino

La civiltà americana

Oggi parlando degli USA si dice facilmente civiltà americana, lingua americana. In effetti questo paese con 241 milioni di abitanti, non solo presenta una sua peculiare evoluzione, ma ha una posizione di primo piano nel mondo.
Il primo sviluppo industriale non è stato frenato come in Europa da un vivace artigianato, ma caratterizzato dal pionierismo, che si è mosso in un regime di liberismo economico. Per risolvere gli urgenti problemi sociali e di traffico creati dalla rapida industrializzazione nel XIX sec., sorsero celermente città, ferrovie, strade. Le città vennero costruite in tutto il paese utilizzando il modello urbano esecutivamente più pratico. La rete stradale è stata creata direttamente per il traffico automobilistico perché non ne esisteva una precedente e pertanto è estremamente razionale ed efficiente, come la rete ferroviaria. Ciò è stato realizzato tanto rapidamente anche perché gli Europei, al momento della prima colonizzazione, hanno trovato in un così vasto territorio poco più di 6 milioni di Indiani che, essendo in parte nomadi, avevano solo in misura minima trasformato l'ambiente naturale. Resi innocui gli Indiani con stragi e patti cui non tennero mai fede, i colonizzatori si sono trovati di fronte a un territorio vastissimo e vergine da organizzare ex novo, senza remora alcuna.
Dal 1820 circa 50 milioni di emigranti europei accolsero l'invito inciso ai piedi della Statua della Libertà all'ingresso del porto di New York: «datemi... i rifiuti derelitti dei vostri lidi brulicanti, mandatemi i senzatetto sbattuti dalla tempesta: la mia face li attende...». Gli emigrati, spesso già abituati al lavoro delle fabbriche, si presentavano via via a ricoprire i nuovi posti che gli USA, nel loro sforzo di evoluzione delle industrie, dell'edilizia e delle infrastrutture, buttavano sul mercato del lavoro. Lo sviluppo dell'economia, delle città, delle comunicazioni e l'aumento della popolazione furono talmente imponenti e rapidi da non avere precedenti nella storia dell'umanità e in pochi anni gli USA si trovarono al primo posto nel mondo per capacità di produrre e di vendere.
La grande importanza economica degli USA, l'elevato reddito pro capite fra i più alti del mondo, non hanno però risolto le situazioni di fatto che il «melting pot» americano, questo grande crogiuolo di popoli, ha necessariamente creato. Permangono infatti problemi razziali, irrigiditi da forme di ghettizzazione e gravi problemi sociali, particolarmente a causa dell'impiego dei Neri, dei Portoricani e delle minoranze etniche nelle attività più pesanti e meno retribuite, rifiutate dagli yankee.
È evidente che la lingua inglese passando da un paese di piccole dimensioni e di notevole unità etnica al paese del gigantismo ha subito profondi mutamenti. Sulla formazione della lingua «americana» ha notevolmente influito la variopinta composizione etnica del popolo statunitense. In essa compaiono notevoli differenze di lessico, di ortografia e di pronuncia che è assai più aperta nei confronti dell'Inglese e molti neologismi derivano dalle lingue degli immigrati.
Oltre alla triplice colonizzazione inglese, francese e spagnola è da tenere presente che dal 1820 al 1870 affluirono negli USA circa 7 milioni di Tedeschi, 5 milioni di Italiani, quasi 5 milioni di Inglesi e altrettanti di Irlandesi, 4 milioni fra Austriaci e Ungheresi e altrettanti Canadesi, oltre 3 milioni di Russi, oltre 2 di Scandinavi, 1,5 milioni di Messicani, 700 000 Francesi, circa mezzo milione di Iberici, altrettanti Polacchi, abitanti del Benelux, Sudamericani, Cinesi.
La cucina americana richiama alla mente degli Europei non tanto piatti tipici o particolarmente gustosi, ma piuttosto piatti veloci che hanno comunque conquistato i nostri bar e tavole calde più che i ristoranti: hot dog, hamburger, club sandwich, ossia tutto all'insegna della rapidità e praticità sia nella preparazione che nella consumazione. La cucina diventa produzione industriale dando garanzie di igiene, riducendo i costi e semplificando la vita di coloro che hanno problemi di tempo e di bilancio. C'è sicuramente una spiegazione all'assenza di una vera e propria arte culinaria: la donna americana è stata protagonista della storia USA. Una donna coraggiosa che fra disagi e incertezze ha lottato fianco a fianco dell'uomo per conquistare terre lontane, per dissodarle e per difenderle. Più tardi l'organizzazione sociale del nuovo stato ha permesso alla donna di inserirsi a parità dell'uomo in qualsiasi lavoro. È evidente che tale donna non ha avuto né il tempo né probabilmente il desiderio di dedicarsi alla cucina, né di tramandare elaborate ricette. La tradizione anglosassone e le molte ore trascorse fuori di casa dalla maggior parte dei componenti la famiglia, che si ritrova la sera, fa sì che il pasto più abbondante sia il dinner serale, per il quale solo, normalmente, si fanno inviti. Abbondante anche la prima colazione, mentre il lunch, la seconda colazione, è un pasto leggero consumato spesso fuori casa. Negli USA sono confluiti e coesistono i gusti e le abitudini di molte, disparate nazioni. Solo in alcuni stati di più lunga tradizione esiste un'arte culinaria ben individuata. Nella Nuova Inghilterra sono famosi i piatti a base di crostacei e molluschi e i dolci serviti caldi con il tipico sciroppo di acero. New Orleans e la Louisiana vantano la cucina **creola** con piatti a base di prodotti subtropicali che risentono delle tradizioni francese, spagnola e africana. In tutte le aree costiere del paese si possono consumare ottimi pasti di pesce e molluschi e nell'Ovest i grandi allevamenti offrono bistecche insuperabili e il «barbecue» è molto diffuso.

una delle nazioni protagoniste della storia contemporanea in ogni campo: dall'industria alla tecnica, dalla medicina alla finanza, dalla cultura alla ricerca e che, volere o no, continua ad influenzare il modo di vivere europeo. Gli USA, crocevia obbligato per la scienza e per l'economia, sono meta abituale per uomini d'affari e studiosi provenienti da tutto il mondo. È notevole l'afflusso di studenti stranieri nelle università americane multiformi ed aperte ove è possibile cogliere quanto di più attivo vi si elabori, soprattutto in campo scientifico e tecnologico.

Gli USA offrono risorse turistiche naturali per la natura grandiosa e varia, dai particolari e vistosi fenomeni, e risorse turistiche umane per le grandi aree metropolitane e i proliferanti artificiali mondi del divertimento.

L'organizzazione turistica è in grado di soddisfare ogni esigenza, può contare su strutture ricettive moderne ed efficienti, anche se alcune località in estate non riescono a fronteggiare le richieste. Per la vastità del paese e la molteplicità delle attrattive, gli Stati Uniti sono quindi caratterizzati da numerose forme di turismo e anche da un «turismo di ritorno» per coloro che amano tornare per visitare nuove località.

Gli USA presentano il massimo sviluppo mondiale per ogni tipo di vie e mezzi di comunicazione. La rete ferroviaria ha come asse portante le transcontinentali, che nell'800 hanno segnato l'espansione dello stato, ma il cui uso attuale è riservato preminentemente alle merci. In tutto il paese moderne strade si sono via via imposte alla ferrovia e talvolta alla navigazione fluviale. Di pari passo allo sviluppo urbanistico si sono costruite imponenti metropolitane nelle grandi città. Il vistoso parco di autovetture può servirsi della maggiore rete autostradale del mondo e di una ottima rete stradale.

Una ventina di arterie di grande traffico attraversano il paese da est a ovest e una cinquantina da nord a sud. Le moderne autostrade contano talvolta fino a 8 o 10 corsie e molte sono utilizzate giornalmente da milioni di pendolari fra i quartieri residenziali periferici e il centro della città. La rete stradale è molto densa a est del 100° meridiano, mentre dirada verso occidente, dove dominano le grandi arterie di penetrazione ai valichi delle Montagne Rocciose. Per gli USA la strada è simbolo di efficienza e di vita e non si può conoscere a fondo l'America e gli Americani se non vivendo la vita delle grandi strade, dei distributori di benzina, dei negozi e ristoranti schierati lungo di esse. Percorrendole, il paesaggio muta, si susseguono genti diverse, si riesce a comprendere lo spirito dell'uomo americano pioniere e sradicato.

Il motel — moto e sosta — è una intuizione totalmente americana, come anche il servizio dei numerosi pullman di linea che coprono molteplici itinerari. Il biglietto si può acquistare ovunque e dà diritto a qualsiasi percorso e fermata nel periodo previsto. Gli USA hanno il primato mondiale per il movimento passeggeri sulle vie aeree. Molto sviluppate sono le linee interne. Nel paese vi sono circa 10 000 tra aeroporti, eliporti e idroscali. Numerose compagnie collegano circa 600 località interne con voli continui e a prezzi contenuti e le principali effettuano voli transcontinentali. New York, Chicago, Los Angeles, S. Francisco sono i fondamentali nodi del traffico aereo. Numerose isole caribiche e le Hawaii possiedono imponenti strutture aeroportuali per l'intensificarsi del movimento turistico soprattutto di provenienza USA.

In comune con il Canada è l'utilizzazione dei Laghi Laurenziani quale importantissima via commerciale, ma utilizzati anche per servizi turistici. Il Mississippi ha perso buona parte dell'importanza commerciale di un tempo, acquistandola per la navigazione turistica.

Pagina a fronte. Kentucky: il centro di Pikeville. Anche nel Kentucky, situato a sud della regione industriale tradizionale degli USA, si manifesta la tendenza della popolazione delle aree fortemente urbanizzate ad abbandonare le città e le loro periferie, creando insediamenti residenziali dotati di infrastrutture sportive e immersi nel verde. [M. O'Brien/National Geographic Society, Washington]

2. La regione del Nord Est e le più importanti città

L'area del Nord Est è la regione di più antico e massimo addensamento, ricca di breve ma intensa storia USA, trampolino iniziale dal quale gli Americani si sono lanciati in ogni direzione. La costa atlantica frastagliatissima, le baie tranquille, i profondi estuari hanno da sempre costituito importanti porti naturali e sicuri approdi per i coloni europei. Ancora oggi, oltre New York, i tre porti di Boston, Filadelfia e Baltimora sono notevoli centri finanziari, commerciali, industriali del paese.

Da Boston a Washington si estende per 600 km una **megalopoli,** che si confonde con il paesaggio, comprendente 45 milioni di abitanti e 5 città mi-

Il campus del Boston College a Cambridge, nel Massachusetts. Qui come in altri campus statunitensi per la serietà e specificità degli insegnamenti, confluiscono studenti da tutto il mondo che attivano cospicui flussi di un turismo motivato dallo studio. [G. Bantin/Atlas Photo]

Urbanizzazione e tipologia della città statunitense

In USA non esiste il villaggio rurale e nelle aree agricole vi sono solo fattorie isolate. Si ha pertanto una elevata urbanizzazione che dal niente si è sviluppata in soli quattro secoli e investe circa il 76% della popolazione. Poiché la città rappresenta una delle peculiari manifestazioni dell'organizzazione statunitense la sua storia puntualizza le varie tappe della storia del paese.
All'origine del movimento di urbanizzazione degli USA vi sono numerosi insediamenti costieri, punti di sbarco e di appoggio per la penetrazione verso l'interno degli Europei. I più antichi si trovano sull'Atlantico, di fronte all'Europa: Nuova Amsterdam, poi New York fondata nel 1626, Boston nel 1630 e in seguito Baltimora e Filadelfia.
La popolazione degli USA mantiene, nonostante l'elevato tenore di vita una mobilità geografica e professionale che è parte integrante del suo modo di vivere. Anche la propensione all'associazionismo assume forme esasperate.
La città statunitense è caratterizzata da funzionalità ed audacia, per il suo semplificare al massimo i volumi e le piante e per la continua ricerca di rapidi mezzi di costruzione. Le tendenze barocche, affermatesi nel '600 e '700, furono soppiantate fra il '700 e '800 dal neoclassicismo, molto diffuso, il cui prototipo è il Campidoglio e il piano radiale-ortogonale di Washington.
Dalla ricostruzione di Chicago, dopo l'incendio del 1871, partirono i primi esempi di quell'architettura in altezza (città verticale), che in breve tempo caratterizzò le città americane in vertiginosa espansione, parallelamente allo sviluppo industriale e commerciale. Tra l'800 e il '900 gli urbanisti americani, fino ad allora impegnati a risolvere pressanti problemi di ordine pratico, cominciarono a rivolgere la loro attenzione all'estetica del centro rappresentativo.
Il movimento «City beautiful» introdusse, come nota caratteristica, l'idea dei parchi, verdi polmoni che umanizzano le città di un paese affetto dai mali dell'industrializzazione e dell'affollamento. Nel contempo inizia la valorizzazione del paesaggio naturale lungo le rive dei fiumi e del mare e sorgono i primi Parchi Nazionali.
Si afferma il fenomeno dei grattacieli, giustificati dalla necessità di sfruttare al massimo i costosi suoli edificabili del centro e dalla possibilità di usufruire di tecnologie avanzatissime. Impostati sui lotti della vecchia griglia ortogonale della città, sono concepiti senza tener conto dei volumi degli edifici circostanti e costituiscono quel caos ascensionale caratteristico dello **skyline**.
La congestione delle città USA ha fatto nascere per contrasto nell'urbanistica attuale la tendenza alla non-città, all'agglomerato aperto, in cui le case sono distribuite regolarmente fra zone verdi ed alberate, senza alcuna barriera, squadrate geometricamente da ben tenute strade.
Le città americane non sono mai compiute: demolite e subito ricostruite, sempre verticalmente nel centro, crescono senza fine nelle zone marginali. Le aree libere sono frequentemente utilizzate come parcheggi, spesso di gigantesche proporzioni, vitali per l'allucinante traffico. Le grandi metropoli USA, pur conservando qualche sfumatura regionale che le differenzia, hanno in comune una mescolanza di individui e popoli, tanto importante nella formazione della civiltà statunitense. Esistono il quartiere cinese e italiano, le strade dei Neri, nuclei tedeschi, russi.
Il commercio e le distrazioni vivacizzano ogni centro urbano, la pubblicità, in tutte le sue forme, diventa ossessiva e interi quartieri sono dominati dalla colorata e violenta luce delle reclame. I mass media e una vasta gamma di associazioni riescono a creare un'opinione pubblica di massa, necessaria per produrre, ma anche per consumare con lo stesso ritmo vertiginoso. Basti ricordare che nel 1970 sono stati spesi 206 miliardi di dollari per la pubblicità.
Forse in nessun'altra parte del mondo la vita urbana è tanto artificiale.
La necessità di reperire una numerosa ed economica manodopera per le faticose ed estese piantagioni di cotone della prima colonizzazione determinò, nel Vecchio Sud, una massiccia presenza di Neri. Nonostante l'esodo continuo di essi verso le regioni più industrializzate del paese, caratteri peculiari sono rimasti nell'urbanizzazione: solo il 40% della popolazione risiede in città, lo sviluppo economico si presenta più debole, persistono piccoli mercati rurali e città vivificate da industrie soprattutto tessili e metallurgiche, in un'atmosfera di sapore coloniale, come ad Atlanta e a New Orleans.
Attraverso le naturali vie d'acqua il movimento divenne sempre più ampio. Sulla costa atlantica e del Golfo del Messico nel XVIII sec. sorsero città quali Mobile, Albany, Richmond; lungo il Mississippi e i suoi affluenti, il S. Lorenzo e sulle sponde dei Grandi Laghi, città quali S. Louis, Kansas City, Detroit, Cincinnati. Sul lago Michigan, verso la metà dell'800 si sviluppò Chicago, che con il nascere della rete ferroviaria, ne divenne il nodo più importante. Attualmente è uno dei massimi centri per i trasporti, il commercio, l'industria e la finanza. Per far posto a grandi giardini e a lunghe arterie stradali si è riempito, con un enorme terrapieno, un tratto del lago. Successivamente le ferrovie accelerarono la penetrazione verso l'Ovest e seminarono nuovi insediamenti quali Denver e sulla costa pacifica S. Francisco, Los Angeles, Portland, Seattle, S. Diego iniziarono la loro fortuna.

La razionale utilizzazione dell'acqua delle montagne nei bacini, resi così accessibili, determinò il sorgere di centri isolati, oasi dell'industria, della cultura, del turismo come Phoenix, Salt Lake City, Las Vegas. Nel 1900, con la scoperta e l'utilizzazione dei cospicui giacimenti petroliferi nel Texas e stati limitrofi, si sviluppò una serie di città costiere e subcostiere: Baton Rouge, Houston, Dallas, Corpus Christi. L'affermarsi dell'automobile come diffuso mezzo di trasporto individuale ha portato alla costruzione di giganteschi quartieri periferici e alla disseminazione dell'industria.
Una caratteristica dell'urbanizzazione statunitense è la realizzazione di città dalle specifiche funzioni: città dell'elettronica, dell'informatica, della missilistica.
Dal 1930 ad oggi il numero degli abitanti delle periferie è aumentato tre volte rispetto a quello delle città. Attualmente gli Statunitensi, anche nel caso dei quartieri operai, si illudono così di vivere nell'atmosfera verdeggiante e tranquilla della campagna. Ogni giorno si assiste a un massiccio pendolarismo della popolazione attiva che si sposta dagli interminabili quartieri periferici verso il centro della città e viceversa.
Il consistente movimento migratorio dei Neri dal Sud agricolo al Nord industriale ha esacerbato lo spirito razzista dei Bianchi, che preferiscono abbandonare i vecchi centri urbani lasciandoli ai nuovi venuti. Mentre l'America bianca e benestante si è trasformata in una società suburbana, il cuore delle grandi città si è trasformato in dormitorio per emarginati: vi si concentra disoccupazione, delinquenza, alienazione, tensioni sociali, che le strutture urbane sembrano non essere più in grado di reggere. Gli USA continuano ad assorbire milioni di profughi e immigrati legali e clandestini da ogni continente, che hanno contribuito ad aggravare questo fenomeno.

lionarie quali Boston, New York, Filadelfia, Baltimora, Washington. Fra queste aree metropolitane vi sono importanti insediamenti industriali e piccole città, perfettamente collegati da autostrade, ferrovie, linee aeree. Non mancano grandi spazi a foreste o a parchi e la campagna circostante, un tempo destinata a fornire le grandi città di prodotti ortofrutticoli, si va sempre più trasformando in zone residenziali.

La Nuova Inghilterra (denominazione storica data ai 6 stati a nord di New York) dà una sensazione di quiete, con villaggi, porti pescherecci, campagna molto simili a quelli inglesi. Notevole il flusso turistico verso questa parte degli States per la bellezza del paesaggio e la possibilità di praticare la caccia fra i fitti boschi che ricoprono colline e montagne, lo sci in attrezzati centri, la pesca nei numerosi limpidi laghi e torrenti dell'interno e quella particolare delle aragoste lungo le splendide insenature costiere.

Nel New England la città più importante è Boston, situata nella parte interna della baia di Massachusetts. Il porto è ben valorizzato dalle numerose vie di comunicazione che da esso si irradiano. La città è un insieme di cemento, di vetro purpureo, di legno, di verde ed è quella che più rivela la tradizione aristocratica europea. Infatti è famosa per essere chiusa, puritana, conservatrice, con un ritmo di vita non troppo convulso. I numerosi colleges, l'Università di Harvard, il M.I.T. (Massachusetts Institute of Technology) di fama mondiale, vivacizzano la vita sociale e culturale della città. Belli i dintorni con un susseguirsi di spiagge, cale, dune e lagune come nella penisola di Capo Cod, luogo di villeggiatura prediletto dai Bostoniani. Attraccata al molo di Plymouth, la Mayflower II, esatta riproduzione dell'originale, ci ricorda lo sbarco dei primi coloni, i puritani Padri Pellegrini che qui imposero il loro ferreo moralismo.

New York sorge sull'estuario del fiume Hudson alla confluenza con l'East River. La sua posizione geografica protesa nell'Atlantico, con facilità di comunicare lungo l'Hudson con la regione dei Grandi Laghi e la piana del Mississippi, ne ha fatto da sempre la porta di ingresso agli USA. Il porto è il simbolo della vocazione al commercio e alle comunicazioni della città. L'aspetto urbano non ubbidisce a nessun criterio di armonia, tant'è vero che Le Corbusier l'ha definita: «un magnifico disastro»; in continua evoluzione, sostituisce inesorabilmente grattacieli e shopping center alle vecchie

I quartieri di New York mantengono le caratteristiche culturali e le abitudini di vita di chi le abita e le frequenta. Così a China Town, a sinistra, è ben visibile il monumento a Confucio, a Little Italy, a destra, «Vesuvio» è l'insegna di una panetteria. [M. Smith/F. Speranza, Milano; E. Buvoli, Bologna]

La punta meridionale dell'isola di Manhattan, irta di grattacieli, è sede delle principali banche americane. [J. Smith/Image Bank]

A destra. Pianta di New York. La grande New York è formata al centro dalla penisola di Bronx che prosegue con l'isola di Manhattan, tra il fiume Hudson e l'East River; ad ovest da States Island con la contea di Richmond; ad est da Long Island con le contee di Queens e di Brooklyn. La città è detta la Grande Mela sia per il tondeggiante sviluppo dei suoi quartieri attorno al «torso» di Manhattan sia per essere conosciuta e appetita da tutto il mondo.

case e palazzi fatiscenti. Malgrado ciò New York, con i suoi skyscraper, le luci variopinte, la vita convulsa, è da molti considerata il prototipo della città USA e ne rappresenta comunque pregi e difetti.

Il centro della città è Manhattan, situata su un'isola, che, grazie alla natura molto resistente del suolo, ha realizzato uno **skyline** tra i più suggestivi e caratteristici del mondo. Le due torri gemelle del World Trade Center, alte 410 m con 110 piani, sovrastano il grandioso insieme dei grattacieli e le moderne costruzioni, opera di famosi architetti, quali la sede dell'ONU di Le Corbusier, il Museo di Arte Moderna Guggenheim di Wright.

Nella monotona struttura a maglie ortogonali con le avenue disposte in senso longitudinale e le street in senso trasversale, con numeri crescenti da sud a nord e da ovest ad est, è facile orientarsi. L'asse centrale è la commerciale ed elegante Fifth Avenue, che ostenta gli alberghi più esclusivi e griffe prestigiose, fra le quali sempre più numerose le italiane; Broadway, lunga 60 km circa, affollata di teatri e cinematografi, è l'unica strada disposta trasversalmente. Central Park, immenso polmone verde, è meta domenicale di Newyorkesi che vi possono praticare jogging, ciclismo, pattinaggio e molti altri sport, ascoltare opere e concerti, assistere a spettacoli teatrali, esposizioni d'arte, visitare lo zoo. Il parco è poco frequentato nei giorni feriali e soprattutto di notte per motivi di sicurezza.

Numerosi sono i quartieri cittadini e molto differenti tra loro: Wall Street, il possente quartiere ove ha sede l'importantissima Borsa Valori, è il centro della finanza mondiale; Chinatown è frequentata per i deliziosi ristorantini e i negozi ricchi di artigianato orientale; Greenwich Village, dalle tipiche case in stile inglese, un tempo abitato da artisti, oggi è frequentato soprattutto dai giovani; Little Italy, un angolo di Napoli oltre oceano, è sempre più invaso dai Cinesi; Harlem, ove i Portoricani e altri immigrati di origine ispanica si sono sempre più sostituiti ai Neri, è una tragedia urbana di grandi proporzioni.

Il traffico è massiccio, ma non disordinato. Nel centro è impossibile la circolazione individuale e vengono utilizzati taxi, autobus e ben 40 linee di metropolitana. Impressionante in determinate ore della giornata è la circolazione umana: un mare di folla si muove frettoloso ed ordinato per le larghe, dritte strade. Numerosi ponti, a volte avveniristici, tunnel sottomarini, elicotteri con eliporti sulle terrazze dei grattacieli, uniscono Manhattan agli altri distretti cittadini.

Il fascino di New York è comunque l'insieme, perché il panorama è certamente più bello della città analizzata nei suoi dettagli, perché dai suoi abitanti cosmopoliti provengono impulsi sociali, economici e culturali verso tutto il paese. New York è la capitale culturale degli USA. Ben 120 musei tra i più esaurienti e meglio organizzati del mondo, tra i quali emerge il Metropolitan Museum of Art che, con le sue ricche e disparate collezioni, compete con i più famosi musei della Vecchia Europa. Con sistematici acquisti si è voluto riproporre un completo panorama delle principali manifestazioni d'arte mondiale. Particolarmente importante la collezione dei quadri di autori europei. Importanti gallerie d'arte hanno tolto a Parigi il primato nel mercato internazionale d'arte contemporanea. Tra centinaia di teatri lirici e di prosa il Metropolitan Opera e la Carnegie Hall ospitano i più famosi artisti e gli spettacoli più attuali del mondo. La Columbia University e un'altra quindicina di università, biblioteche ben fornite ed efficienti sono frequentati centri culturali.

New York è anche la capitale mondiale delle comunicazioni: qui si prendono quasi tutte le decisioni sulle produzioni televisive non solo americane, ma del mondo. Ogni successo sullo schermo, sul palcoscenico, in televisione, nell'editoria o nella pubblicità deve passare per New York.

Pur dotata di ben 100 mila stanze in prestigiosi alberghi e di numerosissimi nuovi hotel, New York, con i suoi 17 milioni di turisti all'anno, spesso ha difficoltà ricettive. Accanto ai numerosi, affollati economici fast food la città offre tutti i tipi di cucina internazionale in ristoranti molto costosi.

Purtroppo New York, la Grande Mela, ha subito negli ultimi anni un forte degrado. L'immigrazione in costante aumento del gruppo etnico di origine ispanica determina scontri con la vecchia comunità nera sempre più disperata. Disoccupazione, emarginazione, droga hanno innescato una spirale di violenza e di odio razziale preoccupante.

Filadelfia, posta al centro di una fertile regione sul fiume Delaware, già nel '700 era considerata, con Boston, la città guida delle colonie inglesi nel commercio, nella cultura, nell'arte e fin da allora si era imposta come centro universitario di livello europeo. Inseriti in una struttura prevalentemente moderna e funzionale, gli interessanti edifici e monumenti del centro storico testimoniano che Filadelfia è stata una grande protagonista della storia USA. Qui fu dichiarata l'Indipendenza, qui si tenne il primo governo, qui fu proclamata la Costituzione della nuova nazione, qui fu cucita la prima bandiera.

Washington adagiata sulla riva sinistra del fiume Potomac a breve distanza dall'oceano, è la capitale federale degli USA. Fondata nel 1781 da Giorgio Washington per ospitare il governo federale su di un territorio autonomo denominato Distretto di Columbia, la città è stata progettata da un ingegnere francese, l'Enfant, con una pianta simile a quella di Versailles. Presenta vasti viali alberati ed edifici in stile neoclassico. La Casa Bianca e il Campidoglio, circondati da grandi giardini spesso a ciliegi, sono i

Il palazzo del Campidoglio di Washington, dove hanno sede il Senato e la Camera dei Rappresentanti statunitensi. [Pickerell/Marka, Milano]

punti focali del progetto. È una particolare città USA sia per l'assenza di grattacieli (nessun edificio può superare l'altezza del Campidoglio) sia per gli ampi spazi verdi che danno respiro ai monumentali palazzi. La Casa Bianca, il Campidoglio, il Pentagono, i monumenti commemorativi a Jefferson e Lincoln, il cimitero di Arlington, le numerose ambasciate ricordano che Washington significa presidenza, potere politico, diplomazia e ne fanno la città più cosmopolita degli USA. Washington presenta la massima percentuale di Neri (72%) nella popolazione urbana. Importante è la sua funzione culturale in quanto sede di numerose università, di istituti di ricerca, musei, archivi e biblioteche. La maggiore del mondo è quella del Congresso. In battello, lungo le pittoresche e lussureggianti sponde del sonnacchioso Potomac, ci si immerge nella dolce riposante campagna virginiana, ricca di numerose splendide ville in puro stile coloniale.

La Louisiana e le tradizioni dei Neri nel Vecchio Sud

La Louisiana è la regione caldo-umida dove il Mississippi si apre a ventaglio in una serie di canali, di laghi, di paludi su cui si innalzano enormi, grigi cipressi. Qui vivono alligatori e altri rettili oltre ad animali da pelliccia: opossum, visoni e castori. Moltissimi sono gli uccelli, particolarmente numerosi i pellicani.
Le sue particolari caratteristiche culturali contribuiscono ad attirare molti turisti. È l'unico stato degli USA di colonizzazione preminentemente francese e la lingua della madrepatria, molto simile a certi dialetti della Normandia, è ancora in uso.
Lo sviluppo delle colture di cotone e lo schiavismo hanno introdotto qui, come in tutto il Vecchio Sud, una forte presenza di Neri, dai quali è nato il jazz, spirituals e blues, forme di melodia ignote all'Europa. Si tratta di espressioni musicali derivanti dall'incontro della musica africana con quella europea. Mentre il canto africano è corale, i blues sono cantati da un solista, interprete delle esperienze della comunità, la cui partecipazione è limitata al battito di mani. Il modo di cantare invece è tipicamente africano e le singolari tecniche stilistiche derivano dal tamburo. L'uso di questo strumento, essenziale nelle civiltà d'Africa, era stato proibito dai Bianchi ai loro schiavi per colpire il nucleo essenziale della loro religiosità. I testi dei blues, che si ricollegano al mondo della favola africana, sono sì un grido di dolore, di malinconia, ma vi echeggia anche la ribellione, si nasconde l'accusa. Il Vecchio Sud presenta ancora una società tradizionalista, con frequenti manifestazioni di intolleranza verso i Neri.
Nelle campagne della Louisiana sono diffuse le «old plantations», antiche case coloniche dei grandi proprietari terrieri. Queste ville neoclassiche, circondate da grandi alberi di magnolia, hanno bianche strutture, facciate ornate da colonne e architravi che ricordano il mondo di «Via col vento». Molte sono state restaurate e aperte al pubblico. Oggi queste bianche case vengono comprate da ricchi imprenditori desiderosi di possedere un pezzetto di storia americana. È una nuova moda che ha fatto esplodere il mercato immobiliare della regione.
Il popolo americano, che custodisce gelosamente la memoria del suo breve passato, ha mantenuto intatta la vecchia città **creola** di New Orleans. Più di due secoli orsono un gruppo di ingegneri francesi disegnò su pergamene la struttura armoniosa di una città squadrata entro un'ansa del Mississippi, attorno alla quale si è successivamente sviluppata la città moderna. Il Vieux Carré è una striscia lunga circa 1 km e mezzo e larga soltanto 1, tagliata da 13 strade parallele in senso verticale e da 6 in senso orizzontale. Le antiche case francesi e spagnole hanno balconi fioriti con leggiadre inferriate in ferro battuto, porticati dalle colonne in legno, insospettati **«patii»** all'interno. Oggi esse sono trasformate in ristoranti, caffè, negozi, locali notturni e di divertimento, alberghi e anche musei. Bella è la grande piazza fiorita Jackson Square e nella Bourbon Street si trovano famosi locali ove un tempo gli schiavi neri facevano musica.
Il jazz è nato qui, sui marciapiedi di questa città verso la fine del XIX sec., con piccoli gruppi di musicisti che suonavano riuniti in complessi di banjo, tamburi, armoniche, tromboni, una musica improvvisata per divertire i passanti e sollecitare l'esborso di qualche moneta. Dentro c'erano i ritmi africani, il «sound» dell'anima, la melodia derivante dai canti degli schiavi nelle piantagioni. Il jazz dei primi decenni si chiamava «dixieland», una musica che conteneva un risvolto di protesta, ma anche la gioia e la volontà di vivere. Solo nel 1915 questa musica nera americana fu chiamata jazz dal nome della prima «band». Fu Louis Armstrong, nato qui nel 1900, famoso compositore e suonatore di tromba a farla conoscere in tutto il mondo e a creare il mito di New Orleans. Molta parte della notorietà di questa città deriva dai suoi rinomati festival come il New Orleans Jazz and Heritage Festival, cinque giorni in aprile in cui si tengono una serie di concerti e parate musicali. Il festival si sovrappone soltanto come un fatto temporaneo e allegramente rumoroso a un rito quotidiano. Esso richiama migliaia di persone e non soltanto giovani che si spostano da un concerto all'altro; i concerti infatti hanno luogo contemporaneamente all'aperto o sotto un tendone, disposti in modo da non disturbarsi l'un l'altro. Il jazz vive ancora oggi sugli «steamboat», battelli a ruota dalle sovrastrutture a terrazze, che nei primi anni del '900 risalivano il fiume portando a bordo orchestre di jazz per allietare i gitanti, contribuendo a diffondere questa musica nel Nord degli Stati Uniti. Gli «showboat» erano dei veri e propri teatri galleggianti che rappresentavano opere teatrali al ritmo del «dixieland». Oggi sono adibiti al trasporto dei turisti.
Conosciuto è anche il Carnevale o Mardì Gras, dieci giorni di parate e feste mascherate, prima della Quaresima.
Il Vecchio Sud, deciso a non soccombere alla cucina dell'hamburger mantiene la tradizionale cucina creola, una combinazione tra piatti francesi e spagnoli, soprattutto a base di pesce; il piatto più famoso, molto speziato, ha come ingredienti riso, fagioli rossi e salsiccia.

Una veduta del Vieux Carré, il cuore di New Orleans. In questa strada si respira ancora un poco l'atmosfera del Vecchio Sud, della raffinatezza francese, dell'età dell'oro del jazz. Si notino le case coloniali con i balconcini di ghisa traforata. [M. Bertinetti]

3. La Florida

È una piatta lunga penisola che divide l'Atlantico dal Golfo del Messico, denominata «Sun Shine State» perché gode di 360 giorni di sole in media all'anno.

Tipica della Florida è una vegetazione subtropicale, sempre più frequentemente sostituita da coltivazioni di agrumeti e di primizie.

Regione a vocazione turistica per la mitezza del clima invernale anche se è soggetta a violenti uragani che si abbattono sulle sue coste fra giugno e ottobre. Per la lussureggiante natura, per migliaia di chilometri di bianche spiagge, per i numerosi laghi, lagune, isole, flora e fauna esotica e per l'ineccepibile organizzazione alberghiera è considerata dagli Americani il paese della vacanza per eccellenza.

I noti centri di Palm Beach e Miami sull'oceano ostentano splendide ville, eleganti negozi, hotel, grattacieli, moderni condomini, giardini, piscine, club più o meno esclusivi e tanta, tanta ricchezza. Questo massiccio richiamo turistico, non più solo invernale per pensionati abbienti, ha portato ad una notevole speculazione immobiliare e ad una urbanizzazione dilagante.

Miami ospita una comunità molto eterogenea: ricchi Cubani rifugiati qui in seguito alla rivoluzione castrista, poveri Haitiani che continuano ad arrivare su barche di fortuna, un'ultima migrazione interna di giovani manager attratti dal favorevole sistema fiscale. Malgrado oggi la città si presenti caotica e sterminata e le vicine isole caribiche le abbiano sottratto presenze turistiche, rimane sempre un colossale concentrato di strutture turistiche. Sempre più importante è la sua funzione di scalo aereo, specie per il Sudamerica, e di porto in cui si imbarcano ogni anno oltre 2 milioni di crocieristi per i Caraibi.

La penisola si prolunga in migliaia di isolette coralline, la Florida Keys, collegate fra loro e alla terra ferma da un'ampia autostrada che corre su numerosi ponti e viadotti. La costa ovest è considerata un vero paradiso per gli appassionati della vela e per i collezionisti di conchiglie ed è un susseguirsi di centri turistici, di spiagge con sabbia bianca e fine, ombreggiate da palmizi. La punta estrema della penisola è occupata da un'enorme palude tropicale che costituisce il Parco Nazionale Everglades.

Milioni di Americani all'anno si spostano in Florida non sempre per «spendere» il proprio tempo libero, ma anche attirati da altri interessi.

Disneyworld è la più nuova realizzazione dell'organizzazione Disney.

Seaworld è allo stesso tempo centro di studi della fauna marina e di interessanti spettacoli di cetacei e delfini ammaestrati. Il centro spaziale di Cape Kennedy si affolla in occasione di lanci missilistici.

4. La California e le città del Pacifico

La California ha sempre costituito una tappa d'obbligo del «nomadismo» americano: nell'800 la febbre dell'oro, poi la scoperta di vasti giacimenti petroliferi, il miraggio hollywoodiano, le infinite piantagioni di frutta, hanno sollecitato un'imponente immigrazione. Negli ultimi decenni cittadini molto abbienti hanno trasferito qui la loro residenza attirati dalla bellezza della costa e dal clima mite. Da alcuni decenni la costa pacifica statunitense ha tolto alla costa atlantica la prerogativa di maggiore polo economico del paese. Anche per quanto riguarda il mondo della scienza e dell'arte assumono sempre più importanza le città dell'Ovest.

La California è certamente una delle regioni più belle degli USA: due catene di montagne, Cascate e Sierra Nevada scorrono parallele al Pacifico e comprendono la Grande Vallata di California fertilissima e razionalmente coltivata, percorsa dai fiumi Sacramento e San Joaquin. Caratteristici sono anche il grande Deserto di Mojave e la Valle della Morte, una delle zone più calde (50° in estate) e più depresse (85 metri sotto il livello del mare) del mondo. I golfi riparati dai venti del nord, le grandi spiagge oceaniche, le contrastanti bellezze paesaggistiche quali le montagne innevate (Squaw Valley è una famosa stazione invernale ove si tennero le Olimpiadi del 1960), le formazioni vulcaniche, i deserti, i numerosi parchi nazionali, le grandi città costiere fanno della California una delle massime regioni turistiche USA.

Miami, una delle spiagge più famose del mondo, deve il suo rapido e disordinato sviluppo urbanistico non solo al turismo, ma anche ad altri settori del terziario e all'industria. La città appare degradata e gli imponenti finanziamenti spesi negli ultimi anni per la sua ristrutturazione non ne hanno risolto i complessi problemi. Lo evidenzia la sua funzione di crocevia nello spaccio di cocaina proveniente dai mercati sudamericani. [Titus, Torino]

In basso, a destra. San Francisco sorge su una penisola che chiude la baia omonima. Un lungo ponte attraversa la baia in direzione della città di Oakland. [N. Cirani/L. Ricciarini, Milano]

Pianta della baia di S. Francisco.

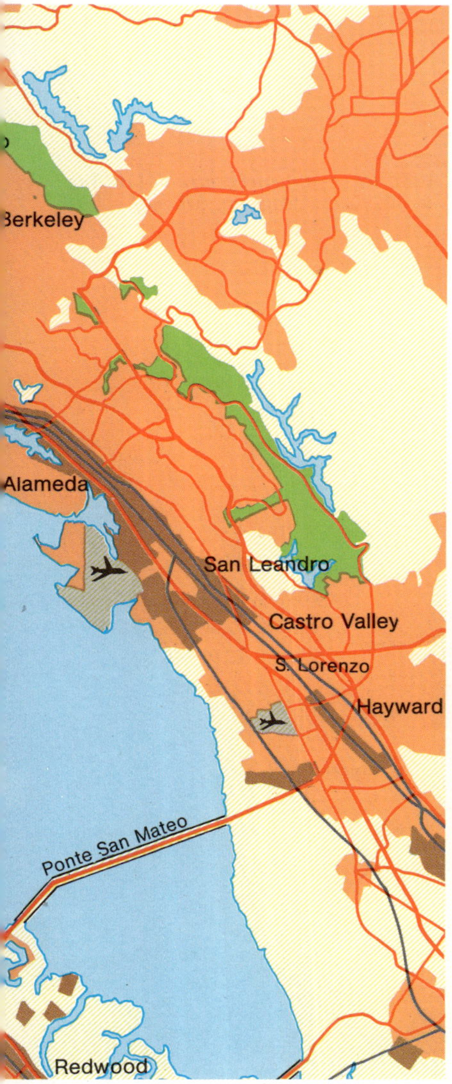

S. Francisco, situata sulla collinosa penisola di S. Mateo, bella e protetta, si affaccia sull'omonima baia che fa parte di una depressione tettonica invasa dal mare in epoca postglaciale. L'enorme sviluppo del settore industriale e terziario della città è stato sicuramente determinato dalla sua felice ubicazione sull'unica via di accesso al ricco entroterra: la fossa tettonica del Golden Gate. Ma tale posizione e la vicinanza della faglia trasversa di S. Andrea provocano anche un alto grado di sismicità. Dopo lo spaventoso terremoto del 1906 sono stati applicati nelle costruzioni criteri antisismici sempre più rigorosi ed avanzati. Ciò nonostante la violenta scossa del 1989 ha fatto crollare il grandioso S. Francisco-Oakland Bay Bridge, subito ricostruito.

Alla suggestiva eterogeneità dei diversi quartieri, come quello cinese e alla bellezza della posizione naturale, si deve aggiungere il fascino delle strade che, con impressionanti pendenze, scendono dalla collina al mare, percorse dai «cable car», caratteristici tram a cremagliera. Il vasto quartiere degli affari vanta numerosi recenti grattacieli. Dalla costa pacifica all'interno si estende per più di 6 km l'area verde del Golden Gate Park dotato di efficienti attrezzature per il tempo libero e lo sport. A nord e a sud del parco vasti e lussuosi quartieri residenziali si affacciano sull'oceano. La città è un importante centro di arte, cultura e studio. Famose le due Università di S. Francisco e di Berkeley. Il S. Francisco-Oakland Bay Bridge e il Golden Gate Bridge, 120 km di strade sopraelevate, tunnel sotterranei e sottomarini collegano la città ai vicini centri di Oakland, Berkeley, Richmond, S. Mateo situati lungo le coste della baia; oltre 3 milioni di persone di razze e provenienze diverse abitano in questo enorme agglomerato.

S. Francisco e Los Angeles sono collegate da una strada costiera molto pittoresca che corre lungo bianche spiagge, baie, promontori rocciosi, boschi di pini e di sequoie, campi coltivati a frutteti. Numerosi i centri balneari come S. Barbara, Monterey, Big Sur ed altri meno noti. In questo tratto di costa si incontrano suggestive missioni spagnole, testimoni della passata colonizzazione. In prossimità della penisola di Monterey il delizioso, sofisticato villaggio di Carmel è visitato da circa 10 milioni di turisti e abitato da numerosi artisti. La verdeggiante, pittoresca località è protetta da un rigido piano regolatore, ma accanto alla Carmel esclusiva con casette in legno di sequoia immerse nei fiori, sono sorti quartieri commerciali e boutiques, ristoranti, gallerie d'arte e di antiquariato.

Los Angeles, situata in una breve pianura chiusa dai monti S. Gabriel, si presenta con un'urbanistica diversa dalle altre città statunitensi per l'enorme espansione orizzontale a forma di semicerchio (oltre 1000 kmq). È, con più di 7 milioni di abitanti uno dei massimi agglomerati urbani degli

USA e ingloba numerosi centri commerciali, amministrativi e residenziali.

Lo sviluppo dell'area urbanizzata, dovuto alla disponibilità di terreno e alla sismicità della zona, ha portato all'uso indiscriminato dell'automobile come unico mezzo di spostamento. Una modernissima rete di autostrade e superstrade metropolitane (highways e freeways) fino a 10 corsie, con svincoli a quadrifoglio, raccordi e sopraelevate aiutano a coprire grandi distanze, ma non evitano interminabili code e forte inquinamento. Al centro della città, accanto al solito quartiere degli affari, la zona storica con l'antica Plaza de la Raya e Olvera Street, pittoresca strada commerciale su cui si affacciano edifici settecenteschi, rivela origini spagnole. A nord della città Beverly Hills, dalle sontuose dimore, e la collinosa Hollywood ricordano i miti, le glorie, le ricchezze, le stravaganze del mondo della celluloide. Le pendici delle colline di Santa Monica ospitano insediamenti residenziali di lusso. La magica Disneyland offre contemporaneamente motivi di svago e di istruzione a grandi e piccini.

Il movimento turistico è favorito oltre che dalla mitezza del clima, anche dalla vicinanza di spiagge quali Santa Monica, South Bay, Long Beach, Malibu, Venice e Laguna Beach. Da queste spiagge si è diffusa la moda di nuovi sport come il surf e il rischioso ma eccitante deltaplano.

Ormai vicina al confine messicano, S. Diego è un sempre più importante centro di vacanze. La città è in grande espansione urbanistica e notevole crescita demografica in particolare nella componente messicana. Il clima soleggiato e mite, grazie alla presenza di una corrente fredda, il grande sviluppo di spiagge dalle attrezzature moderne ed imponenti motivano il movimento annuo di circa 30 milioni di turisti. Il porticciolo turistico è di grandi dimensioni e sempre affollato di imbarcazioni. Il Mission Bay Park è una vasta area ricreativa sul mare con isole tropicali artificiali, canali, alberghi, ristoranti lussuosi e una spiaggia di oltre 3 km. La città è anche la principale base operativa della Marina Militare e un importante centro aerospaziale e missilistico.

A meno di un'ora di volo da Los Angeles merita una visita Las Vegas, capitale del gioco d'azzardo. La città è costituita prevalentemente da alberghi e casinò allineati lungo lo «Strip», strada centrale, da slot-machine, da ottimi ristoranti, da sfarzosi spettacoli con vedettes internazionali. È un carosello di suoni, di luci, d'insegne colorate, ma tutto è falso e artificiale. Las Vegas è punto di partenza per la Valle della Morte e il Grand Canyon.

A sinistra. Veduta del centro di Los Angeles. [P. Fusco/Magnum, Milano]

Pianta di Los Angeles.

La Silicon Valley vista attraverso un obiettivo a 360°. Questo centro situato a sud di S. Francisco è specializzato nella ricerca nel campo dell'informatica e dell'ingegneria genetica. Esso rappresenta, secondo alcuni studiosi, un esempio di «turismo scientifico», cioè quello che muove scienziati per l'arricchimento delle loro conoscenze tecnico-scientifiche. [Chuck O'Rear-Westlight/Cosmos]

Las Vegas: un tipico esempio dell'esasperato consumismo statunitense dei divertimenti. [Barnes/Double's, Milano]

L'Universo Disney

Una forma di turismo in recente espansione, che non si avvale direttamente delle reali risorse della natura e dell'uomo, ma le ricostruisce in un mondo fantastico con l'ausilio anche delle più avanzate conquiste della tecnologia, va sempre più diffondendosi e richiamando folle di visitatori. Sono mondi artificiali creati dal nulla, in luoghi privi di particolari attrattive, con lo scopo di far trascorrere in modo stimolante e piacevole il tempo libero e che sono destinati a guadagnare nella società spazi sempre maggiori. Banche e società finanziarie dei paesi ad economia più avanzata incrementano i loro investimenti in questo settore, in cui intravvedono il business del domani. Queste aree turistiche nascono solo grazie ad operazioni programmate a tavolino che richiedono ingenti capitali, mettono in moto una gigantesca macchina economica, necessitano dei «media» per reclamizzare le nuove creazioni e attivano nuovi imponenti flussi turistici. Varie sono le formule di questo fenomeno turistico, l'esempio più macroscopico è Disneyland, il cui grande successo si spiega con il desiderio di ognuno di noi di un ritorno alla fanciullezza, un'immersione nella fantasia, un estraniarsi dal quotidiano. Infatti i visitatori più numerosi non sono i bambini ma gli adulti.
Due ricercatori di sociologia statunitensi hanno di recente sostenuto che nelle società materialistiche e tecnologiche il viaggio a Disneyland è sentito come una necessità interiore, una nuova esigenza spirituale, paragonabile addirittura a quella del pellegrinaggio.
La Disneyland californiana, voluta e diretta da Walt Disney nel 1955, è strutturata con stupefacenti attrezzature come un grande «parco dei divertimenti» in cui, alle tradizionali seppur sbalorditive «macchine» da classico Luna Park, si affiancano attrazioni che sfruttano i più sofisticati e moderni sistemi di elettronica e d'informatica, allestiti da veri specialisti.
La scomparsa nel 1966 di Walt Disney ha affrettato una crisi già in atto, ma il felice inserimento di un nuovo manager ha recentemente rivitalizzato il mondo Disney, adeguandolo ai nuovi interessi e introducendo nei suoi complessi nuove attrattive soprattutto orientate al mondo del futuro. Oggi la Disney, che ha interessi anche nel settore alberghiero, nei centri di villeggiatura e nei villaggi turistici, è solidissima e conta 32 000 dipendenti. Nel 1988 ha fatturato 3,4 miliardi di dollari, con un utile di 520 milioni di dollari. Negli ultimi anni questa macchina commerciale ha potenziato le sue costose realizzazioni grazie all'intervento di importanti multinazionali che le sponsorizzano.
La società si è potenziata grazie soprattutto ai nuovi «theme parks» che costituiscono una fetta crescente del business Disney. Dalla California si è passati in Florida con Disneyworld nel 1971, EPCOT nel 1982 e nel 1989 il Disney-MGM Studios Theme Park, costato ben 400 milioni di dollari, frutto di una «joint-venture» con la Metro Goldwin Mayer.
Per la fine del '90 è prevista la realizzazione da parte della società Typhoon Lagoon, del più grande parco acquatico del mondo e successivamente della prima casa da gioco con il marchio Disney. Questa fortunata formula di turismo «parco dei divertimenti» è divenuta un'autentica macchina per far soldi ed è uscita dai confini americani. Nel 1987 è stata aperta la Disneyland di Tokyo e altre iniziative del genere sono progettate in tutto il mondo. Anche l'Europa avrà, nel 1992, la sua EuroDisneyland a pochi chilometri da Parigi in un'area di 480 ettari che si estenderà fino a 2000. Il complesso sarà uno dei più sofisticati del mondo. Sono già stati spesi 450 miliardi dei 3240 complessivi. Si dà per scontato un flusso di 10 milioni di visitatori all'anno e conseguenti enormi profitti. Si prevede la costruzione di 15 alberghi per un totale di 4700 camere che, a fine progetto, saliranno a 23 000. Il governo francese, su pressione della popolazione locale, preoccupata dalle conseguenze ecologiche del macroscopico progetto, ha voluto, prima della sua approvazione, una serie di garanzie sul numero dei posti letto, sulla capienza dei parcheggi sotterranei, sulla possibilità di smaltire i rifiuti e sul rispetto dell'ambiente. La creazione di 30 000 posti lavoro e l'entrata di 6 miliardi di franchi in valuta straniera è la vantaggiosa contropartita di questo ciclopico sconvolgimento ambientale. I lavori parigini sono stati finanziati dalla EuroDisneyland, consociata francese del gruppo americano che ha offerto al pubblico 85 milioni di azioni. I titoli sono andati a ruba perché ritenuti fra i più vantaggiosi investimenti del momento.
Ogni centro Disney ha una sua peculiare fisionomia anche se gli ingredienti fondamentali sono sempre gli stessi: montagne russe mozzafiato, giochi d'acqua spettacolari, effetti speciali, automi, navi spaziali. Il parco è diviso in aree che riproducono ambienti geografici nazionali e stranieri, ambienti del mondo delle favole, dell'avventura e del futuro. Tutto è in tema: ristoranti, bar e cucina propongono stili in sintonia con l'ambiente ricostruito, al quale si ispirano anche i costumi dei cortesissimi e sempre disponibili addetti all'accoglienza e alla guida dei visitatori. L'astronauta, il cow boy o il maestro di sci introducono nei loro differenti mondi; su un ricostruito battello a ruota del Mississippi si gusta la tipica cucina **creola** nell'atmosfera del jazz band; il Far West offre gigantesche bistecche alla griglia. I personaggi più famosi dell'universo Disney, Topolino, Paperino, Biancaneve, Cenerentola, Mary Poppins organizzano parate e spettacoli per intrattenere i visitatori nell'attesa che si smaltiscano le lunghe code che a volte si formano all'accesso delle attrazioni più amate. Il tutto è arricchito dalla presenza di numerosi ristoranti, paninoteche, gelaterie, cinema specializzati, oltre a negozi che presentano l'infinita gamma di prodotti, sempre con il marchio Disney: magliette, pupazzi, souvenir di ogni tipo.
La parte del leone del mondo Disney rimane comunque la Florida, lo stato USA a piena vocazione turistica, il «sun shine» per eccellenza, il catalizzatore dei più cospicui investimenti nel settore della vacanza e del maggior numero di presenze turistiche. Non a caso le creazioni Disney sono sorte in prossimità della città di Orlando che è ben collegata, con frequenti voli, non solo con le città statunitensi, ma di tutto il mondo comprese Roma e Milano. La città è un importante polo di turismo di transito diretto a Cape Canaveral e soprattutto a Walt Disney World. Il movimento turistico di circa 23 milioni di visitatori all'anno, in continua ascesa, ha imposto la costruzione di un nuovo aeroporto, l'Orlando International Airport, modernissimo e considerato un capolavoro nel suo genere. La recettività alberghiera è passata in pochi anni da 6000 a oltre 35 000 camere, cui si aggiungono quelle degli alberghi piuttosto cari del WDW, nei quali vale

Questa piantina di Epcot ci mostra le due principali sezioni in cui esso si articola: i padiglioni del Future World, dedicati al «mondo del domani» e quelli del World Showcase, «la Vetrina del Mondo». [J.M. Bailey]

FUTURE WORLD

1. Spaceship Earth
2. CommuniCore Est
3. CommuniCore Ovest
4. Entrance Plaza
5. Odyssey Restaurant
6. World of Motion
7. Horizons
8. Universe of Energy
9. Kennel Club
10. Ingresso Est
11. Ingresso Ovest
12. Stazione monorotaia
13. Biglietteria per gruppi
14. The Land
15. Journey Into Imagination

WORLD SHOWCASE

16. World Showcase Lagoon
17. Canada
18. Gran Bretagna
19. Rose and Crown
20. Francia
21. Giappone
22. The American Adventure
23. Italia
24. Germania
25. Cina
26. Messico
27. Cantina de San Angel

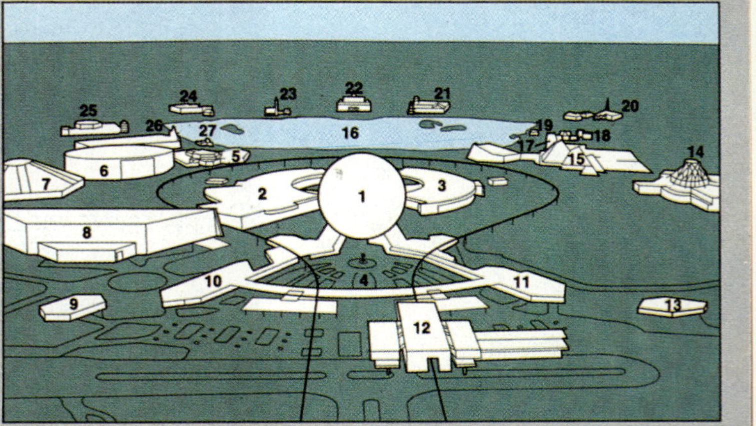

Nella « Vetrina del Mondo » del museo di Epcot compare la rappresentazione idealizzata di piazza San Marco a Venezia, fra gli ambienti più caratteristici della Terra. [R. Moncada]

la pena alloggiare per non uscire da questo mondo fantastico.
Il Walt Disney World si estende per 11 000 ettari e comprende il Magic Kingdom, l'EPCOT Center e il nuovissimo Disney - MGM Studios Theme Park. Nell'area si trovano anche ville, alberghi, negozi, piscine, campi da golf e tennis e una vasta Riserva Naturale.
Il cuore di Magic Kingdom è lo splendente castello di Cenerentola. Le attrazioni, come nella Disney californiana, sono raggruppate per temi: Adventureland, Frontierland, Tomorrowland, Fantasyland. Particolari realizzazioni sono la più grande sala da giochi del mondo, un villaggio polinesiano immerso in una vegetazione lussureggiante, villette ottagonali su palafitte.
L'EPCOT Center (Experimental Prototype Community of Tomorrow) ideato da Walt Disney poco prima di morire e realizzato molti anni dopo, desta particolare interesse in quanto raccoglie e mette in mostra nuove idee e tecnologie emergenti dai centri di ricerca dell'industria americana che ne sponsorizza le realizzazioni, pur sempre con il marchio Disney. A differenza degli altri questo centro affronta argomenti impegnativi, soprattutto nel Future World, quel settore del parco che comprende i padiglioni dedicati ai temi della comunicazione del pensiero, dell'energia, dei mezzi di trasporto, dell'agricoltura. Questa «Comunità del domani» non sarà mai compiuta, ma continuerà ad introdurre, sperimentare e mettere in mostra nuovi materiali e nuove tecnologie.
Il Future World è il più visitato e spesso davanti ai suoi padiglioni si formano lunghe code. Al centro spicca una gigantesca sfera geodetica in cemento e acciaio, alta 18 piani: è la Spaceship Earth, l'Astronave Terra, argentea e luminescente di giorno, color perla di notte. L'interno rappresenta la storia della comunicazione del pensiero: con perfetti automi, dal monaco chino sui codici miniati, a Gutenberg alle prese con la prima macchina da stampa, fino alle più moderne realizzazioni del settore.
La parte alta della sfera è un fantastico cielo stellato, il Planetario. Accanto all'Astronave Terra due bassi padiglioni ospitano il Centro Computer, il cuore elettronico di EPCOT: i computer danno informazioni aggiornatissime sulla vita del parco, 400 chilometri di fibre ottiche trasmettono messaggi, raggi laser accendono le 4 mila stelle del Planetario. Una quantità indescrivibile di videogiochi fanno impazzire moltitudini di ragazzi, ma anche di adulti. Il padiglione The Land, la Terra, ripercorre la storia dell'agricoltura nei secoli; un suggestivo giro in barca immerge i visitatori nei diversi ambienti della foresta, del deserto, della prateria. Dai primi sistemi di coltivazione si passa ad esempi di metodi colturali del futuro come quello idroponico e aeroponico, che i ricercatori stanno ancora sperimentando. Nel padiglione dell'Universe of Energy, con un'emozionante corsa nel tempo, si passa dall'ambiente preistorico ad un viaggio interstellare simulato in maniera estremamente realistica. Il World of Motion, padiglione dei trasporti, esalta la conquista delle quattro ruote: dalle bighe romane si arriva alle più moderne autovetture. Di recente è stato inaugurato il padiglione dedicato all'ambiente oceanico: una sorprendente scogliera corallina artificiale, arricchita da numerose forme di vita marina, è ospitata in un enorme contenitore di ben 25 milioni di litri d'acqua. Quasi a contorno del Future World, lungo le rive di un lago, si sviluppa la World Showcase, la Vetrina del Mondo, ove sono ricostruiti in una forma idealizzata e ridotta peculiari aspetti culturali e monumentali di numerosi stati del mondo. È una lunga passeggiata a piedi o con pullmini o sulle distensive barche-taxi, che leggere scivolano sulle acque del lago. Il drago cinese, la birreria tedesca, Piazza San Marco, una piramide mesoamericana danno un flash su tutto il mondo, annullando tempo e spazio, ma ricreando una certa atmosfera di autenticità.
L'ultima creazione del complesso presenta caratteristiche del tutto nuove. Si tratta del Disney-MGM Studios Theme Park, costato circa 400 milioni di dollari, che ricrea strade di Hollywood e gli scenari più spettacolari di famosi film. I visitatori possono osservare gli artisti dei cartoni di Disney al lavoro, assistere alle varie fasi operative e tecniche di una produzione cinematografica. Affascina soprattutto entrare nel segreto degli effetti speciali e assistere alle esibizioni di spericolati stunt.

5. I Parchi Nazionali

Probabilmente il più grosso patrimonio di turismo naturalistico degli USA è l'attrattiva sorprendente dei Parchi Nazionali. L'abbondanza e vastità di spazi disponibili, la varietà di climi e quindi di vegetazione, un complesso di bellezze naturali difeso e valorizzato ha permesso la creazione di circa 50 parchi. Raggiungibili anche per via aerea sono i meglio organizzati al mondo e offrono una varietà di sistemazioni dai campeggi, ai rifugi, agli alberghi e sono intersecati da strade panoramiche e da sentieri. La protezione dei parchi è affidata ai Park **Rangers,** poliziotti e allo stesso tempo insegnanti specializzati che offrono spiegazioni scientifiche, conferenze, gite guidate lungo itinerari automobilistici serviti da numerosi autobus o a piedi o a cavallo.

Il Parco Nazionale dello Yellowstone (Wyoming) è il più antico e il più noto, al centro di un altopiano ondulato di origine vulcanica, alto 2000 m e tutto racchiuso da montagne. Numerosi geyser e un migliaio di sorgenti termali ne sono le caratteristiche geologiche. L'Old Faithfull (Vecchio fedele) è un getto d'acqua calda e vapore che circa ogni ora s'innalza per 70 metri e si espande in una grande nuvola ricadendo al suolo in un torrente caldo che si riversa poi nel fiume Yellowstone. Tutto il pianoro circostante è costellato di miriadi di geyser piccoli e grandi, frenetici e tranquilli, di fumarole, di pozze d'acqua calda, profondissime e trasparenti. Alghe microscopiche si espandono in chiazze di colori intensi sul suolo irrorato dalle acque minerali. Un grande albergo in vista del famoso geyser accoglie i numerosi turisti. Una varietà di animali dai grandi erbivori ai piccoli scoiattoli vive nel parco; è possibile incontrare l'orso, daini, antilopi e il bisonte che la costituzione del parco ha salvato dall'estinzione. Fitte foreste di abeti e altre conifere, una profusione di fiori selvatici sulle radure costituiscono la caratteristica flora. Un problema di questo parco è il numero eccessivo di visitatori che, specie in estate, provoca ingorghi nel traffico e abbandona cumuli di rifiuti.

Il Parco Nazionale Sequoia and Kings Canyon (California) è costituito da due parchi adiacenti con un'unica amministrazione situati nell'impervia e selvaggia Sierra Nevada, creati per conservare i boschi di sequoie, silenziosi giganti che superano anche i 115 m di altezza con circonferenze di 30 m. Molto longevi (3000-4000 anni) questi alberi appartengono ad una sottoclasse esistente 80 milioni di anni fa. Con il sopraggiungere delle glaciazioni questa specie vegetale scomparve tranne che in California e nell'Oregon.

Il Parco Nazionale Mesa Verde (Colorado) è stato costituito per conservare le rovine di abitazioni sotterranee indiane e conoscere la storia e i costumi della popolazione che, stanziata a lungo su queste rupi, aveva raggiunto un alto livello culturale e un fiorente tenore di vita, poi scomparsa nel nulla due secoli prima della scoperta dell'America. I visitatori possono esplorare alcune abitazioni rupestri come il Cliff Place, di 200 stanze, alto sulla parete a strapiombo.

Il Parco Nazionale Petrified Forest (Arizona) costituisce la più grande collezione di alberi pietrificati del mondo e comprende gli scenari pittoreschi del Painted Desert, rovine e petroglifi indiani. Esposti al vento e alle piogge, i tronchi d'agata di antichi alberi giacciono sulle multicolori sabbie del deserto. Cactus ed altre piante xerofile fioriscono in estate.

Il Parco Nazionale Glacier (Montana) racchiude le splendide formazioni glaciali delle Montagne Rocciose, e continua oltre la frontiera canadese con il Parco Waterton e insieme i due parchi prendono il nome di Waterton Glacier International Peace Park. Il parco, attraversato dallo spartiacque continentale che divide il versante atlantico da quello pacifico, offre un paesaggio incantevole, incontaminato, vario: laghi, fiumi, cascate, valli, picchi, boschi, prati e massi erratici. I ghiacciai, resti di una formazione molto più vasta, connotano il paesaggio. La fauna è quella d'alta montagna, tipici sono puma, coyote, lupi, castori, visoni e orsi. Si ritiene che i visitatori siano circa 2 milioni all'anno; una sola strada asfaltata porta al villaggio canadese di Waterton Park; sui laghi più grandi si effettuano servizi di vaporetti. La Garden Wall è una valle molto nota e visitata per la variopinta, splendida fioritura primaverile.

Fra gli stati dell'Utah e dell'Arizona si sviluppa una straordinaria formazione geologica inglobata in tre parchi nazionali: il Bryce Canyon, lo Zion

Un esemplare di sequoia gigante. [E. Bianca, Genova]

Le famose incrostazioni a terrazza di Mammoth Hot Springs (P.N. di Yellowstone)

Il pueblo di Mesa Verde (Colorado), nel Parco Nazionale omonimo, è uno tra i più ben conservati esempi di insediamento precolombiano. [F.G.P./Marka, Milano]

e il Gran Canyon. È un vasto altopiano dagli strati rocciosi prevalentemente calcarei, quasi perfettamente orizzontali, profondamente incisi da canyon, dovuti all'azione erosiva dei fiumi. Sulle loro pareti si possono leggere, come si trattasse delle pagine di un libro, le fasi successive della storia geologica americana, dai 2 miliardi di anni fa dello strato più basso ai 60 milioni di anni fa dello strato più superficiale.

Nel Parco Nazionale Grand Canyon (Arizona) protagonista è il profondissimo canyon scavato dal fiume Colorado. Vi è compresa circa la metà di questa immensa gola lunga 340 km e profonda 1600 m. È uno spettacolo di colori violenti, di luci e ombre in continua mutazione a seconda della posizione del sole, di profondi silenzi. Questa incisione è un documento della storia evolutiva perché i vari strati di rocce comprendono fossili che vanno dai primi invertebrati marini, ai crostacei, ai vertebrati terrestri quali anfibi e rettili; per la flora si passa dai fossili di alghe di 400-500 milioni di anni fa alle felci e ai tipi di piante terrestri più recenti. Le nude pareti calcaree si stagliano nel cielo con una fantastica gamma di colori dall'arancione al giallo, dal marrone al bianco. Sentieri percorribili a piedi o a dorso di mulo portano fino al fondo del canyon dove è possibile trovare anche alloggio per la notte. I turisti più intrepidi possono volare fra le pareti a picco di questo enorme crepaccio su piccoli emozionanti aeroplani o sfidare le rapide del fiume su zattere, canoe e gommoni. I bordi della grande gola sono ben organizzati con terrazze panoramiche e centri ricettivi e di ristoro.

Il Parco Nazionale Everglades (Florida) è stato istituito per conservare l'ecosistema che un tempo caratterizzava tutta la Florida meridionale: la palude. Favorite dalla varietà di habitat, in questo ambiente liquido vivono specie animali e vegetali che appartengono a due diversi biomi, il temperato e il tropicale, facendone un luogo privilegiato per la ricerca. Il parco è visitabile in battello, in autobus o in auto fra labirinti di mangrovie, caratteristiche piante carnivore, foreste tropicali. In questa zona protetta nidificano molti uccelli palustri e il pericoloso alligatore popola le sue acque. Orlando è normalmente la base di partenza per le escursioni al parco, a Flamingo esistono alcune strutture recettive, un albergo, barche e case galleggianti. La quantità di insetti che proliferano nella palude scoraggia la sosta e a volte la visita.

Messico, America degli istmi e delle isole

Questa parte delle Americhe, situata tra Atlantico e Pacifico, è costituita dall'arco delle Antille e da un'area continentale a forma di imbuto, che abbracciano il Golfo del Messico e il Mar dei Caraibi: il Mediterraneo Americano.

La regione presenta fondamentali caratteristiche comuni: una origine geologica recente dalle giovani catene montuose punteggiate da elevati coni vulcanici; un'alta sismicità e instabilità; climi prevalentemente tropicali diversificati dall'altitudine e dall'azione del mare; la massima concentrazione di popolazione india, che nel passato ha sviluppato numerose e progredite civiltà. Una terra dai forti contrasti: inospitale per certi aspetti, un vero paradiso per altri. Si tratta quasi sempre di paesi dal modesto reddito pro capite, che risentono sia della propria instabilità politica che dell'ingerenza politica ed economica straniera.

La popolazione autoctona della regione continentale ha preferito quasi sempre l'insediamento a quote tra i 1000 e i 3000 m, a clima temperato, ma la crescente esigenza di rapporti con l'estero estende oggi l'insediamento anche alle coste.

Le comunicazioni terrestri non sono favorite né dall'ambiente fisico né dalla situazione economica. La principale via continentale è la Panamericana, una strada di grande comunicazione che in alcuni tratti è già un'autostrada. Per la posizione strategica fra due Americhe e due oceani e per l'eccezionale sviluppo costiero la regione è particolarmente ricca di porti, un tempo esclusivamente commerciali. La realizzazione del Canale di Panama, all'inizio del secolo, ha modificato le abituali rotte, concentrandole in direzione del canale. Oggi i principali porti hanno adeguato le loro strutture al crescente movimento crocieristico. Anche il mezzo aereo, prescelto per raggiungere questa regione dalla maggior parte dei turisti, ha determinato la costruzione recente di aeroporti ben attrezzati; quello di Città di Messico conta il massimo movimento passeggeri.

Quest'area è di grande potenzialità turistica grazie alla ricchezza di reperti precolombiani, ad una lunga stagione turistica nelle località marine e nelle isole dalla lussureggiante vegetazione tropicale, alla possibilità di muoversi con imbarcazioni da diporto nel suggestivo Mediterraneo Americano. La maggior parte delle presenze turistiche proviene dal vicino e vivace mercato nordamericano. I numerosi paesi si differenziano per l'entità dei flussi e per l'organizzazione turistica. Il Messico ha un turismo preminentemente maturo; i paesi istmici, per la diffusa instabilità politica, sono per la maggior parte esclusi dai grandi circuiti turistici, le isole, per la sempre più pressante domanda, aumentano di anno in anno le loro strutture imponendosi sempre più sul mercato internazionale.

Ragazzi del Guatemala. Gli zigomi sporgenti nel viso largo, il taglio obliquo degli occhi e i capelli lisci e neri denotano i tipici caratteri somatici degli Amerindi. [D.A. Harvey]

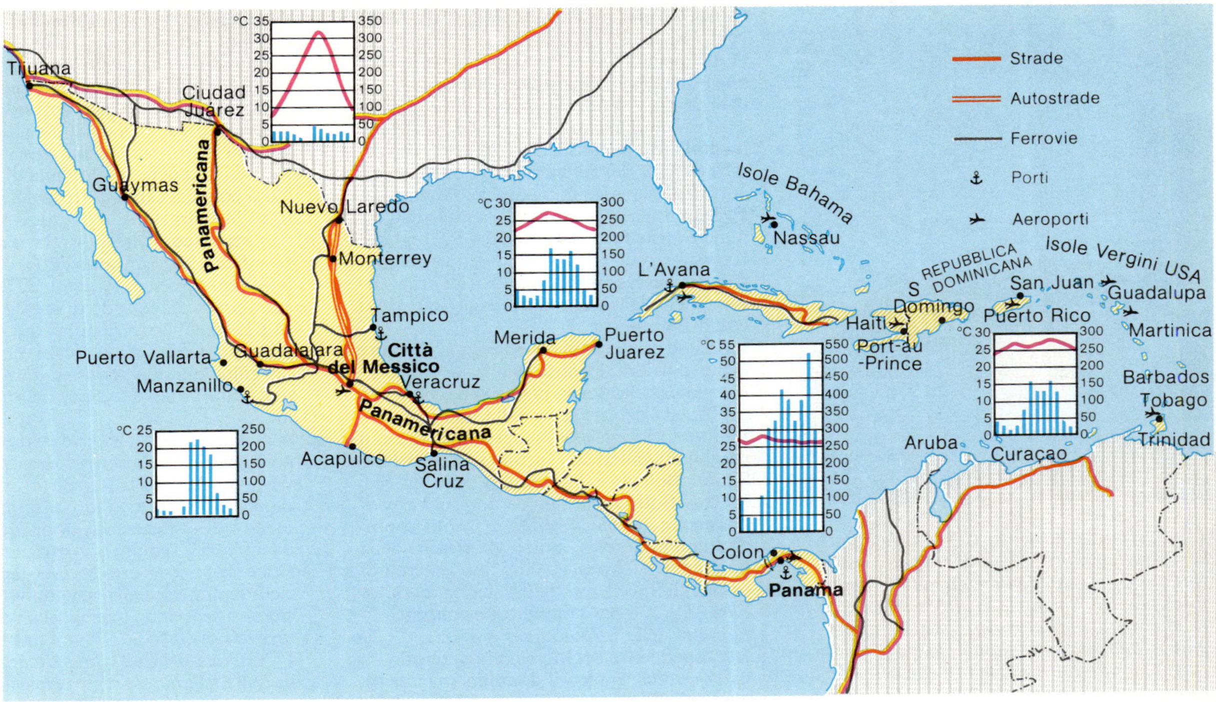

	STATO	MESSICO	GUATEMALA	COSTA RICA
	Moneta	Peso messicano	Quetzal	Colòn
	Lingue ufficiali	Spagnolo	Spagnolo	Spagnolo
	Religioni	Cattolicesimo	Cattolicesimo	Cattolicesimo
Popolazione	Superficie in migliaia kmq	1 972	108	51
	Abitanti in milioni	81	8,4	2,8
	Densità ab/kmq	42	75	48
	Reddito pro capite $	1 820	877	1 757
	Tasso urbanizzazione %	70	33	45
Vie di comunicazione	Strade (km)	176 738	18 000	29 093
	Autostrade (km)		Panamericana 830	Panamericana 660
	Ferrovie (km)	25 716	953	892
	Aeroporti	Città Messico, Guadalajara	Guatemala	Juan Santamaria San José
	Porti	Vera Cruz, Tampico, Acapulco	Puerto Barrios, San José	Limòn, Puntarenas
Dati turistici	Turisti	5 692 000	405 000	329 000
	Visitatori	71 946 000		489 000
	Bilancia turistica $ — attivo	3 994	124	165
	Bilancia turistica $ — passivo	3 197	33 ('87)	71
	Numero Camere	310 470	8 994	5 289
	Tasso di occupazione %	54	67 ('87)	58
	Paesi di provenienza %	USA 88 Canada 6 Europa 2	USA 24 Europa 15	USA 33 Europa 12
	Arrivi — per vacanze	75	58	34
	Arrivi — per affari	7	15	49
	Arrivi — altri motivi	18	27	17
	Periodo max flusso	novembre-marzo	luglio-agosto dicembre	dicembre-febbraio luglio
	Mezzi di arrivo % — Aereo	67	48	69
	Mezzi di arrivo % — Terra	33	51	30,5
	Mezzi di arrivo % — Mare		1	0,5

L'industria turistica nei Caraibi ha spinto molte attività locali a produrre per i visitatori, com'è il caso dell'artigianato in paglia intrecciata di Nassau, e di altre simili attività altrove. Un'«industria» che si è sviluppata in maniera prodigiosa a fianco di quella turistica, ad Haiti, è quella delle arti figurative. Quando le navi da crociera giungono nel porto, la capitale si adorna di innumerevoli dipinti e sculture creati da artisti locali. [Harm J. de Blij]

Cenni storici dell'America Latino-india

Fondamentale per la storia dell'America Latina è stata la colonizzazione iberica che, con il Trattato di Tordesillas del 1494, sancì la spartizione dell'area tra Spagna e Portogallo lungo la «raya divisoria», che corre in corrispondenza del 50° meridiano ovest. Gran parte dell'America Latina fu colonizzata dagli Spagnoli, solo la parte orientale dell'attuale Brasile fu colonizzato dai Portoghesi. Il processo che portò all'indipendenza quasi tutti i paesi dell'area maturò nei primi decenni dell'800 e fu favorito dagli Stati Uniti e dall'Inghilterra.
La classe privilegiata dei **creoli**, da sempre anticolonialista, identificava l'aspirazione alla conquista del potere politico ed economico con quella del distacco dalla madrepatria. I fautori principali dell'indipendenza di molti paesi latinoamericani furono il venezuelano Simòn Bolìvar e l'argentino José de San Martìn. Sotto la loro guida non solo *creoli,* ma anche indios, **meticci** e poveri contadini combatterono contro gli eserciti della madrepatria. I progetti dei due generali di creare gli Stati Uniti dell'America meridionale fallirono per i numerosi e contrastanti interessi delle ex colonie.
L'indipendenza del Messico fu determinata dalla rivolta, contro il dominio spagnolo e contro i ricchi creoli, di indios e di poveri. Il Brasile si staccò pacificamente dal Portogallo quando il reggente Don Pedro concesse l'indipendenza sotto le pressanti richieste dei patrioti.
Dotata di immense risorse naturali l'America Latina non è stata però in grado di innescare un efficace meccanismo di sviluppo economico sia per il carattere oligarchico dei governi sia per la rilevante crescita demografica. Ciò ha determinato una diffusa instabilità politica, causa di frequenti colpi di stato e l'instaurazione di dittature militari. Varie guerre sconvolsero le relazioni fra i paesi sudamericani durante l'800. Alla fine del XIX sec. Messico, Argentina, Brasile, Cile conobbero un periodo di crescita economica e la 1ª Guerra Mondiale ne accentuò lo sviluppo industriale. La crisi economica del '29 colpì in modo gravissimo l'America Latina con il crollo dei prezzi delle materie prime.
Alcuni paesi quali Brasile e Argentina hanno iniziato una difficile esperienza democratica e modificato le loro strutture socioeconomiche, basando la loro economia sempre meno sull'esportazione di prodotti agricoli e minerari e sempre più sull'industrializzazione. Un nuovo ceto sociale, legato alle società multinazionali e al commercio con l'estero va scalzando quello dei grandi proprietari terrieri.
L'America del Sud, dipendente dai capitali, dalle tecnologie dei paesi sviluppati, soprattutto degli Stati Uniti, si trova negli anni '80 con debiti colossali e un'inflazione galoppante.

Il Messico

Posto ad una latitudine tropicale e caratterizzato da una prevalente morfologia di altopiano, il Messico gode su larga parte del territorio di un clima temperato: «tierras templadas». A seconda della quantità di precipitazioni, sono diffusi i boschi di querce o la steppa a piante grasse spinose quali cactus, agavi e euforbie, spesso sostituite dalle colture alimentari. Nella regione più settentrionale dell'altopiano compaiono i deserti. Il territorio è chiuso a sud da una gigantesca muraglia di montagne giovani, distesa per oltre 1000 km, con ben 25 coni vulcanici. Qui, come sulla Sierra Madre occidentale e orientale che lo delimitano longitudinalmente, tra estese foreste di conifere sono le «tierras frias».

Le regioni costiere e pianeggianti, le «tierras calientes», sono spesso ricoperte dalla giungla e dalla foresta tropicale, ma lasciano spazio a colture di piantagione. In tutto il Messico le piogge sono concentrate tra maggio e ottobre, ma la quantità di precipitazioni varia da poche gocce nel nord a 5 m nel sud. Le baie e le spiagge offrono ambienti tropicali di rara bellezza e permettono l'estensione della stagione turistica a tutto l'anno.

La rete delle vie di comunicazione è abbastanza sviluppata ed è il prolungamento di quella statunitense. Prevale sia per le ferrovie che per le strade l'andamento longitudinale. La linea principale proviene da Laredo, al confine con gli USA e passando per Nuevo Laredo, Monterrey e S. Luis de Potosì raggiunge Città di Messico. Anche il ramo autostradale della Carretera Panamericana segue questo itinerario, mentre un altro ramo proveniente da El Paso (USA), toccando Ciudad Juarez-Chihuahua e Leon si ricongiunge al primo a Città di Messico. La Panamericana prosegue non sempre come autostrada fino a raggiungere il Guatemala, passando per Orizaba e Tuxtla. Una direttrice sia stradale che ferroviaria segue la costa pacifica. Città di Messico rappresenta il nodo fondamentale di tutte le comunicazioni. Gli aeroporti principali sono quelli di Città di Messico, Guadalayara, Merida, Acapulco, Tampico e Vera Cruz.

Gli insediamenti nell'America Latino-india

Il Rio Grande separa l'America anglosassone dall'America latino-india, che si diversificano tra loro non tanto sotto il profilo fisico quanto culturale, storico, economico e sociale. Le due regioni rivelano chiare analogie morfologiche, mentre, per la posizione astronomica, si differenziano totalmente nelle caratteristiche climatiche. Ai climi prevalentemente temperati dell'America anglosassone e di alcune aree del Sud America, ove l'insediamento umano è preminentemente di pianura, si contrappongono climi della zona torrida nell'America latino-india, ove l'insediamento umano è preminentemente di altopiano, anche se non mancano insediamenti costieri.
La colonizzazione europea nell'America latino-india ha sommerso il substrato culturale indio portando ovunque alla prevalenza dei **meticci.** I *creoli* costituiscono la classe dirigente.
Nei paesi dell'America latino-india la popolazione urbana è in forte accrescimento e raddoppia in circa 10 anni, mentre la totalità della popolazione raddoppia in 30 anni. La città non è però l'espressione di una civiltà autoctona, ma un fenomeno ancora periferico, a volte quasi «coloniale». Gli stati infatti, nonostante l'indipendenza politica, non sono riusciti ad abolire completamente l'influenza della colonizzazione europea con le sue particolari caratteristiche economiche, e anche la localizzazione delle città risente di questo fatto. Gran parte di esse è costituita da porti, già teste di ponte della colonizzazione e i centri interni sono punti di appoggio o hanno funzioni complementari indispensabili. Ove più evolute e vigorose sono state le civiltà indie, le città conservano spesso notevoli tracce di questa antica influenza. Lo sviluppo dell'agricoltura e delle ricerche minerarie ha fatto sorgere centri che hanno accompagnato l'evoluzione economica. Con la nascita dell'industria è sorta anche la città operaia, sconosciuta fino a quel momento nell'America latino-india, dalla pianta geometrica, dagli edifici uniformi, dai possenti complessi industriali, che dominano con il fumo delle ciminiere la vita dei lavoratori. Esse sono state caratterizzate da un'abnorme espansione provocata non solo da nuove opportunità di lavoro, ma purtroppo anche dalla fuga dei contadini dalle campagne sempre meno capaci di soddisfare i bisogni della popolazione in aumento. Gli stati sono incapaci di far fronte alla crescita veloce delle loro città principali e sempre più drammatica è la carenza di infrastrutture. Le grandi città dell'America latino-india possiedono quartieri miserabili costruiti in tutta fretta, insalubri, dove si ammassano gli ultimi arrivati. Si potrebbe definire la loro attuale evoluzione urbanistica con i due termini: «africanizzazione» e «americanizzazione». «Africanizzazione» si riferisce alle **bidonvilles,** che si insinuano ovunque il terreno sia disponibile a prezzi accessibili; «americanizzazione» si riferisce allo svettare dei grattacieli nel cuore delle città. Spesso esse conservano ancora il vecchio nucleo coloniale, simbolo dell'antica tradizione storica con la «plaza» che costituisce il centro politico-religioso e commerciale. Essa è quasi sempre dominata da imponenti cattedrali poiché, appena conquistate le nuove terre d'America, i missionari spagnoli costruirono chiese e conventi il cui stile si ispirava a quello della madrepatria. A poco a poco esso conquistò una sua originalità che raggiunse l'apogeo a partire dal XVII sec. È il grande barocco ibero-americano caratterizzato dalla profusione straripante dell'ornato e dell'oro. La «plaza» con il suo immediato circondario è il fulcro delle nuove composizioni, il cuore delle città e, continua ad essere, in contrasto con la modernità delle espansioni, l'espressione tipica di esse.
Nonostante l'eterogeneità della composizione ogni capitale monopolizza le fondamentali funzioni culturali, economiche, finanziarie di questi paesi.

Fiestas e altre tradizioni del Messico

La «fiesta» messicana di secolare tradizione ha carattere preminentemente religioso: alle antiche divinità ha sostituito i santi cattolici, mantenendo molti elementi pagani e gran parte del colore e della primitiva bellezza, soprattutto nelle danze e nei costumi. Essa rappresenta per la gente umile l'unica alternativa alla miseria, è il rovescio del silenzio, della fatica quotidiana, dell'apatia, della malinconia. Gli ingredienti per la buona riuscita di una «fiesta» sono i fuochi d'artificio, il pulque, la musica, le danze. Il calendario delle feste in Messico conta ben 120 giorni. La musica e il suonatore «mariachi» sono componenti essenziali di ogni «fiesta», matrimonio o altra manifestazione popolare. Feste e riti cattolici, sommandosi alle tradizioni locali, hanno dato luogo ad una religiosità che si manifesta in pittoresche processioni. Alcune presentano un chiaro richiamo a quelle spagnole della Settimana Santa. Anche la corrida è stata introdotta nel Messico dai «conquistadores» e in un primo tempo era a loro riservata. Oggi è una manifestazione molto popolare tanto che la Grande Plaza Mexico della capitale è la più capace arena del mondo (50 000 spettatori). Nel paese del sole i posti all'ombra costano il doppio degli altri. Il costume del torero è analogo a quello spagnolo con la «montera», cappello a punta nero, la «coleta», tradizionale codino posticcio a protezione della base del cranio, e la «capa», corta ed elegante mantella tutta ricamata.
Il 30% delle spese dei turisti nel Messico va in compere di oggetti artigianali. Nei numerosissimi e frequentatissimi mercati fanno mostra elaborati argenti, ceramiche dai vivaci colori, tessuti eseguiti a mano. Le ceramiche testimoniano nelle loro forme e decorazioni un'arte tradizionalmente affidata alle mani femminili. Diversi uno dall'altro per colori, disegni e motivi geometrici di ispirazione azteca, sono i «serapes», teli di pura lana usati talora come mantelli, talora come tappeti.

Fatalismo e ironia caratterizzano il rapporto con la morte nella cultura popolare messicana. Pupazzetti come questi adornano le tombe il 2 novembre, giorno dei morti. [Museo Diego Rivera, Linares]

Fagioli e mais costituiscono il nutrimento essenziale della popolazione. I primi sono preparati in tante maniere diverse, ma sempre gustosissimi, con il secondo si fa la base per le «tortillas»: la «masa». Fin dalle prime ore del mattino donne e bambini portano secchi di questa pasta di mais ammollato e macinato, che, lavorato e schiacciato a frittella, dà luogo alle «tortillas», sempre profumate con il «chile». Questo peperoncino, oltre a dare un apporto vitaminico, insaporisce le insipide «tortillas». Il «mole», a base di cacao e «chile», ma composto di 20-30 ingredienti, è il re delle salse messicane.
L'agave, oltre a essere utilizzata in mille modi diversi, è la base di ogni bevanda alcoolica: il «pulque», vino dei poveri e la «tequila» distillato a elevata gradazione alcoolica che si gusta leccando un po' di sale dal dorso della mano. La grande esplosione di fiori e di frutta ha originato i «refrescos», bibite di succhi e petali, purtroppo sempre più sostituite da prodotti industriali.
Da Puebla ha avuto origine il costume nazionale femminile: la «china poblana» costituita da una blusa bianca sulla quale si indossa il «rezobo», un lungo scialle incrociato sul petto, e un'ampia gonna verde o rossa leggermente ricamata e ornata di monete d'oro. Il costume maschile invece è il «charro» costituito da una tenuta da cavallerizzo con giacca aderente, pantaloni in pelle di daino dai bottoni in argento, una camicia con jabot e un largo sombrero di feltro, bordato d'oro o d'argento.
Nello Yucatan gli abitanti, differenti dagli altri Messicani ricordano nei grandi occhi a mandorla e nella piccola statura i loro predecessori maya come ci appaiono dalle immagini scolpite nei templi. Gli uomini indossano la «guayabara» un comodo pigiama bianco adottato in tutto il Messico tropicale, le donne un semplice «huipil», ampio camicione bianco con varie bordure e ricami per lo più a motivi floreali, rimasto immutato nei secoli.

Nel Messico il turismo ha motivazioni varie: dal richiamo archeologico e storico ai famosi soggiorni invernali sia in località marine che in salubri aree dell'altopiano. Gli USA rappresentano il primo paese per i flussi turistici attivi, ma sono in continuo aumento quelli di provenienza europea. Il Messico è il 3° paese americano per l'entità di movimento dei turisti; l'enorme numero di visitatori si spiega con il vivace, continuo spostamento di pendolari nella fascia a cavallo del confine Messico-USA. Le infrastrutture turistiche sono notevoli per qualità e quantità nei più frequentati centri turistici. Numerosi complessi alberghieri fanno parte infatti di grandi catene, non solo statunitensi, ma anche di altre nazioni.

1. Città di Messico e dintorni

Città di Messico è senza confronti la città più grande del paese: conta circa 16 milioni di abitanti e per l'altissimo incremento della popolazione sta diventando la più grande del mondo. Situata a 2259 m di altezza, la capitale occupa il centro di una vasta area pianeggiante. Il clima è mite con 22° di temperatura media a luglio e 10° a gennaio, l'atmosfera spesso inquinata dallo smog industriale offusca la vista di alti coni vulcanici all'orizzonte. Violenti e improvvisi acquazzoni caratterizzano la stagione estiva.

Come risulta da documenti del periodo coloniale il luogo ove sorge l'attuale centro della città è lo stesso ove gli Aztechi avevano costruito la loro capitale: Tenochtitlan. All'epoca della sua fondazione (1370) l'altopiano era occupato da una vasta area paludosa. Per questo a Città di Messico, gli edifici sono soggetti a sprofondamento per la costipazione dei sedimenti lacustri sottostanti. La pianta della città non è regolare come quella della capitale azteca di cui non è rimasto quasi nulla. Solo recenti sventramenti e scavi hanno portato alla luce alcuni resti, come nella Piazza delle Tre Culture ove convivono le «tre età» del Messico: un basamento di piramide, una chiesa barocca e un moderno grattacielo. Il cuore della città vecchia è lo Zocalo, un'immensa piazza il cui nome deriva dalla presenza di uno zoccolo, ora scomparso, che avrebbe dovuto sostenere una statua mai realizzata. Tutte le piazze principali delle città messicane hanno assunto questo stesso nome. Sullo Zocalo si affacciano alcuni tra i principali monumenti cittadini: il Palazzo Nazionale, in stile coloniale, e la Cattedrale con il vicino Sagrario. Ogni anno, il 15 settembre, vi si svolge la festa nazionale messicana caratterizzata dal suono delle campane, da un'illuminazione spettacolare e dallo scoppio di petardi. Nel pittoresco ma decadente quartiere coloniale numerosi sono i negozi e i laboratori artigianali.

Quartieri periferici di Città di Messico, la più popolosa città del mondo. [Foto S. Maze/«National Geographic»]

Lo sviluppo urbanistico di Città di Messico è soprattutto recente, prevalgono quindi i quartieri e gli edifici di stile moderno. La Torre dell'America Latina, un grattacielo di 42 piani, offre la migliore vista sulla capitale che si estende ampiamente anche per il prevalere di case basse a causa dell'alta sismicità. La città è giustamente famosa per i numerosi parchi, giardini, fontane e per l'abbondanza di fiori. Il più grande parco è quello di Chapultepec, un vero bosco in piena città, ove sorgono il castello omonimo, attuale sede del Presidente della Repubblica e i principali Musei. Il moderno Museo Nazionale di Antropologia, bello anche architettonicamente, è la più ricca e completa rassegna delle civiltà precolombiane.

La moderna arte messicana ha la sua massima espressione nella Città Universitaria, monumento alla gloria del Messico moderno, e trae elementi architettonici e decorativi dalle civiltà azteca, tolteca e spagnola.

Alla periferia di Città di Messico si sviluppano vaste «cinturas de miseria». La loro presenza testimonia la gravità dei problemi economico-sociali che affliggono il paese.

L'attrezzatura turistica è molto vasta e gli alberghi, numerosissimi, appartengono a tutte le categorie. I dintorni della capitale sono particolarmente ricchi di attrattive come l'imponente complesso religioso di S. Maria di Guadalupe, il santuario più venerato dai cattolici americani e i Giardini galleggianti di Xochimilco. Di origine azteca, nacquero come orti e frutteti su zattere piene di terra fertile, costruite sul lago Texcoco. Ora il lago è molto ridotto e le zattere sono diventate isole, ma lungo i canali, costeggiati da pioppi, caratteristiche barche, vivacemente addobbate, attendono gitanti

messicani e turisti, mentre su altre imbarcazioni si vendono prodotti artigianali e si fa della musica.

Non lontana da Città di Messico, Puebla sorge in una delle zone paesaggisticamente più impressionanti del paese, perché circondata da elevati coni vulcanici: Popocatepetl, la montagna che fuma, ancora attivo, Ixtaccihuatl, la dama bianca a nord e Orizaba a sud. Notevoli sono i tesori artistici come la Cattedrale e vari palazzi del periodo coloniale. Numerosi edifici sono rivestiti dai caratteristici **azulejos** blu.

Anche alcuni tra i principali centri archeologici precolombiani rientrano nei dintorni della capitale.

A nord vi è Tula, la capitale dei Toltechi e città del dio serpente Quetzalcoatl. Tra gli elementi più tipici dell'arte tolteca sono gli 8 Atlantes, **telamoni** monolitici di basalto che sorreggevano i tetti dei templi o ne ornavano i portici e le facciate. La piccola piramide di S. Cecilia è l'unica che conserva il suo tempio.

Il centro archeologico precolombiano più visitato è Teotihuacan, la «città degli dei» che raggiunse il massimo splendore tra il 300 e il 600 d.C. Essa è organizzata intorno a un grande asse ora chiamata «Via dei Morti» che si conclude a nord con una «plaza» dominata dalla piramide della Luna. L'orientamento nord-sud del grande complesso e l'ubicazione degli edifici secondo assi perpendicolari furono senza dubbio regolati da un'urbanistica sacra collegata al culto del Sole, dei solstizi e degli equinozi. La piramide del Sole, che è la più grande, è stata costruita, contrariamente all'uso normale, in una sola volta e raggiunge l'altezza di 63 m. Ovunque regna l'effigie del serpente piumato e qua e là la maschera brutale del dio della pioggia, Tlaloc. Questo simbolo ci rivela quanto la pioggia fosse necessaria all'economia dei popoli indiani, che vivevano di agricoltura. Intorno all'area sacra si estendeva una importante città, fatto nuovo per gli Aztechi. Verso il 600 d.C. Teotihuacan fu distrutta dal fuoco e cessò di esistere come tutte le città degli altipiani. La sua scomparsa, come il nome del popolo che la abitò, è ancora un mistero per la ricerca archeologica.

La Cattedrale di Città di Messico, costruita tra il 1573 e il 1637. Si presenta maestosa per le cinque cupole e le due torri laterali. Nell'interno vi sono ricchi altari in stile ***«churrigueresco»****, che compare anche nella ricca facciata del vicino Sagrario. [S. Fiore, Torino]*

2. Un itinerario verso le coste pacifiche

La strada che collega Città di Messico ad Acapulco rappresenta il tragitto turistico più frequentato del paese. Cuernavaca è un'elegante cittadina ricca di verde e giardini, posta a 1500 m di altezza, stazione climatica già all'epoca precolombiana e residenza preferita di Hernán Cortez. Il clima è più mite che a Città di Messico e abituale è vivere all'aperto. Nel Palazzo di Cortez, trasformato in museo, sono visibili anche alcune rovine di piramidi azteche.

Taxco, dalle bianche case avvolte in nuvole di buganvillee e gelsomini, è abbarbicata sulle pendici di un monte. Dichiarata monumento nazionale possiede una delle più belle chiese in stile barocco messicano- **churrigueresco** di tutta l'America Latina: S. Prisca. Moltissime le botteghe artigianali dell'argento, di cui la regione è buona produttrice.

Fiancheggiata da candelabros, grandi cactus dalle molte braccia, la strada raggiunge la costa. Stretto tra l'Oceano Pacifico e le ripide pendici della Sierra Madre del Sud il litorale compreso tra Acapulco e Puerto Vallarta ospita i più importanti centri balneari messicani. L'inverno secco rappresenta l'alta stagione, ma è possibile godere di queste spiagge anche d'estate, quando le piogge rendono il paesaggio meravigliosamente verde, le presenze turistiche e i prezzi sono più contenuti.

La splendida baia di Acapulco, delimitata da due penisole, è esposta a mezzogiorno. Un tempo famosa per la bellezza selvaggia delle sue coste, la ricca vegetazione, per la dolcezza del clima, oggi appare stretta in un abbraccio di cemento per la proliferazione di alberghi di lusso. Antico villaggio di pescatori, Acapulco è attualmente il più famoso centro turistico di tutta la costa pacifica: una città di lusso ove attrazioni e spettacoli si susseguono senza interruzione. Il vicino villaggio di Puerto Marques è stato concepito in funzione esclusivamente turistica. Barche dal fondo di vetro permettono di osservare, nel percorso che conduce alla bella isola di Roqueta, la cappella sottomarina dedicata alla Vergine di Guadalupe. Dalle alte scogliere della Quebrada intrepidi **meticci** si esibiscono nel tuffo della morte in una impressionante attrattiva turistica.

A nord di Acapulco si sviluppa, per oltre 200 km, la Costa Grande: il paesaggio è tipicamente tropicale con una fitta giungla fino al mare. Vi si apre la bellissima baia di Tequepa dalla eccezionale lunga spiaggia e, al suo limite settentrionale, quella di Zihuantanejo dalla splendida barriera corallina. La pianificazione di questa stazione balneare è un modello per altre realizzazioni turistiche messicane.

Città di Messico: la Piazza delle Tre Culture. Al limite nord del Paseo de la Reforma, la grande arteria che attraversa in direzione NE-SW la città, si apre questa significativa piazza sul luogo dell'antico centro di Tlatelolco, la grande città commerciale dei Chichimechi, conquistata poi dagli Aztechi, a cui si devono i resti di un complesso cerimoniale. Sulla piazza si affacciano anche la secentesca chiesa francescana di Santiago di Tlatelolco e il moderno palazzo del Ministero degli Esteri. [Marka, Milano]

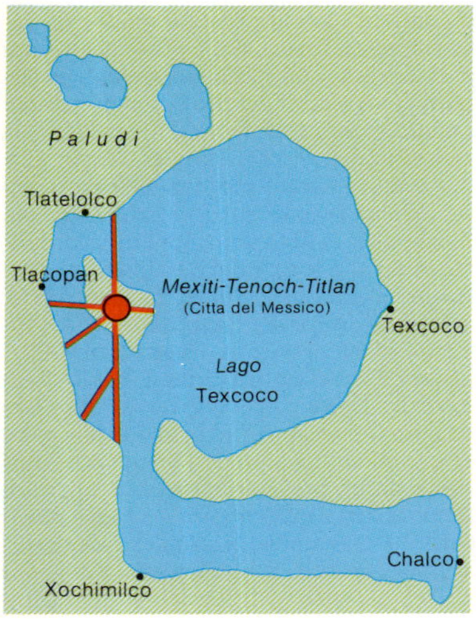

Il lago Texcoco all'epoca della maggiore espansione degli Aztechi. Notevole è stata dal sec. XVI la regressione del lago, che oggi si trova ad est di Città di Messico, che si sviluppa anche dove un tempo sorgeva Tenochtitlàn. Tenochtitlàn, iniziata nel 1370 come città insulare in mezzo alla laguna di Texcoco, era congiunta alla terra ferma mediante argini di palafitte riempiti di pietre. Dalla rupe di Chapultepec una conduttura portava l'acqua alla città.

La cosiddetta piramide del Sole, a Teotihuacàn, presso Città di Messico. È il più imponente monumento di questo centro, capitale di una civiltà agricola fiorita nei primi secoli della nostra era. Come tutte le piramidi dell'altopiano messicano, serviva di basamento ad un tempio costruito in materiale deperibile ed oggi scomparso. [E. Riccomini, Bologna]

Acapulco, la località balneare più nota del Messico, occupa con le sue lunghe spiagge tutto l'interno della famosa baia. Essa è collegata alla capitale da numerosi voli giornalieri e da una moderna superstrada di 463 chilometri. [S. Fiore, Torino]

Molto più a nord la baia di Manzanillo è particolarmente nota per l'omonimo centro turistico che vanta spiagge incantevoli, un clima più secco e un maggior numero di giorni di sole rispetto ad Acapulco.

La costa di Careyes, resa recentemente accessibile da un tratto autostradale della Panamericana, attira un turismo di élite che comincia a preferirla ad Acapulco troppo affollata, dalla circolazione caotica e il mare inquinato.

Nella baia di Banderas, una delle più grandi e belle del Messico, si trova

Le civiltà mesoamericane

L'architettura precedente la conquista spagnola del XVI sec. manifesta una straordinaria forza e vitalità. Fin dall'inizio dell'era cristiana le civiltà pagane che dominavano queste regioni si erano sviluppate praticamente senza alcuna influenza esterna. Gli Aztechi e i Maya nel Messico, gli Incas nel Perú, hanno lasciato monumenti grandiosi. La capitale azteca Tenochtitlan ha una pianificazione urbanistica simile a quelle attuali e i piani raffinati delle città maya nello Yucatan assomigliano ai nostri tentativi di dare unità all'interno delle metropoli in continua espansione. Gli elementi che compongono queste città spaziose e ordinate sono di grande potenza figurativa.
La civiltà maya nata al riparo delle barriere montane, isolata dal mare e da impervie zone a giungla, ha potuto così sviluppare stili architettonici locali del tutto originali.
Dal bassopiano del Guatemala, ricoperto da foreste tropicali, passò poi alla penisola calcarea dello Yucatan. Le origini di questa civiltà, che i Maya datano 3111 a.C., sono da porsi intorno al 2000 a.C. e il primo documento datato è un'iscrizione su giada del 320 d.C. Nella storia maya si distinguono due periodi: il primo dal 320 d.C. al 987 d.C. e il secondo dal 987 d.C. alla conquista spagnola. Non esisteva un'organizzazione statale accentrata, ma un'unità di stirpe, di lingua, di cultura, di religione fra città-stato dal governo teocratico. Ogni città-stato aveva un padrone assoluto considerato un semidio, capo temporale e spirituale affiancato da sacerdoti. Alla base della piramide sociale erano i contadini e gli schiavi. La religione permeava tutto. Vivendo in un ambiente naturale dalle manifestazioni paurose, di fronte alle quali l'uomo si sentiva impotente, egli le aveva identificate con altrettante divinità, che bisognava propiziarsi con digiuni, purificazioni, sacrifici. I sacerdoti erano astrologi e astronomi e, oltre a fare da intermediari con gli dei, davano consigli agli agricoltori e assegnavano la terra.
In periodi di siccità, epidemie o calamità naturali, nel «nuovo impero» si praticava il sacrificio umano: gli dei venivano placati e nutriti con sangue umano e cuori palpitanti strappati dal petto delle vittime. Questa cerimonia è descritta ampiamente nelle pitture murali. Un altro sacrificio umano consisteva nel gettare schiavi, prigionieri o fanciulle in pozzi o «cenote», in origine creati come riserve d'acqua.
La popolazione viveva essenzialmente di agricoltura: mais, soprattutto, ma anche cacao. Praticavano l'apicoltura, la caccia (tacchini e daini), la pesca e raccoglievano il sale. Per i tessuti usavano l'abbondante cotone. Il terreno era molto fertile, ma l'acqua costituiva un grosso problema e la periodica siccità un grave flagello. Molto praticato e considerato di prestigio era il commercio stimolato dall'eccedenza dei prodotti: dagli altipiani provenivano l'ossidiana vulcanica, la giada, le piume, la copale, mentre dalla pianura proveniva il cotone, il sale, il cacao. I semi di cacao erano usati come moneta.
La città maya era un centro cerimoniale più che un centro urbano. Il tipico piano urbanistico maya usa i due temi fondamentali della città messicana (assiale — spazio centrale delimitato da costruzioni) arricchendoli di innumerevoli variazioni. L'acropoli di Piedras Negras mostra una grande piazza principale posta ad un certo livello, seguita da una piazza più alta, a sua volta seguita da un'altra, chiusa e cinta da palazzi, a livello ancora superiore. I complessi edilizi sono composti da templi su piramidi e da palazzi su piattaforme. Stele poste negli ampi spazi di fronte agli edifici riprendono gli elementi contrastanti del profilo panoramico: la piatta monotonia dei tetti dei palazzi e la verticalità delle piramidi e dei templi. Circondavano i templi sontuosi palazzi di cui non è chiara la funzione, forse magazzini per gli oggetti di culto o abitazioni di sacerdoti. Intorno erano le case dei funzionari più importanti e poi quelle dei ricchi, alla periferia le abitazioni delle classi inferiori. Grande era la disponibilità di pietra calcarea che, a differenza delle altre civiltà precolombiane, veniva legata con malta di calce. Era sconosciuto il principio della volta e dell'arco, per cui gli stretti ambienti venivano chiusi in alto da un breve architrave. È prova di grande abilità architettonica dei Maya il senso delle proporzioni e la grandezza degli edifici, mai degeneranti nel colossale, l'eleganza dei fregi. Costruzioni speciali erano i campi per il gioco della palla (pelota), terme per bagni di sudore, piattaforme rialzate per la rappresentazione di drammi. La scultura più antica fu quella dell'argilla (statuette e ritratti), poi del legno, più tardi si sviluppò quella della pietra (stele e obelischi a forma di colonna). Nel secondo periodo l'uso frequente dello stucco a decorazione delle facciate ha fatto nascere l'espressione «barocco maya». Le case comuni erano costruite con materiali molto deperibili: una struttura di vimini ricoperta da mattoni cotti al sole e vivacemente colorati. La pittura conosceva la tecnica dell'affresco, era realistica e ricca di colori.
Le principali espressioni della cultura maya sono la scrittura a glifi, di cui però sono stati decifrati solo i numeri e il precisissimo calendario. Le credenze religiose imponevano la necessità di conoscere il momento giusto per innalzare preghiere e offrire sacrifici ai numerosi dei. Il sacerdote-scienziato, che aveva notevoli conoscenze astronomiche e poteva giovarsi di osservatori, aveva diviso l'anno in 18 mesi di 20 giorni, cui si aggiungeva un mese conclusivo di 5 giorni, per un totale di 365. I Maya erano convinti che il tempo fosse ciclico e registravano sui libri periodi di 20 e 52 anni, che permettevano di ricordare eventi del passato. Essi svilupparono la scienza aritmetica (sistema vigesimale), non conoscevano l'uso della ruota, dell'aratro, del tornio del vasaio, degli animali da soma. I Maya costruirono strade, ampie e rialzate, lungo le quali sorgevano case per il riposo dei viandanti.
Tra le grandi civiltà americane antiche solo quella dei Maya sviluppò la navigazione anche marittima su grandi canoe scavate in tronchi d'albero.
Con la decadenza delle città guatemalteche di Tikal, Uaxactum e Copan, i Maya, spinti probabilmente da un cambiamento di clima o dall'impoverimento dei suoli, migra-

In alto. Tikal, in Guatemala, è la più estesa città di cultura maya, nota per le alte piramidi dalla forma slanciata. [E. Riccomini, Bologna]

In basso. Questi guerrieri scolpiti in pietra, alti 4 metri e mezzo, reggevano un tempo sopra le loro teste il tetto di un tempio. Il tetto è poi crollato, e restano solo i guerrieri-colonne, sulla sommità di una piramide. L'edificio si trova a Tula, che fu capitale della cultura tolteca, nei secoli tra il X e il XII. [N. Cirani/L. Ricciarini, Milano]

L'espansione degli imperi dei Maya (nel 1519) e degli Aztechi (nel 1524).

rono verso il nord dello Yucatan, dove fondarono le città di Uxmal, Mayapan, Chichen Itzà. Tra il X e l'XI secolo, superate temporaneamente le continue rivalità che avevano costituito in ogni tempo un elemento di debolezza interna di questa civiltà, si formò la lega di Mayapan.
È di questo periodo la penetrazione dei Toltechi, un popolo barbaro proveniente dal Messico centrale che dominò i Maya e ne influenzò notevolmente l'architettura, l'arte e la religione.
In Messico fra il 900 e il 300 a.C. fiorì la civiltà olmeca di cui ben poco si conosce. A La Venta, isolotto emergente dalle acque di un lago nei pressi di Vera Cruz, sono state ritrovate mastodontiche teste scolpite con realismo nel basalto ed è interessante osservare come la cava più vicina di tale pietra disti ben 140 km. La Venta era centro di culto di tutti i villaggi dislocati nelle vicinanze e ancora oggi si può ammirare un'imponente piramide tronca a pianta rettangolare fiancheggiata da terrapieni disposti in modo da formare due grandi piazze, una delle quali adibita al gioco della palla, rituale legato al culto del sole. Nel Messico meridionale Monte Alban testimonia la civiltà degli Zapotechi. Questo luogo di culto comprende ben 9 piramidi-tempio, vaste piazze, residui di abitazioni. Numerose figure umane, scolpite su di un bassorilievo, conservano una spettacolare intensità espressiva. Tutta la zona è disseminata di sepolture e i ritrovamenti del ricco corredo, di oggetti personali e simbolici che accompagnavano i defunti, costituiscono un vero tesoro archeologico.
La cultura dei Totonachi, stanziati a nord-est della Valle di Messico fiorisce fra il 300 e il 900 d.C. ed è documentata dalle rovine di El Tajin. Tra gli edifici di questo complesso spicca la Piramide delle Nicchie, costruzione a sette terrazze di altezza modesta, traforata da 365 nicchie simbolo del ciclo solare.
La più potente civiltà messicana dell'epoca, quella dei Toltechi, s'impone all'inizio dell'VIII secolo d.C. a Tula, 60 km a ovest di Città di Messico e a Chichen Itzà nello Yucatan. Il tema militare ricorre in tutti i monumenti di Tula. Ovunque compaiono le figure marziali dei guerrieri toltechi, armati di lance e scudi. La divinità positiva della luce che aveva ispirato tutte le culture mesoamericane, cede il posto allo spirito della guerra e alla prassi dei sacrifici umani, intesa come tecnica di governo. Il crollo dell'Impero tolteco creò un vuoto culturale e politico che aprì la strada a ripetute invasioni barbariche. Da uno di questi piccoli gruppi ebbe inizio la storia dello splendido Impero azteco, che rapidamente spazzò via le precedenti civiltà mesoamericane.
Gli Aztechi, che chiamavano sé stessi Tenocha, provenienti da regioni più fredde e inospitali, si stanziarono nella valle di Anahuac di Messico nel 1168 e scelsero alcune isolette nel lago Texcoco per costruire la loro città-stato nel 1325.
La società azteca era democratica, esisteva il rango non la classe, la comunità non l'individuo era proprietaria della terra. L'Azteco nasceva in un clan, costituito da più famiglie, che possedeva terre condotte comunitariamente. Ogni clan aveva il suo tempio e la sua scuola.
L'architettura azteca perì con la conquista spagnola. Le costruzioni erano disseminate nelle immediate vicinanze dei laghi e ruotavano attorno a Tenochtitlan, la capitale, come dei satelliti. Tenochtitlan era una città sull'acqua e i suoi abitanti coltivavano terreni sulle sponde del lago e nei chinampa o giardini galleggianti. La terra veniva sistemata in enormi ceste di canna che, ancorate con lunghi pioli di legno, venivano utilizzate per le colture.
Teotihuacan, la «città degli dei», era invece il centro più rappresentativo dell'urbanistica azteca. Divisa da quattro viali che si incrociano nella piazza principale, era costruita secondo un piano prestabilito, in modo da assorbire armoniosamente tutti gli edifici successivi.
La popolazione, dedita all'agricoltura, era fortemente condizionata dalle forze della natura che potevano assicurare o compromettere il raccolto del mais, loro alimento base. Le forze naturali erano personificate e, nel complesso mondo politeistico, ogni divinità aveva proprie caratteristiche e funzioni ben definite.
Adorato dagli Aztechi era soprattutto il dio Sole che ogni giorno portava la vita. Sempre giovane, combatteva contro altri dei per la sopravvivenza dell'uomo. Per propiziarselo gli Aztechi dovevano nutrirlo con sangue umano. Così religione e guerra erano inseparabili: si combatteva per procurarsi prigionieri, vittime da sacrificare. Nessun tentativo fu mai fatto per assorbire i popoli appena conquistati, mai si preoccuparono di trasformare la dominazione in impero. Per essi era sufficiente bruciare il tempio dei vinti, procurarsi prigionieri-vittime ed esigere pesanti tributi. Il clero aveva un ruolo predominante in quanto intermediario tra il popolo e gli dei e il capo della chiesa era anche capo dello stato. Buona parte delle risorse del paese convergevano nell'architettura religiosa, per la costruzione del tempio sulla piramide.
Per gli Aztechi i templi erano dimore degli dei e si ispiravano alla casa indigena tradizionale costruita su una piccola altura o su un basamento, sempre sollevata rispetto al livello del suolo. La piramide aveva la stessa funzione di gradone, ma con maggiore altezza e massa conferiva importanza alla casa divina. La piramide azteca non assolveva la funzione funeraria egiziana, non aveva forma perfettamente geometrica e assomigliava alla **ziggurath**. Era uso in America Centrale ricostruire periodicamente le piramidi, distruggendo il tempio in cima e coprendo la piramide esistente con una massa di pietrisco, alla quale si sovrapponeva un'altra facciata. La dualità della natura si rifletteva nella costruzione degli edifici sacri con i due templi fianco a fianco. A Tenochtitlan uno era dedicato al dio della guerra, l'altro al dio della pioggia, ambedue essenziali per la sopravvivenza del popolo.
La religione azteca comprendeva, oltre alla cura degli dei, anche il controllo sul tempo, che non riguardava solo il cambio delle stagioni, ma il passato e il futuro. Il calendario rituale «del sole» comprendeva 260 giorni ed era integrato da un calendario laico di 365 giorni diviso in 18 mesi con in più 5 giorni «morti». Ogni 52 anni i due calendari coincidevano, concludendo l'antico e cominciando il nuovo. Il successivo ciclo veniva inaugurato con grande pompa e per segnare la fine di un'epoca si distruggeva la ceramica, si spegnevano i fuochi per riaccenderli durante la cerimonia del nuovo fuoco, che significava la rinascita del mondo. Si ritiene che la distruzione e ricostruzione periodica di templi e piramidi avesse lo scopo di celebrare questo rinnovamento.
Gli Aztechi erano guerrieri vigorosi e spartani, addestrati fin da bambini, combattevano con archi e frecce dalla punta di ossidiana, o con la fionda. Erano anche abili artigiani, lavoravano l'oro battendolo, sbalzandolo e usandolo per placcare e rivestire oggetti. Purtroppo quasi nulla è giunto a noi perché gli Spagnoli fusero queste meravigliose realizzazioni per abbattere gli idoli ed impossessarsi dell'oro. Gli Aztechi intagliavano pietre preziose, soprattutto giade traendone espressive maschere ed altri oggetti. Arte del tutto particolare era la tessitura con piume di uccelli variopinti. Il copricapo di Montezuma così tessuto si trova nel Museo etnografico di Vienna ed è un'esplosione di verde e di oro.
Non essendo la società azteca caratterizzata da una struttura imperialista, non fu mai sviluppata una vera rete stradale. Le ruote non erano utilizzate per il trasporto per la mancanza di animali da traino. I trasporti avvenivano con lettighe e gli Aztechi erano gli animali da soma di se stessi. Le comunicazioni via acqua si limitavano ai laghi, attraversati con piroghe colme di ogni mercanzia, ma senza mai spingersi in mare aperto.

il sofisticato e ben attrezzato centro turistico di Puerto Vallarta, importante anche per la vicinanza di Guadalajara, seconda città del paese ricca di significativi esempi di architettura coloniale spagnola e situata a 1552 m di altitudine.

3. Le regioni meridionali e i principali centri archeologici maya

La strada Panamericana conduce verso l'Istmo di Tehuantepec, nella regione più ricca di resti precolombiani del Messico.

Oaxaca, la «città verde» per il colore del rivestimento in onice di molti suoi edifici monumentali, è un magnifico centro coloniale molto ben conservato. Ospita un importante Museo di arte zapoteca e mixteca ed è sede, ogni sabato, di uno dei più pittoreschi mercati indios di tutta l'America Latina. Su di una collina dominante la città, sorge Monte Alban, la maggiore località precolombiana dell'epoca classica in questa regione: una grande «plaza» rettangolare chiusa a nord e a sud da piattaforme sopraelevate, ad est e a ovest da file di edifici. Centro religioso importantissimo degli Zapotechi, presenta numerosi templi su piramidi tronche precedute da portici a colonne, palazzi collegati ai templi da una complicata rete di cunicoli, numerose tombe e una piazza per il gioco della pelota, il tutto impiantato in funzione del movimento solare e dei punti cardinali.

Successivamente gli invasori Mixtechi fissarono la loro capitale a Mitla e trasformarono l'abbandonata Monte Alban in necropoli reale. Nella tomba 7 è stato trovato un tesoro archeologico paragonabile per ricchezza a quello di Tutankhamon.

Situata a sud-est di Monte Alban, Mitla rivela una straordinaria sobrietà di linee e un'inconsueta leggerezza di decorazioni, opera di un popolo raffinato. Forse è l'unico centro precolombiano ancora in vita. Le case del villaggio, in mattoni, sono ricoperte di stoppie e poco è cambiato in mille anni. La popolazione parla ancora il Mixteco, che qui è oggetto di studi da parte di scienziati statunitensi.

A sud dell'istmo di Tehuantepec, nella regione del Chiapas abbondano i resti maya. Montagne imponenti e fresche vallate verdeggianti caratterizzano il paesaggio lungo cui corre, verso il Guatemala, la Panamericana.

Palenque, una delle più antiche località maya nascosta nella giungla che l'aveva completamente ricoperta, ebbe il suo massimo splendore intorno al 600 d.C. e fu poco dopo abbandonata improvvisamente come la maggior parte delle città maya. La Piramide delle Iscrizioni è l'unica in America con funzioni di sepolcro e non di sostegno di tempio. La vicina Bonampak, i cui realistici affreschi dai bellissimi e vari colori hanno contribuito notevolmente alla conoscenza della civiltà maya, è raggiungibile preferibilmente con piccoli aeroplani perché la giungla diventa impraticabile durante il periodo delle piogge.

4. La regione dello Yucatan: i centri maya e le località balneari

La penisola dello Yucatan è un vasto, monotono altopiano di natura calcarea. Per questo è quasi completamente privo di idrografia superficiale ma ricco di grotte e acque sotterranee e ricoperto da un'alta macchia. L'estate è qui molto calda e piovosa, il resto dell'anno è piacevole.

Il centro principale è Merida, collegato da strada e ferrovia a Città di Messico. Di origine coloniale, ha pianta regolarissima e conserva numerose chiese ed edifici in stile **plateresco.** Viene chiamata la «città dei mulini a vento» per le numerose pale che servono per pompare l'acqua dal sottosuolo.

Lo Yucatan, ove si sviluppò la civiltà maya, è la regione più ricca di resti archeologici di questa cultura.

Uxmal è costituita da ben otto complessi di edifici distribuiti in una vasta area. Il grandioso Palazzo del Governatore, eretto su di una altura artificiale, con i suoi 20 000 lastroni montati con tecnica rivoluzionaria, è un vero merletto di pietra. La Piramide dell'Indovino dalla vertiginosa scalinata è il più alto edificio della città; il suo parziale restauro permette che vi si organizzino spettacoli di «suoni e luci».

Palenque è una grande città maya della regione del Chiapas, famosa per essere uno dei più antichi complessi architettonici del territorio maya, per i suoi fini stucchi, per le lastre di pietra scolpita dei suoi templi. [P. Ranzato, Firenze]

Pur essendo di origine molto antica Chichen Itzà ebbe il suo massimo splendore dopo l'invasione tolteca (II sec. d.C.). È detta la città di Kukulcan, equivalente maya di Quetzalcoatl, forse un principe veramente esistito che guidò la terza invasione tolteca nell'XI sec. d.C. Egli fondò anche la città di Mayapan, che nel XIII secolo fu a capo dell'unica lega conosciuta tra i Maya. Il Tempio di Kukulcan o Castillo, che servì anche da fortezza agli Spagnoli, è una pesante piramide a base quadrangolare, che ricorda quelle del Messico centrale. Quattro scalinate accedono alla sommità del tempio, ognuna con 91 scalini per un totale di 364, più uno che sostiene il tempio per raggiungere la cifra solare di 365. Sui piani della piramide 52 pannelli corrispondono al «secolo» maya e 18 sezioni su ogni terrazza all'«anno divino». Nell'antico tempio è contenuto un trono a forma di giaguaro in pietra rossa brillante, incrostato di giada e un «Chac-Mool», pietra sacrificale raffigurante un guerriero stranamente coricato. Vi si effettuavano i sacrifici umani con l'estrazione del cuore dal petto delle vittime sdraiate su di essa.

La piazza del «gioco della pelota» è la meglio conservata e restaurata di tutta l'America. Il gioco, simile alla pallacanestro, impegnava due squadre antagoniste. Una solida palla di gomma doveva passare attraverso un anello di pietra infisso su di una parete. Sembra che la squadra perdente, forse anche la vincente, venisse sacrificata al dio. Una delle cose più interessanti della città è il «cenote» sacro, profondo pozzo localizzato fuori dell'area urbana, nella giungla. Era la riserva d'acqua per la popolazione, ma fu poi spesso usato per i sacrifici umani. Dagli scheletri estratti recentemente dal pozzo risulta che si trattasse per lo più di bambini sotto i 12 anni.

La penisola di Cancun gode dell'assenza di una vera stagione piovosa perché la fitta foresta tropicale dell'entroterra attira tutta l'umidità della zona. Nella città di Cancun sono stati investiti ingenti capitali per creare un centro turistico di grande rilievo con lussuosi alberghi ed efficienti strutture per il divertimento. I suoi abitanti, grazie allo sviluppo del turismo, sono passati in vent'anni da 30 000 a 1 milione. Dotata di aeroporto internazionale accentra soprattutto i flussi del Nord America.

La stupenda isola caribica di Mujeres, meta fino a pochi anni fa di turismo pionieristico, ha visto poco a poco aumentare le sue strutture recettive e i flussi di provenienza soprattutto europea. Questa piccola isola è un vero paradiso per chi ama un ambiente marino tropicale incontaminato.

Cozumel, isola sacra alla dea della fertilità, era meta di pellegrinaggi maya. L'«isola delle rondini» per i suoi trasparenti fondali è particolarmente amata dai subacquei e vanta un'ottima attrezzatura turistica. Voli diretti la collegano con la capitale, con gli Stati Uniti e alcune città europee. L'isola è scalo del movimento crocieristico soprattutto di provenienza USA. Un'escursione scontata è quella alla città fortificata di Tulum (564 d.C.), noto centro archeologico maya sulla prospiciente costa.

Il Museo di Antropologia di Città di Messico.

Il Museo di Antropologia di Città di Messico, inaugurato nel 1964, ha capitale importanza per lo studio delle civiltà della Mesoamerica e la sua realizzazione fu dovuta alla collaborazione di famosi architetti, storici, archeologi ed etnologi. Ne è risultato un complesso mirabile per la splendida architettura e per la perfetta presentazione delle opere esposte. Secondo gli intenti dei costruttori il museo è un luogo di incontro che deve sapere rendere viva e comprensibile la storia della civiltà e deve sapere comunicare ai Messicani, qualunque sia la loro età e il loro livello culturale, il sentimento della loro identità di popolo. Non è un museo d'arte, ma di storia, destinato ad informare il pubblico sullo sviluppo ed i nessi tra le grandi culture preistoriche della Mesoamerica.
Questa finalità è raggiunta con l'esposizione di oggetti, di modelli, di carte, di diorami, planimetrie e fotografie. Il museo è inoltre dotato di una ricca biblioteca con una vasta e confortevole sala di lettura, con un fornitissimo archivio di documenti storici e di microfilm. Esso possiede inoltre officine tecniche e i necessari laboratori.
Apposite sale preparano didatticamente gli studenti alla visita del museo.
La costruzione presenta uno sviluppo orizzontale con due soli piani. Il principio che ha guidato l'ideatore, l'architetto Ramiro Vasquez, è stato quello di non limitarsi a copiare le forme dell'antica architettura messicana, ma di ricollegarle ad elementi contemporanei. Come nell'architettura messicana indigena, coloniale, contemporanea sono sempre state utilizzate pietre locali, nel rispetto dei colori e dei materiali, così nella costruzione del Museo si è tenuto presente il costante valore della geologia e il rispetto dell'ambiente. È come se il museo fosse stato progettato da un architetto mesoamericano, che avesse avuto però a disposizione materiali e tecnologie del mondo moderno. Per la costruzione del cortile centrale, con i materiali tradizionali, è stato usato l'alluminio per le grate delle finestre, che però ripetono gli elementi plastici della geometria maya.
La stessa struttura architettonica instaura un rapporto culturale fra le epoche.
Superato il vestibolo dell'edificio si entra in un enorme cortile interno, al centro del quale da un gigantesco fungo in cemento piove ininterrottamente una cascata d'acqua, espli-

cito simbolo della vita e della fertilità. Attorno al cortile sono schierate tutte le sale di esposizione. In un grande dipinto lungo 15 metri è raffigurata la storia del popolo messicano. Esso delinea il passaggio da una società di cacciatori a una civiltà contadina, cui segue l'architettura preclassica rappresentata con operai intenti a costruire piramidi e infine è delineata la nascita dell'organizzato sistema politico degli Aztechi.
La sala di Introduzione alla Antropologia è concepita in modo funzionale: schemi, carte cronologiche, reperti, fotografie, diorami, disegni, audiovisivi offrono una visione generale delle razze umane, in modo da consentire di individuare la corretta ubicazione spaziale e temporale dei popoli delle Americhe. Sono rappresentati i momenti salienti di tutte le principali civiltà antiche: della Mesopotamia, della Valle dell'Indo, del Perú e molte altre. Nella parte centrale della sala viene illustrata l'origine, lo sviluppo, la classificazione delle lingue della Terra e il contributo che esse danno alla conoscenza della storia dell'umanità. Così la scrittura viene evidenziata quale mezzo di divulgazione del pensiero e della cultura.
Numeroso è il materiale etnologico che studia l'uomo nell'ambito della propria società. I materiali esposti, che si riferiscono alle più diverse regioni della Terra, hanno lo scopo di dimostrare che tutti gli uomini sanno trovare soluzioni ai propri bisogni, pur con differenti procedimenti, che caratterizzano le varie culture.
Di enorme importanza è la sala delle Civiltà Mesoamericane, in cui è messa in evidenza la comune origine, le caratteristiche salienti di ognuna, le loro evoluzioni nelle successioni cronologiche, mediante esposizione di vasellame, utensili da lavoro, armi da caccia, una tavola riproducente il sistema aritmetico degli Aztechi e plastici che presentano le varie forme assunte nel tempo dalle Piramidi.
Ogni periodo culturale ha la sua sala: le Origini, il Periodo Preclassico, cultura di Teotihuacan, Tolteca, Mexica, Oaxaca, Maya, quella della Costa del Golfo, quella del Nord e quella dell'Ovest del Messico.
Spettacolare è la sala di Teotihuacan che illustra la storia della città e della sua civiltà. Domina la sala una gigantografia della Piramide del Sole. Sono esposte copie di dipinti che ornano templi ed edifici della città e una ricca raccolta di ceramiche. È stata realizzata una parziale riproduzione del tempio di Quetzalcoatl, ornato con i colori originali delle sue decorazioni.
La sala Mexica è la più vasta di tutte ed è stata concepita per mettere in evidenza la cultura degli Aztechi, i fondatori di Tenochtitlan. Fra i tanti reperti il più famoso è la Pietra del Sole o Calendario degli Aztechi, collocato al centro della sala. Questo monumento sacro al Sole è un monolito di basalto dal diametro di 360 cm e dal peso di 24 tonnellate, risalente all'ultimo periodo della cultura azteca.
La sala Maya, oltre a contenere fondamentali reperti, presenta ricostruzioni e modelli riguardanti i siti di questa cultura. Di grande effetto è la ricostruzione all'esterno della sala, all'aperto, del tempio di Bonampak, ornato per buona parte della sua superficie di affreschi.
Il piano superiore del museo presenta la collezione di ciò che rimane e vive delle civiltà presentate nel piano inferiore.
L'intero patrimonio etnografico è stato messo a disposizione ed allestito dagli indios «non acculturati», i sopravvissuti di antiche civiltà, che ancora vivono nel paese. Ciò conferisce al museo una straordinaria originalità, accresce il suo valore di documento e nello stesso tempo dà al visitatore messicano la possibilità di trovare qui la sua identità. Viene offerta una panoramica delle culture, e dei rapporti sociali dei gruppi indios con documenti sull'abbigliamento, le abitudini, la religione, gli usi, i costumi, l'alimentazione, l'artigianato. Una vetrina mostra le caratteristiche mongolidi dei volti dei Maya: un confronto fra il passato e il presente lascia scorgere una strabiliante continuità. Così chi ha visitato la sala Maya dell'esposizione, con una pianta henequen come simbolo, una casa con il tetto fatto di paglia e di foglia di palma, una donna al telaio che lavora uno scialle, ritrova negli attuali centri maya la stessa disposizione del villaggio, la stessa arte di costruire le capanne, gli stessi vestiti.

Statua del dio della pioggia Tlaloc, 400-600 a.C. Il Museo Antropologico di Città di Messico è una frequentatissima attrattiva. Recenti studi hanno appurato che la vacanza non risponde più solo a esigenze di riposo e svago, ma viene determinata da precise motivazioni, quali naturalismo, sport, hobby e cultura. Il turismo culturale è sempre più motivato, diventa elemento essenziale della nostra società e mette in evidenza la maturità del turista dei giorni nostri. [Ediciones Grijalbo]

L'istituzione museografica

Il museo è una concrezione di oggetti di varia natura, depositari di un passato continuamente riscritto, quindi sottoposto a sempre nuove selezioni. Esso è la più complessa delle istituzioni culturali occidentali. La storia del collezionismo infatti riesce a risolvere solo uno degli aspetti dell'«enigma museo», ma rimane vivo l'enigma della forma-museo, della sua caratteristica di aggiungere un valore agli oggetti musealizzati. Il museo sotto il profilo storico è un luogo di incontro umano, una memoria collettiva nella quale si rispecchia la storia civile ed intellettuale di una comunità, la sua capacità di collegare il suo passato storico alla realtà attuale e pertanto più che un residuo del passato deve essere considerato una istituzione in divenire.
Fra le tante trasformazioni subite nel tempo dai musei, ricordiamo quella in senso culturale-scientifico del secolo dell'illuminismo e la sua istituzionalizzazione pubblica dell'epoca della Rivoluzione Francese, che ha determinato la fine della sua caratteristica di elemento privato della società. Dopo il periodo napoleonico si cominciò a considerare il museo anche sotto il profilo affare di stato. Al museo universale dell'epoca delle grandi collezioni, quali il Louvre e il British, che raccoglievano dovunque reperti, tanto da poter rappresentare la cultura del mondo intero, segue oggi un museo che ha scoperto i legami con il territorio e l'importanza che può assumere nella tutela, nel recupero e nell'analisi del patrimonio culturale di uno spazio, inteso come ambiente di vita di una comunità. Il museo, con il suo ruolo di razziatore e accaparratore, ha espresso nel nostro secolo, fino alla seconda guerra mondiale, la tendenza nazionalista, colonizzatrice e missionaria della società europea che lo ha istituito. Oggi si ritiene che non abbia più senso trasportare verso le istituzioni museali europee reperti provenienti da altre regioni.

Gli attuali musei esprimono una tendenza verso la rivalutazione delle culture locali, una maggiore collaborazione e attenzione agli interessi internazionali.
La fruibilità e la valorizzazione dei musei sono fenomeni destinati a crescere perché la maggiore disponibilità di tempo libero e il diffondersi della cultura in larghi settori della società fanno di essi una risorsa primaria che coinvolge, oltre al mondo della cultura, anche la sfera del turismo. Due recenti discipline si interessano del museo: la Museografia, che ne studia i problemi tecnici relativi al contenitore architettonico e all'allestimento, e la Museologia che si occupa di promuovere attività culturali in funzione dell'uso sociale del museo.
Già Greci e Romani avevano creato raccolte pubbliche di oggetti d'arte a disposizione della popolazione. Ad Atene in un'ala dei Propilei, nella Pinacoteca, erano state raccolte opere di noti pittori. Ad Alessandria d'Egitto in un edificio dedicato alle Muse, chiamato perciò Museion o Museon, erano stati raccolti nel III e II sec. a.C. dipinti, statue, scritti. A Roma, dove fin dall'età repubblicana esistevano raccolte d'arte, numerosi capolavori portati dalla Grecia erano esposti in luoghi aperti al pubblico.
Nel Rinascimento i Medici di Firenze furono tra i primi a costituire raccolte private in ambienti chiamati Gallerie, nome che poi venne usato per ogni raccolta d'arte. Con spirito competitivo sorsero le Gallerie dei Gonzaga a Mantova, degli Estensi a Modena, dei Savoia a Torino, dei Farnese a Parma, dei Papi a Roma, da cui si originerà nella seconda metà del sec. XVIII il complesso dei Musei Vaticani.
Il collezionismo umanistico italiano, che aveva segnato il distacco dai tradizionali modi e luoghi di conservazione del medioevo, le chiese, fu il presupposto del museo illuminista, forma di raccolta istituzionalizzata, pubblica, didattica. La caratteristica settecentesca di finalizzare la raccolta d'arte all'uso pubblico diventerà determinante in tutta la storia del collezionismo dell'Occidente. In questo periodo le raccolte di meraviglie naturali ed artificiali si affiancarono ben presto alle gallerie di pittura. La raccolta, intesa come specchio di un universo conoscitivo e strumento di sistemazione intellettuale, va in parallelo alle grandi biblioteche monastiche e signorili. Nelle complesse ragioni del loro ordinamento si riflettono gli ideali degli Enciclopedisti.
Nel sec. XVIII nei capoluoghi dei territori di particolari gruppi etnici cominciarono a formarsi musei come quelli d'Arte Etrusca e Pompeiana.
Per ciò che riguarda i musei esteri la loro formazione è assai tarda rispetto a quelli italiani e diventa un simbolo di potenza degli stati nazionali. In molti di essi sono affluite opere di collezioni private italiane come quella del Palazzo di Mantova dispersa in Inghilterra o quella degli Estensi di Modena venduta a Federico Augusto di Sassonia e che diventerà poi il primo nucleo del museo di Dresda.
Nel 700 si costituiscono il museo di Vienna e quello del Louvre, che verrà arricchito durante la rivoluzione con molte collezioni private incamerate dallo stato e che Napoleone ingrandirà ulteriormente con le spoliazioni delle sue campagne militari. Alla fine del sec. XVIII si forma la Raccolta imperiale di Berlino, più tardi divenuta museo di stato, a Monaco si istituisce il Museo di incisioni su pietra. Nel sec. XIX si istituiscono il British Museum e la Pinacoteca della National Gallery a Londra, in Russia viene fondato l'Ermitage, a Madrid il Prado e molti musei nelle principali capitali europee. Negli ultimi decenni dell'800 si creano i musei degli Stati Uniti: Il Metropolitan di New York, il museo delle Belle Arti di Boston, cui seguiranno quelli di Detroit, Filadelfia e la Galleria Nazionale di Washington.
Nel sec. XIX il mercato d'arte, finalmente libero e organizzato, comincia ad animare sempre più vigorosamente la circolazione delle opere d'arte. I musei statunitensi, formatisi inizialmente come raccolte europee, furono i primi ad organizzare attorno a sé un intenso mercato di oggetti artistici.
I musei USA, investiti di funzioni sociali, diventarono sempre più espressione dell'iniziativa privata dei magnati dell'industria, sensibili ad un collezionismo concepito come terreno di investimento ed evasione fiscale, ricco di conseguenze anche sul piano del prestigio sociale. Con lo stesso dinamismo con cui hanno partecipato ad una mercificazione dell'opera d'arte, i musei americani hanno svolto un importante ruolo sul terreno della ricerca scientifica e della riproduzione culturale: nel 1895 il Metropolitan contribuì con un forte finanziamento al fondo per l'esplorazione dell'Egitto, che gli assicurò una vasta collezione archeologica.
Già negli ultimi anni dello scorso secolo i musei USA erano frequentati assiduamente dal mondo della scuola, che in essi trovava centri educativi complementari delle strutture scolastiche ed universitarie.
Spettacolari macchine educative, dotate di consistenti mezzi finanziari, essi furono nel XX sec. modello in tutto il mondo. A differenza di molti musei europei, quelli statunitensi sono estremamente aperti alle nuove discipline scientifiche e alle nuove tecniche artistiche.
Totalmente diverso è il modello museale dell'URSS, in cui dopo la rivoluzione si ebbe una radicale ristrutturazione delle precedenti raccolte zariste, secondo operazioni museografiche che miravano a produrre letture ideologiche dei materiali: la sociologia marxista ne costituì il fondamento con lo scopo di impartire ai visitatori efficaci lezioni di storia della lotta di classe e delle ideologie sociali. Lo stato ha rivendicato il diritto a riorganizzare e smantellare i musei a seconda dei propri interessi politici. La nuova società, che con gli anni ha moltiplicato i musei, ha attribuito a questa struttura funzioni sociali coerenti con il progetto di edificazione della società socialista. Il modello sovietico è stato imitato da tutti i paesi socialisti del mondo.
Negli anni '60, alla fine del Colonialismo, si sono sviluppati in molti paesi del Terzo Mondo, in particolare in Africa e nel Medio Oriente, musei nazionali di carattere storico-culturale. In questo caso il museo diventa una istituzione esplicitamente politica, che ha la funzione di mettere in risalto, da un lato le forme di oppressione subite in passato, dall'altro le possibilità della nuova società.
Il museo si trova oggi nella difficile situazione di dover conciliare la sua storia culturale elitaria e aristocratica con il nuovo sviluppo sociale e con la necessità di diventare popolare senza appiattirsi.
Al museo si possono riconoscere cinque funzioni di base: recupero, conservazione, tutela dei beni culturali, promozione della ricerca scientifica, divulgazione dei contenuti e delle elaborazioni del museo stesso.

Musei d'avanguardia

Una nuova concezione del museo appare in esperienze francesi e statunitensi.
Il Centro Pompidou, il Beabourg, di Parigi, pensato nel 1969 e terminato nel 1977, è stato il primo esempio in cui il termine museo è stato esteso a quello per le arti, dove libri, documenti e opere d'arte sono messi alla portata di tutti.
Qui la cultura si fa e non la si osserva come nel museo tradizionale. Innovativa è anche la struttura architettonica, in cui scale, ascensori e corridoi sono stati costruiti all'esterno per lasciare all'interno spazi con pareti mobili che danno luogo ad una struttura elastica in grado di ospitare qualsiasi cosa.
Museo innovativo è anche lo statunitense EPCOT, museo della Scienza e della Tecnica di Orlando in Florida, quello della Villette, «Città della Scienza e dell'Industria» di Parigi, il Deutsches Museum, il Museo Tedesco della Scienza e della Tecnica di Monaco, il Museum of Science and Industry di Chicago in cui il visitatore personalizza la sua visita grazie ad un computer. Questi musei hanno in comune la modernità dei mezzi in essi impiegati. Tutto ciò che è esposto si fruisce tramite esperienza personale. I principi della fisica sono dimostrati con divertenti modellini che ogni visitatore può fare funzionare. Basta premere un bottone e i computer messi a disposizione del pubblico danno precise risposte. Questi musei possono apparire anche dispersivi, in quanto il visitatore è lasciato solo ad organizzare la propria sete di sapere.
L'ultima innovazione museale francese è il Parc Oceanic, situato sotto «Les Halles», ideato da Jacques Cousteau. Un viaggio reso realistico da sofisticati audiovisivi ed effetti speciali, permette di scoprire i segreti degli abissi e si conclude entro una enorme balena che inghiotte la navicella dei visitatori, che ne scoprono l'immensa struttura.
Accanto a questi musei innovativi c'è oggi il tentativo di rinnovare musei più classici. L'esempio più noto è quello del Louvre che sfoggia la sua piramide di cristallo, con biblioteche, sale di lettura e altri servizi. Essa può ospitare fino a 15 000 visitatori l'ora. Dall'interno della piramide si possono ammirare, attraverso le pareti trasparenti, e quindi in una nuova prospettiva, le tre facciate del grande museo.
Nel museo parigino della Gare d'Orsay la novità, più che nella tecnica espositiva, sta nel riciclaggio di un edificio creato per stazione ferroviaria, destinando abilmente all'esposizione di opere d'arte dell'Impressionismo spazi decisamente non tradizionali e creati per scopi totalmente diversi. Dalle grandi volte a vetrate della Gare d'Orsay entra una luce rosata e le opere d'arte esposte in un ambiente fatto di archi e prospettive enormi acquistano un sapore particolare.
La novità di questi musei non sta nell'aver inventato funzioni nuove, ma piuttosto nella socializzazione delle antiche funzioni.
Il museo si deve oggi misurare con una scuola che tende ad essere non solo teorica, ma anche pratica e che ha quindi bisogno di materiale su cui operare. Alla funzione di conservazione del museo si affianca oggi la sua vocazione verso la tutela di tutto il patrimonio culturale di una comunità.
Si devono forse al non completo consolidamento del ruolo sociale del museo le incertezze culturali tipiche della museologia italiana e di altri paesi della vecchia Europa.

America degli istmi

Il sottile e lungo ponte tra le due Americhe, denominato «Castilla de oro» da Ferdinando il Cattolico è stata la prima regione continentale nella quale gli Spagnoli misero piede in terra americana.

Il clima è tropicale, ma per l'azione mitigatrice del mare non si raggiungono temperature medie troppo elevate, le precipitazioni sono abbondanti e concentrate soprattutto a fine estate. Sul versante atlantico più umido dominano folte foreste, rese intricate da felci e liane, con alberi dal legname pregiato e la tipica palma da cocco, mentre sul versante pacifico sono diffuse savane e boscaglie. La fauna possiede alcuni tipici mammiferi come l'orsetto d'America, scimmie, coccodrilli e iguana, tucani e pappagalli, bellissime farfalle; i mari abbondano di pesce. La vegetazione spontanea è spesso sostituita da lussureggianti piantagioni di banani, canna da zucchero, caffè, cacao monopolizzate da società straniere.

L'area degli istmi si distingue dalla Valle di Messico per la mancanza dell'architettura in pietra e delle piramidi-tempio. I templi erano in legno e le suppellettili delle capanne degli indios erano amache e sedie basse.

Il margine meridionale del lago di Nicaragua rappresenta il luogo di incontro dei popoli provenienti dal nord e dal sud e quindi il confine etnografico tra l'America del Nord e del Sud. In quest'area abitata da popoli che non trovano affinità né nel Nord né nel Sud-America, penetrarono avanguardie della civiltà olmeca, maya e dei Muisca (Colombia).

Dal punto di vista archeologico i paesi degli istmi sono una delle aree meno conosciute del Nuovo Continente, nonostante costituiscano l'anello di congiunzione fra le due Americhe e siano stati interessati da tante trasmigrazioni di popoli.

Dai paesi degli istmi si sono irradiati poi notevoli influssi sulle Antille. Su queste isole, anticamente abitate da pescatori, dalle coste del Sud America si spinsero i Taino, che presero possesso dell'intero mondo insulare, stabilendo una colonia anche in Florida. Circa 1 secolo prima dell'arrivo degli Spagnoli i Taino furono vinti dai Calinao o «Caniba», come essi li chiamavano, provenienti dal sud. I Caniba, da cui deriva la designazione etnica «Caribi» e, per la loro usanza, la nostra parola «cannibali», annientarono gli uomini Taino e ne sposarono le donne. In meno di 100 anni, dopo la conquista spagnola, delle popolazioni originarie delle Antille rimaneva un esiguo numero, mescolatosi con gli schiavi neri importati.

Mentre i Caribi hanno lasciato poche tracce archeologiche, i documenti Taino sono palesi soprattutto ad Haiti, Puerto Rico e nell'est di Cuba. Si cibavano di manioca, coltivavano con irrigazione il cotone con cui confezionavano le loro amache (il cui nome deriva da una parola taino). Scolpivano sia la pietra che il legno e sui loro sgabelli in pietra, dagli intagli zoomorfi e antropomorfi, sedevano solo i capi delle tribù o gli ospiti.

I villaggi erano costruiti interamente in materiali vegetali. La condizione sociale dell'alta nobiltà e dei capi era ereditaria. Nell'area taino sorsero piccoli regni come a Giamaica.

I sette stati della regione, fra i più piccoli del continente americano, sono anche fra i più instabili e più poveri, per cui, nonostante il rilevante potenziale turistico dovuto al grande sviluppo delle coste e alle foreste ricche di resti precolombiani, non sono meta di rilevanti flussi turistici.

1. Località di interesse turistico

Dalla messicana penisola dello Yucatan, ricca di testimonianze maya, si raggiunge facilmente il Guatemala che nella sua popolazione presenta una rilevante percentuale di elementi indios discendenti dei Maya: i Lacandones. Nelle foreste del Nord, dove si trovano ancora esemplari del quetzal, uccello dalle magnifiche piume multicolori un tempo ritenuto sacro, si innalzano le alte piramidi di Tikal, la più grande delle città di cultura maya. Presso il fiume Usumacinta l'acropoli di Piedras Negras conserva le più belle e le più grandiose stele di arte maya, mentre a Uaxactum è stata rinvenuta la stele con la data più antica. Sull'altopiano, dominata dai vulcani Agua e Fuego, vi è la capitale Guatemala, creata nel XVIII sec. e distrutta per ben

Le chiuse di Gatún sul Canale di Panama consentono alle navi che provengono da Colon, sull'Oceano Atlantico, di raggiungere il lago di Gatún, bacino naturale posto a 26 m. s.l.m. utilizzato nell'escavazione del canale. Le chiuse di Pedro Miguel e di Miraflores consentono a loro volta di raggiun-

quattro volte da violenti sismi. La città, che è sede universitaria e vanta numerosi musei, ha mantenuto l'originaria pianta quadrangolare con le ampie e alberate «avenidas» in direzione nord-sud e le «calles» in direzione ovest-est. Guatemala sostituì nel ruolo di capitale la vicina Antigua dopo che uno spaventoso torrente di acqua e fango, prorompente dal Volcan de Agua, investì e distrusse in due soli minuti buona parte della «Pompei d'America», ricca di chiese e palazzi.

Per chi proviene dal Guatemala va oggi perduta la possibilità di visitare le più meridionali città maya come Copan in Honduras, famosa per gli studi astronomici. La grande piazza della città, circondata da gradinate decorate da enigmatici geroglifici e disseminata da stele, definite dagli astronomi Guide Astronomiche Lapidarie, è la più grande testimonianza del livello raggiunto nello studio delle stelle dai Maya.

Sono decadute località balneari di bellissimi tratti di costa, come il Golfo de Fonseca, su cui si affacciano Salvador, Honduras e Nicaragua, che ha in passato attirato bagnanti da tutta l'America del centro o come Poneloya in Nicaragua, fornita di ottime attrezzature balneari.

Il paese degli istmi oggi più visitato grazie alla più tranquilla situazione politica è il Costa Rica, così denominato da Colombo per la eccezionale ricchezza degli ornamenti in oro degli indigeni. Questo stato si differenzia dagli altri della regione anche perché presenta nella sua composizione etnica la prevalenza del ceppo europeo scarsamente meticciato, ha il più alto tasso di alfabetizzazione e, assieme a Panama, è lo stato meno povero. La capitale S. José sorge nel cuore del paese a 1200 m di altitudine in uno scenario di grandiosi apparati vulcanici, ad eguale distanza dalla diritta e pianeggiante costa caribica e dalla aspra e movimentata costa pacifica, ai cui porti è ben collegata per strada e ferrovia. La città presenta un aspetto moderno e oltre ad essere un importante mercato dei prodotti di piantagione della fertile Meseta Central, presenta importanti centri culturali come il Teatro Nazionale, splendente di marmi di Carrara, il Museo Nazionale con pregevoli gioielli e ceramiche precolombiane e con la più grande collezione di giade dell'America Latina. In questo sottile paese è possibile nello stesso giorno fare il bagno nei due oceani: nelle tropicali spiagge caribiche di Portete e Playa Bonita presso Limon, che presentano acque limpide adatte al surf e alla pesca, e nelle verdi e tranquille spiagge pacifiche del Golfo di Nicaya ove si affaccia la celebre spiaggia di Puntarenas, frequentata prevalentemente da gennaio a marzo. Nelle acque del golfo cosparso di numerose isole, che è possibile raggiungere con piccole crociere, si pescano ostriche perlifere e i murex, da cui si trae il bel rosso vivo usato per la tintura delle lane e dei tessuti. A 300 km dalla costa pacifica vi è Cocos, l'«Isola del Tesoro», oggi completamente disabitata, oggetto di molteplici ma sempre infruttuose spedizioni per la ricerca delle ricchezze che qui avrebbero abbandonato i pirati. Le acque attorno a Cocos, ricchissime di pesce, sono meta di flussi di turismo sportivo, in particolare dagli USA.

Quasi 2/3 del territorio del Costa Rica è tutelato quale parco o riserva, poiché si tratta di un paese molto avanzato per la tutela dell'ambiente.

Con il «trenino della giungla», chiamato anche «trenino delle banane» si può percorrere un itinerario caratteristico attraverso la foresta prima, i tipici paesaggi delle piantagioni poi, tra S. José e l'Atlantico.

Panama, che in periodi più tranquilli contava un movimento apprezzabile sia nel settore del turismo di affari che in quello balneare, per l'instabilità politica legata al passaggio del canale sotto la sua sovranità, oggi vede mortificata la sua vocazione turistica.

Isole del «Mediterraneo americano»

gere il Pacifico presso Panama. Il canale misura 81 km di lunghezza e fu aperto nel 1914, ponendo le premesse dello sviluppo economico degli USA e del Canada occidentali. In tempi di tranquillità politica sul canale si effettuavano crociere. [D. Lehman]

Il Mar Caribico, un bacino mediterraneo di vasta estensione, è limitato ad est dall'arco delle Grandi e Piccole Antille e ad ovest dalla costa statunitense. Esso si estende dal Capo Catoche nello Yucatan a Panama e comunica attraverso il canale dello Yucatan con il Golfo del Messico. Grazie alla sua posizione fra il Tropico del Cancro e 10° di latitudine nord, le sue acque verde azzurro hanno una meravigliosa trasparenza e una temperatura co-

	STATO	CUBA	GIAMAICA	HAITI	REPUBBLICA DOMINICANA
	Moneta	Peso di Cuba	Dollaro jamaicano	Gourde	Peso
	Lingue ufficiali	Spagnolo	Inglese	Francese	Spagnolo
	Religioni	Cattolicesimo	Cattolicesimo	Cattolicesimo	Cattolicesimo
Popolazione	Superficie in migliaia kmq	111	11	27	49
	Abitanti in milioni	10,3	2,4	5,5	6,8
	Densità ab/kmq	92	213	202	141
	Reddito pro capite $	1 426	1 007	360	684
	Tasso urbanizzazione %	72	53	29	58
Vie di comunicazione	Strade (km)	34 000	16 138	3 700	17 362
	Autostrade (km)				
	Ferrovie (km)	14 547	346	250	2 600
	Aeroporti	Havana	Kingston, Montego Bay	Port au Prince	S. Domingo
	Porti	Havana, Santiago de Cuba, Cienfuegos	Kingston, Montego Bay	Port au Prince, Cap Haïtien	S. Domingo
Dati turistici	Turisti	298 000	649 000	133 000	1 116 000
	Visitatori	309 000	1 031 000		1 216 000
	Bilancia turistica $ – attivo	189	595	74	616
	Bilancia turistica $ – passivo		44 ('87)	35	95 ('87)
	Numero camere	15 710	14 031	1 500	16 000
	Tasso di occupazione %	80	56		71
	Paesi di provenienza %	Europa 56, Canada 17, Messico 9, USA 3	USA 74, Canada 15, Europa 11 (Gr. Bret. 7)	USA 62, Canada 12, Europa 9 (Francia 5)	
	Arrivi – per vacanze		92	66	63
	Arrivi – per affari		5	15	25
	Arrivi – altri motivi		3	19	12
	Periodo max flusso	novembre-marzo	gennaio-aprile agosto	gennaio-giugno	dicembre luglio-agosto
	Mezzi di arrivo % – Aereo	–	99,9	84	65
	Mezzi di arrivo % – Terra	–			
	Mezzi di arrivo % – Mare	–	0,1	16	35

stante di 25° in superficie. Tutta l'area è battuta dagli alisei ed è soggetta a cicloni e uragani.

Pochi sono i paesi al mondo in cui tanti strati di popolazioni diverse si sono sovrapposti l'un l'altro. Le grandi isole colonizzate dagli Spagnoli hanno accolto pochi Neri e a Cuba e Puerto Rico la popolazione è ancora in buona parte bianca. Le colonie inglesi e francesi, abitate prevalentemente da neri e **mulatti** hanno visto, dopo l'abolizione della schiavitù, affluire manodopera asiatica. Vi sono isole di bianchi abitate da **creoli,** isole di **meticci,** isole di neri e isole di mulatti. Toponimi inglesi, francesi, spagnoli, olandesi e danesi, mescolati ad altri di origine indigena, riflettono la complessità etnica.

Alle Antille si accede prevalentemente con il mezzo aereo e le isole più importanti sono dotate di aeroporti internazionali sempre molto trafficati. Le grandi linee marittime statunitensi organizzano crociere durante tutto l'anno, mentre in inverno alcune di quelle europee abbandonano gli itinerari mediterranei per quelli caribici. In alcune isole il movimento dei crocieristi supera abbondantemente il numero dei turisti. Anche proprietari di yacht, alla fine dell'estate, trasportano qui dai mari europei le loro imbarcazioni per noleggiarle ai turisti e coprire così in parte gli alti costi della manutenzione. Sempre più interessante è la formula delle compagnie turistiche europee che offrono per una settimana il soggiorno in un'isola e per un'altra settimana l'affitto di una barca a vela con equipaggio. Gli appassionati di vela trovano infatti nel Mar Caribico il luogo ideale per una vacanza. Di notte si salpa e ci si affida alla spinta degli alisei, di giorno ci si ferma nelle riparate baie dell'arcipelago e ci si immerge per la pesca subacquea, si esplorano barriere coralline, isole e isolotti.

È una vacanza al sole in pieno inverno fra acque color di giada, sabbia bianchissima, vegetazione folta e rigogliosa.

PUERTO RICO	BERMUDA	BAHAMA	ISOLE VERGINI USA	BARBADOS
Dollaro USA	Dollaro di Bermuda	Dollaro di Bahama	Dollaro USA	Dollaro di Barbados
Inglese Spagnolo	Inglese-Creolo	Inglese Inglese-Creolo	Inglese	Inglese
Cattolicesimo	Protestantesimo	Protestantesimo	Protestantesimo	Protestantesimo
8,9	0,05	13	0,3	0,4
3,3	0,06	0,2	0,1	0,25
380	1 100	16	285	
5 574	22 543 ('87)	10 305 ('87)	9 760 ('87)	5 995
73		58		44
9 355	240	4 100	855	1 642
San Juan, Aguadilla	Kindley Field	Nassau, Freeport	Charlotte Amalie	Bridgetown
San Juan	Hamilton	Nassau, Freeport		Bridgetown
2 077 000	427 000	1 475 000	599 000	451 000
2 801 000	585.000	3 158 000	2 320 000	742 000
996	437	11 049	676	459
695	89 ('87)	171		29 ('86)
75 087	4 681	13 992	4 317	6 672
74	61	67	63	64
USA 69	Canada 7, USA 85 Europa 6 (Gran Bretagna 4)	USA 88 Canada 5 Europa 5	USA 90 Puerto Rico 5	USA 38 Canada 15 Europa 30 (Gran Bretagna 22)
38 24 38	78 6 16	84 6 10	67 ('85) 30 3	87 9 4
marzo-aprile	aprile-ottobre	marzo-aprile luglio-agosto	dicembre-aprile	dicembre-marzo agosto
76	76	92 ('84)	39	65
24	24	7,5 ('84)	61	35

1. Bermuda e Bahama

L'arcipelago delle Bermuda, 900 km dalla costa USA e 32° di lat. Nord, comprende una miriade di isolette coralline di cui una ventina abitate, totalmente piatte e ricche di vegetazione. Questa colonia britannica vive soprattutto di turismo. Il clima eccezionalmente mite in inverno, le ottime attrezzature turistiche, gli intensi collegamenti con New York attirano molti statunitensi che qui hanno costruito numerose ville.

Le Bahama, grandiosa barriera (1100 km) costituita da innumerevoli isole e isolotti corallini tra l'Oceano Atlantico e il Mar Caribico, godono di un clima straordinariamente mite perché temperato da brezze oceaniche e dalla Corrente del Golfo. Ricoperte da fitte foreste ospitano rari uccelli tropicali fra cui i flamingo. La vegetazione spontanea è stata a volte sostituita da colture di piantagione.

Attività economica fondamentale è il turismo fonte di vantaggiosi investimenti USA (80%) e canadesi, soprattutto nell'isola di New Providence, ove nella capitale Nassau si incentra l'attività turistica. Grandi alberghi, casinò, attrezzature sportive, banche e numerose società finanziarie evidenziano una ricchezza diffusa e un notevole movimento di affari. Nei suoi dintorni vi è la famosa spiaggia di Paradise Beach fornita di eleganti attrezzature turistiche e la modernissima zona residenziale di Cable Beach. Le spiagge sono bianche e interminabili, le acque eccezionalmente limpide svelano i tesori del fondo marino: in mezzo a una vera giungla di piante acquatiche scivolano pesci multicolori. Per la vicinanza alle coste della Florida, nella più settentrionale Gran Bahama, massiccio è stato l'intervento statunitense che ha creato piste di atterraggio per aerei privati, centri sportivi, un grandioso shopping-centre, casinò facendone un attrezzato polo per il tempo libero.

2. Isole caribiche

Le isole caribiche grazie al turismo sono entrate in circuiti economici di dimensione mondiale. Con lo sviluppo del traffico aereo il turismo ha conquistato nell'economia un posto preponderante che si traduce in investimenti, posti di lavoro e scambi.

La montuosa isola di Giamaica è abitata in massima parte da neri e *mulatti*. Da alcuni anni i proventi del turismo hanno un rilevante peso economico accanto alla tradizionale estrazione della bauxite. Oltre ad offrire spiagge ombreggiate da palme e un mare cristallino, possiede ottime possibilità di soggiorno. Ad alberghi di gran lusso, alle pensioncine pulite ed accoglienti si aggiunge la possibilità di affittare ville complete di personale in lussuosi complessi con ottime attrezzature sportive. Campi da golf, da tennis e piscine abbondano nell'isola. Tutta Giamaica risuona dei tradizionali ritmi del reggae e offre numerose possibilità di svago. Lungo il Rio Grande si viaggia per alcune ore su rudimentali zattere di bambù tra siepi di flora tropicale. Le famose cascate di Ocho Rios strapiombano da una scogliera, ombreggiata da alberi di ogni tipo, nel mare azzurro dai bianchi fondali. Si visitano ville coloniali perfettamente conservate nei pressi di Montego Bay, seconda città dell'isola su un ampio golfo disseminato di splendide spiagge. Per la modernità e il fasto dei suoi alberghi Giamaica è uno dei più noti centri turistici delle Indie Occidentali. La capitale Kingston non è particolarmente attraente, ma merita una visita per rendersi conto della realtà del paese, fuori dai confortevoli «paradisi per turisti». Qui si confrontano una ricchezza sfrontata e una povertà estrema. I rilievi delle Blue Mountains la separano dalle soleggiate, famose spiagge.

Cuba è la più estesa isola delle Antille. Gran parte del suo territorio è pianeggiante e i rilievi principali sono in posizione periferica. Dall'Europa si raggiunge in gruppo con viaggi organizzati particolarmente convenienti. La «Perla dei Caraibi» era fino alla rivoluzione castrista soggiorno frequentato da ricchi americani e i grandi alberghi dell'Avana e di Varadero, che testimoniano un passato di turismo di gran lusso, ora sono in decadenza. Anche se l'organizzazione dell'attività turistica è gestita dallo stato, recentemente è stato avviato un piano di potenziamento recettivo che si avvale anche di capitale privato. I dollari sono estremamente preziosi per la barcollante economia cubana. Con l'intervento di capitali stranieri Cuba va svi-

Alcuni aspetti della vita povera della popolazione di Haiti possono divenire attrattiva turistica, come la distesa del multicolore bucato posto ad asciugare sui cespugli che rivestono la riva del ruscello. [Harm J. De Blij]

La Filibusta dei Caraibi

I Caraibi nel periodo che va dalla scoperta dell'America alla metà dell'800 sono stati l'area nevralgica del grandioso spostamento del centro del mondo dal Mediterraneo all'Atlantico, ma anche il grande palcoscenico delle imprese di pirati e di corsari.
Il pirata esercitava il mestiere di ladro sul mare senza licenza di nessun governo, il corsaro invece non era un fuorilegge perché il suo sovrano gli rilasciava una «lettera di marca» detta anche «commissione» contro la marina mercantile nemica. La qualifica di filibustiere ha carattere geografico perché venne attribuita solo agli avventurieri del mare che operarono nei Caraibi. La caccia ai galeoni spagnoli e quindi la Filibusta iniziò appena si sparse in Europa la voce che gli Spagnoli portavano via dal Nuovo Mondo tesori favolosi. Ogni anno salpavano da Siviglia due «flotas» cariche di mercanzie europee. Uno dei due convogli faceva la traversata diretta fino a Cuba, l'altro toccava Cartagena e poi faceva scalo a Porto Bello sulla costa atlantica dell'istmo di Panama. Nel porto di Panama, sul Pacifico, la flotta spagnola veniva a sbarcare l'oro e l'argento asportato dall'area incaica, che poi giungevano a Porto Bello a dorso di mulo. Qui le ricchezze venivano caricate sui galeoni che, raggiunto il resto della flotta a Cuba, compivano la traversata dell'Atlantico in senso inverso. Nelle navi dei filibustieri che assaltavano i galeoni spesso erano presenti uomini di nazioni diverse, per lo più Francesi, Inglesi e Olandesi e vi erano cristiani e riformati oltre ad individui di sangue misto più o meno pagani. Frequentemente in queste navi vi era un cappellano e tutti, cattolici o riformati o altro che fossero, pregavano insieme e rispondevano alle invocazioni ad una sola voce. Nelle preghiere si impetrava da Dio, come nelle guerre più giuste del mondo, di ottenere la vittoria e di trovare danaro.
Nella seconda metà del sec. XVII vi fu, verso Santo Domingo, una seconda ondata di avventurieri, fuggiaschi, cattolici dall'Inghilterra, Ugonotti dalla Francia, Irlandesi e Gallesi. Tra costoro vi erano anche uomini di mare che, quando trovavano isole deserte vi si stabilivano. I più impazienti di fare fortuna, dopo aver riparato le avarie subite nella traversata, si mettevano ad incrociare nel Mar dei Caraibi in attesa dei galeoni carichi d'oro.
Sulle coste inglesi l'occupazione degli antichi Vichinghi aveva lasciato germi vigorosi di vocazione per la pirateria. Appena si seppe che la corsa ai galeoni rendeva bene i marinai dei porti della Manica, che fino ad allora si erano abbandonati a razzie sulle coste della Normandia, iniziarono la Filibusta nel nuovo mare.
Delle tante basi dei pirati nei Caraibi ricordiamo tra le più famose la Tortuga, posta lungo la costa nord occidentale di Hispaniola, l'isola di Giamaica con lo scalo di Port Royal e per il secolo XIX la foce del Mississippi e la baia di Galveston-Campeche.
Alla Tortuga, una gemma di verde, di coste rocciose sul mare aperto, di dolci spiagge di fronte alla «Terra Grande», Hispaniola, si rifugiarono i fuoriusciti franco-inglesi che una flotta spagnola aveva indotto ad abbandonare le attuali Isole Vergini. Alla metà del '600 la Tortuga ebbe una fase di notevole espansione: la popolazione era di circa 10 000 anime di cui 3000 filibustieri.
In quell'epoca erano numerose le «commissioni» rilasciate ai filibustieri dal Re d'Inghilterra, del Re di Navarra e Richelieu. Si istituirono società che miravano allo sfruttamento agricolo e minerario delle colonie, ma in realtà tutti i proventi, compresi quelli della Filibusta, servivano ad arrotondare i dividendi. Le compagnie si incaricavano anche di acquistare schiavi per utilizzarli nelle piantagioni. In Inghilterra lord, ministri e la stessa regina, per intascare gli utili della Filibusta, armavano navi corsare.
Alla Tortuga spesso i capi della Filibusta fu-

luppando nuovi centri turistici presso le coste meridionali e nell'isola di Cayo Largo. Il paesaggio dolce, riposante, salubre e la bella stagione estesa all'intero anno rappresentano una grande attrattiva. Nel Parco Nazionale di Zapata vi è una località incantevole sulle rive della laguna del Tesoro, Guamà, ove le capanne di un centro turistico riproducono un villaggio su palafitte degli indiani Taino. Sulle rive della pescosissima laguna si confondono bambù, ibischi, palme e fenicotteri. Negli stagni del «parco dei coccodrilli» sono stati trasferiti molti di questi rettili per evitarne l'estinzione.

Varadero viene definita la «spiaggia azzurra» per il blu cangiante delle sue acque e la sabbia stranamente candida e brillante al sole. La vicina Cardenas, oltre ad essere un importante porto, ha buone attrezzature recettive. L'Avana con le aree periurbane ha circa 2 milioni di abitanti, cioè quasi 1/5 dei residenti dell'isola. Nella città vecchia le suggestive case coloniali contrastano con la zona nuova dai grandi alberghi che dominano tutti gli altri edifici. Nel passato era la capitale del turismo caribico e il famoso locale notturno il «Tropicana» evidenzia i contraddittori aspetti della Cuba di oggi. Malgrado le gravi carenze del settore del turismo Cuba vede i flussi in continuo aumento grazie alle sue bellezze naturali e ai prezzi competitivi.

L'isola di Hispaniola, divisa tra la Repubblica di Haiti e quella Dominicana è un insieme di Africa ancestrale, di cultura francese, di religiosità profonda. Ufficialmente di fede cattolica, la popolazione nera professa però culti animisti «vuduisti», una simbiosi tra pratiche esorcistiche africane e cristianesimo. I contrasti sociali sono drammatici: ad una ristretta élite privilegiata di bianchi e mulatti si contrappone la massa poverissima dei neri. Il turista si rende conto della realtà del paese aggirandosi per le strade di Port au Prince, la capitale, o quando per raggiungere lussuosi alberghi è costretto a passare fra misere abitazioni.

Da qualche anno Haiti si va aprendo al turismo internazionale e possiede tutte le qualità per incentivarlo. Molti splendidi luoghi sono purtroppo inaccessibili per l'esiguità e il cattivo stato della rete stradale, per questo località turistiche come Cape Haitien, Les Cayes, Jacmel sono servite da voli aerei interni. Spiagge esclusive, molto ben attrezzate, si trovano nei dintorni della capitale: Ibo Beach, Kyona a nord e Taino Beach, Sun Beach a sud.

Haiti è un'isola di colori e di musica: colori di vestiti nei tessuti locali, colore nei mercatini delle città e dei villaggi pieni di mercanzie e di una folla

rono nominati governatori dell'isola in nome del Re di Francia. A Basse Terre i bottini in parte servivano ad arricchire governatori ed alti funzionari, in parte venivano venduti a negozianti, usurai, commercianti che via via arrivavano sempre più numerosi dall'Europa. Col passare del tempo si andava esercitando un numero sempre più vasto di professioni, anche se la base dell'economia rimaneva la Filibusta.

Al ritorno dalle loro razzie i filibustieri spendevano tutto in orge che servivano a scaricare la tensione accumulata nell'attesa dell'assalto ai galeoni o ai porti.

Il capitano della nave filibustiera, che democraticamente si accordava con i suoi uomini sull'azione di corsa da svolgere e, ad impresa avvenuta, sulla spartizione del bottino, era considerato il capo indiscusso.

Giamaica, alla metà del '600, era il covo della Filibusta inglese e, al pari della Tortuga, era amministrativamente una colonia, ma in realtà un covo di briganti. La prosperità di Port Royal, che contava 30 000 abitanti, era fondata sulla rapina e la pirateria, ma la città con i suoi negozi ben tenuti, pieni di merci rubate, con i suoi cambiavalute e i suoi banchieri, con le sue scuole e le sue chiese appariva ben amministrata e in essa, salvo le risse che avvenivano spesso al porto all'arrivo delle navi, regnava tutto sommato l'ordine. A Port Royal si aggiravano i classici filibustieri, abbronzati, con l'aria truce e con il fazzoletto nero annodato sulla testa, laceri e scalzi, altri vestiti a festa con un ridicolo sfarzo di gioielli. Mentre in questo periodo Port Royal contava 800 case a New York ve n'erano solo 500. Gli affitti in quell'epoca erano più cari a Port Royal che nei quartieri residenziali di Londra. Da Port Royal partivano assieme ai velieri che portavano a Londra i frutti dei saccheggi, onesti bastimenti da carico con zucchero, rum, cacao, ananas, agrumi, tabacco, spezie. Navi provenienti dall'Africa portavano a Port Royal quegli schiavi neri senza i quali non sarebbero nate le prime piantagioni. In realtà la Giamaica della metà del sec. XVII fu l'avanguardia dell'Impero britannico. Nel 1670 la Spagna aveva riconosciuto la sovranità inglese sull'isola e come contropartita aveva chiesto la soppressione della Filibusta.

Fin dalla fine del sec. XVII la pace fra Francia, Inghilterra e Spagna (trattato di Utrecht) ne rese difficile la vita. Tra il 1684 e il 1685 sia alla Giamaica la Filibusta inglese, che alla Tortuga la Filibusta francese entrarono nell'ordine di idee che le difficoltà imposte dai loro governi alla prosecuzione della «guerra di corsa» nei Caraibi spingevano a cercare nuovi mari: il Mare del Sud, cioè l'Oceano Pacifico, come veniva chiamato allora perché posto a sud dell'istmo di Panama.

All'inizio dell'800 fu area focale per la pirateria il vasto delta del Mississippi che metteva capo a Nouvelle Orléans, la città più ricca del Sud, brulicante di attività, cosmopolita, ormai inglobata nella Federazione degli Stati Uniti. Il delta del Mississippi è tutto un mondo. Il fiume si getta nel Golfo del Messico attraverso varie bocche e numerose diramazioni più o meno temporanee: i «bajoux». Quello di Barataria, posto nella parte ovest del delta, che arriva direttamente al mare, fu utilizzato dalla pirateria.

Fra i pirati che si distinsero nei Caraibi i nomi più illustri sono quelli di Drake, di Morgan, di Jean Laffite.

Oggi si può ancora visitare la Tortuga prendendo un piccolo piroscafo a Port aux Prince (Dominicana). È un'escursione classica, ma deludente come lo sono le visite a tutti gli altri covi dei pirati dei Caraibi: dei tempi eroici sono rimasti solo vecchi affusti di cannone disseminati un po' dovunque. La Port Royal della Filibusta è stata distrutta da un terremoto nel 1692.

I ricchi Texani di Houston, ogni week end, raggiungono in macchina, con meno di un'ora di autostrada, il porto degli yacht a Galveston. Un terremoto ha modificato completamente le caratteristiche che la regione aveva all'epoca di Laffite.

variopinta, colori della campagna, colori delle cappelle mortuarie, che con la varietà di tinte vogliono esprimere la gioia di chi è passato ad una vita migliore. Altrettanto ricco è il patrimonio musicale, ove ogni canzone, ogni ritmo è permeato di poesia e di malinconia. L'avvento del turismo, la necessità di creare spettacolo per stranieri, ha portato alla commercializzazione del folclore locale. Perfino il «vudu» è lo spettacolo chiave di ogni serata per i turisti. Figure statuarie e flessuose ballano e cantano al ritmo dei tamburi sacri e pregano il «dio fuoco» lasciando lambire dalle fiamme ogni centimetro del loro corpo, fino a raggiungere il parossismo, l'estasi e l'oblio.

La Repubblica Dominicana (Santo Domingo), con prevalenza di mulatti (60%) seguiti dai Bianchi, ha conservato l'impronta spagnola. L'isola ha visto aumentare il movimento turistico più che nelle altre isole caribiche per la competitività dei prezzi. Ai già affermati centri balneari prossimi alla capitale si stanno aggiungendo nuovissimi complessi turistici, spesso dalla «formula villaggio», sulle spiagge bianchissime dalle acque trasparenti. Nella splendida baia di Samanà, nella parte orientale dell'isola, la località balneare omonima offre morbida sabbia e palme ed è ricercata quale soggiorno invernale.

Puerto Rico, la più piccola delle Grandi Antille, è prevalentemente montuosa e ricoperta da una ricca vegetazione a palme, orchidee, ebano e bambù grazie al suo clima caldo-umido. Libero stato associato agli USA, vede affluire cospicui capitali statunitensi che qui trovano notevoli vantaggi di impianto e di gestione. L'isola ha il maggior movimento turistico di tutte le Antille, con provenienza soprattutto statunitense (75%). Il porto di St. Juan è con Miami punto di imbarco per le crociere nei Caraibi. La parte antica della capitale St. Juan, meta continua di visite turistiche, è situata su un'isola corallina collegata da ponti a Puerto Rico, su cui si estende la parte moderna dall'aspetto di città nordamericana. Sulla stessa costa settentrionale dell'isola si trovano i centri turistici più frequentati come le spiagge di Vega Baja caratterizzata da capanne di foglie di palma intrecciate, Dorado e Luquillo, considerate tra le più belle spiagge del mondo, a sud della quale si estende l'omonimo Parco Nazionale con pittoresche cascate e flora lussureggiante.

Anche le vicine Isole Vergini appartengono agli USA, che di recente le hanno prescelte quale paradiso fiscale in sostituzione di Panama. Esse attirano un considerevole numero di turisti nelle loro bellissime spiagge. Fra le numerose isole emergono St. John con paesaggi montani di selvaggia bellezza e quiete baie come la Coral Bay, St. Croix dalla dolce atmosfera di città coloniale danese e St. Thomas dalla intensa vita mondana. In questa ultima isola vi è la bella e famosa baia di Charlotte Amalie, su cui si affaccia l'omonima città capitale dell'arcipelago, costruita in posizione pittoresca sulle pendici di alcune colline. Recentemente è stata notevolmente svi-

Isole Barbados: i poveri colorati mercati dagli esotici frutti sono caratteristici punti di richiamo per i turisti nelle isole caribiche. [J. Lauré/Woodfin Camp]

Veduta di Willemstad nell'isola di Curaçao, che fa parte delle Piccole Antille. Lo stile delle case che si affacciano sul porto è un chiaro retaggio della colonizzazione olandese. [Harm J. de Blij]

Il porto di Fort de France, capoluogo del dipartimento francese d'oltremare della Martinica, nelle Piccole Antille. Come il porto di Pointe à Pitre nella vicina Guadalupa, anch'essa dipartimento francese, il porto di Fort de France è frequentemente toccato dalle navi in crociera nei Caraibi. [G.A. Rossi]

luppata tutta l'organizzazione turistica delle isole, che presentano una modernissima attrezzatura sportiva e un'efficiente rete di comunicazioni stradali, marittime e aeree. Nel mare delle Isole Vergini si muovono numerose imbarcazioni che proprietari statunitensi ormeggiano nelle ben protette baie.

Guadalupa e Martinica, dipartimenti francesi d'oltremare, sono affermate e indiscusse mete turistiche molto propagandate in Francia. I tour operator, soprattutto della madrepatria, preparano viaggi con soggiorno in queste isole che vantano attrezzature efficienti di stile francese come i Club Méditerranée. Guadalupa, paese delle cascate, delle sorgenti calde e delle verdi savane, è formata da due isole separate da uno stretto braccio di mare che la fanno assomigliare a una farfalla. Sede del principale porto e aeroporto Pointe-a-Pitre è una delle piú piacevoli e vivaci cittadine delle Antille. In tutto il territorio sono numerosi i mulini a vento usati nel passato per la lavorazione della canna da zucchero. In aereo si può accedere all'isola di Saint Martin, importante centro turistico dall'ottimo clima e bellissimi paesaggi, divisa tra Francia e Paesi Bassi.

Nella Martinica, isola geograficamente caribica, strutturalmente europea, la capitale Fort-de-France presenta una pianta a scacchiera le cui vie gravitano attorno ad una vasta piazza giardino. La città, cinta di verdi colli e di picchi vulcanici si affaccia sulla splendida omonima baia. Pointe du Bout è centro turistico internazionale alla moda cresciuto in poco più di vent'anni. Nel suo porticciolo turistico si danno appuntamento i velisti in crociera nei mari delle Antille. Tra le escursioni vi è quella alla Montagna Pelée (1397 m) dalla cui cima si può ammirare un magnifico panorama. Le rovine della città di Saint Pierre e il suo Museo Vulcanologico ricordano l'eruzione del 1902, che distrusse la città.

Barbados, la più orientale e una delle più deliziose isole caribiche, a differenza delle vicine è di natura esclusivamente corallina ed è la più inglese delle Piccole Antille. Sulla costa caribica, dalle spiagge argentate su un mare iridescente, si trovano gli alberghi più lussuosi. Sulle più ventilate coste atlantiche si pratica il windsurf, di cui si tengono in primavera i campionati internazionali. La capitale Bridgetown è dotata di buone attrezzature recettive, peraltro diffuse in tutta l'isola.

Le crociere

Crociera deriva dall'antico termine marinaro crociare = incrociare e sta ad indicare la navigazione di una certa durata o di una certa rotta eseguita per istruzione o per diletto da navi passeggeri o unità da diporto.
La crociera è nata come una forma di turismo d'élite che ebbe negli anni '20 grande successo. In seguito questo tipo di viaggio-vacanza si è allargato a fasce sempre più ampie di utenti. La diffusione del veloce mezzo aereo ha sottratto ai mezzi marittimi un numero sempre più rilevante di passeggeri influenzando anche il movimento crocieristico. Nel settore del turismo l'uso dell'aereo ha aperto nuove mete, permettendo di raggiungere in poche ore di volo mondi lontani, addirittura aree emarginate della terra, ha cambiato il modo di fare vacanza. Il turista dei nostri giorni non vuole perdere tempo nei trasferimenti e negli scali, per usufruire al massimo del proprio periodo di vacanza nei luoghi prescelti.
Dagli anni '80 i tour operator hanno rilanciato il movimento crocieristico grazie all'adozione dell'«air sea», cioè il pacchetto viaggio «aereo + nave + soggiorno». Altre motivazioni del recupero delle crociere sono dovute alla possibilità che esse offrono di conoscere mete altrimenti difficilmente accessibili e di usufruire di un ambiente confortevole anche durante le escursioni a terra in aree prive di strutture. Si raggiunge in aereo la meta prescelta, entrando subito nel vivo del viaggio; si eliminano i tempi morti riducendo conseguentemente gli alti costi.
Il movimento crocieristico viene ulteriormente incrementato dalla nuova formula «incentive» nata come viaggio-premio per collaboratori, venditori e migliori clienti di società e grosse aziende. Questa stessa formula viene utilizzata oggi per convegni, meeting aziendali, lanci di nuovi prodotti, incontri di associazioni. Quando questo tipo di viaggio prevede la presenza di un numero rilevante di persone è particolarmente conveniente il noleggio della nave, che non solo prevede prezzi ridotti, ma soprattutto consente all'azienda utente di fissare l'itinerario, le soste nelle diverse località, le escursioni, il programma e le attività a bordo. Queste navi sono in grado di offrire, oltre alle consuete attrezzature, anche i servizi richiesti da una così peculiare clientela, essendo dotate di sale congressuali fornite delle necessarie apparecchiature tecniche.
Dagli anni '80 è continuo e progressivo l'aumento di interesse al settore e si nota un ampliarsi della richiesta durante tutto il corso dell'anno.
Le navi da crociera, progettate e affidate a équipe di specialisti, come architetti ed esperti del tempo libero, sono vere e proprie piccole città galleggianti dotate dei più svariati servizi; il personale di bordo ha molta professionalità ed è tanto numeroso che rappresenta circa 1/3 delle presenze totali quando la nave è a pieno carico. Graziose e disponibili hostess forniscono informazioni sulla vita di bordo e provvedono a vendere le escursioni a terra.
Sulla nave da crociera è facile socializzare, divertirsi, si gusta una cucina particolarmente curata, si può andare al cinema e a teatro, passeggiare e prendere il sole sui ponti, praticare sport quali il tennis, la palla a volo, il ping pong, il tiro al piattello, il nuoto e la ginnastica in attrezzate palestre, sempre assistiti da personale specializzato. Le navi sono anche dotate di negozi, ristoranti, bar,

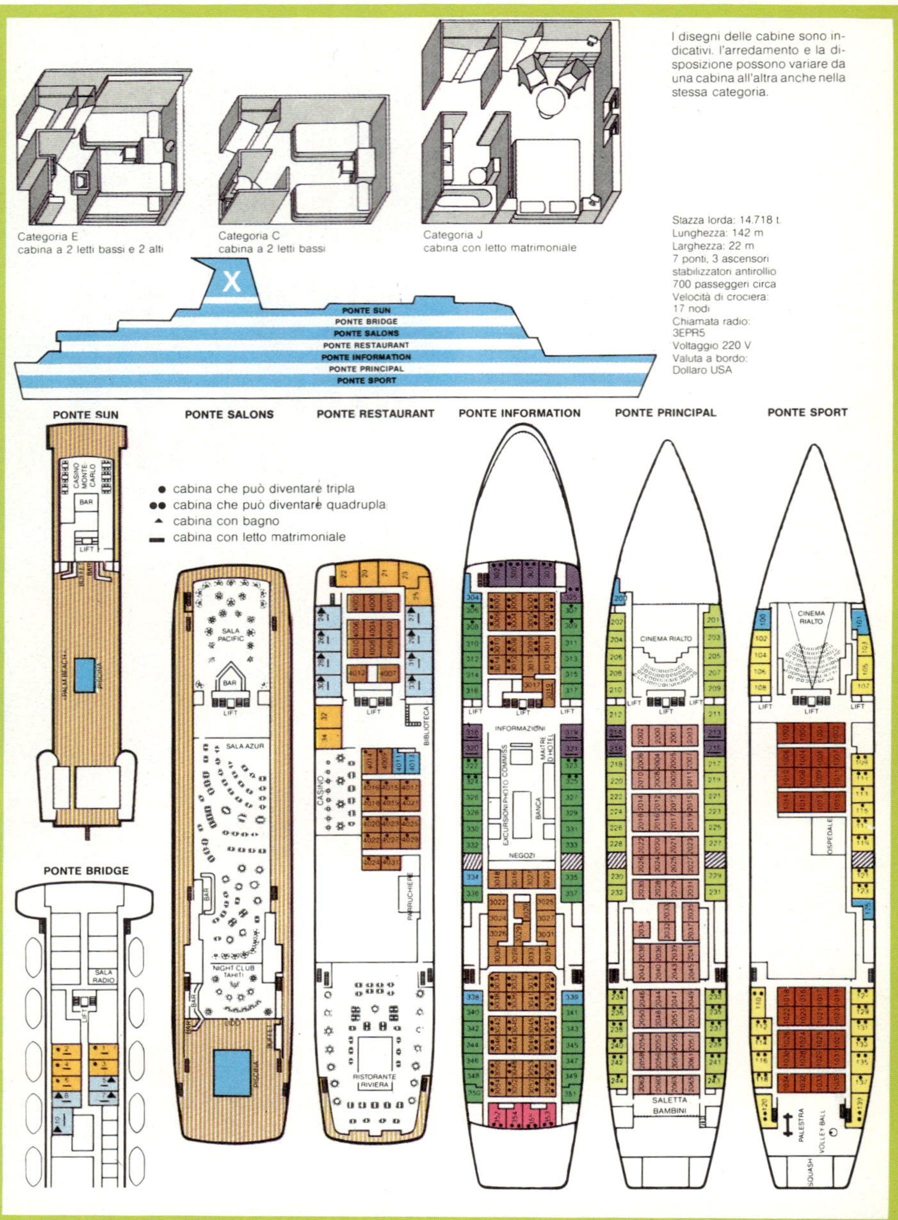

Planimetria di una nave da crociera: sono rappresentati i vari ponti con l'indicazione delle strutture e utilizzazioni principali. [Chandris Crociere, 1988]

discoteche e night, casinò, sale da gioco, punti di ritrovo e salottini riservati; non manca la possibilità di seguire la Messa nella Cappella di bordo, di usufruire del parrucchiere, di cure estetiche e, alla necessità, sanitarie. La piscina è oggi spesso affiancata da vasche per l'idromassaggio. Le giornate dei crocieristi sono piene di attività, appuntamenti e sorprese che non concedono tempo alla noia.
La forma di turismo proposta dalla crociera è quindi un periodo di vacanza che isola dal resto del mondo, che non riserva imprevisti. Ogni giornata, ogni escursione è programmata in anticipo, non lascia molto spazio all'iniziativa personale e non consente di partecipare appieno alla vita quotidiana nelle località visitate durante le escursioni a terra, in quanto si ritorna quasi sempre per i pasti e sempre per dormire sulla nave. Si tratta quindi di un raffinato ambiente di vacanza sostanzialmente chiuso, all'insegna del riposo, della tranquillità assoluta e del lusso, che induce e in un certo senso obbliga a rapporti sociali con gli altri crocieristi. Per questo la crociera è spesso scelta come formula di vacanza da persone abbienti, anziane, sole, da coppie in viaggio di nozze e anche da famiglie per l'offerta di specifici servizi di assistenza ai bambini a bordo.
Il tonnellaggio delle attuali navi da crociera varia tra le 10 mila e le 30 mila tonnellate di stazza circa e di conseguenza il numero dei passeggeri da 400 a 1200 persone. La durata media delle crociere è stata ridotta da 10-15 giorni a 7 giorni, se ne sono abbassati i toni e i costi rendendo questo prodotto-vacanza meno d'élite che in precedenza e adatto a tutte le età.
Ai crocieristi è data la possibilità di partecipare anche solo a tratti parziali del viaggio e soggiornare nelle località di tappa, riprendendo poi la nave o usufruendo di servizi aerei.
Nel 1988 per il movimento passeggeri gli

USA risultano al 1° posto seguiti dalla Gran Bretagna e dalla Germania, dall'Italia e dalla Francia con entità minori.
Oggi più del 50% delle crociere ha come meta i Caraibi, i cui porti d'imbarco si raggiungono per lo più in aereo. Altre destinazioni privilegiate sono il Mediterraneo con il 40% e, nel Sudamerica, la Costa del Pacifico con il 9%. Altri itinerari stanno affiancandosi a quelli tradizionali: Alaska e Antartide a bordo di navi rompighiaccio, attraverso il Canale di Panama, nella costa dei fiordi cileni, nel Sud Est Asiatico. Particolare attrazione esercitano sempre le isole, mete ambitissime di crociere: quelle del Mediterraneo, le Canarie, Madeira, le Azzorre, le Bermuda, le Antille, la Polinesia, le Hawaii, le Galapagos.
Numerose navi battenti bandiera di vari paesi effettuano crociere nei Caraibi; navi italiane, dislocate permanentemente nel Mediterraneo americano, offrono crociere durante tutto il corso dell'anno e sono molto ambite per l'eleganza dell'arredamento e per l'ottima qualità dei servizi. Esse partono ogni settimana dai porti d'imbarco di St. Juan di Puerto Rico e di Fort Goden di Miami. I crocieristi sono soprattutto di provenienza USA. Dall'Italia la combinazione «aereo + nave + soggiorno», per la durata di 12 giorni, include una sosta a New York con la possibilità di effettuare un'escursione alle Cascate del Niagara, oppure in Florida a Miami e a Orlando con possibilità di visitare l'EPCOT, ultima creazione Disney. Il viaggio in mare dura 7 giorni ed è particolarmente ambito durante il periodo invernale, per il clima dolcissimo e per ritrovare l'estate.

La nave da crociera Danae della flotta Costa.

Arrivi in crociera di passeggeri dall'estero in ordine decrescente di entità di flusso

EUROPA	
Spagna	895 000
Grecia	440 000
Portogallo	161 000
Gibilterra	49 000
Malta	42 000
Cipro	31 000
Islanda ('85)	11 000
AFRICA	
Marocco	94 000
Tunisia	58 000
Mauritius	5 000
Seicelle	5 000
Comore ('85)	600
OCEANIA	
Nuova Caledonia	46 000
Figi	32 600
Tonga	22 000
Samoa USA	19 000
Polinesia francese ('86)	4 000
ASIA	
Turchia	388 000
Israele	139 000
Thailandia	46 000
Singapore	16 000
Filippine	14 000
India	13 000
Cina	12 000
Hong Kong	7 000
Giordania	2 000
Maldive	2 000
AMERICA	
Bahamas	1 434 000
Messico	1 022 000
Isole Vergini USA	956 000
Puerto Rico	584 000
St. Martin	389 000
Martinica	324 000
Giamaica	292 000
Barbados	229 000
Argentina	172 000
Perú	130 000
Cuba	76 000
Guadalupa	69 000
Panama	40 000
Brasile	18 000
Trinidad e Tobago	16 000
Costa Rica ('83)	12 000

Dati turistici degli ultimi anni nei Caraibi

Arrivi turisti in migliaia	1983	1984	1985	1986	1987	1988
	6 586	6 971	7 420	7 837	8 934	9 797
Provenienti da						
EUROPA	703	685	681	709	882	1 188
NORD AMERICA	4 487	4 708	5 052	5 227	5 683	7 080
Recettività nei Caraibi						
n. camere	87 369	91 520	95 217	99 148	103 794	115 712
n. posti letto	180 014	188 874	195 425	199 765	211 034	234 614
Bilancia turistica						
ATTIVO	3 883	4 088	4 597	4 972	5 652	7 059
PASSIVO	1 046	1 090	1 085	1 077	1 200	1 398

La Regione Andina e il Territorio degli Incas

Gli stati che oggi si trovano dove un tempo si estendeva l'Impero Incaico, pur sviluppandosi anche in altri ambienti morfologici, hanno in comune la caratteristica di comprendere accidentate Cordigliere Andine, localmente chiamate la «Sierra». Il profilo di questa area montuosa è uniformemente costituito da una serie di altipiani centrali, fiancheggiati da alte montagne su cui si ergono le lave nerastre di maestosi coni vulcanici. Le Ande, ricoperte da foreste nelle aree meno elevate, da nevi sulle vette, si drizzano bruscamente a dividere la fascia costiera, la «Costa», dalle vastissime pianure alluvionali dell'est, la «Montaña». A sud dell'Ecuador, di fronte al Pacifico, si estende per 3000 km un deserto e l'aridità sale fino agli altipiani boli-

	STATO	COLOMBIA	ECUADOR	PERÚ	CILE
	Moneta	Peso colombiano	Sucre	Inti	Peso cileno
	Lingue ufficiali	Spagnolo Chibcha	Spagnolo Quechua	Spagnolo Quechua	Spagnolo
	Religione	Cattolicesimo	Cattolicesimo	Cattolicesimo	Cattolicesimo
Popolazione	Superficie in migliaia kmq	1 138	283	1 283	756
	Abitanti in milioni	30	9	21	12,5
	Densità ab/kmq	25	34	16	17
	Reddito pro capite $	1 240	1 075	1 666	1 506
	Tasso urbanizzazione %	69	55	69	85
Vie di comunicazione	Strade (km)	105 501	36 187	68 363	79 224
	Autostrade (km)	Panamericana 4 985	Panamericana 1 397	Panamericana 3 337	Panamericana 3 369
	Ferrovie (km)	3 256	1 121	2 648	9 167
	Aeroporti	Bogotà, Medellin, Barranquilla, Cartagena	Quito, Guayaquil	Lima	Santiago
	Porti	Santa Marta Barranquilla Cartagena	Guayaquil	Callao	Valparaiso Antofagasta
Dati turistici	Turisti	829 000	287 000	359 000	588 000
	Visitatori				
	Bilancia turistica $ — attivo	461	173	447	194
	Bilancia turistica $ — passivo	536	167	322	351('87)
	Numero camere	39 770	24 394	49 959	22 354
	Tasso di occupazione %	59 ('87)	40	52 ('87)	28 ('87)
	Paesi di provenienza %	Venezuela 44 Ecuador 22 USA 14,Europa 6	Colombia 35 USA 20 Europa 20	Europa 37 America Latina 34 USA 21	Sud America 78 Argentina 53 Europa 9, USA 8
	Arrivi — per vacanze			90	
	Arrivi — per affari			1	
	Arrivi — altri motivi			9	
	Periodo max flusso	novembre-marzo luglio-agosto	dicembre-gennaio luglio-agosto	agosto- dicembre	dicembre-febbraio
	Mezzi di arrivo % — Aereo	30	54	74	31
	Mezzi di arrivo % — Terra	70	44	20	68
	Mezzi di arrivo % — Mare		2	6	1

Un bambino indio del Perú in abbigliamento tradizionale. [R. Cesati, Milano]

viani, ricoperti da una rada steppa: la «Puna». Le regioni orientali, dal clima caldo-umido, sono ricoperte da foresta equatoriale, che penetra sul versante est delle Ande fino a notevoli altitudini.

Il clima andino, per l'intensità della radiazione solare in una atmosfera resa rarefatta dall'altitudine, presenta l'innalzamento dei limiti altimetrici non solo delle nevi ma anche della vegetazione, delle colture e dell'uomo. La maggior parte della popolazione, **meticci** e indios, tende a vivere sugli altipiani interni, mentre un vivace addensamento costiero si trova solo nella zona di Lima o, più a sud, nelle aree temperate cilene.

Le caratteristiche morfologico-climatiche, l'isolamento delle regioni e la precaria economia spiegano la mancanza di un'efficiente rete di comunicazioni anche se le più importanti direttrici sono servite da tronchi ferroviari che hanno il primato di altitudine. Le comunicazioni terrestri presentano una certa efficienza solo lungo la costa ove scorre la «Carretera Panamericana». I più importanti collegamenti si effettuano per via aerea negli efficienti aeroporti internazionali di Lima, Quito, La Paz e Bogotà. In questo ambiente difficile assumono particolare importanza la navigazione fluviale e quella sul vasto lago Titicaca.

Le principali attrattive turistiche di quest'area sono rappresentate soprattutto dai resti di tante antiche civiltà e in particolare quella incaica, da inusitati paesaggi quali le spettacolari alte montagne ricoperte da vegetazione tropicale, dalle isole Galapagos, oggi Parco Nazionale e ricchissima riserva di animali, tra cui le gigantesche tartarughe, che danno il nome alle isole.

Per la lontananza dalle principali aree di turismo attivo e per le carenze infrastrutturali queste regioni non sono ancora entrate nei grandi circuiti turistici, anche se la domanda risulta in continuo aumento.

Disegno di un quipu, uno strumento fatto di cordicelle multicolori per facilitare i calcoli e trasmettere messaggi, usato dagli antichi peruviani.

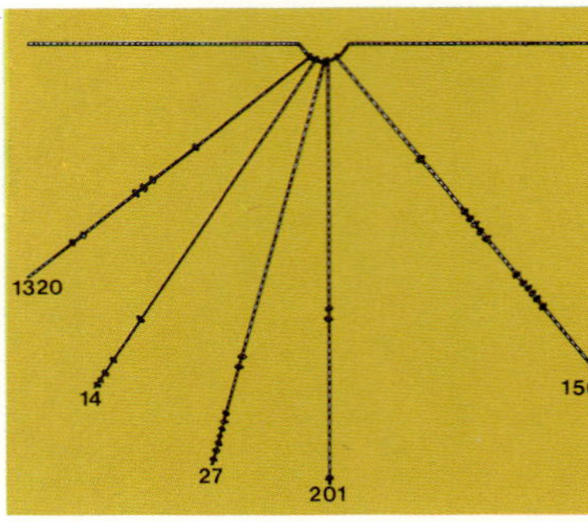

La civiltà incaica

Gli Incas non conoscevano la scrittura. Nel loro impero assoluto e teocratico vennero manipolati i ricordi storici delle tante civiltà che li precedettero. Gli imperatori Sapa Inca imposero ai loro esperti in mnemotecnica, che passavano e ripassavano la storia con l'aiuto dei quipu, il tema dominante degli Incas apportatori di civiltà in un'area di vuoto culturale. La stratigrafia archeologica ha oggi fatto giustizia di questa storia «ufficiale» dell'Impero Incaico. In questa area infatti alla cultura di Chavin, con avanzi di importanti edifici in pietra, seguì quella Paracas famosa per l'arte della tessitura, quella dei Mochica che dominarono su tutto il territorio peruviano settentrionale, lasciando templi grandiosi, quella dei Nazca. Sul lago Titicaca si formò l'impero di Tiahuanaco, di cui rimangono numerose costruzioni megalitiche.
Attingendo ampiamente da questi popoli gli Incas si limitarono a organizzare, non a creare, la civiltà peruviana. Gli strumenti culturali degli Incas erano gli stessi degli altri abitanti delle Ande: la scure in pietra levigata, l'agricoltura irrigua, il lama addomesticato già da 2000 anni. Il dio Sole ordinò al primo Sapa Inca, il mitico Manco Capac, di costruire la sua città dove la verga d'oro scagliata nel terreno fertile penetrasse sino a scomparire: qui sorse Cuzco. Con l'opera di unificazione degli Inca, tra il 1000 e il 1400 d.C., ebbe termine il periodo delle molte tribù. Dal 1438 iniziò l'espansione dello stato con l'assorbimento nella civiltà incaica dei nemici sconfitti, che furono costretti a piegarsi al loro modello culturale. Per creare il loro impero gli Inca dovettero fondere tre discordanti elementi geografici: i deserti costieri, le alte montagne e, ad est, la sottostante foresta in cui scorrono i tributari del bacino amazzonico e platense. Nel periodo del massimo splendore il loro territorio comprendeva la maggior parte dell'attuale Ecuador e si spingeva attraverso il Perú e la Bolivia fino al Cile settentrionale.
Dal 1458 il Quechua venne eletto a lingua di stato. Gli Inca si servirono della diffusione della loro lingua come strumento di unificazione. Oggi quasi il 50% degli abitanti del Perú parla il Quechua, che, articolato in vari dialetti, risuona in tutte le Ande.
La cellula economico-amministrativa dell'Impero Incaico era l'ayllu, che gli Inca non inventarono, ma inquadrarono in un ordinamento più vasto. Tutte le terre appartenevano all'Inca, ma venivano godute in comune. Il prodotto della terra era diviso in tre parti: una per i membri dell'ayllu, una per la casta dei sacerdoti, una per l'Inca. Quest'ultima parte veniva a costituire una riserva distribuita al popolo nei periodi di carestia. In autunno i terreni pubblici dell'ayllu erano divisi fra i membri della comunità e a ciascuna coppia veniva assegnato un appezzamento in base alla quantità di bocche da sfamare. L'ayllu seguiva un modello piramidale alla base del quale vi era il puric, il contadino, all'apice l'Inca. Ogni ayllu comprendeva 100 famiglie, cinque ayllu formavano un raggruppamento maggiore e 10 di questi un insieme di 5000 famiglie. Quattro di questi ultimi raggruppamenti costituivano uno dei quattro «cantoni» dell'impero. All'arrivo degli Spagnoli, quando era già cominciata la disgregazione dell'impero, gli Incas erano circa 11 milioni.
L'agricoltura costituiva l'essenza dell'Impero Incaico e la mentalità dell'indiano era quella del colono-soldato. Sotto la guida di esperti inviati da Cuzco l'intero regno divenne un grande centro di acclimatazione di piante: mais, patate, batate, meloni, fagioli, manioca, arachidi, ananassi, avocado, pomodori, peperoni. La patata, ortaggio base della alimentazione incaica, veniva piantata nelle sue 40 qualità dalla costa alle maggiori altitudini. Per fare fronte alle carestie si inventò il chuñus patata disidratata, immagazzinata e conservata per tempi lunghissimi in tutte le Ande nei granai statali, che contenevano anche mais, carne essiccata di lama, canapa, cotone, sandali e armi per l'esercito. Per l'esiguità dei terreni pianeggianti l'agricoltura era strettamente subordinata alle opere di terrazzamento e di irrigazione, realizzate in forme grandiose in tutto il territorio, spesso sotto la guida di architetti inviati da Cuzco. L'Impero Incaico aveva raggiunto il difficile equilibrio tra popolazione e produttività. L'organizzazione burocratica era perfetta. Un'ottima rete di strade con veloci corrieri permetteva di arrivare rapidamente in ogni luogo dell'impero.
L'Inca si legava strettamente ai popoli sottomessi lasciando al loro posto i capi e chiamando a Cuzco i giovani principi perché apprendessero i sistemi dell'amministrazione incaica e nel contempo quali ostaggi che assicurassero la fedeltà dei loro genitori.
La religione era molto complessa in quanto risultava dalla sovrapposizione del culto astrologico del Sole, imposto dagli Inca, a quelli delle civiltà preincaiche o al semplice culto totemico degli ayllu. Il Sole era contornato da una corte di dei minori come la Luna, le Stelle, i Pianeti. Vi erano anche spiritualizzazioni di fenomeni naturali come il Fuoco e il Mare.
Anche il matrimonio era stimolato da motivi economici e pertanto nella civiltà incaica non era consentito all'uomo di non sposarsi. Poiché non vi era moneta presso gli Incas le imposte venivano pagate con un servizio obbligatorio. Il puric doveva prestare la sua opera nelle miniere, nella costruzione e manutenzione delle strade e dei ponti, nell'edificazione dei templi e fortezze, e costante era il bisogno di staffette addestrate a portare messaggi. Il sistema decimale alla base degli ayllu permetteva il rapido e facile raduno degli uomini necessari per la realizzazione di opere pubbliche e per la guerra. L'indiano pagava le tasse con ore lavorative e quindi la pigrizia era ritenuta un reato capitale, punibile anche con la morte. Poiché l'Inca era nel contempo dio e uomo, qualsiasi reato era a un tempo disobbedienza e sacrilegio. Ma in una società in cui tutto veniva pianificato era estremamente difficile commettere delitti. Accertato un furto commesso per necessità, si puniva il funzionario la cui carente amministrazione aveva provocato il reato.
La sfera d'azione dell'indiano era ristretta. l'Inca esigeva tutto dai suoi sudditi, ma in cambio preveniva le loro necessità, difendeva il suolo, gli animali, ammassava derrate alimentari per i periodi di carestia, creava cioè uno stato di benessere. Ma anche il tempo libero del popolo incaico era irregimentato su un piano rituale. La vasta classe dei sacerdoti vincolava fin dalla nascita l'uomo al sovrannaturale. La stessa malattia era considerata di origine metafisica e come tale veniva curata sia con la medicina che con la magia.
Comunque gli Incas erano maestri nella medicina e nella chirurgia, in particolare nella trapanazione del cranio, frequentemente ef-

La costa peruviana del guano. La fossilizzazione degli escrementi dei moltissimi uccelli che vivono in questa zona hanno dato luogo alla formazione di fosfati di calcio e di azoto utili all'agricoltura. L'abbondanza di guano deriva dalla eccezionale ricchezza di pesce (cibo degli uccelli) delle acque marine e dalla aridità del clima. [A. Regaldi, Torino]

Questa scultura precolombiana rinvenuta in Perú rappresenta una divinità o un capo in trono. [Coll. R. Larco Hoyle, Lima]

fettuata su guerrieri feriti dai colpi delle pesanti asce. Tali interventi venivano però effettuati in queste aree fin da 2000 anni prima della formazione dell'Impero Incaico.
Assai rigida era la preparazione degli amministratori di uno stato così ordinato. I principali funzionari appartenevano alla famiglia dell'Inca, che pertanto era poligamo.
L'istruzione dei figli dell'Inca iniziava con lo studio del Quechua, poi del culto del Sole, poi del sistema dei quipu, che in qualità di amministratori o di Inca avrebbero dovuto interpretare. Inoltre dovevano conoscere l'uso delle armi e le tecniche della guerra, seguire gli anziani o lo stesso Inca per un tirocinio nelle province dell'impero.
In viaggio l'Inca veniva portato in una lettiga d'oro. Egli indossava abiti di lana tessuti quotidianamente dalle più belle fanciulle dell'impero, le «donne elette»; ogni giorno i suoi abiti venivano bruciati perché nessun altro essere umano era degno di portarli. Privilegio di tutta la famiglia degli Inca era il disco d'oro ingemmato che essi portavano in un foro auricolare, gradualmente ingrandito fino a farvi passare un uovo. Per questo gli spagnoli li chiamavano Orejones.
Anche per la costruzione delle città, gli esperti degli Inca, imposero un piano regolatore: quello di Cuzco. Esso comportava un'ampia piazza centrale circondata dai più importanti edifici su cui convergevano con schema a griglia le principali arterie. La città incaica era priva di mura, ma sempre difesa da una dominante fortezza. Il vasto impero era disseminato di città e si pensa che la massa delle costruzioni uguagliasse quasi quella dell'Impero Romano. Sulla costa arida le costruzioni venivano edificate, così come avevano fatto le antiche civiltà ivi insediatesi, in mattoni di fango essiccati al sole, sull'altopiano invece con abbondante pietra che bene difendeva dai rigori del clima.
Nelle costruzioni in «stile rettangolare» le pietre venivano tagliate esattamente a rettangolo, di formato differente ma in genere piccolo. Nelle costruzioni in «stile poligonale» ciascuna pietra veniva tagliata per il suo posto particolare, con rientranze e protuberanze asimmetriche, scrupolosamente adattata alle pietre vicine, a cui aderiva senza materia cementante. Le pietre incaiche unite senza cemento, tagliate in modo così perfetto da non lasciar penetrare neppure la lama di un coltello, dopo i sussulti dei terremoti si riassestano nella primitiva posizione.
Questo impero così perfetto dove tutto era contato, tutto pianificato, crollò repentinamente per opera di 180 uomini spagnoli e 30 cavalli.

Le strade reali degli Incas

Le «Vie dei Re» attraversavano tutto l'Impero Incaico con due strisce orientate da nord a sud e collegate fra loro da numerose strade trasversali che risalivano le valli dei fiumi. Gli 8000 km di strade servivano per consolidare il dominio degli Inca sulle innumerevoli tribù disseminate in un così vasto territorio. Alcune, scavate a gradini nella viva roccia, si inerpicavano attorno a picchi innevati e fra i ghiacciai delle cordigliere. Altre penetravano nella foresta, altre ancora attraversavano infuocati deserti o zone palustri.
Arditissimi ponti di pietra, di barche, di funi, superavano fiumi vorticosi o abissi profondi. I «tampu», stazioni e magazzini di viveri, erano dislocati lungo le strade alla distanza di circa 10-15 km uno dall'altro.
Nonostante gli Incas non utilizzassero la ruota, né animali da tiro, le strade erano molto larghe, fino a 7 m, perché servivano per il passaggio degli eserciti. Indicatori stradali, simili alle pietre miliari dei Romani, segnavano le due più importanti arterie. Per tutta l'estensione delle strade vi era uniformità di soluzioni per la creazione di ponti, di tratti a gradini, per cui risultavano chiare direttive comuni. Un complesso stradale così funzionale e organizzato presupponeva una popolazione disciplinata e una salda coesione politica, quale si riscontrava nell'Impero Incaico.
La più occidentale delle due lunghe arterie reali era la «Strada Costiera» che partiva da Tumbes all'estremo nord della costa peruviana e arrivava fino all'attuale Cile centrale, percorrendo l'arido deserto ambrato interrotto solo da una quarantina di valli fluviali andine. La strada scorreva sulla riva del Pacifico che, mosso dalla fredda Corrente di Humboldt, irrompe sulle coste con onde immense e lente. Per questo i popoli della costa hanno scelto come principale divinità la luna che controlla il mare. Lungo questa strada i resti di antichi centri preincaici e incaici sono in mattoni di fango essiccati al sole. La strada costiera, come tutte quelle incaiche, non era lastricata, tranne che in presenza di paludi e acque. Muretti laterali la seguivano in tutta la lunghezza per proteggerla dalla sabbia, per evidenziarla nell'arido deserto e per contenere entro i suoi limiti i soldati che ne erano i maggiori utenti. La strada terminava a Talca, a sud dell'attuale Santiago.
L'altra grande arteria, la «Strada reale», partiva un po' a nord di Quito e si spingeva nelle valli andine, nella puna brulla. Anche essa, come la costiera, era lastricata solo dove l'acqua lo rendeva inevitabile. Per superare i dislivelli diventava a gradini, presso le aree palustri passava in alto sui versanti dei rilievi. Dopo avere superato Cajamarca e varcato il ponte sull'Apurimac fatto con cavi di agave americana, si raggiungeva Cuzco. Dalla capitale la «Strada reale» proseguiva fino a Tiahuanaco sul lago Titicaca, proseguendo a sud fino ad innestarsi in quella costiera.
Queste arterie che avevano permesso la grandezza e l'unità dell'Impero Incaico diventarono alleate degli Spagnoli al momento della conquista. Per l'incuria dei colonizzatori molte di esse scomparvero. Oggi l'archeologia le ripropone al mondo.

Colombia, Ecuador, Perú e Bolivia

Nella Colombia Bogotà, fondata dagli Spagnoli e posta a 2600 m sul fertile altopiano omonimo, è un importante centro industriale e nodo di comunicazioni. La città è dominata dal Picco di Monserrat, dall'alto del quale si gode un magnifico spettacolo sulla piana circondata da rilievi verdeggianti di piante tropicali. Il notevole aumento della popolazione degli ultimi decenni ha determinato un forte incremento edilizio. All'antico centro dall'originaria impronta coloniale, evidente nelle molte chiese e nelle case con **patio**, si affiancano i più recenti modernissimi edifici del quartiere degli affari. Bogotà è definita l'«Atene» del Sudamerica per le sue tradizioni culturali, i numerosi istituti universitari, i diversi musei, fra cui il Museo Nazionale con fondamentali testimonianze dell'ambiente indiano. Nel «Museo del Oro», fra i reperti delle diverse culture precolombiane spiccano le preziose ed artistiche creazioni dell'arte orafa, nella quale eccelsero i Muisca dell'area di Bogotà, e le sculture provenienti da S. Agustin, la più importante località archeologica della Colombia. Il Parco Archeologico di S. Agustin, nell'alta valle del Rio Magdalena, è raggiungibile in dieci ore, per rotabile. Nel sito, che dovette essere un centro cerimoniale, sono presenti molte sculture monolitiche, megalitiche, zoomorfe e zooantropomorfe, alcune poste sopra tombe, altre in sale di culto seminterrate, altre con funzione di cariatidi.

Negli ultimi anni il dilagare della violenza e dell'inquietudine, legato all'imponente traffico della droga, si è ripercosso negativamente sul movimento turistico soprattutto in queste aree meridionali e nelle aree forestali, dove era caratteristico giungere navigando sul Rio Magdalena.

Di recente alcuni tratti costieri sul Mar dei Caraibi hanno visto aumentare le attrezzature turistiche. Presso Turbo, nel golfo di Darien, il turismo sportivo di appassionati subacquei si sta sviluppando rapidamente per la straordinaria bellezza dei fondali e la tranquillità dei luoghi. Cartagena, oggi buon scalo sulla costa caribica, fu il porto d'oltremare più importante della corona spagnola. Protetta dai rilievi, la città discende verso la baia con uno sviluppo contorto, abbracciando la «Ciudad Amurallada» che ne costitui-

Facciata barocca della chiesa della Compagnia di Gesù a Quito. [D. Brack/Black Star/G. Neri, Milano]

Ande peruviane. Le Ande sono, dopo l'Himalaya, la più alta catena del mondo e si estendono con una successione di picchi giganteschi e di vulcani fiammeggianti, tra ghiacciai eterni. Su queste montagne inaccessibili gli indios avevano posto la sede dei loro dei. Il sole per gli Incas non nasceva dal mare, ma dalle montagne. [K. Diemberger, Salisburgo]

Il lama era l'unico animale da soma utilizzato dagli Incas, che ne sfruttavano anche la lana pregiata, che ancora oggi gli indios, tessono con millenaria abilità. Sulle Ande vivono altri camelidi: il guanaco, la vigogna, l'alpaca, tutti ricercati per l'ottima lana che producono. [W. Schüler]

Una stazione ferroviaria nelle Ande. La più alta ferrovia del mondo, unico servizio utilizzato dalle popolazioni andine nel loro spostamento, ha oggi perduto in parte la sua utilità pratica, ma ha senz'altro acquistato un grande valore sotto il profilo turistico. Poche programmazioni tengono conto di questo affascinante percorso tanto differente dal nostro concetto di turismo per incentivare ulteriormente il viaggio in Perú. È un viaggio mozzafiato tra gole altissime e paesaggi ora verdi e rigogliosi, ora cupi, tra poveri villaggi e fiumi impetuosi che a volte scorrono sotto i binari. Il tratto più impervio, da Lima a Oroya, 189 chilometri, richiede ben 14 ore di viaggio e arriva a 4829 metri di altitudine. [M. Lévêque]

Su un ampio spiazzo a 3000 m di altitudine si ergono le imponenti rovine del Tempio del Sole a Pisac, nella valle dell'Urubamba, presso Cuzco. La montagna terrazzata testimonia l'alto livello raggiunto dall'agricoltura incaica. [A. Balestra, Savona]

sce il cuore. In essa la piazza del mercato degli schiavi, il barocco Palazzo dell'Inquisizione, le tante chiese e tutta la struttura urbanistica ne evidenziano l'origine coloniale. La città è sovrastata dal Castello di San Felipe che con i passaggi segreti e i tunnel, che lo mettevano in comunicazione con il mare, fece di Cartagena una inespugnabile roccaforte contro gli attacchi dei corsari. Nella vicina penisola di Bocagrande vi sono le più attrezzate spiagge della città, come Crespo e la Boquilla, da cui si possono raggiungere i tranquilli isolotti dell'arcipelago delle Islas del Rosario.

Rinomate sono le spiagge vicine a Baranquilla, il più importante porto colombiano sui Caraibi. La più lontana Galerazamba è località di turismo emergente.

Nell'Ecuador, il più piccolo degli stati andini, la capitale Quito, posta a 2850 m sull'altopiano è dominata da coni vulcanici, fra cui il minaccioso e temuto Cotopaxi. La città, di origine incaica, fu distrutta e ricostruita dagli Spagnoli e conserva numerose chiese sfavillanti di oro nel suo centro storico. Il villaggio di Calderon, a 15 km a nord di Quito, è nota meta di turisti nazionali e stranieri che, alla base di un obelisco ove è incisa la linea convenzionale dell'Equatore, si fanno fotografare con un piede nell'emisfero nord e uno in quello sud. La tradizionale arte collettiva e domestica delle minuscole figurine di pane si è qui trasformata in una più ampia domanda commerciale di souvenir. Una ardita ferrovia che sale fino a 3400 m collega la capitale al suo ben riparato porto di Guayaquil che, favorito dalle facili comunicazioni, supera Quito per importanza demografica ed economica.

Sul plancton trascinato dalla Corrente di Humboldt, sopra gli aridi scogli che fronteggiano le coste dell'Ecuador, si avventano migliaia e migliaia di uccelli marini che qui nidificano da secoli. Sono pinguini, pellicani, cormorani, anitre selvatiche, rondini marine: i «guaneros», cioè fabbricanti di guano.

A 900 km dalla costa dell'Ecuador si ergono dal Pacifico, che ne scava profondamente i fianchi, le isole Galapagos, 50 lembi di terra vulcanica. Grazie alla fredda Corrente di Humboldt le «islas encantadas» ospitano una ricca fauna, strana per la latitudine equatoriale: foche, pinguini, pellicani, iguane e gigantesche tartarughe marine che possono raggiungere i 500 anni di età e i 3 quintali di peso. Nel 1835 Darwin formulò la teoria sulla evoluzione delle specie, dopo avere osservato questa ricca fauna. Da Quito si può

In alto, a sinistra. Lima: il quartiere periferico di Miraflores sorge sulle falesie che si affacciano a picco sul Pacifico. [L. McIntyre]

Bogotà. La cattedrale della capitale colombiana porta il segno, nella sua architettura barocca, dell'epoca coloniale spagnola in cui fu costruita. [A. Bernardi, Bologna]

raggiungere in aereo l'isola di Baltra, la meglio servita delle Galapagos, per iniziare una crociera che consente di osservare non solo eccezionali esemplari faunistici, ma anche foreste, ampie colate di lava nera, spiagge candide, mangrovie. Negli ultimi anni le Galapagos sono diventate una ricercata meta turistica, sia pure per flussi di élite.

Nel Perú la capitale Lima, fondata da Pizarro nel 1535 presso la costa, gode di un clima temperato, nonostante la vicinanza dell'Equatore, per l'influenza moderatrice della Corrente di Humboldt. Ormai costituisce con il suo porto Callao una conurbazione che supera i 6 milioni di abitanti, esercitando una netta egemonia commerciale, economica, culturale su tutto il paese. Nonostante i terremoti abbiano tante volte arrecato distruzioni alla città, molte sono ancora le piazze, le chiese e i conventi del periodo coloniale. Negli ultimi anni un vistoso inurbamento dalla regione andina ha creato

Machu Picchu (m 2048), che significa vecchia cima ed è posto sulle Ande a circa 100 km da Cuzco, è il vertice dell'antichità sudamericana, ma anche uno dei suoi aspetti più misteriosi. I successori di Atahualpa, l'ultimo Inca regnante, continuarono tra le montagne la resistenza agli Spagnoli, che non scoprirono mai dove gli Incas avevano le loro basi. Machu Picchu non fu l'ultima capitale degli Incas, ma una delle fortezze, divenuta poi città santuario, gelosamente tenuta nascosta ai conquistadores.

Carta delle principali strade incaiche.

nella capitale grossi problemi sociali ed economici ed ha sollecitato la costruzione di nuove aree urbane: quartieri direzionali con grattacieli, ma anche sterminati quartieri poveri.

La splendida Cuzco, sede arcivescovile ed universitaria, è oggi il principale centro turistico del Perú. È rimasta città incaica fino ad un metro e mezzo di altezza dei suoi edifici, è divenuta spagnola e negli stili più fiammeggianti oltre questa altezza. Sul luogo dove sorgevano i palazzi della antica capitale incaica, e utilizzando le loro pietre, sono state costruite chiese coloniali che inglobano frequentemente superstiti costruzioni. Ne sono esempio i resti del Tempio del Sole che fanno oggi da base alla spagnola chiesa di Santo Domingo.

Nella antica capitale degli Incas dalla vasta piazza centrale si irradiavano le strade che raggiungevano i quattro «cantoni» dell'impero. Sulla piazza si affacciavano i palazzi degli Inca, mentre il Tempio del Sole occupava la zona più eminente della città, fiancheggiato dal «Recinto d'Oro», in cui tutto era costruito nel prezioso metallo: dai fili d'erba, agli alberi, agli animali in grandezza naturale. Tutti i principali edifici erano ricoperti da lastre d'oro e per il prezioso metallo Cuzco fu saccheggiata irrimediabilmente dagli Spagnoli. A salvarla non sono bastate le ciclopiche mura, né la formidabile fortezza di Sacsahuaman, che ancora mostrano la loro possanza, nonostante le distruzioni dell'uomo, del tempo, dei terremoti.

Da Cuzco ogni mattina parte un treno turistico che, percorrendo la valle sacra del fiume Urubamba, dove pare siano avvenute le ultime resistenze agli Spagnoli, raggiunge Machu Picchu. A 500 m sopra il fiume, appollaiata fra due picchi andini, su una sella completamente modificata dalla mano dell'uomo, si trova la più misteriosa testimonianza della civiltà incaica. Fino al 1914 i suoi templi di granito, i suoi acquedotti, le sue fontane, le tombe, le terrazze e le sterminate gradinate restarono coperte da foreste, liane e rovine. Il tipico stile architettonico, con porte trapezoidali e nicchie, i massi di granito delle mura a incastro perfetto, i ritrovamenti ceramici fanno ritenere che la città risalga al periodo classico (metà sec. XV). Nel labirinto di case e templi scoperchiati si distinguono il quartiere dei palazzi, quello dei templi e l'orientale quartiere residenziale, che convergono sulla vasta piazza principale. Dall'Huayna Picchu, che si raggiunge percorrendo un sentiero e salendo scalini scolpiti nella roccia, si gode un panorama spettacolare sulla città, sulle splendide mura rastremate, sui campi a terrazze costruiti con intaglio nella roccia e con terra agraria di riporto, sulla stretta valle dello spumeggiante Urubamba, sui fianchi dei rilievi ricoperti di verdi foreste e sui massicci innevati della Cordillera Vilcabamba. Tutto il territorio costituisce un Parco Nazionale e si progetta di regolarne il flusso turistico troppo elevato, per motivi ecologici.

I grandiosi resti di Vilcabamba, a nord ovest di Cuzco, sono stati individuati di recente quali testimoni dell'ultima capitale dell'Impero Incaico.

Notevole interesse turistico presenta la zona di Nazca facilmente raggiungibile da Lima con la Panamericana. In una vasta area sono presenti sul terreno scanalature profonde un pollice, larghe 20 cm, che realizzate sulla scura crosta del suolo, risaltano sul colore più chiaro dello strato sottostante. I Nazca disegnarono scimmie, ragni, balene, uccelli, iguane e lama, figure lunghe tra i 200 e i 400 m. Sui pendii dei rilievi circostanti appaiono raffigurazioni umane. Sono disegnati inoltre una grande quantità di linee parallele, trapezi, triangoli, spirali, con lunghezza di due o più chilometri. Questo enigmatico insieme è stato definito «un grande libro di astronomia» perché si ritiene che tutte queste figure siano l'originale trascrizione di antiche osservazioni cosmiche. Purtroppo queste peculiari incisioni sono messe in pericolo dall'inquinamento e dal passaggio delle auto.

Nella Bolivia la capitale de facto La Paz è la più alta metropoli del mondo con i suoi 3658 m di altitudine. Essa presenta il maggior dislivello, tra le varie parti della città e possiede il più alto aeroporto del mondo. Il nucleo storico coloniale sorge in fondo alla valle, dove sono stati elevati anche i più recenti edifici pubblici e amministrativi, mentre i quartieri della popolazione india sono scaglionati sulle scarpate montuose.

L'antica e isolata Sucre, capitale costituzionale, ha conservato intatto il fascino dell'epoca spagnola: giardini fioriti, chiese, palazzi, stradine ripide e sinuose, su cui le umili case si affacciano con graziose logge.

Il Titicaca è il più alto lago navigabile del mondo. Si narra che nel lago sia affondato il tesoro degli Inca, mai ritrovato. Il confine tra Perú e Bolivia corre obliquamente sul lago: la parte peruviana è la più vasta. Il lago è famoso per l'abbondanza di pesce tra cui anche grossi salmoni e trote. Battelli turistici consentono di raggiungere da Puno le isole degli Uros, tribù che non abbandona mai le isole e che non ha perduto la propria autonomia, neppure al tempo degli Incas. I turisti vengono accolti dalle donne sedute in semicerchio, che espongono i loro modesti manufatti. Sempre con battelli è possibile raggiungere da Puno le più lontane isole di Taquile e Amantani. [Titus Foto, Torino]

Al confine tra Bolivia e Perú vi è il Titicaca, il lago più vasto del Sudamerica e il più alto (3812 m) tra i grandi laghi del mondo. Posto in un bacino chiuso, presenta per lunghi tratti scarsa profondità e ricca vegetazione palustre. Si calcola che la sua superficie si sia abbassata di circa 30 metri dall'epoca della civiltà di Tiahuanaco. Le imponenti rovine del grande centro religioso preincaico si innalzano sulle rive meridionali del lago, agevolmente raggiungibile sia dalla vicina La Paz che dalla peruviana Cuzco. A Tiahuanaco fra i numerosi resti di edifici costruiti con grandi pietre tenute insieme da grappe di rame, si levano monoliti alti sino a 7 m, stilizzate figure umane in arenaria rossa, che circondano l'ampia spianata rettangolare su cui sorgeva il Tempio del Sole. Lungo uno dei lati si apre la Porta del Sole, unico blocco di andesite decorato con un altorilievo che rappresenta il dio creatore Viracocia.

Cile

La Cordigliera delle Ande costringe il territorio del Cile contro il Pacifico, dandogli la forma di una striscia di terra lunga oltre 4000 km, con un'ampiezza media di soli 200. Le condizioni ambientali e climatiche sono varie sia per l'estensione in latitudine dai 17°30' ai 56° lat. sud, sia per il condizionamento altimetrico, sia per la presenza della corrente di Humboldt.

Al deserto di Atacama, una delle zone più aride del mondo caratterizzata dai «salares», laghi endoreici ad alta salinità, segue un ambiente a vegetazione xerofila; nella fascia mediana del paese il clima di tipo mediterraneo, unito alla fertilità del suolo vulcanico, ha favorito lo sviluppo delle colture e il paesaggio è molto umanizzato. A sud di Concepciòn la mitezza e la piovosità del clima permettono l'estendersi di vasti boschi di conifere sulle pendici andine. Pianta tipica del Cile è l'araucaria, una maestosa conifera rappresentata da molte varietà. La bellezza del paesaggio, costellato di laghi di origine glaciale, spesso profondi e circondati da alti coni vulcanici bianchi di neve, ha reso questa regione importante turisticamente. L'estremo sud battuto dai venti australi e ben innevato è interessato da climi sempre più rigidi fino al polare, ove alla foresta si sostituisce la tundra e i ghiacciai si protendono fino al mare.

Di popolamento antichissimo il Cile era abitato nella sua parte centrale dagli Araucani, un fiero e battagliero gruppo etnico senza alcuna organizzazione unitaria. Vivevano in tribù a base patriarcale e si dedicavano, oltre che alla guerra, alla caccia e all'agricoltura. Essi non si lasciarono integrare dalle popolazioni amerindie di provenienza più settentrionale e resistettero a lungo anche alla colonizzazione spagnola.

Fra i paesi andini il Cile è quello che maggiormente presenta una fisionomia europeizzante. Ciò nonostante lo sviluppo economico, come per gli altri paesi, dell'America Latina, è condizionato da capitali stranieri, da un

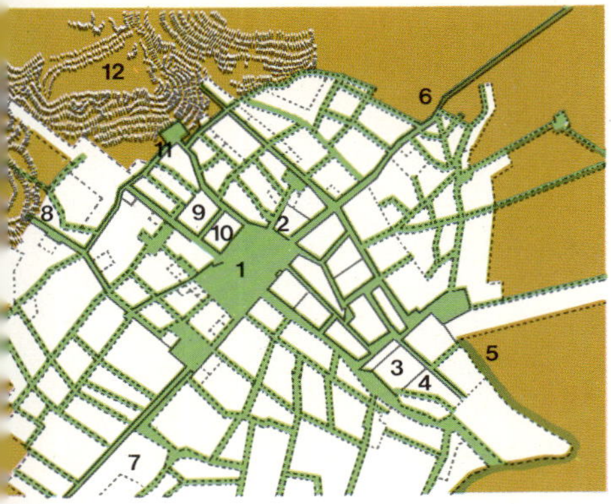

Pianta di Cuzco. 1. Piazza della Gioia al centro della città. 2. Palazzo dell'Inca Viracocha. 3. Tempio del Sole. 4. Recinto d'Oro. 5. La strada per il sud. 6. La strada per l'Est, verso la giungla. 7. La strada per l'Ovest. 8. La strada per il Nord verso Quito. 9. Le scuole dei nobili. 10. «Cora-Cora», il palazzo dell'Inca Roca. 11. Il palazzo di Manco Capac. 12. La fortezza di Sacsahuaman.

forte indebitamento con l'estero e dalla persistente inflazione.

Se lontananza e isolamento influiscono negativamente sul movimento turistico internazionale, l'inversione delle stagioni rappresenta una motivazione per i turisti provenienti dall'emisfero settentrionale.

Le località balneari come Viña del Mar, i numerosi laghi glaciali dalle acque ricche di trote e circondati da estesi boschi, le magnifiche località montane e i campi di neve ove si scia in agosto, nel pieno dell'inverno australe, sono le mete più frequentate anche dai turisti provenienti dai paesi limitrofi. Grandi compagnie, spesso controllate dallo stato, hanno organizzato una vasta e lussuosa catena di alberghi e altre infrastrutture.

Le vie di comunicazione sono buone e le principali si sviluppano in senso meridiano, esistono però vari collegamenti transandini. Si tratta di linee ferroviarie e stradali ardite che salgono a quote notevolissime. La principale arteria stradale è la Panamericana che tocca Arica-Antofagasta-Santiago e giunge fino a Puerto Montt. Il suo ramo principale da Santiago si inoltra verso le Ande e, passando per Mendoza, giunge a Buenos Aires, da dove prosegue fino a Brasilia. Assai sviluppate sono le linee aeree che collegano quasi tutti i centri dell'interno all'aeroporto internazionale di Santiago.

Posizione geografica, accentramento del potere, convergenza delle strade e delle ferrovie, incremento demografico e industrializzazione fanno della capitale Santiago il preminente centro del paese. È situata a 33° lat. sud e a 520 m di altitudine, nel centro nord del paese, tra la Cordigliera delle Ande e quella della Costa in una fertile valle lunga 600 km. Di origine molto antica, ha conosciuto uno sviluppo urbanistico recente e assai rapido che l'ha portata a 5 milioni di abitanti. Della città coloniale è rimasto ben poco oltre il tracciato urbanistico a scacchiera, tipicamente spagnolo, intorno a Plaza de Armas. Nel centro non mancano i grattacieli costruiti con criteri antisismici. Numerosi sono gli ampi viali alberati, i parchi e i giardini come il Colle S. Lucia ove sorgeva l'antica cittadella, rifugio dei primi colonizzatori spagnoli durante le aggressioni dei bellicosi Araucani. Una ferrovia sotterranea aiuta a risolvere i problemi del traffico urbano. La crescita rapida degli ultimi anni, soprattutto di case e casette a un solo piano, ha conferito alla città l'aspetto caotico tipico dei centri del Terzo Mondo. A circa 100 km dalla capitale è il suo porto Valparaìso, sviluppato su colline che circondano un ampio golfo. Viña del Mar, creata come appendice di Valparaìso, è un affermato centro residenziale e attrezzata stazione balneare.

Un'escursione da Santiago permette di raggiungere, sulle pendici dell'Aconcagua, il noto centro invernale di Portillo, che dopo aver ospitato i Campionati Mondiali di sci nel 1966 si è inserito tra i centri montani di fama internazionale.

Perú: un caratteristico mercato di ceramiche sull'altopiano. I venditori indossano il caratteristico abbigliamento andino i cui elementi essenziali sono il poncho, il cappello e, per le donne, ampie gonne di panno. [L. McIntyre/Woodfin Camp]

Il Sud America dei grandi bacini fluviali

È una vastissima area che comprende i tre grandi bacini fluviali: dell'Orinoco, del Rio delle Amazzoni e del Paranà-Paraguay. I climi vanno dal tropicale al polare, con prevalenza di quello caldo-umido e gli ambienti naturali sono molto vari, ma il più esteso è quello della foresta equatoriale, le «selvas» amazzoniche.

La regione comprende i più estesi stati del Sud America, che godono di un reddito pro capite più elevato degli altri paesi. Si tratta quasi sempre di repubbliche presidenziali che solo recentemente hanno iniziato un difficile cammino verso la democrazia.

Le vie di comunicazione, nel complesso carenti e dalle direttrici non sempre razionali, si diradano verso l'interno. Scali aerei e marittimi di rilevanza internazionale e numerosi aeroporti di importanza regionale caratterizzano quest'area.

Le attrattive turistiche sono paesaggi e fenomeni naturali grandiosi, metropoli modernissime, città coloniali, spiagge ben attrezzate in un ambiente tropicale o temperato e il colorito folclore. Il turismo interno è limitato alla classe benestante che rappresenta una minoranza della popolazione; quello internazionale, numericamente non sempre notevole, è condizionato negativamente dalle grandi distanze dai mercati attivi. Una vacanza in questi paesi è spesso motivata, per i turisti europei, dalla visita a parenti emigrati in passato. Le infrastrutture sono ben sviluppate solo nelle principali città e presso la costa, ma grandi sforzi si vanno compiendo, specie nella costruzione di moderne strade.

Nel Venezuela gran parte del movimento turistico si limita alla capitale Caracas e ad alcuni centri balneari della costa. Circuiti turistici si spingono nei selvaggi llanos e consentono un approccio con le tribù indigene.

Nel Brasile le attrattive turistiche sono innumerevoli, Rio e Salvador sono mete internazionali molto visitate soprattutto durante il propagandato Carnevale.

L'Argentina, oltre le tradizionali mete della capitale e delle località balneari, sta valorizzando lontane località in Patagonia.

Venezuela

Questo paese è l'area di incontro di tre elementi morfologici caratterizzanti il Sud America: le occidentali cordigliere terziarie, gli orientali tavolati archeozoici e gli interposti, ampi bacini idrografici.

Pur rientrando per latitudine nella zona torrida, per il condizionamento altimetrico il Venezuela presenta varietà di climi. Si distingue nettamente una stagione piovosa, tra giugno e novembre, da una secca nei restanti mesi dell'anno. Le precipitazioni sono ovunque abbondanti, con esclusione della costa caribica. Le cordigliere infatti, disposte perpendicolarmente alla costa, non favoriscono la condensazione dell'umidità delle masse d'aria di provenienza marina. I «llanos» costituiscono la tipica savana del bacino dell'Orinoco: al primo acquazzone le erbe germogliano dalla terra riarsa e sal-

Ragazzi Xikrin nel cuore della giungla amazzonica. [da I Popoli della Terra, *vol. 5:* Amazzonia, Orinoco e Pampas, *Mondadori, Milano]*

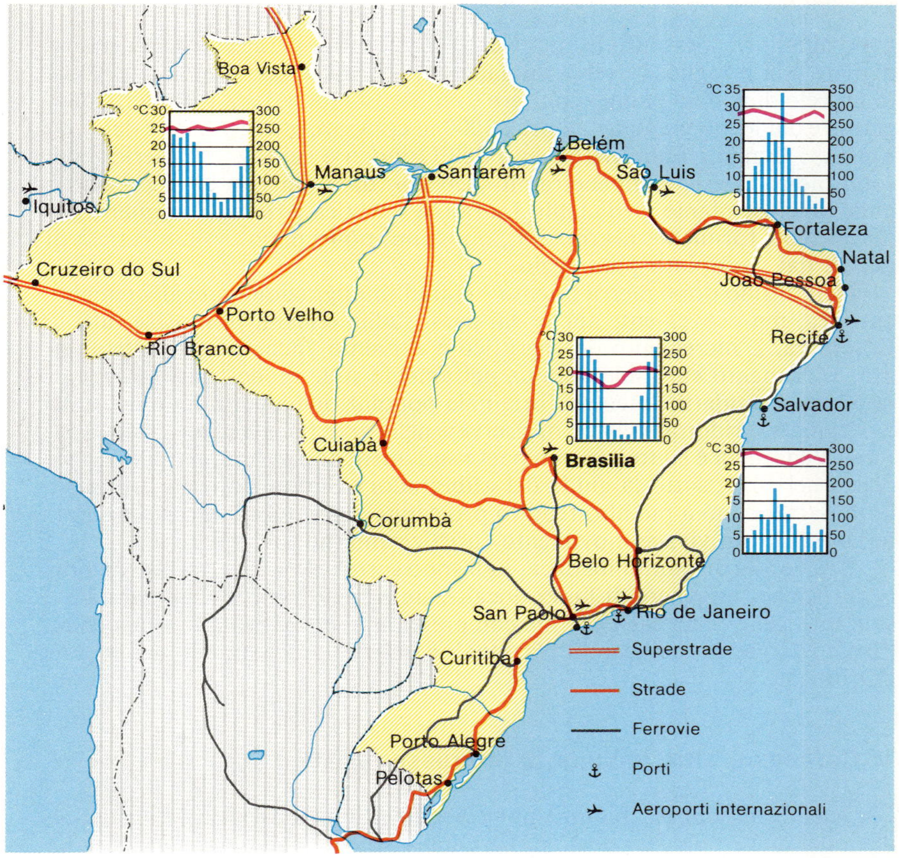

	STATO		VENEZUELA	BRASILE	URUGUAY	ARGENTINA
	Moneta		Bolivar	Cruzado	Peso uruguayano	Austral
	Lingue ufficiali		Spagnolo	Portoghese	Spagnolo	Spagnolo
	Religione		Cattolicesimo	Cattolicesimo	Cattolicesimo	Cattolicesimo
Popolazione	Superficie in migliaia kmq		912	8 512	177	2 780
	Abitanti in milioni		18	141	3	31
	Densità ab/kmq		20	17	17	11
	Reddito pro capite $		3 166	2 278	2 474	2 636
	Tasso urbanizzazione %		83	75	85	85
Vie di comunicazione	Strade (km)		75 772	1 418 000	49 813	221 100 ('82)
	Autostrade (km)		Panamericana 1 422	Panamericana 1 225	Panamericana 2 484	Panamericana 4 835
	Ferrovie (km)		439	29 777	3 005	36 184 ('84)
	Aeroporti		Caracas (Maiquietìa)	Rio de Janeiro, S. Paolo, Brasilia, Recife, Salvador	Montevideo	Buenos Aires, Mar del Plata, Bahia Blanca
	Porti		Maracaibo, La Guaira, Puerto Cabello	Santos, Rio, Belem, Recife, Salvador	Montevideo	Buenos Aires, Mar del Plata, Bahia Blanca
Dati turistici	Turisti		615 000 ('87)	1 743 000		2 119 000
	Visitatori		719 000 ('87)		844 000	
	Bilancia turistica $	attivo	409 ('87)	1 643	208 ('87)	634
		passivo	521 ('87)	1 084	129 ('87)	975
	Numero camere		59 923 ('87)	132 323	9 186 ('84)	107 716 ('87)
	Tasso di occupazione			45 ('87)		
	Paesi di provenienza %		Europa 38 (Paesi Bassi 15) USA 22, Canada 15	Argentina 20 Europa 25 USA 14, Uruguay 12	America Latina 95	Europa 16 USA 9 Brasile 9, Cile 8
	Arrivi	per vacanze		78	70	
		per affari		18	1	
		altri motivi		4	28	
	Periodo max flusso		novembre-dicembre luglio-agosto	gennaio-marzo	gennaio-marzo	settembre-dicembre
	Mezzi di arrivo %	Aereo		58	26	25
		Terra		41	44	41
		Mare		1	28	33

gono altissime, spesso tra le opunzie. La vegetazione caratteristica delle cordigliere è la rigogliosa «selva nublada» che, trasudando umidità, avvolge in un velo di nebbia palme, conifere e numerosi alberi dalla fronda tondeggiante e dal legno pregiato. Sopra i 3000 m compare la vegetazione dei «paramos». Lungo i fiumi del bacino dell'Orinoco e sui tavolati meridionali sono molto estese le impenetrabili «selvas», dai numerosi legni pregiati e dalle preziose piante medicinali. La fauna selvatica è ricca di giaguari, puma, ocelot, formichieri, armadilli, opossum, tapiri e moltissime varietà di uccelli dal variopinto piumaggio.

Nell'ultimo dopoguerra intensa è stata l'immigrazione prevalentemente europea, ma proveniente anche dai paesi sudamericani, primo fra tutti la Colombia. L'incremento demografico è altissimo anche per la forte natalità. L'elemento europide domina nettamente sulle modeste minoranze di **meticci** e **mulatti,** mentre l'originale popolazione amerindia è del tutto emarginata e ridotta a vivere in riserve e nelle aree più arretrate e selvagge.

Il Venezuela è stato il primo paese sudamericano ad ottenere l'indipendenza nel 1811, sotto la guida del «libertador» Simon Bolivar. È il paese latino-americano a più alto reddito pro capite e per questo motivo è caratterizzato da un vivace movimento turistico interno.

Grazie alla disponibilità di capitali sono sorte nel paese vaste attrezzature turistiche, in genere di lusso, localizzate prima di tutto nella capitale e sull'antistante costa caribica, ma con presenze in altre località isolate come l'isola Margarita, nei Parchi Nazionali e nelle nuove città del bacino dell'Orinoco.

1. Caracas e altre località di interesse turistico

Caracas (3 milioni di abitanti) pur essendo situata a 1042 m di altitudine dista dal mare e dal suo porto di La Guaira solo 17 chilometri. La città ha un aspetto moderno, dell'antico nucleo coloniale, in gran parte distrutto da terremoti e demolizioni, si conservano la Cattedrale con tele di Rubens e Murillo, la casa e il museo dell'eroe Simon Bolivar. Recenti sventramenti hanno permesso la realizzazione del Centro Bolivar, un complesso con alti grattacieli e soluzioni urbanistiche ultramoderne. La Città Universitaria è ispirata ai «campus» statunitensi. Numerosi parchi, attrezzati per lo svago e il ristoro, danno ampio respiro alla città. Da alcuni anni è stata realizzata

Un villaggio yanomami nell'area delle selvas tra Venezuela e Brasile. Gli Yanomami sono un gruppo indio di cui si parla molto perché minacciato dalla invadente e distruttiva speculazione qui attirata dalle imponenti risorse boschive e minerarie. I loro villaggi itineranti, localizzati in piccole aree disboscate che non intaccano l'equilibrio ecologico del territorio, sono costituiti da un cerchio di lunghe capanne dai grandi tetti spioventi. In esse gli Yanomami trascorrono lunghe ore della giornata sulle comode amache. [da I. Eibl-Eibesfeldt - L'avventura umana, *Laterza, Bari]*

Il porto di La Guaira (Venezuela). [S. Fiore, Torino]

Caracas: i contrasti sociali nei grandi centri urbani del Sud America sono spesso laceranti. Gli abitanti più poveri vivono in case sprovviste del minimo confort, all'ombra dei grattacieli dove si trovano appartamenti di lusso. [Owen Franken/Stock, Boston]

una metropolitana. Una moderna funivia sale ai 2000 m sul Monte Avila dotato di un centro ricreativo e dal quale si gode un vasto panorama. Piacevole meta turistica dei dintorni di Caracas è Colonia Tovar, villaggio di tedeschi immigrati oltre 100 anni fa. Questa località climatica possiede costruzioni in stile bavarese e ristoranti con specialità tedesche. L'aeroporto intercontinentale di Caracas ubicato sulla costa, è frequentato scalo sulle rotte internazionali.

Il tratto di costa caribica che i Monti Avila separano da Caracas è facilmente raggiungibile con una moderna autostrada. Si susseguono diverse località balneari, tutte dotate di ottime attrezzature turistiche, come Macuto e Naiguatà, immerse in una vegetazione tropicale e ben protette dalle incombenti montagne. Spiagge ombreggiate da palme da cocco si sviluppano anche nei dintorni di Puerto Cabello.

L'antico porto caribico è ancora oggi uno dei principali centri portuali del Venezuela, ben collegato per via ferroviaria e stradale con l'entroterra. Alcune isole del Mar delle Antille appartengono al paese, come l'isola Margarita raggiungibile da Caracas con voli della durata di mezz'ora. Negli anni '60 è divenuta porto franco e da allora è meta di shopping per i Venezuelani. Una legge stabilisce una permanenza minima di 3 giorni al fine di risollevare l'economia locale in grande ribasso per la scarsa produttività dei banchi perliferi. I primi a scoprire l'isola sono stati i Canadesi, seguiti da Statunitensi ed Europei. Imponente è la speculazione immobiliare che sta cambiando il volto dell'isola.

La città di Merida, ai piedi dell'omonima cordigliera, è punto di partenza per escursioni in montagna e per la pratica dello sci. La funivia più alta del mondo porta, con diversi tratti, fino alla quota di 4760 m, ove si trova un ben attrezzato rifugio tra i ghiacciai del Picco Espejo, una delle zone turistiche più frequentate delle Ande.

Frequentati sono i Parchi Nazionali. Il Parco Nazionale Canaima, localizzato nel sud est del paese, è ricco di flora e fauna tropicale e abitato da giaguari, puma, tapiri, capibara, serpenti e circa 100 varietà di uccelli come pappagalli e tucani. Dalle cime piatte delle antiche montagne strapiombano numerose alte cascate. Il Salto Angel con i suoi 978 m è la più alta cascata del mondo. Per raggiungerla via terra occorre una vera e propria spedizione della durata di almeno 5 giorni. Di solito gli aerei compiono un giro sulle cascate prima di atterrare a Campo Canaima, ove sorgono le migliori attrezzature recettive del parco. Circa 3000 Indiani vivono in riserve e offrono ai turisti lavori artigianali.

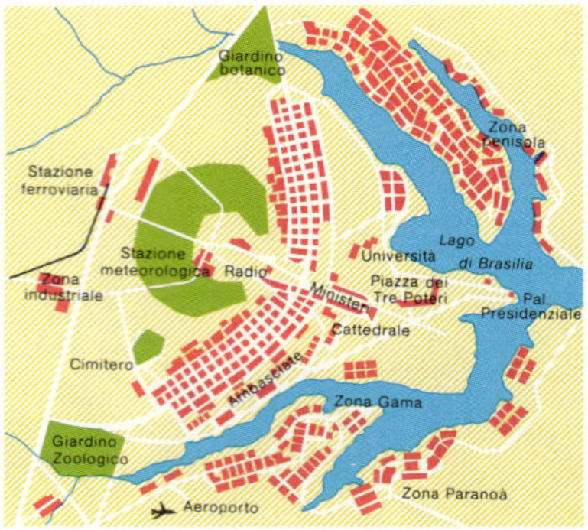

Pianta di Brasilia.

Brasile

Il Brasile è un enorme paese dalle coste sovrappopolate e l'interno poco abitato. È l'unico di colonizzazione portoghese e ne conserva ancora la lingua. Abitato per il 60% da Bianchi, per il 30 da **caboclos** e con una forte minoranza nera, non conosce problemi razziali, ma profonde differenze sociali. In via di industrializzazione, sta compiendo grandi sforzi per dotare le sue regioni, anche quelle periferiche e selvagge, di infrastrutture che permettano facili contatti con i centri economici e politici del paese. In ciò viene individuata una mira egemonica, quasi voglia assumere il ruolo di «leader» del Sud America.

Il clima e l'ambiente tropicale insieme alla grandiosità e alla bellezza dei paesaggi, alla grande varietà di composizione etnica, di costumi e tradizioni costituiscono motivo di attrattiva turistica.

Le vie di comunicazione sono ancora fortemente caratterizzate da uno sviluppo disarmonico, perché si concentrano lungo le coste e nel sud-est del paese, rispecchiando la distribuzione della popolazione e la localizzazione dei principali centri industriali e commerciali.

La rete ferroviaria, dai vari scartamenti, con prevalenza di quello ridotto, è piuttosto antiquata e i viaggi sono lenti. Le linee principali sono le litoranee atlantiche: Rio de Janeiro-S. Paolo-Montevideo e Rio de Janeiro-Belo Horizonte-Salvador-Recife-Natal. Importanti anche le linee di penetrazione: S. Paolo-Brasilia, S. Paolo-Corumbà, che porta alla frontiera boliviana, e Porto Alegre-Uruguaiana, che porta alla frontiera argentina.

La rete stradale dispone le sue linee principali lungo quelle della rete ferroviaria, ma si sviluppa molto al di là di essa. Un'importante autostrada tutta asfaltata è la costiera Rio de Janeiro-Salvador. Le transamazzoniche, arterie discusse e criticate in tutto il mondo per motivi ecologici, coprono ormai enormi distanze. La più famosa è la «trasversale» che corre lungo la valle del Rio delle Amazzoni a sud del fiume, passando per Porto Velho e Santarem, e che termina sulla costa atlantica, dopo essersi divisa in due rami, fino ai porti di Joao Pessoa e Recife. Una recente rete stradale collega la capitale Brasilia a Belem, a Manaus proseguendo in Colombia, a Porto Velho fino a collegarsi alla rete stradale peruviana.

Come in tutti i paesi di grande estensione e caratterizzati da vaste aree sottopopolate e sottosviluppate, il mezzo aereo è molto usato anche per il movimento interno. Ben 40 voli quotidiani uniscono San Paolo a Rio. Esistono una trentina di aeroporti principali e centinaia di piste locali di cui oltre 300 in Amazzonia, ove a volte il mezzo aereo è l'unico possibile.

Il più trafficato aeroporto brasiliano è quello di Rio de Janeiro, seguito da S. Paolo e Recife. Quattro sono le grandi compagnie aeree nazionali.

In diverse regioni del Brasile, specie in Amazzonia, la navigazione fluviale è spesso l'unica forma di comunicazione esistente. Sul Rio delle Amazzoni le navi oceaniche, purché non superino le 5000 t di stazza, arrivano fino a Manaus.

Il Rio delle Amazzoni, che nasce nelle Ande peruviane, è formato dalla confluenza del Marañon e dell'Ucayali e attraversa da W ad E l'immensa conca dell'Amazzonia ricoperta da foresta. Il suo bacino è il maggiore del mondo (kmq 6100000) e il fiume con 1100 affluenti raccoglie acque dalle Ande, dal Massicio della Guayana e dell'Altopiano Brasiliano. È un fiume essenzialmente di

1. Brasilia

La modernissima capitale del Brasile, la cui realizzazione era stata prevista già alla fine dell'800, si trova nel distretto omonimo, ad oltre 1000 km dalla costa. Iniziata nel 1956, la città è stata ufficialmente inaugurata nel 1960. Gli architetti brasiliani Lucio Costa e Oscar Niemeyer hanno concepito la città come un gigantesco aeroplano parcheggiato sulle rive di un grande la-

Una veduta di Brasilia, la moderna capitale del Brasile costruita da famosi architetti in una regione centrale del paese.

pianura, infatti a Manaus, a 4000 km dalla foce, scorre già a meno di 100 m sul livello del mare. Quando il fiume entra in territorio brasiliano ha già una larghezza di circa 3 km ed una profondità di 10-15 m. Via fluviale di grande traffico il Rio delle Amazzoni ha visto sorgere sulle sue rive numerosi porti come Iquitos, Manaus, Santarem e Macapà alla foce. [L. McIntyre, Arlington, Virginia]

go artificiale a forma di semicerchio. Le diverse parti del «velivolo» sono state previste per assolvere a funzioni specifiche, secondo una disposizione logica ed armonica.

Punto focale di Brasilia è l'enorme Piazza dei Tre Poteri (esecutivo, legislativo e giudiziario) sistemata nella «cabina di pilotaggio», insieme al Palazzo del Congresso e alla bella Cattedrale a forma di fiore aperto o di corona, in cemento e vetro come tutti i principali edifici della città. Nella «fusoliera» è sistemato il quartiere amministrativo, nelle «ali» si distendono i quartieri residenziali, mentre nel «timone» si trovano i principali servizi.

Particolarità di Brasilia è la mancanza di incroci nel suo assetto viario, per la presenza di sopra e sottopassaggi. La città, localizzata a 1000 m di altitudine in una vasta area desertica, è stata arricchita di ampie zone verdi con piante esotiche, provenienti anche dall'Amazzonia. La capitale, nata da un atto razionale, senza riferimenti al passato urbano del paese, è rimasta isolata ed estranea al territorio circostante. Le grandi distanze non permettono di spostarsi a piedi e rendono difficili i rapporti sociali. Alla Brasilia ufficiale si contrappongono le città-satelliti destinate ad alloggiare la massa dei cittadini meno favoriti.

L'integrità e l'omogeneità di Brasilia sono oggetto di studio da parte di urbanisti che qui vengono a verificare il fallimento o la riuscita delle città pianificate. Brasilia è il simbolo del «decollo brasiliano» ed è un avamposto per la colonizzazione del territorio centro-occidentale del paese e dell'Amazzonia, necessaria per evitare il sovrappopolamento costiero.

2. L'Amazzonia

L'Amazzonia, universalmente nota come il «polmone verde» della terra, seppur già manomessa e diboscata, produce il 50% dell'ossigeno atmosferico. La realizzazione di «transamazzoniche» e i programmi di sfruttamento intensivo provocano danni irreversibili, compromettendo l'equilibrio ecologico, come stanno denunciando molti scienziati.

Il Brasile ha dato l'avvio a un grandioso programma di colonizzazione e sviluppo dell'immensa distesa forestale dell'Amazzonia, ove oltre 1000 fiumi confluiscono e divergono in un dedalo di acquitrini e meandri. Essa copre circa metà del Brasile, una terra ignara delle stagioni, debolmente illuminata dal sole per il troppo verde. In parte soggette a sommersione, le «selvas» amazzoniche sono particolarmente belle nelle aree mai inondate, la «terra firme», e contano tra il loro ricco e vario patrimonio floristico molte piante utili come l'hevea brasiliensis, legnami pregiati come il palissandro, piante acquatiche dalle immense foglie, le bellissime orchidee.

Ricca è anche la fauna, specialmente uccelli, scimmie, serpenti, alligatori, insetti tra cui le variopinte farfalle, pesci tra cui i ferocissimi piraña. Il clima tipicamente equatoriale, è caratterizzato da precipitazioni abbondanti, particolarmente tra ottobre e marzo. In questo ambiente, repulsivo per l'uomo bianco, vivono ancora minoranze di «indios bravos», cioè non acculturati. Fiume e foresta sono fonte di sostentamento, rispettati dagli indios che cacciano e pescano solo per le strette necessità. Alcune tribù vivono in riserve per lo più localizzate all'interno di parchi nazionali. Il contatto con gli Europei ha fortemente compromesso la sopravvivenza di questi gruppi etnici. Fin dall'inizio del '900 sono sorte in Brasile iniziative per la protezione degli indios, se pur con scarsi risultati.

Il boom della gomma, iniziato nel 1870, ha fatto sorgere lungo le rive dei fiumi alcune città che, per il breve spazio in cui è durata la speranza di un grande avvenire, hanno goduto di notevole ricchezza. Una figura tradizionale dell'Amazzonia è quella dei «seringueiros», estrattori di lattice di hevea, che tanta importanza hanno avuto nel passato.

Manaus, posta sulle rive del Rio Negro alla confluenza con il Rio delle Amazzoni, è la città della ricchezza e della decadenza: i re del caucciù e i ricchi mercanti nonché gli avventurieri, la scelsero come residenza e vi fecero costruire edifici sontuosi, come il Teatro dell'Opera, che contrastano con i quartieri in legno su palafitte o galleggianti che si confondono con le barche del porto. Numerose sono le case con le facciate coperte di **azulejos.** Con la diffusione delle più economiche piantagioni di hevea nel Sud Est Asiatico, Manaus, così lontana ed isolata, decadde rapidamente. Solo negli anni '60 essa ha ripreso vita come centro commerciale amazzonico dotato di un porto franco, anche se la città risulta molto ridimensionata in termini di prestigio.

Agenzie di viaggio propongono tour più o meno avventurosi, ma sempre molto organizzati, che si inoltrano nella foresta. Il turismo in questa regione è di élite ed è organizzato nelle principali città in modo da offrire in pochi giorni un'idea anche delle «selvas» con i loro fiumi da percorrere in piroga, con la fauna, la flora e con i villaggi indios, che certo non offrono sicurezza di autenticità. Al di fuori di questo tipo di organizzazione non vi è nulla di programmato e solo spedizioni vere e proprie penetrano in Amazzonia.

Presso la foce il Rio delle Amazzoni ha un'ampiezza di oltre 300 km: è un'enorme massa d'acqua che si riversa nell'oceano e vi penetra per 100 km. Anche senza sponde continua ad essere un fiume che attenua la salinità del mare, conferendogli diversi toni di colore, ben visibili dall'alto. Per la scarsa pendenza e l'ampiezza del letto il flusso delle maree risale il fiume per oltre 600 km con una spettacolare onda, la pororoca.

Belem, su uno dei due bracci principali dell'estuario del Rio delle Amazzoni, è una città frequentata dai turisti in transito grazie alla presenza di un aeroporto internazionale. Ha mantenuto intatto l'originale nucleo urbano in stile coloniale, con edifici tardo-barocchi e vecchi quartieri dalle case basse e vie strette. Importante è il Museo del Nord del Brasile dalla interessante collezione di ceramica india e l'esposizione di numerosi esemplari di fauna e flora amazzonica. Caratteristico è l'antico e vivace porto, il più importante del Nord Est, con mercati ricchi di colori e odori sconosciuti: frutta tropicali, legumi, erbe e profumi da bruciare nei culti afro-brasiliani.

3. Le principali città brasiliane e i centri balneari

La costa orientale è la parte più urbanizzata e industrializzata del paese. Recife è una città di origine antica, ma di aspetto molto moderno. Sorge su due cordoni litoranei e sulle rive delle lagune che essi racchiudono. I caratteristici quartieri poveri su palafitte contrastano con le bellissime, ben attrezzate spiagge che rivaleggiano con quelle più note di Rio.

Salvador (Bahia), la prima capitale del Brasile, è localizzata in posizione molto favorevole all'ingresso di una vasta baia orlata di spiagge dorate e chiusa da numerose isole che la proteggono come Itaparica, grande e selvaggia, la meglio attrezzata per il turismo balneare. L'agglomerato urbano è su due piani: la «città alta» con il quartiere barocco sovrasta da un pro-

Il folclore brasiliano

Importante attrattiva turistica è il folclore brasiliano.
Le musiche e le danze di ispirazione africana hanno preso gradualmente possesso del paese, diffondendosi poi in tutto il mondo.
I Neri africani, sradicati dalla loro terra e cristianizzati a forza, hanno mantenuto un tenace attaccamento alle proprie tradizioni culturali, specie religiose, resistenza ideologica all'oppressione dei «padroni bianchi» e continua ricerca della propria identità.
Tra le manifestazioni folcloristiche rientrano i Candomblé, le Macumba e altri riti similari molto diffusi tra la componente povera e di colore della popolazione. Sono culti religiosi afro-brasiliani, forme di sincretismo tra l'animismo africano e la religione cristiana.
Il Candomblé, tipico di Bahia (Salvador), era un tempo perseguito dalle autorità, ora

I ballerini che partecipano alle famose esibizioni del Carnevale brasiliano, nel tempo libero si allenano con costanza ed entusiasmo presso la propria scuola di samba. Ogni anno le scuole fanno a gara nel rinnovare i fantasiosi e sontuosi costumi dei propri ballerini, ma mantengono inalterati i colori che da sempre caratterizzano ciascuna di esse.

invece è autorizzato ed è divenuto un'esibizione per turisti. I riti iniziano all'alba e si concludono di notte, alla luce dei falò, per lo più sulle spiagge, con danze spesso orgiastiche, che conducono i partecipanti allo stato di trance. Al ritmo incalzante e ossessivo di strumenti a percussione gli Oriza, divinità pagane, vengono identificati con santi della Chiesa cattolica. Il Candomblé autentico si tiene in ambienti chiusi e ristretti, con netta separazione fra il pubblico maschile e femminile. A Rio de Janeiro riti analoghi si chiamano Macumba, a Recife Xango e sono simili ai culti «vuduisti» delle Antille.
La più famosa danza brasiliana è il samba, di cui esistono numerose scuole che differiscono per importanza e per il colore dei costumi. Il samba è qualcosa di più di una semplice danza, è il modo di vivere, di esprimersi del carioca. Le scuole di samba si confrontano in appositi sambodromi durante il Carnevale di Rio, in cui viene proclamata la vincitrice.
La lambada, danza sensuale brasiliana nata 80 anni fa per opporsi al tango argentino si è diffusa di taverna in taverna da Salvador a tutto il paese ed è ora tra le novità delle discoteche italiane.
Il Carnevale costituisce un notevole richiamo turistico. Esso coinvolge soprattutto la popolazione di colore e i poveri. Di giorno e di notte una folla si riversa dalle favelas e dai ghetti di periferia e invade il centro delle città riempiendo le strade e i locali. Nella fastosità dei costumi, nell'abbandono alla musica e alla danza viene raggiunta la più completa evasione dalla vita quotidiana. È uno spettacolo impressionante, soprattutto a Rio, dove ogni anno si lamentano morti e numerosi feriti. I creoli hanno recuperato e sfruttano questa manifestazione legata soprattutto alla civiltà africana e la offrono ai turisti come spettacolo piuttosto costoso. Tutto è organizzato dal Ministero del Turismo e un posto sulle tribune costa più dello stipendio di un operaio brasiliano. Esiste una netta separazione tra lo spettatore e coloro che sfilano, specie nel grandioso Carnevale di Rio. Più autenticamente popolari sono quelli di Bahia e Recife, ove anche il turista finisce per essere coinvolto nella festa.
La Capoeira, lotta libera con uso esclusivo di gambe e piedi, era in origine un'arte marziale, ora si sta diffondendo quale danza di agilità tanto popolare che nelle principali città sono sorte accademie per il suo apprendimento.
Anche il gioco del calcio è molto popolare e insieme a tutte queste manifestazioni, che per i turisti costituiscono uno spettacolo, rappresenta per i Brasiliani una forma di evasione da gravi problemi sociali e serve per scaricare le tensioni.

montorio e quella «bassa» moderna. Numerose chiese, case dai colori pastello, vicoli, piazze ombrose la caratterizzano. Tutto il quartiere vive di turismo, molto animati sono i mercati che sconfinano sui marciapiedi. Strade ripidissime e grandi ascensori collegano le due parti della città.

Nei pressi di Salvador numerose e ben attrezzate sono le spiagge, molto frequentate nei fine settimana e dal turismo internazionale. Lo stato di Bahia conta ben 900 km di spiagge. Guarajuba, dagli splendidi arenili, è uno dei centri emergenti.

Rio de Janeiro, con più di 10 milioni di abitanti, capitale per quasi 200 anni, rappresenta spesso il primo contatto con il Brasile grazie al suo aeroporto internazionale. In splendida posizione sulla costa meridionale dell'ampia Baia di Guanabara, stretta tra mare e colline, si sviluppa e si articola in diversi quartieri. Pochissimo è rimasto della Rio coloniale, ma caratteristici sono i decrepiti piccoli bar che servono succo di canna, gamberi avvolti in besciamella e le famosissime «batide» dai molteplici gusti.

I **carioca** non sembrano avere alcun rispetto per il passato e, specie nel centro, si notano grandi sventramenti, come per la costruzione della metropolitana. Intere colline vengono rase al suolo per creare nuove strade, parchi e aree edificabili, sottraendo spazio alla baia. Un modernissimo ardito ponte unisce Rio alla città satellite Niteroi. Due interminabili «avenide» si tagliano ad angolo retto nel centro e ospitano alberghi di lusso, banche, centri direzionali e ministeri; quello dell'Educazione progettato da Le Corbusier è vanto della città. Un tunnel collega i due quartieri di Botafogo e Copacabana, le cui famose spiagge, sempre molto affollate, hanno perso il prestigio di un tempo. Ipanema e Leblon, con la magnifica spiaggia, le ville e i palazzi di lusso sono prestigiosi quartieri residenziali. Scontata è l'escursione in teleferica al Pan di Zucchero (390 m) che domina l'ingresso della baia e sul Corcovado (740 m), imponente base alla famosa statua del Redentore.

Arrampicate sulle pendici di scoscesi «morros», incuneati anche nel centro, le **favelas,** corollario dell'urbanizzazione galoppante in molti paesi in via di sviluppo, sono i quartieri più poveri.

Le montagne che si sviluppano a nord di Rio costituiscono una zona turistica che fu valorizzata prima delle spiagge. Nel Parco Nazionale della Serra dos Orgãos, dalle quote che non superano i 2000 m, vi sono i centri turistici di Petropolis, già residenza estiva dell'imperatore nel XIX sec., con il Palazzo Imperiale trasformato in Museo, Teresopolis dotata di alberghi di lusso e base di partenza per gli alpinisti, Nova Friburgo, una piccola Svizzera a sole 2 ore da Rio.

San Paolo è ubicata su di un altopiano a 700 m di quota e gode di un clima costantemente mite. La **megalopoli,** con i suoi 15 milioni di abitanti, è la più grande e moderna città dell'America Latina e vanta la massima espansione urbanistica, una delle maggiori del mondo. Si tratta di uno sviluppo caotico che vede sparire il verde e sorgere alti grattacieli. Importante centro

Veduta di Rio de Janeiro e pianta della città. La città e la baia di Rio de Janeiro sono dominati da un monte chiamato il Pan di Zucchero per la sua forma originale. [Titus Foto, Torino]

Una veduta del centro di S. Paolo in Brasile. [S. Doffo, Bologna]

culturale, vanta biblioteche, musei e numerosi istituti universitari fra cui primeggia l'Ateneo statale di Campinas. Moderne strade, autostrade e viadotti solcano la città. Ottimi sono i collegamenti con gli altri due poli del Triangolo Industriale, Rio e Belo Horizonte.

Vicino alla città di San Paolo sono stati creati grandi laghi artificiali a scopo energetico, sulle cui rive sono sorte aree di verde e residenziali.

Una moderna autostrada e una linea ferroviaria collegano San Paolo a Santos, porto mondiale del caffè, e alle vicine belle spiagge di São Vicente e Guarujà, frequentate dai brasiliani abbienti.

Nel Minas Gerais è interessante la visita alle città-museo di Ouro Preto e Diamantina, nate al tempo della febbre dell'oro e dei diamanti (XVIII sec.). Decadute dopo un effimero splendore hanno conservato i migliori esempi di barocco brasiliano. Oggi esse tentano di rivivere attraverso un lancio turistico, ricorrendo a manifestazioni culturali, attività artigianali soprattutto legate alla commercializzazione delle pietre dure.

Le cascate dell'Iguassù

Nel 1541 Don Alvaro Nùñez Cabeza de Vaca, governatore della colonia del Plata, guidò una spedizione di 280 uomini in soccorso della popolazione della città di Assunciòn, in Paraguay. Partirono dalla costa atlantica dello stato brasiliano di Santa Caterina e per ben 5 mesi subirono ogni sorta di disavventure attraversando selve inesplorate, ma ebbero l'onore, primi fra i Bianchi, di scoprire per puro caso le cascate forse più spettacolari del mondo, quelle di Iguassù. Esse furono subito descritte dallo scrivano e segretario di Nùñez Cabeza de Vaca e battezzate con il nome di «Saltos de Santa Maria», ma in seguito è prevalso il nome di Iguassù che in lingua guarany significa «grande acqua».

Le cascate sono situate a cavallo del confine tra Brasile e Argentina che propagandano ciascuna il proprio settore come il più spettacolare e grandioso, scrivono il loro nome in modo diverso: in portoghese Iguaçù, in spagnolo Iguazù e hanno istituito due parchi: il Parco Nazionale Iguaçù, il più grande, del Brasile, di 170 000 ettari e il Parco Nazionale Iguazù, di 49 000 ettari, in Argentina.

L'Iguassù è un modesto fiume brasiliano che nasce nello stato di Paranà dalla Sierra di Colombo, presso la città di Curitiba e percorre tranquillo e lento ben 800 km prima di precipitare, in uno squarcio di 4 km di ampiezza, una massa d'acqua di 30 000 m^3 al secondo nella stagione delle piogge, tra novembre e gennaio, periodo in cui forma circa 300 cascate dalle altezze non eccezionali. Durante l'inverno australe, da aprile a giugno, la stagione secca, il volume delle acque si riduce a 10 000 m^3 al secondo e il numero delle cascate a 160.

Il particolare modellamento del terreno è dovuto all'alternarsi, durante il Quaternario, di periodi umidi e periodi secchi, che hanno portato il letto del fiume ad incassarsi e rettificare il suo profilo, facendo retrocedere il fronte del fiume per 25 km dalla confluenza con il Paranà e determinando l'attuale dislivello tra i due corsi d'acqua. Oggi l'azione erosiva sull'orlo delle cascate è di 1 cm all'anno.

Le cascate dell'Iguassù sono considerate uno degli spettacoli naturali più grandiosi del mondo, di una bellezza selvaggia e orrida in un ambiente ancora in gran parte vergine. Colpisce l'enorme estensione del fronte di 2,7 chilometri e il grande numero dei salti; l'altezza delle cascate non è invece eccezionale e non arriva a 100 metri.

Due grandi archi concentrici a forma di U circondano la gola nella quale il fiume, disperso a monte in numerosi torrenti, si riunifica a valle in un modesto e tranquillo corso, dopo il travolgente sconvolgimento delle cascate.

Le acque argentine e brasiliane formano la Garganta del Diablo, la Gola del Diavolo, un precipizio con un primo salto di circa tre metri e un secondo profondissimo nel quale l'acqua spumeggia trasformandosi in una miriade incalcolabile di gocce che risalgono in una nuvola alta fino a 30 metri. Nel pulviscolo infinitesimale la rifrazione della luce solare crea un intreccio di arcobaleni e la continua, finissima pioggerella che ricade all'intorno dà vita a un ecosistema unico al mondo. Proseguendo lungo l'arco argentino la spaccatura assume l'aspetto di una immensa scalinata al cui centro è la lussureggiante isola di San Martin. Dall'arenile dell'isola numerosi pescatori provano la loro abilità nella pesca del «dorado», del salmone e del gigantesco «manguruyù». Nella ricca fauna di queste acque vive il pesce «tigre» e in un certo periodo dell'anno il pericoloso «piraña», famoso per la sua voracità.

La foresta pluviale subtropicale, che circonda con incredibili e inaspettate macchie di verde intenso le spettacolari cascate, prende il nome di Selva Paranaense. La temperatura media è qui intorno ai 20° C con punte massime di 44° da dicembre a febbraio. La piovosità è di circa 2000 mm all'anno, distribuita abbastanza uniformemente durante i 12 mesi, anche se più abbondante nei mesi dell'estate australe. La foresta ha l'aspetto di una compatta massa verde che raggiunge i 20-30 m di altezza e nella quale si distinguono diversi piani. Qui vivono oltre 2000 specie di piante tropicali, soprattutto palme, filodendri, canne e altissimi bambù che formano fitte barriere vegetali, inoltre numerosissime piante epifite tra cui le splendide orchidee che abbelliscono e rallegrano la foresta. Molte specie in via di estinzione sono fortunatamente protette nel parco. Il manto forestale di tanto in tanto è rotto dagli alberi eliofili, alti più di 30 metri, come quello dell'incenso. Nei luoghi particolarmente umidi dell'area delle cascate è diffusa una interessante e peculiare associazione vegetale, quella del legno rosa e del palmeto. Il primo è un vero gigante vegetale che emerge ampiamente sulle altre piante: i raggi luminosi dell'aurora filtrati dalla foresta conferiscono alla sua corteccia un particolare colore rosato che gli dà il nome. Alla sua ombra crescono comunità di palme dal tronco sottilissimo, non più di 20 cm di diametro, ma che possono raggiungere i 20 m di altezza. Il loro tenero germoglio apicale, delicato e apprezzato alimento, viene raccolto, ma ciò determina la morte della pianta e la scomparsa della specie.

Tutta la fauna della giungla amazzonica è qui rappresentata: tapiri, giaguari, puma, pecari, caimani, nandù, varietà di pipistrelli tra cui il temuto vampiro. Anche i marsupiali sono rappresentati dal curioso yapok, un piccolo abile nuotatore simile alla nutria e la sariga che trasporta sul dorso i suoi piccoli, che avvinghiano le loro code a quella della madre. Primati e scimmie vivacizzano la foresta con i loro salti e spettacolo nello spettacolo è l'intrecciarsi dei voli di grandi varietà di uccelli, sempre dagli accesi, violenti e contrastanti colori. Sono rappresentate oltre 400 specie tra le quali i colibrì, i più minuscoli uccelli che si conoscono, tucani dall'enorme becco e diversi variopinti e gracchianti pappagalli. Moltissime sono le varietà di farfalle dai colori smaglianti, dalle forme insolite e a volte enormi, che attirano entomologi e collezionisti, soprattutto in autunno, stagione della loro riproduzione. Tra i serpenti alcuni sono particolarmente velenosi come il serpente corallo dai colori fortemente contrastanti e il temibile crotalo.

Nel parco argentino rientra la provincia di Misiones ove nel 1623 i Padri Gesuiti immigrarono alla guida di indios perseguitati dai «bandeirantes», allevatori portoghesi penetrati nella regione del Guayrà. I Padri navigarono lungo il fiume Paranà con una flottiglia di canoe che pare trasportasse ben 12 000 persone. Le missioni gesuitiche stabilirono in questa area un rapporto insolito con le tribù indios. Si trattava di società comunitarie, «repubbliche cristiane», veri e propri feudi ove i Gesuiti provvedevano all'amministrazione e all'educazione non solo religiosa; grande importanza dettero i Padri all'educazione musicale per la forte inclinazione degli indigeni a questa arte. Gli indios potevano usufruire di una propria casa e campi ed erano garantiti, in caso di carestie, dalla comunità. Essa cessò di esistere nel 1768 con la soppressione della Compagnia di Gesù. A testimonianza di questo felice e unico esperimento sociale della colonizzazione spagnola sono rimaste rovine, pregevoli dal punto di vista artistico, di grandi conventi e alloggi per gli indigeni, le cui strutture sono ispirate al barocco spagnolo, mentre le delicate filigrane intagliate nella pietra che le decorano sono opera del miglior artigianato indigeno.

Ancora oggi gli indios guarany vivono nella zona seppure in numero ridotto coltivando l'*ilex paraguayensis,* una quercia locale dalle cui foglie essiccate si ricava il maté, tipica bevanda argentina.

Le cascate dell'Iguassù sono un esempio di come uno spettacolo del tutto naturale può attivare flussi turistici. Quando tali attrattive della natura si trovano vicino ad aree di turismo attivo, tutta la zona si trasforma rapidamente in funzione del fenomeno e l'ambiente originario muta profondamente per il dilagare delle infrastrutture e per il cospicuo movimento di visitatori. La località entra nei circuiti del turismo internazionale, diventa appannaggio di un turismo di massa; lo scopo primario del viaggio, cioè il godimento di uno spettacolo naturale, viene soffocato dall'artificiosità dell'insieme. I visitatori passano gran parte del soggiorno usufruendo delle numerose e varie attrattive offerte e concentrate nel territorio. Quando invece lo spettacolo naturale è lontano dalle aree di turismo attivo, in ambienti poco umanizzati, esso rimane a lungo appannaggio di pochi naturalisti, scienziati, esploratori e di flussi modesti di visitatori particolarmente interessati al fenomeno.

Per raggiungere queste mete, ove tutto è ancora selvaggio e genuino, si devono in genere affrontare lunghi spostamenti, a volte non si può usufruire di organizzazioni ben collaudate e di strutture confortevoli. I tour operator che si occupano di questo tipo di viaggio sono numericamente ridotti, anche per l'alto livello dei costi e le difficoltà di organizzazione.

L'Iguassù fa parte di questo turismo ancora d'élite, quindi numericamente non imponente, i flussi sono di provenienza interregionale, ma alcuni tour operator, soprattutto statunitensi ed europei, vanno proponendo la visita alle cascate quale optional ai classici viaggi a Rio e Buenos Aires. Voli anche giornalieri collegano San Paolo, Rio e le città del Rio della Plata all'aeroporto di Foz de Iguaçù, il più prossimo alle cascate.

L'Iguassù offre uno scenario naturale straordinario e impressionante, immerso in una vegetazione lussureggiante e selvaggia, ove la presenza dell'uomo è ancora poco evidente. A differenza delle cascate del Niagara, strette nella morsa di cemento di un grande complesso urbanistico, qui tutto è naturale, il business turistico è modesto, le cascate sono quasi rispettate. Sottili e lunghe passerelle si spingono fin sull'orlo dei salti d'acqua più spettacolari, esili sentieri scendono lungo le scogliere basaltiche color sangue dentro le «cateratas» e camminamenti sospesi, simili a vie ferrate di montagna, si insinuano nelle fratture della roccia. Come a Niagara Falls vengono distribuiti gialli impermeabili ai turisti per proteggersi dagli spruzzi d'acqua. Impressionante è il boato

che incombe costantemente in tutta l'area, da cui la denominazione di «tuono blu» data alle cascate. Molto emozionante è anche la visita con elicotteri che volteggiano sopra le acque spumeggianti, offrendo una visione completa e panoramica dell'incomparabile spettacolo.
Le cascate non costituiscono l'unica attrattiva e sempre più frequentemente si aggiunge ad essa una escursione nella giungla. Esperte guide accompagnano i turisti lungo percorsi stabiliti a bordo di jeep.
Si va realizzando una delle più importanti infrastrutture turistiche del Sud America presso la cittadina di Foz de Iguaçù: gli alberghi sono una quarantina, dal più lussuoso alle pensioni economiche. È però decisamente preferibile alloggiare nel parco nazionale brasiliano in un moderno hotel ricavato da una grande e vecchia casa coloniale, dotato di piscina, campi da tennis e una boutique. Anche l'Argentina ha costruito un albergo, seppur più modesto, in prossimità delle «cateratas».
Le cascate vengono sfruttate turisticamente anche dal vicino Paraguay, che pur non le possiede. Agenzie turistiche locali assicurano servizi d'auto e minibus tra Iguassù e la città di Porto Stroessner, situata a pochi chilometri dal triplice confine tra Brasile, Argentina e Paraguay. Divenuta una sorta di «duty free» la città-mercato offre prodotti di ogni tipo, comprese molte imitazioni di marche famose, particolarmente appetite dai turisti brasiliani per un cambio a loro favorevole. Per gli altri resta l'attrattiva della curiosità e la possibilità di acquistare per poche lire le collane degli indios.
Nei pressi dell'Iguassù la recente costruzione di una moderna e ciclopica diga, per alimentare una delle più potenti centrali idroelettriche del mondo, ha formato, utilizzando le acque del Paranà, «cascate» artificiali tanto imponenti che il volume delle loro acque è doppio rispetto a quelle dell'Iguassù. Questa grandiosa opera umana, la diga di Itaipù, chiamata localmente «las aguas domadas», ha contribuito a far sì che la vicina città di Foz de Iguaçù sia passata, in 15 anni, da 34 000 a 150 000 abitanti e vada assumendo sempre più le caratteristiche di località turistica. Una parte dell'imponente sbarramento è aperta alla visita dei turisti. Un giro organizzato permette di addentrarsi in questo mondo di rumore, di cemento, di dimensioni inusitate. Un ciclopico lavoro sta cambiando la geografia della regione. Sono due spettacoli vicini e comunque affascinanti sia quello delle acque libere delle «cataratas de Iguaçù» che quello delle «aguas domadas» di Itaipù.

Il grandioso semicerchio delle cascate dell'Iguassù è costituito da due successivi salti che l'omonimo fiume compie poco prima di confluire nel Paranà. [N. Marras / Archivio fotografico I.I.S.]

La cascata

La cascata è il precipitare di una ingente massa d'acqua di fiumi o torrenti per un dislivello di varia altezza. Le origini delle cascate sono assai varie, più frequenti quelle che si formano nei tratti di fiumi a contatto con rocce a indici di durezza diversi, con la più resistente a monte, con quella meno resistente a valle che determina una erosione più rapida, cosicché la roccia più dura, poco a poco, rimane più alta rispetto all'altra. La violenza dell'impatto, non solo della massa d'acqua ma anche dei materiali da essa trascinati, scava ai piedi della cascata concavità che vanno sempre più allargandosi (marmitte dei giganti) e che minano alla base la parete, finché questa crolla determinando l'arretramento della cascata stessa. La maggior velocità della corrente al centro e la conseguente più efficace azione erosiva in quella zona della soglia, fa assumere quasi sempre alle cascate la forma ad anfiteatro. Con il tempo la cascata, per l'accumulo di materiale detritico alla base e per il rallentamento dell'erosione, si evolve in cateratta e successivamente in rapida.

Argentina

È il paese più europeo dell'America Latina, quello che meno ha risentito della dominazione coloniale spagnola e ha potuto quindi sviluppare un'economia più complessa e meglio organizzata. Gode di uno dei redditi pro capite più elevati tra i paesi sudamericani, pur avendo gravi problemi economici come testimonia la selvaggia svalutazione monetaria.

Il Nord è caratterizzato da clima tropicale con diversi ambienti. La «Puna», altopiano andino a circa 3500 m di altitudine, scarsamente abitato, arido soprattutto al confine con il Cile, possiede vaste depressioni, i «salares», laghi endoreici ad alta salinità. Nei suoi magri pascoli è tipico l'allevamento dei lama.

Il «Chaco» è uno sconfinato territorio pianeggiante dalla scarsa piovosità e vegetazione a macchie e cespugli spinosi che trapassano talvolta a foreste tropicali di quebracho.

L'«Entre Rios», fertile area fra Paranà e Uruguay, definita «Mesopotamia argentina», ospita alcune città importanti come S. Fé e Rosario, moderni centri commerciali. La sua regione nordorientale, chiamata Misiones per la colonizzazione dei Gesuiti, conserva rovine di chiese e conventi tra una ricca vegetazione tropicale.

Grandiosi spettacoli naturali: cascate, alti rilievi, ghiacciai, laghi, ster-

Il Cerro Torre, che domina il lago Viedma, appartiene alle Ande di Patagonia. Qui le altitudini sono minori che nelle altre sezioni della catena montuosa, ma più basso è anche il limite delle nevi perenni, per cui le montagne sono coperte da immensi ghiacciai, che giungono fino ai sottostanti laghi. [M. Garolli]

minate pianure, la possibilità di esercitare caccia e pesca sportiva, spiagge ben attrezzate, sono tra le motivazioni che di recente hanno fatto aumentare i flussi turistici verso l'Argentina. Il movimento dall'Italia non è solo turismo etnico per la possente emigrazione del passato, ma è anche determinato da interessi turistici, stimolati da una convincente propaganda.

Buenos Aires accentra tutte le comunicazioni argentine, che da essa si irradiano a ventaglio. Le principali linee ferroviarie, quasi sempre a un solo binario, la collegano a La Paz, Valparaiso e Esquel. L'autostrada Panamericana, interamente asfaltata in territorio argentino, collega Buenos Aires con le altre capitali sudamericane. Un centinaio di aeroporti sono ben disseminati nel paese e serviti da voli interni. Tra i porti, oltre Buenos Aires, ha notevole traffico commerciale Comodoro Rivadavia.

1. Buenos Aires

Sulla sponda meridionale del Rio della Plata, che qui è largo 45 km, è situata la capitale Buenos Aires, che con 11 milioni di abitanti costituisce una delle più grandi conurbazioni dell'America Latina. Possiede gigantesche attrezzature portuali ed è il più trafficato scalo marittimo del Sud America. La città presenta una struttura estremamente regolare con larghe strade che si tagliano ad angolo retto, numerose piazze alberate e vaste zone verdi, come il parco Palermo. Nel vecchio centro esistono ancora edifici in stile coloniale e palazzi storici, ma prevale l'architettura moderna e sempre più diffusi sono i grattacieli. Teatro di vari eventi storici è la Plaza de Mayo, su cui si affaccia la Cattedrale in stile neoclassico. Buenos Aires possiede una cinquantina di teatri fra cui il Colòn, uno dei maggiori teatri d'opera del mondo. Numerose sono le gallerie d'arte, le biblioteche pubbliche e i musei. Corrientes è la strada più animata, anche di notte, per i molti locali pubblici. La centralissima Avenida S. Fé ha una fisonomia europea ed è frequentata dai turisti che vi acquistano a prezzi convenienti pellicce, oggetti in cuoio e i caratteristici «ponchos». Presso il porto nel tipico quartiere, il Barrio de La Boca, trasformato in museo all'aperto, vivono pescatori e portuali discendenti di emigranti europei, specialmente genovesi. Nelle sue strade si svolgono spettacoli teatrali ai quali fanno da scenario le tipiche case dai murales a vivaci colori con disegni naïf. Qui è nato il tango argentino che tuttora si balla nei dancing e nelle osterie. Nei numerosi ristoranti

L'affollatissima spiaggia di Mar del Plata. Anche lungo le coste uruguayane del Mar del Plata numerose e ben valorizzate sono le località balneari. Emergono Carmelo, *un importante porto turistico presso la foce del fiume Uruguay, l'elegante* Playa Carrasco *alla periferia di* Montevideo, *Punta del Este, la più lussuosa spiaggia del Sud America, ove a febbraio si tiene il Festival del Cinema. Nella* «Ribera» *(= riviera), il litorale che da Punta del Este si estende fino al confine brasiliano, sono sorte un centinaio di località balneari tra cui la lussuosa* Atlantida *e la bellissima spiaggia di* La Paloma. *[Titus, Torino]*

Pianta della conurbazione di Buenos Aires.

La Pampa e il «gaucho»

Alle spalle dell'enorme alveare umano che dalla città di La Plata, senza soluzione di continuità, si ricollega a Buenos Aires, si stende una pianura piatta e monotona, la Pampa, il cui nome deriva da una parola india che significa «pianura priva di alberi» e tale è il suo aspetto prevalente, anche se non mancano le foreste. Si tratta di un bassopiano dalla quota media di meno di 200 m, costituito da löss finissimo, giallastro, intercalato a depositi fluviali e ceneri vulcaniche e ricoperto, in superficie, da circa 30 cm di terra nera, fertilissima. L'estensione è quasi il doppio dell'Italia, delimitata a nord dal Rio Salado e a sud dal Rio Colorado, si va gradatamente sollevando a ovest verso le Sierre Preandine (Sierra de Cordoba). È un immenso pascolo, senza grandi fiumi, ma ricco di acqua, battuto spesso da un vento impetuoso, il pampero, proveniente da sud-ovest. Cavalli, muli e buoi inselvatichiti vivono allo stato brado, sorvegliati dai «gauchos».
I «gauchos» sono i caratteristici mandriani argentini derivanti dall'incrocio tra colonizzatori bianchi, discesi dalle Ande, e donne indios. Sono chiamati «criollos», **creoli,** e oggi sono considerati bianchi. Portano i baffi, hanno capelli neri e ricciuti, lunghi fino alle spalle. Non si sentono dei contadini e sono particolarmente fieri del proprio «reservado», il piccolo e resistente cavallo «criollo», un incrocio tra due razze andaluse, l'araba e la berbera. Da esso il «gaucho» non si separa mai; una sottile striscia di cuoio, lunga molti metri, lo lega all'animale permettendone il recupero in caso di caduta, che potrebbe risultare mortale data la solitudine della pampa. Il corredo del «gaucho» è formato dal «lazo», dalle «bolas» e dal coltello. Le «bolas» sono palle di osso, legno o pietra unite in numero di due o tre da una striscia di pelle lunga due metri e mezzo. Le «bolas» venivano usate soprattutto per la caccia agli struzzi e ai guanachi. Tenendone una in mano il «gaucho» lancia le altre a mulinello, attorcigliandole intorno al bersaglio. Il coltello è portato in cintura come un pugnale e spesso veniva usato come tale. Dell'abbigliamento del «gaucho», dai colori solitamente chiassosi, fa parte il «poncho», un sicuro riparo dal sole, dal freddo e dalla pioggia; è di cotone d'estate, di lana d'inverno. Il «chiripà» è un panno portato fra le gambe e fissato alla cintura, davanti e dietro, in genere sopra i pantaloni; privo di cuciture e molto resistente alla rottura, è comodissimo per montare e scendere da cavallo. Stivali di cuoio con grandi speroni tintinnanti alle calcagna, cappello di feltro o di paglia, un vivace fazzoletto al collo sono gli altri elementi che completano l'abbigliamento.
Il «gaucho» lavora spostandosi da «estancia» a «estancia», la grande proprietà tipica di questo territorio, specialmente in occasione della «marcatura» e della «monta» del bestiame. La sua abitazione è il «rancho», un ricovero rudimentale. Sempre al bollore sul focolare del «gaucho» è il «mate», l'infuso di Ilex paraguayensis che sorseggia con una lunga cannuccia da un piccolo recipiente a forma di goccia, la bombilla.
Nella Pampa il centro della vita sociale era la «pulpereia», in origine un piccolo negozio, ma soprattutto un luogo di ristoro e di ritrovo. Il secolo XIX ha segnato il tramonto del «gaucho», anche per la decimazione

Un gaucho con il suo cavallo. I gauchos *sono il corrispondente argentino dei* cow-boys *nordamericani.*

che di essi avvenne durante le guerre di indipendenza.

Tango

Sembra che il nome del ballo venga dall'isola africana di San Thomé, portato dagli schiavi neri nelle colonie portoghesi d'America. Dopo che le autorità avevano proibito il «candomblé», ballo che si praticava per strada, i neri si erano ritirati al chiuso nei locali dove poveri lavoratori vivevano le ore del riposo e della nostalgia. Nelle taverne frequentate da uomini soli si beveva per trovare l'oblio nell'ubriachezza: qui gli schiavi neri trasmisero la danza ai «criollos» argentini. I neri sparirono poi uccisi dalla fatica, dalle polmoniti, dalle guerre e il tango divenne appannaggio degli emarginati di una società essenzialmente bianca. Si ballava tra uomini; le donne, anche quelle del popolo, non volevano compromettersi in un ballo all'epoca tanto audace. Il tango nacque quindi nelle famose boites di Baires, come i «portegni», gli abitanti di Buenos Aires, chiamano la loro città; nelle taverne, nelle case equivoche, bevendo vino e grappa, giocando a carte e a bocce. Nei sobborghi della caotica città gli immigrati europei e i «gauchos» fuggiti dalla pampa misero in comune le loro solitudini dando origine a una curiosa canzone, a una danza ibrida per gente ibrida. Uno dei massimi creatori di tango, Enrique Discepolo, lo definì «un pensiero triste che si balla». In esso c'è qualcosa di havanese, portato dai marinai cubani, nostalgie della malinconica chitarra dei «gauchos» della pampa e spesso anche qualcosa della canzone napoletana. Le orchestre umili e improvvisate erano composte da una chitarra, da un violino, da un flauto. Poi comparve il «bandeòn», una specie di piccolo organo creato in Germania per accompagnare canti religiosi. È uno strumento senza il quale non si può concepire il tango, è drammatico, profondo. Nel tango c'è sicuramente una componente sensuale, ma non è una danza lasciva, infatti ogni creazione artistica rappresenta una fuga, una ribellione, una evasione dalla dura realtà quotidiana. In esso c'è dunque più che attrazione fisica un desiderio di comunione spirituale, la nostalgia di madri, di donne, di una terra lontana. Il tango è un rito di amore e di odio, di nostalgia e recriminazione, di burla e di desiderio, d'ira e di felicità, un rito che si rinnova nel continuo sfiorarsi, senza toccarsi mai, dei ballerini. In esso c'è la pena dell'emigrante che cercava la «terra promessa» che spesso non trovava, la nostalgia del «gaucho», con sangue di spagnolo e di india nelle vene, per la «pampa» abbandonata. I «copadritos» i bulli del porto si sono impadroniti di questa danza: impettiti nei vestiti a festa, con i capelli impomatati lottavano per le poche donne che c'erano tra gli emigranti, ballavano tra uomini e simulavano accoppiamenti cantando la loro voglia di sesso nel gergo della mala bonaerense, il «lunfardo». Il tango divenne anche rappresentazione di duelli con i coltelli, di delitti. Il re del tango è Carlos Gardel, i cui ritratti ancora campeggiano nella vecchia Baires. Con lui il tango oltrepassò le rive del Rio della Plata per divenire famoso a Parigi, in Spagna, a Hollywood. Il fascino trasgressivo del tango conquistò l'Europa. «Carlito» viaggiava in Rolls Royce, usava il frac, le ghette ed il papillon: divenne un eroe. Morì giovane, nel 1935, per un incidente aereo: divenne un mito. Sulla sua tomba, al cimitero della Chacarita, non mancano mai i fiori e tra le dita del suo monumento funebre c'è sempre una sigaretta accesa, perché gli piaceva fumare. Un altro famoso autore di tango è Juan de Dios Filiberto. Il suo famoso tango «Caminito» parla della strada principale del quartiere di Boca, la Calle Caminita che i suoi amici artisti, per rendergli omaggio dopo la sua morte, decorarono con affreschi sulle pareti, sulle finestre, sui balconi.

Carlos Gardel in un manifesto francese degli anni '30.
Il mito di Gardel è stato recentemente reinterpretato dal regista argentino Fernando Solanas nel film Tangos. El exilio de Gardel. *[Bibliothèque Nationale, Paris]*

il piatto più caratteristico è l'«asado», interi quarti di bue messi a rosolare in spiedi verticali, su grandi bracieri.

Nel Delta del Paranà, area verde di isole fra i rami del fiume omonimo, si è sviluppato il borgo residenziale El Tigre dai sontuosi palazzi e le eleganti ville costruite su palafitte. Tra le notevoli attrezzature è da ricordare il vasto porticciolo turistico. I prati della «Costa Nera», prossima al centro della città, ospitano la domenica una folla di bagnanti.

Buenos Aires si è distesa a dismisura lungo le tradizionali direttrici per la Pampa, fino ad inglobare ben 19 città.

2. Località di interesse turistico

Il litorale atlantico argentino si sviluppa per oltre 4000 km a Sud del Rio della Plata. Le spiagge più frequentate e meglio attrezzate si susseguono nei primi 500 km. La notevole amplitudine della marea fa emergere due volte al giorno una larga striscia costiera in dolcissima pendenza, il mare è solitamente tranquillo, una corrente tropicale ne intiepidisce le acque trasparenti. Per fissare le dune delle coste sabbiose sono stati piantati boschi di pini che attutiscono la forza dei venti atlantici. Un continuo susseguirsi di cabine e tende variopinte costella le falcature sabbiose. Tra le località più frequentate sono San Clemente del Tuyù, Mar de Ajò, Pinamar, Villa Gesell.

Mar del Plata, un tempo centro peschereccio, è la più importante località balneare dell'Argentina. Nonostante la distanza, grazie a una moderna autostrada che la collega alla capitale, è diventata meta estiva di migliaia di Argentini che l'hanno trasformata in una megalopoli balneare. Le sue spiagge si susseguono intervallate da scogliere, le infrastrutture ricordano Miami e Copacabana negli alti moderni edifici, l'Europa nelle costruzioni di stile spagnolo, tedesco, nordico.

La catena delle Ande conta in Argentina le sue cime più elevate: l'Aconcagua, il Tupungato, il Mercedario. Mendoza, base per le escursioni e spedizioni all'Aconcagua (6930 m), la più alta cima delle Americhe, è dotata di un aeroporto e conta su un turismo di transito verso le celebri località sciistiche di Potrerillos, Las Leñas e Los Molles, dotate di buone infrastrutture in una cornice di paesaggi che le nevi, i ghiacciai e l'aria rarefatta rendono particolarmente abbacinanti. Vengono organizzati trekking, pratica che si va diffondendo anche in altre zone della Catena Andina. Il paesaggio verdeggiante di boschi di conifere e latifoglie è caratterizzato da laghi glaciali sorti in gran numero per l'elevato limite delle nevi persistenti, dovuto alla scarsità delle piogge.

La Patagonia, che si assottiglia sempre più verso sud, è la regione più meridionale dell'Argentina continentale. Lo sfruttamento delle copiose ricchezze del sottosuolo ha determinato un crescente popolamento di queste aree inospitali e lo sviluppo di vie di comunicazione che sta incentivando il movimento turistico. Paesaggi simili a quelli alpini ancora incontaminati e riserve faunistiche fra le più ricche del mondo con interessanti specie autoctone come l'orca, l'elefante e il leone marino, il pinguino sono i motivi di maggior richiamo. Una serie di stupendi Parchi Nazionali si sviluppa da nord a sud lungo il confine con il Cile. Dotati di piccoli aeroporti sono meta di turismo interno e internazionale in costante aumento. Il Parco Nazionale Nahuel Huapi comprende il lago omonimo dalla forma allungata e diramata per la sua origine glaciale. Presso il suo estremo sud è sorto il ben attrezzato centro turistico di San Carlos de Bariloche, a 770 m di quota, dai moderni impianti sciistici che risalgono la Cordigliera. Il centro offre buone possibilità di pesca nel lago, di pratica dell'alpinismo e del canottaggio, del trekking, della canoa e di altri sport. Dotato di infrastrutture turistiche modernissime ma rispettose del paesaggio, è ben collegato da strade asfaltate e servizi aerei.

Nell'estremo sud il Parco Nazionale Los Glaciares comprende i laghi Viedma e Argentino. Il ghiacciaio Perito Moreno, che si getta in quest'ultimo, ha un fronte di ben 5 km; a differenza degli altri è in espansione, avanza prepotentemente innalzando il livello delle acque di 19 metri ogni 3 anni. Il fronte di ghiaccio, alto 60 m, si rompe con un rumore di tuono che si ode a decine di chilometri di distanza. Nelle ricche foreste a conifere e lati-

Usuhaia, la capitale della Tierra del Fuego argentina, è la città più australe del continente sudamericano. Il suo porto è toccato da un turismo crocieristico di élite attorno alla Terra del Fuoco o diretto verso l'Antartide. È anche porto di appoggio per le spedizioni scientifiche in Antartide. [I.G.D.A., Novara]

foglie vivono numerosi animali: cervi, guanachi, puma, volpi, lontre, condor. Situato sulla riva meridionale del lago, El Calafate è il principale centro turistico dotato di recettività. Buone vie di comunicazione collegano il parco a Viedma, sulla foce del Rio Negro presso la costa atlantica, città prescelta quale futura capitale dell'Argentina.

Oltre lo Stretto di Magellano si sviluppa la Terra del Fuoco, isola maggiore dell'arcipelago che inghirlanda l'estremità meridionale americana. Il clima è polare, mitigato da correnti marine. Mare, picchi nevosi, boschi verdeggianti, profondi laghi danno a questa terra vocazione turistica. Caratteristici della fauna sono i guanachi e numerosi uccelli marini tra cui anche i pinguini. La città di Ushuaia è la più meridionale del mondo, in grande espansione economica con conseguente crescita demografica. Battuta da forti venti, appare avvolta dalla polvere anche perché le sue strade non sono asfaltate. Ushuaia è oggi la porta d'entrata dell'incontaminato continente bianco, l'Antartide. Si organizzano crociere per il settore argentino dell'Antartide comprendenti anche visite alle basi militari e scientifiche, in un paesaggio incantevole, eternamente ghiacciato.

Veduta del lago Nahuel Huapì sulle cui sponde si è sviluppato il centro turistico argentino di S. Carlos de Bariloche. [Marka, Milano]

Orso Grigio
Mount Mckinley Alaska
Wood Buffalo Canada
Daino
Waterlton Glacier USA Canada
Castoro
Yellowstone Wyoming
Yosemite California
Sequoia California
Grand Canyon Arizona
Puma
Bisonte
Big Bend Texas
Alligatore
Everglades Florida
Iztaccihuatl Popocatepetl Messico
Rancho Grande Venezuela
Iguana
Giaguaro
Galapagos Ecuador
Guanaco
Iguaçu Brasile e Argentina
Condor
Nahuel Huapi Argentina
Sarek Svezia
Sjofället Svezia
Lake District Gran Bretagna
Swiss Svizzera
Gran Paradiso Italia
Camargue Francia
Covadonga Spagna
Leone
Dinder Sudan
Zakaima Ciad
Giraffa
Niokolo Senegal
Waza Camerun
Murchison Fall Uganda
Albert Congo
Queen Elisabeth Uganda
Kafue Rhodesia
Kruger Rep. Sudafricana
Tundra artica e vegetazione d'alta montagna
Foreste tropicali temperate subartiche praterie
Steppe aree coltivate
Deserti